追寻记忆的痕迹
新心智科学的开创历程

IN
SEARCH
OF
MEMORY

THE EMERGENCE OF A NEW SCIENCE OF MIND

著——埃里克·坎德尔
Eric R. Kandel

译——喻柏雅

中国友谊出版公司

图书在版编目（CIP）数据

追寻记忆的痕迹 /（美）埃里克·坎德尔著；喻柏雅译. -- 北京：中国友谊出版公司，2019.6（2023.11 重印）
书名原文：In Search of Memory
ISBN 978-7-5057-4701-2

Ⅰ.①追… Ⅱ.①埃…②喻… Ⅲ.①埃里克·坎德尔—自传 Ⅳ.① K837.126.2

中国版本图书馆 CIP 数据核字 (2019) 第 069626 号

著作权合同登记号　图字：01-2019-3497

Copyright © 2006 by Eric R. Kandel.
All rights reserved.
Simplified Chinese edition is published by Ginkgo (Beijing) Book Co., Ltd through arrangement with Brockman, Inc.
简体中文版权归属于银杏树下（北京）图书有限责任公司

书名	追寻记忆的痕迹
作者	［美］埃里克·坎德尔
译者	喻柏雅
出版	中国友谊出版公司
发行	中国友谊出版公司
经销	新华书店
印刷	北京天宇万达印刷有限公司
规格	889 毫米 ×1194 毫米　32 开 17.75 印张　325 千字
版次	2019 年 7 月第 1 版
印次	2023 年 11 月第 8 次印刷
书号	ISBN 978-7-5057-4701-2
定价	88.00 元
地址	北京市朝阳区西坝河南里 17 号楼
邮编	100028
电话	（010）64678009

目 录

译者序　/ 001
前　言　/ 001

第 一 部

1　个体记忆与记忆存储的生物学　/ 003
2　维也纳的童年时光　/ 012
3　美国的求学生涯　/ 035

第 二 部

4　每次一个细胞　/ 057
5　神经细胞在说话　/ 079
6　神经细胞之间的交流　/ 095
7　简单与复杂的神经系统　/ 110
8　不同的记忆，不同的脑区　/ 123
9　寻找一个理想系统来研究记忆　/ 143
10　学习的神经性模拟　/ 160

第 三 部

11　增强突触间的连接　/ 177

12　神经生物学与行为研究中心　/ 193

13　即便是简单的行为也能被学习修饰　/ 201

14　突触随经验而改变　/ 212

15　个性的生物学基础　/ 222

16　分子与短时记忆　/ 235

17　长时记忆　/ 255

18　记忆的基因　/ 263

19　基因与突触的对话　/ 278

第 四 部

20　回到复杂记忆　/ 297

21　突触保留了我们最美好的记忆　/ 304

22　外部世界的大脑图景　/ 313

23　必须付出注意力！　/ 326

第 五 部

24　红色小药丸　/ 339

25　小鼠、人类与精神疾病　/ 356

26　治疗精神疾病的新路子　/ 373

27　生物学与精神分析思想的复兴　/ 384

28　意　识　/ 397

第 六 部

29 通过斯德哥尔摩重新发现维也纳　/ 415
30 从记忆中学习：展望　/ 441

术语表　/ 456
注释及参考文献　/ 480
致　谢　/ 539
译名对照表　/ 542

译者序

五年了。

在我提笔撰写这篇序言时,脑海里正经历着一次心理时间旅行,围绕本书翻译工作的种种记忆及情绪涌上心头。这些往事对我个人来说很有意义,却没必要与读者分享。作为一名把这本书通读过许多遍的"资深"读者,我试图站在读者的角度,分享这部笔酣墨饱之作的吸睛之处,并迫不及待地把它推荐给大家。

正如作者埃里克·坎德尔在前言结尾所总结的,这部自传的独到之处,是它把几个不同维度的"历史"精妙地交织在了一起。我把作者的总结做了一点延展,在我看来,本书包含了两段"大历史"和两段"小历史",环环相扣又并行不悖。据此我画了一幅并不准确却颇为直观的示意图,接下来将逐一展开阐述。

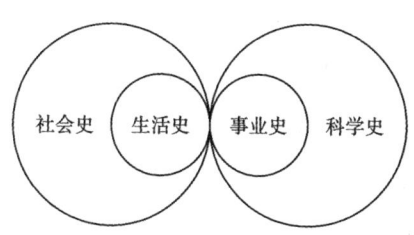

首先，我要把这本书推荐给那些正在为生活而打拼着的广大读者。跟其他名人传记一样，这是一部不折不扣的个人生活史。我们跟随作者，从逐渐长大到慢慢变老，看他懵懂童年遭遇苦难，看他考入大学确立志业，看他追求爱情经营家庭，看他专注科研走向巅峰，看他转化成果造福大众，看他功成名就继续奋斗。从最世俗的角度，我们读到了一个优秀的人是如何一步一步走向成功并保持成功的故事，还在字里行间真切感受着他的喜怒哀乐与人格魅力。考虑到作者原本是一个出生在平民家庭的犹太难民，这个故事就更具有激励意义了。名人传记之所以受到很多读者关注，是因为从名人毕生的经验教训里，我们总能学到些什么。

接着，我要把这本书推荐给那些有志于从事学术研究的专业读者。每一个为人类进步事业做出重要贡献的人物，其毕生志业都是生命中最浓墨重彩的一笔。那么坎德尔作为科学家，其科研生涯无疑构成了本书讲述的重点。我们会读到，身为学生的他如何辗转寻找到自己的学术兴趣点，作为初出茅庐的科研新手，他又如何力排众议选择自己认为合适的实验对象，由此奠定了成功的基石。我们会像读一部引人入胜的侦探小说那样，缩身潜入大脑，在作者的引领下，抽丝剥茧般地揭开隐藏在大脑深处的记忆之谜。对普通读者，这会是一趟酣畅淋漓的智识之旅，而对专业读者，更会从中学到如何做学术。贯穿全书，作者充分展示了还原论对其研究的指导作用，强调了与各路高手通力合作的重要性，他还给出了一些宏观且具体的对于做科研乃至如何经营整个学术生涯的建议，袒露了自己在年轻时困惑惶恐的心路历程，这些内容合在一起，可以说是一部当代版的《对年轻科学家的忠告》（这是诺奖得主彼得·梅达沃于

1979年出版的一本书），甚至科研老手也会从中大受启发。此外，我一贯认为，做学术所需要用到的思维方式和研究方法，同样适用于包括社会工作在内的很多非学术事务，能给后者带来新鲜的视角甚至意想不到的解决方案。从这个角度，我相信普通读者同样能从这趟科研之旅中获益。

然后，我要把这本书推荐给那些想了解神经科学和心理学的读者。坎德尔写作风格的一个重要特点，就是他非常喜欢而且擅长对知识进行追根溯源。一个没有相关知识背景的读者，在阅读本书的过程中不会遇到要另行查阅资料来帮助自己理解的情形，因为每一个主要知识点，作者都把它的来龙去脉讲透了。为了让读者理解他对记忆所做的前沿研究，他把神经科学和心理学史上关于记忆的重要研究成果都做了介绍；而为了让这些重要成果易于理解，他又对数百年沉淀下来的相关基础知识进行了传授，读者有如在聆听由一位诺奖得主领衔的《神经科学导论》公开课。本书可谓群星璀璨，光是登场的诺奖得主就有几十位之多，正是他们的卓越贡献和薪火相传，共同编织出呈现在本书中那波澜壮阔的科学史诗。我相信，本书不仅会让读者掌握神经科学和心理学的一些基本原理，丰富自己的知识体系，提高日常生活中"防忽悠"的本领，它还为很多对这些领域感兴趣的读者打开了一扇门，使他们未来可以在更广阔的知识海洋里遨游。

最后，我要把这本书推荐给那些不了解奥地利不光彩历史的读者。以往我们提到第二次世界大战时，奥地利作为第一个被纳粹德国吞并的国家，一直是以受害者的面目示人。提到奥地利和维也纳，我们首先想到的是莫扎特、薛定谔、弗洛伊德、克里姆特这些人类文化的伟大贡献者。但事实上，奥地利纳粹在"二战"中扮演了很不光彩的角色,坎德尔即是无数受到奥地利纳粹迫害的犹太人中的一员。作者在书中描述了这段令人感同身受的童年遭遇,揭露了奥地利纳粹的暴行并分析其成因,到了晚年,面对奥地利方面仍然消极对待历史的态度,他也公开予以批评和抗争,坚持不懈地投入到相关公共事务中,体现了作为一名知识分子的高度社会责任感与人文关怀。在这里我们看到,不单单是社会大历史影响了个人小历史,反过来,个人的力量聚在一起,也能撼动社会、改写历史。作为同样是"二战"受害者的中国人,这些表达和思考可以说对我们有着非凡的现实意义。

此外,我认为它还是一本"赴美留学指南",能给那些打算赴美留学的学子及其家长提供绝佳的参考。翻译出本书初稿之后半个月,我踏上了赴美留学之旅,如果说在此过程中我没有感受到任何不适应,那真的是拜本书所赐。因为在翻译本书的过程中,我已经代入作者的视角,把他在美国经历过的求学和科研生涯预演了好几遍。于是,我会在见到导师的第二天就直呼其名,如同诺奖得主阿瑟·科恩伯格的研究生所做过的那样(第442页);在结束了第三次面谈,从导师办公室走出来时,我立马想起了坎德尔的导师格伦德费斯特与他首次面谈时的情形("[他]耐心地听完了我那颇为浮夸的想法……",第59页);某次参加学术会议时,正巧诺奖得主理查德·阿克塞尔就坐在我前排,看着他紧致的脸庞,我脑海里浮现出的是"阿克塞尔综合征"(第264页),诚不欺我!可以说,本书如实地反映了美国高等院校及科研机构的文化氛围。我在留学时深切感受到了作者所说的美国学术界的平等主义和对年轻人的鼓励,也在饭桌上听过各种学术八卦。甚至当我在科研中遇到一些状况时,也常常会首先回想起坎德尔在书中给出的建议。从这个意义上来说，坎德尔就是我的精神导师。

推荐完毕，容我对本书的翻译工作做几点交代。

第一，本书成稿于13年前，而科学总是在不断发展中保持其生命力，据此，我循着作者的叙述，在正文适当的位置，以加注的方式补充了新近的一些重要研究进展，包括出自坎德尔实验室的研究成果，最新一项发表于今年年初（第448页）。更有几项新成果否认或修正了书中提到的某些说法，科学正是在推翻错误中一路前行，本书的翻译工作同样应该与时俱进。

第二，对于原书中存在的若干事实性错误或疏漏，我都在仔细查阅资料后加注予以澄清。这也提示了读者，即便是如诺奖得主这般杰出的科学家，仍然会犯错误，在阅读他们的著作时，应该保持批判性思维，而不是把权威说的话都当成真理。在我把这些内容整理成表，通过邮件发给作者后，他当天就回复了我，对我表示感谢，那一刻我实在是高兴极了。

第三，本书的翻译得到过不少人帮助。我曾数次把疑难词句发布到网上，通过与热心网友交流，探索出合适的译法。比如第167页提到的一句对棒球比赛的描述，就先后得到过多位棒球爱好者的指教，他们的智慧凝集在了页脚的注释里。再比如第525页的作者注释里出现的那处错误，是我托好友在香港大学图书馆借出作者所引的那本书，进行核对后修正的。古人云："吟安一个字，捻断数茎须。"对此我深有感触，很多细节处理读者未必会在意，但其背后却饱含着译者心血。

犹记得五年前接下本书的翻译工作时，张鹏编辑在邮件里写给我的一句话："我希望这本书到你这个译本就没有再翻译的必要了。"这五年间为了本书的翻译出版，发生过许多曲折和艰辛，但我一直以这句话作为我对待这项工作的准则，不揣浅陋，勉力译成。如果读者看完这本书，觉得此言不虚，那么这份美誉应该与本书特约编辑刘漪一同分享，她的贡献实在不小。只是囿于译者的经验及学识，疏漏之处在所难免，尚祈读者不吝赐教。我的电子邮箱是：yuboya@live.com。

最后，我要将这部译著献给我的母亲。在翻译本书的过程中，我还时常会想起你。

喻柏雅谨识
2019年5月4日

张鹏编辑把本书定位为长销书。确实如此，本书自出版以来陆续得到了罗振宇、张立宪、俞军、许知远、鲁白、吴淼、周筠等各界知名人士的推荐，在上市整整三年后迎来了第六次印刷。

三年来，我收到了许多读者的来信和留言，或是指正译文的疏失谬误，或是分享读书的心得收获，或是表达对我的感谢支持，这些都成了我在翻译之道上前行的动力。这本书改变了我的人生，我实在希望译文能够做到尽善尽美。

本月底，92岁的坎德尔教授将正式从大学退休，我也已经完成了坎德尔三部科普著作的翻译。感谢你带给我们的知识、激情与省思，一并感谢接替已离职同事完成历次加印修订的汪萍编辑。

喻柏雅补记
2022年8月8日

前　言

从生物学角度来理解人类心智，已经成为科学在21世纪所面临的核心挑战。我们渴望理解知觉、学习、记忆、思维、意识的生物学本质，以及自由意志的限度。仅仅在数十年前，生物学家要在探索这些心理过程的研究中占有一席之地，还是异想天开。直到20世纪中叶，科学家们仍未认真考虑过如下想法：心智作为宇宙中最复杂的运作过程，可能把它深藏的秘密留待分子水平的生物学研究来解决。

生物学在最近50年里所取得的激动人心的成就，让上述想法成为可能。詹姆斯·沃森和弗朗西斯·克里克在1953年发现了DNA的结构，掀起了一场生物学革命，它为我们提供了一个理论框架，来理解基因携带的信息如何控制细胞功能。这个发现让我们对下列问题有了基本的了解：基因如何受到调控，它们又如何合成决定细胞功能的蛋白质，以及发育过程如何开启、关闭基因和蛋白质来决定生物的身体构造。正是这些非凡的成就，让生物学从诸多科学领域中脱颖而出，成为与物理学和化学并驾齐驱的核心学科。

在融汇了新知识并且获得了信心之后，生物学将注意力转向了它最为远大的目标：理解人类心智的生物学本质。这个曾经长期被人们认为无法纳入科学研究的领域，如今方兴未艾。

当思想史学家回顾20世纪的最后20年时，他们很可能会对如下令人惊异的事实发表评论：这个时期涌现出来的关于人类心智最有价值的洞见，不是出自哲学、心理学或精神分析等涉及心智的传统学科，而是出自这些学科与脑生物学的融汇，分子生物学领域近年来取得的惊人成就推动了这种新的综合，进而形成了一门新心智科学，它利用分子生物学的威力来研究生命的重大未解之谜。

这门新科学基于五个原理。第一，心智与大脑[①]是不可分离的。大脑是一个具有巨大计算能力的复杂器官，它构建我们的感觉经验，调控我们的思想和情绪，控制我们的行为。大脑不仅控制跑步和进食等相对简单的动作，还控制思考、说话和艺术创造等人类特有的典型复杂行为。从这个角度来看，如同走路是双腿实施的一套操作，心智则是由大脑实施的一套操作，只不过要复杂得多。

第二，大脑的每一项心理功能——从最简单的反射到语言、音乐和艺术领域富有创造性的行为——都是由大脑不同区域特异性的神经环路实现的。这就是为什么我倾向于使用"心智生物学"（biology of mind）这个术语来表示由这些特异性的神经环路实现的一套心理操作，而不使用"**该心智的生物学**"（biology of *the* mind），后者意味着全部心理操作是由单独某个脑区完成的。

第三，这些环路全部是由相同的基本信号传导单元，即神经细胞构成。

---

① 中文习惯把英语里表示整个脑的"brain"称作大脑，而在科学上，大脑仅指端脑。本书除了在"大脑半球"和"大脑皮层"等术语中指的是端脑外，一般情况下提到"大脑"均是指整个脑。

第四，神经环路通过特异性分子在神经细胞内和细胞之间产生信号。

第五，在几十亿年的进化中，这些特异性信号分子被保留了下来，而且保持着原样。其中有些分子不仅存在于我们最古老祖先的细胞里，现在也可以在与我们亲缘关系极远的原始生物体内找到，比如细菌和酵母等单细胞生物，以及蠕虫、蝇和蜗牛等简单多细胞生物。这些生物在它们所处的环境中拟定生存策略用到的分子，与我们打理自己的日常生活、适应周遭环境所用的分子相同。

因此，我们从这门新心智科学中，不仅收获了关于我们自身如何知觉、学习、记忆、感受和行动的洞见，还得到了一个以生物进化为背景来理解我们自身的崭新视角。这使我们认识到，人类心智是由低等祖先使用过的分子进化而来，那些完好保存至今的调控生命各种进程的分子机制，照样适用于我们的精神生活。

由于心智生物学将对个体和社会福祉产生广泛影响，科学界一致认为它在21世纪将拥有如基因生物学在20世纪所取得的地位。

从两千多年前苏格拉底和柏拉图首次探讨心理过程的本质起，它就一直是西方思想史的核心议题。除了继续探讨这个问题外，这门新心智科学还提供了一些实用性的洞见，有助于我们理解和处理那些与生活息息相关的重要心智议题。科学不再是科学家专享的领地，它已经成为现代生活和当代文化不可或缺的一部分。媒体几乎每天都在报道那些不指望公众能理解的专业信息。大众常常无法理解由阿尔茨海默病所引起的失忆和由于年龄增长带来的失忆这两种症状的区别——前者是不断恶化且破坏性很强的，后者相较而言是良性的。他们听说过认知增强剂，却不太清楚它们能有什么用。他们得知基因能够影响行为，而且某些基因的失调会引起精神和神经疾病，却不知晓致病机理。另外，人们还听说男女在天资上的性别差异会影响他们的学术和职业生涯，这是否意味着男人和女人的大脑有所不同？两者在学习方式上存在差异吗？

在生活中，大多数人都需要基于自己对心智所持有的生物学认识来做出一些重要的私人或公共决定。有些决定是在试图理解各种正常人类行为的过程中产生的，另一些则与更严重的精神和神经疾病相关。因此，有必要让每个人都能获取那些以清晰易懂的方式呈现出来的优质科学信息。科学界目前普遍认为我们有责任向公众提供这类信息，对此我表示赞同。

在我从事神经科学研究的早期，我意识到，就像我们科学家热切地想要阐释这门新心智科学一样，很多没有科学背景的大众同样渴望了解这门学科。本着这种精神，我在哥伦比亚大学的同事詹姆斯·H.施瓦茨与我一道写成了《神经科学原理》，这本面向大学和医学院学生的导论性教材目前正在编撰第五版[①]。在这本教材出版之后，我们收到了很多为大众做脑科学科普讲座的邀请。这种经历使我相信，如果科学家愿意承担解释脑科学核心议题的工作，那么大众是愿意花时间去理解这些议题的。为此我写了这本书来向没有科学背景的普通读者介绍新心智科学。我的目的在于，用通俗易懂的语言来解释这门学科如何从早期科学家的理论和观察发展壮大，成为如今作为实验科学的生物学的一部分。

[①] 2021年3月已发行第六版。

2000年秋天，我因为在大脑记忆存储方面的研究而荣获诺贝尔生理学或医学奖，这成为进一步推动我写作本书的动力。所有的诺贝尔奖得主都受邀写一篇自传性文章。在写文章的过程中，我比以往更清楚地看到，我对记忆本质的兴趣深植于我在维也纳的童年经历。我还更生动地看到，我的研究工作让我参与到科学发展的一个历史性阶段，并成为非凡的国际生物学界的一员，对此我心怀莫大的惊喜与感激。我在工作中结识了一些杰出的科学家，他们是近年来生物学与神经科学革命的领军人物，与他们交往的经历深深影响了我的研究。

  因此，我在本书中将两个故事交织在一起。第一个是最近50年来心智研究领域所取得的非凡科学成就的学术史。第二个是我在这50年间的生活经历和科研生涯。书中将追溯我在维也纳的儿时经历如何引发了我对记忆的迷恋，这种迷恋先是让我投入到历史学与精神分析之中，接着又转向脑生物学，最后进入对记忆的细胞及分子机制的研究。由此可见，我在记忆问题上的个人求索与最伟大的科学事业之一——尝试从细胞及分子生物学角度理解心智——是如何交融起来的故事，会在《追寻记忆的痕迹》中一一道来。

第一部

支配我们的那个过去，可能不是生物学意义上保存下来的真实的过去，而是我们对过去的映像。这些映像常常有如神话一般，具有严密的结构并经过了择取。过去的映像及象征性构建几乎如遗传信息一样，刻印在我们的骨子里。每一个新的历史时期都是通过自身过去的图像和鲜活神话来映射本身。

——乔治·斯坦纳[①]，《蓝胡子的城堡》（1971）

[①] 著名的文学评论家和小说家。他在这本演讲集中探讨了反犹主义的起源。

1

个体记忆与记忆存储的生物学

　　记忆总是让我着迷。想想吧，你随意就能回想起自己进入高中的第一天、第一次约会、第一次坠入爱河。回忆这些往事时你不只是记起了一件事，你还感受到了这件事发生时的氛围——景象、声音、气味、社会环境、时间、谈话内容，以及情绪基调。回忆过往就是一趟心理时间旅行，我们得以摆脱时空的束缚，在完全不同的维度里来去自如。

　　心理时间旅行让我在写这句话的时候，能够从望得到哈德逊河的家中书房离开，将时间往回拨转67年，向东越过大西洋，到达我的出生地——奥地利维也纳。我的父母曾经在那里经营一家小玩具店。

　　那一天是1938年11月7日，我的9岁生日。父母刚刚送给我一个梦寐以求的生日礼物：一台电池驱动的遥控玩具车。这是一台闪耀着蓝色光芒的漂亮小车。它的马达和方向盘用一条长电缆连在一起，这样我就可以控制小车的行驶方向，开到我想开到的地方。接下来两天，我把这台小车开遍我家小小公寓的每个角落，穿过客厅，开进餐厅，钻过父母、哥哥和我每晚吃饭的餐桌，抵达卧室再兜出来，这样做让我感到莫大的欢乐，玩起来愈发得心应手。

然而好景不长。两天后的傍晚，我们被梆梆梆的砸门声给吓到了。至今我仍记得那砸门声。父亲在玩具店还没回来，母亲去开了门。两个人走进来，自称是纳粹警察，命令我们收拾行囊离开公寓。他们给了我们一个地址，告诉我们得在那儿寄宿，等待下一步的通知。母亲和我只带了一套换洗衣物和洗漱用品，而我哥哥路德维希则很有先见之明地带上了他最宝贵的邮票和硬币收藏册。

我们带着这么点东西，走过几个街区来到一对素昧平生且更富足的年长犹太夫妇家里。这间装潢上佳的大公寓在我看来非常优雅，男主人给我留下了深刻印象。他睡觉时穿着一套装饰华美的睡袍，和我父亲穿的不一样，他还戴着睡帽以保护自己的头发，上嘴唇还围着一个维持八字胡造型的护罩。尽管我们是不速之客，他们对我们仍然非常体贴大方。虽然他们很富裕，但他们也同样感到害怕，并对有人把我们赶到他们家这种状况感到不安。给主人添麻烦也让母亲感到窘迫，她意识到他们可能和我们一样，由于三个陌生人闯进他们的生活而感到不自在。住在这对夫妇精心布置的公寓里的这段日子，我感到困惑和害怕。但最让我们仨感到焦虑的还不是住在陌生人家里，而是担心我父亲——他突然就消失了，我们完全不知道他身在何处。

几天之后我们终于获允回家。但眼前的这个家已经面目全非。所有值钱的东西都被洗劫一空：母亲的裘皮大衣和首饰、我们的银质餐具、花边桌布、父亲的几套西装，以及我的全部生日礼物，包括那台闪亮的蓝色遥控小车。让我们非常欣慰的是，在我们返回家里不久，11月19日那天，父亲也回来了。他告诉我们，他和其他数以百计的犹太人一起遭到围捕，关在一个兵营里。因为能够证明自己曾在奥匈帝国的军队当过兵，并在第一次世界大战时为德国而战，他才得到释放。

对那段日子的记忆——愈发得心应手地遥控小车满屋子跑，听到梆梆梆的砸门声，被纳粹警察命令住到陌生人的公寓里，发现家里遭人洗劫，父亲的失踪和重现——已成为我童年生活最深刻的记忆。后来我才知道这些事情是与"水晶之夜"同时发生的，那个不幸的夜晚不仅敲碎了我们犹太会堂和我父母玩具店的玻璃窗，更毁掉了整个德语世界无数犹太人的生活。

回过头来看，我们一家是幸运的。与那些别无选择只能继续生活在纳粹统治下的欧洲数百万犹太人相比，我们的遭遇不值一提。在羞辱与恐惧中过了一年之后，当时14岁的路德维希和我得以离开维也纳前往美国，与纽约的祖父母住在一起。6个月后父母也和我们在一起了。虽然我们一家只在纳粹政权下生活了一年，但我在那一年经历的惊慌、穷困、羞辱和恐惧，决定了我之后的人生。

要把一个人成年生活中复杂的兴趣和举动追溯到其童年和青少年时期的特定经历是很困难的。但我还是不得不将我后来对心智的兴趣——人们的言行举止、动机的不可预测性以及记忆的持续性——与我在维也纳度过的最后一年联系起来。大屠杀后幸存的犹太人有一个主题叫"永志勿忘"，这是告诫子子孙孙要对反犹主义、种族主义和仇恨等引发纳粹暴行的思潮保持警惕。我所做的科学工作就是研究这句箴言的生物学基础，即让我们能够记忆的脑机制。

我在美国读大学时还没对科学产生兴趣，但维也纳那一年的记忆已经开始显露出它对我的影响。我痴迷于奥地利和德国的当代史，打算成为一名思想史学家。我竭力去了解那些灾难性事件发生时的政治及文化背景，思考一个在前一刻还热爱艺术和音乐的民族为何会在下一刻就犯下野蛮而残暴的罪行。我就奥地利和德国历史写了一些学期论文，其中包括一篇讨论德国作家对纳粹崛起之反应的荣誉论文。

接下来，在大学的最后一年（1951—1952），我渐渐对精神分析着了迷，这门学科通过层层揭开个人记忆和经历的帷幕来理解人类动机、思想和行为的非理性根源。20世纪50年代早期，大多数执业精神分析师同时也是医师，因此我决定去读医学院。在那里，我目睹了生物学正在发生的革命，众多关于生物本质的基本谜题可能即将被解开。

从我1952年进入医学院算起还不满一年的时候，科学家们揭示了DNA的结构。从此人们可以开始对细胞的基因和分子运作方式进行科学研究。假以时日，研究将会推进到组成人脑这一宇宙中最复杂器官的细胞中。于是我开始考虑从生物学角度探索学习和记忆的谜题。发生在维也纳的往事是如何在我大脑的神经细胞里留下持久的痕迹的？我在玩遥控汽车时所处公寓的复杂三维空间，是如何被大脑编码成对我周遭空间世界的内部表征的？那可怕的砸门声是如何深深烙印在我大脑的分子和细胞结构里，以至于半个多世纪后我还能生动地体验到当时的所见所感？新心智生物学正在解答这些上一代人无法回答的问题。

这场革命引发了我作为医学生的无尽想象，它让生物学从一个以描述性为主的学科，转变成一门建立在遗传学和生物化学的坚实基础上的贯通性科学。在分子生物学诞生之前，支配着生物学的是三种完全不同的理论：认为人类和其他动物都是由与其自身很不相同且更简单的祖先逐步进化而来的达尔文进化论，身体形态和心理特质的遗传学基础，以及认为细胞是构成所有生物的基本单元的细胞学说。分子生物学着眼于个体细胞中基因和蛋白质的活动，将这三种理论统一起来。它认为基因是遗传单元，也是进化的驱动力，而作为基因产物的蛋白质则是细胞功能的基本单位。通过考察生命过程的基本构成物，分子生物学揭示了所有生命形态的共同点。与同在20世纪发生了巨大革命的量子力学或宇宙学等其他科学领域相比，分子生物学引起了人们更多的关注，因为它能直接影响到我们的日常生活。它直指我们作为"人"，我们究竟是谁的核心问题。

新心智生物学这门学科是在我科研生涯的50年里逐步形成的。它于20世纪60年代迈出了第一步，那时心灵哲学[①]、行为主义心理学（研究实验动物的简单行为）和认知心理学（研究人类的复杂心理现象）开始融合，形成了现代认知心理学。这门新学科试图寻找从小鼠、猴子到人在内的各种动物的复杂心理过程所具有的共同基础。这种研究思路后来扩展到了更简单的无脊椎动物身上，比如蜗牛、蜜蜂和蝇。现代认知心理学同时具有严谨的实验方法和宽广的理论基础。它着眼的行为范围从无脊椎动物的简单反射延伸到人类的注意、意识和自由意志等最高级心理过程的本质，这些心理过程传统上是精神分析关注的问题。

到了70年代，作为心智科学的认知心理学与作为脑科学的神经科学开始融合，诞生了认知神经科学，这门学科运用生物学方法探索现代认知心理学研究的心理过程。进入80年代，认

[①] 本书将非现代科学语境下的mind译作心灵，现代科学语境下的mind则译作心智。

知神经科学得益于脑成像技术而蓬勃发展。一直以来，脑科学家试图窥探人脑内部并观察人们在进行高级心理过程（如看到一幅图像、思考一条空间线路或发出一个随意动作[①]）时不同脑区的活动，脑成像技术让他们梦想成真。脑成像的工作原理是测量神经活动指数：正电子发射体层成像（PET）测量大脑消耗的能量，功能性磁共振成像（fMRI）测量大脑消耗的氧气。80年代初，认知神经科学与分子生物学结合，导致认知分子生物学这门新心智科学问世，它使得我们可以在分子水平探索思维、感受、学习和记忆等心理过程。

  每一场革命的发生都有其根源，导致新心智科学诞生的这场革命也不例外。虽然生物学在心理过程研究中扮演主角还是头一遭，但它早已影响着我们看待自身的方式。19世纪中叶，查尔斯·达尔文提出我们并非上帝独一无二的造物，而是由低等的动物祖先逐步进化而来；此外，他还主张所有的生命都能往回追溯到一个共同的祖先，追溯到生命本身的起源。他甚至提出一个大胆的想法，认为进化的驱动力不是出于一个有意识的、智慧的或神圣的目的，而是来自自然选择的"盲目"过程，这是一个随机试错的纯机械分化过程，通过遗传变异来实现。

  达尔文的思想直接挑战了大多数宗教教义。生物学本来的目的是用来解释自然背后的神圣设计，而他的思想把宗教与生物学的历史纽带撕裂了。最终，现代生物学会使我们相信，生物所具有的全部美丽和无尽多样性，不过都是构建DNA遗传密码的核苷酸碱基不断重新组合的产物。这些组合是为了适于生

[①] 随意动作是一个术语，这里的"随意"不是"随便"的意思，而是"需要意识参与"的意思。相关概念会在第23章进行讨论，还可参见书末术语表。

物体的生存繁衍，在几十亿年里经由自然选择形成的。

新心智生物学可能会引发更深的不安，因为它主张不只身体，就连心智还有我们最高级心理过程（自我意识和对他人的意识、对过去和未来的意识）运作所需的特异性分子，也是从我们的动物祖先那里进化而来的。此外，这门新生物学认为意识是一个生物学过程，我们终将可以通过神经细胞群相互作用产生的分子信号通路解释这个过程。

大多数人都能欣然接受通过实验方法对身体其他部分进行科学研究所取得的成果，比如，我们乐于接受心脏不是用来产生情绪，而是推动血液在体内循环的肌肉器官。但人的心智和精神源自一个生理器官（大脑）这种想法，对一些人而言却很新鲜，令人震惊。他们很难相信，大脑作为一个信息加工计算器官，其所拥有的不可思议的能力不是源自它的神秘，而是源自那些难以计数的各类神经细胞相互作用所致的复杂性。

对于研究大脑的生物学家来说，通过实验研究人类行为丝毫不会有损心智的能力和魅力。生物学家也不担心用还原论分析描绘大脑各组成部分及其活动会让心智显得无聊琐碎。相反，大多数科学家相信，生物学分析很可能会让我们更加钦佩心智的能力和复杂性。

事实上，通过融合行为主义心理学、认知心理学、神经科学和分子生物学，这门新心智科学已经可以回答那些重要的思想家数千年来孜孜以求的哲学问题：心智如何获取外部世界的知识？心智在多大程度上是遗传而来的？先天的心理功能是否导致我们以一种既定的方式来体验外部世界？我们在学习和记忆时，脑中发生了怎样的生理变化？一个持续几分钟的经历如何转化成终身的记忆？这些问题不再是思辨式形而上学的专属领地，它们现在已经成为实验研究的沃土。

在我们理解大脑记忆存储的分子机制时，新心智科学提供的洞见作用尤为明显。记忆——获取并存储简单如日常生活细节、复杂如地理或代数抽象知识等信息的能力——是人类行为中最引人注目的一个方面。为了解决日常生活中遭遇的问题，记忆使我们可以同时整理若干信息，这对解决问题来说至关重要。从更广泛的意义上讲，记忆给我们的生活提供了连续性。它给我们提供了一幅过去的连贯图景，以便我们恰当地审视现在的经历。这幅图景未必合理或准确，但它会持续存在。没有记忆的黏合，经历将会分裂成很多如生活中的瞬间一样散碎的片断。没有记忆提供的心理时间旅行，我们就不会意识到我们的个人史，无法记住我们生命中有如闪亮里程碑的欢愉时刻。我们之所以成为我们，是因为那些我们学习并记住的事物。

当我们能够轻易回忆起生命中的欢愉时刻并淡忘创伤经历和失望造成的情绪影响时，我们便最好地利用了记忆功能。但有些时候，比如对于那些亲身经历了大屠杀、战争、强奸或自然灾害等负性事件而患上创伤后应激障碍的人，挥之不去的可怕记忆会破坏他们的生活。

记忆不仅对维持自我身份的连续性至关重要，而且对千百年来的文化传承和社会演进与延续也非常重要。虽然自从15万年前智人首次出现在东非以来，人脑的容量和结构就没有改变过，但人类千百年来通过文化传承习得的学习能力和历史记忆都在增长。文化的演进是一种非生物性的适应环境的方式，它与生物进化一道把过去的知识和适应性行为代代相传。人类从古至今的所有成就，都是千百年来所积累的共享记忆的产物，无论这种记忆来自书面记录还是口传心授。

正如共享的记忆丰富了我们的个人生活一样，丧失记忆会有损我们的自我感。记忆能将过去与现在、他人与自己连接在一起，它也能像折磨成熟的大人那样摧残发育中的婴儿。影响记忆的疾病很多，人们熟知的包括唐氏综合征、阿尔茨海默病，以及年龄增长带来的失忆。现在我们还知道，记忆的缺损会促发精神障碍，如精神分裂症、抑郁症和焦虑状态。这些障碍包含了加剧的记忆功能缺陷所造成的负担。

新心智科学给大家带来了希望——对记忆生物学的深入理解将会引领人们更有效地治疗失忆和持续性创伤记忆。实际上，这门新科学将来很有可能对诸多健康医疗领域产生临床实践的影响，然而它要做的远远不只是解决重大疾病问题。新心智科学试图洞悉意识的奥秘，包括每个人的大脑如何产生独特的自我意识和自由意志这些终极谜题。

2

维也纳的童年时光

我出生的时候，维也纳是德语世界最重要的文化中心，只有魏玛共和国的首都柏林能与之媲美。维也纳以伟大的音乐和艺术著称于世，它是现代医学、精神分析和现代哲学的诞生地。此外，这座城市伟大的学术传统为文学、科学、音乐、建筑、哲学和艺术领域的实验提供了基础，这些实验成为很多现代思想的源头。它是各流派思想家的故乡，包括精神分析创始人西格蒙德·弗洛伊德，罗伯特·穆齐尔和埃利亚斯·卡内蒂等杰出作家，以及现代哲学的两位开路人路德维希·维特根斯坦和卡尔·波普尔。

维也纳非同凡响的文化很大一部分是由犹太人创造和滋养的。这个文化圈在1938年的崩溃，很大程度上塑造了我的人生，不仅由于我在那一年经历的变故，还因为自那时起我从这座城市和它的历史之中学到了很多。这种理解加深了我对维也纳昔日辉煌的欣赏，也加剧了我对其凋零磨灭的惋惜。而维也纳是我的出生地、我的故乡这个事实，加重了这种失落感。

我的父母相识于维也纳并在1923年结婚（图2-1），那是我父亲在第18区库奇克巷①开了一家玩具店（图2-2）后不久发生

---

① 维也纳自1850年起，一共分为23个区，其中第18区与第9区是相邻的。在德语中，人们通常把比Strasse（街）更窄的道路称作Gasse（巷）。

2 维也纳的童年时光　013

图2-1　我的父母夏洛特和赫尔曼·坎德尔1923年的结婚照。（来自埃里克·坎德尔的个人收藏）

图2-2　我父母在库奇克巷开的玩具和箱包店。照片上是母亲和我，也可能是和我哥哥在一起。（来自埃里克·坎德尔的个人收藏）

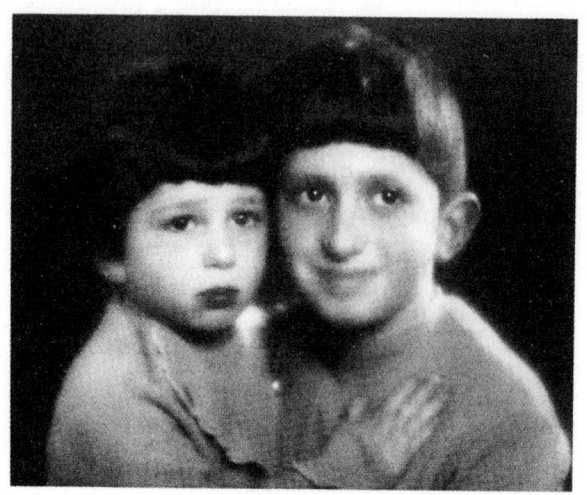

图2-3 我和哥哥在1933年的照片。当时我3岁,哥哥8岁。(来自埃里克·坎德尔的个人收藏)

的事情。这条热闹的街上还有一个名为库奇克的农产品市场。我哥哥路德维希生于1924年,5年后又有了我(图2-3)。我们住在第9区塞弗林巷的一套小公寓里,附近住的都是中产阶级,这里靠近医学院,离伯格巷19号弗洛伊德的住所不远。由于父母都在打理玩具店,先后有不少全职女管家在家照顾哥哥和我。

我在恰如其名的学校巷上学,学校正好位于从家到玩具店的半路上。与维也纳大多数小学一样,它的课程安排得传统而严谨。我跟随天分过人的哥哥入读这所小学,教过他的老师也在教我。在维也纳的整个童年时期,我感觉哥哥智力上的天赋是我永远比不上的。我才开始学习读写,他已经开始掌握希腊语、精通钢琴并能熟练组装收音机。

就在1938年3月希特勒成功进驻维也纳的前几天,哥哥刚刚装好了他的第一台短波收音机。3月13日傍晚,我和哥哥戴着耳机收听了德军3月12日清晨进军奥地利的情形。希特勒随后于12日下午穿过位于他家乡因河畔布劳瑙的德奥边境,到达林茨。拥有12万居民的林茨城里,大约10万人齐声高喊着"希特勒万岁",夹道欢迎他的到来。此时广播里传来的背景音乐是高亢的《霍斯特·威塞尔之歌》,这首蛊惑人心的纳粹党歌甚至让我都听得入迷。3月14日下午,希特勒及其随行人员抵达维也纳,他在市中心的英雄广场受到了20万狂热群众的欢迎,被尊为统一了德语世界的英雄(图2-4)。一个摧毁了德国犹太社群的人受到如此压倒性的支持,这让我和哥哥感到恐惧。

希特勒原本料想奥地利人会反对德国吞并自己的国家,并要求成为一个相对独立的德国保护国。但他收到的各方反响,尤其是那些48小时前还在反对他的人的态度,出乎他的意料,这让他相信奥地利乐意接受甚至非常欢迎德国的吞并。从卑微的小店主到学术界的高端人士,现在每个人似乎都公开欢迎希特勒。曾经同情并保护过犹太社群的维也纳总主教特奥多尔·因尼策枢机,命令全市所有天主教堂挂上纳粹党旗并鸣钟,向希特勒的到来致以敬意。枢机还亲自迎接了希特勒,并向希特勒表示了自己以及占人口多数的全体奥地利天主教徒的绝对效忠。他向希特勒承诺奥地利天主教徒"在这个重大日子被带回大德意志帝国的怀抱",将会成为"帝国最诚挚的子民",这位枢机的唯一请求是教会自由应该得到尊重,教会在对年轻人的教育中所扮演的角色应该得到保障。

从那一夜起,维也纳沦为地狱。受到奥地利纳粹党徒怂恿的维也纳暴民,既有成年人也有年轻人,高喊着"打倒犹太人!希特勒万岁!消灭犹太人!",进而蔓延成了全国性暴乱,他们殴打犹太人并毁坏犹太人的财物。他们强迫犹太人跪着清洗

图 2-4 希特勒于 1938 年 3 月抵达维也纳。他受到群众的热烈欢迎,包括很多挥舞着纳粹"卐"字旗帜的女孩(上图)。希特勒在英雄广场向维也纳市民讲话(下图)。有 20 万人前来听他讲话,这是维也纳有史以来最庞大的集会。(承蒙奥地利抵抗运动文献中心和胡佛研究院档案馆惠允)

街道上残留的反对吞并的政治性涂鸦，以此来羞辱犹太人（图2-5）。我父亲被迫用一把牙刷去清除先前留下的支持奥地利独立的字样"是的"，这是那些鼓动市民为奥地利的自由投票、反对吞并的维也纳爱国者涂写的口号。其他犹太人则被迫拎着油漆桶给犹太人的店铺墙上画上大卫之星①或写上德语"犹太人"

图2-5 犹太人被迫跪在维也纳的街道上清除拥护自由的奥地利的政治性涂鸦。（承蒙以色列犹太人大屠杀纪念馆档案室惠允）

---

① 由两个等边三角形交叉重叠组成的六芒星形，它是犹太教和犹太文化的标志。

一词，以便与其他店铺区别开来。深谙纳粹在德国如何施展手腕的外国评论家，也被发生在奥地利的暴行震惊了。在《维也纳及其犹太人》一书中，乔治·伯克利引用了一位纳粹党冲锋队员的话："维也纳人连夜就完成了我们德国人直到今天……也做不到的事。在奥地利，对犹太人的抵制无须进行组织，人们已经自发行动了。"

德国剧作家卡尔·楚克迈耶为了逃脱希特勒的统治而于1933年移居奥地利，他在自传中描述了维也纳被吞并之后几天内的情形，说它变成了一个"具有耶罗尼米斯·博斯画笔下梦魇景象①"的城市。它犹如：

> 冥王打开了地狱之门，释放出最卑劣可怕的恶魔。我这辈子曾经亲眼见过一些人类所能见到的最赤裸裸的恐怖和惊慌。我在第一次世界大战中参加过不少战役，经历过在枪林弹雨毒气扑面的情况下，跳出战壕冒死冲锋陷阵。我也目睹过战后的乱象，镇压起义、街头巷战、议会争吵，等等。1923年希特勒在慕尼黑发动政变时，我是旁观者中的一员，也目睹了纳粹在柏林早期统治的情形。但以上种种都无法与维也纳那阵子的情形相提并论。维也纳发生的这一切与纳粹在德国掌权无关。……维也纳发生的这一切是一股充斥着美慕、嫉妒、愤懑、盲目和恶毒的复仇渴望的急流。所有纯良的人性都被压制了……唯有麻木的民众

---

① 博斯是15世纪至16世纪早期尼德兰画派的代表画家之一，他在其最著名的作品《人间乐园》三联画中表现了梦魇般的景象。

失去了束缚。……这是一场暴民的女巫集会夜。所有构成人类尊严的成分都被埋葬了。

希特勒将军队开进维也纳的第二天,除了一个女孩——班上仅有的另外一名犹太人——之外,所有的同学都开始疏远我。在我常去玩耍的公园里,我遭到了同学的嘲笑、侮辱甚至拳脚相加。到了1938年4月底,我所在的小学驱逐了所有的犹太儿童,我们被转到一所由犹太教师开办的特殊学校,这所学校位于第19区潘策尔巷,离我家很远。在维也纳大学,几乎所有的犹太人——超过40%的学生和50%的教师——都被开除了。对犹太人施加的恶行在可怕的水晶之夜达到高潮,相比之下,我的遭遇实在是微不足道。

我的父母年幼时于第一次世界大战前分别来到维也纳,那时这座城市气氛宽容,和后来很不一样。我的母亲夏洛特·齐梅尔斯1897年出生在科洛梅亚,这是一座位于流经加利西亚的普鲁特河畔,有着4.3万居民的小城。小城毗邻罗马尼亚,当时属于奥匈帝国,后来成为波兰的一部分,现在则属于乌克兰。小城居民大约有一半是犹太人,当地犹太社群有着浓厚的文化氛围。母亲来自一个受过良好教育的中产阶级家庭。尽管她在维也纳大学只学习了一年,但除了德语和波兰语,她还能用英语写作和与人交流。我的父亲赫尔曼·坎德尔1898年出生在奥利斯科的一个贫困家庭,这座有着2.5万居民的小城靠近利沃夫市,现在也属于乌克兰。父亲一家在1903年搬到维也纳,当时他才5岁。他高中时直接应征入伍,加入奥匈帝国军队开赴"一战"战场，并在战斗中留下了一个弹片伤口。"一战"结束后，他需要干活谋生，没能完成高中学业。我母亲很快就被他的英俊、活力和风趣所吸引。

在奥匈帝国作为"一战"战败国解体之后11年，我出生了。在"一战"之前，奥匈帝国是欧洲第二大国，国土面积仅次于俄国。帝国的东北部扩张到了现在的乌克兰，它的东部省份包括现在的捷克共和国和斯洛伐克共和国，南部省份包括匈牙利、克罗地亚和波斯尼亚。"一战"结束后，奥地利的国土面积大幅缩小，失去了所有的外语省份，只留下了德语核心区。这样一来，奥地利的人口骤减（从5400万降到了700万），政治影响力也大大削弱。

尽管如此，在我小时候，约有200万居民的维也纳仍然保持着文化活力。市政府在社会民主党的领导下发起了一套社会、经济和医疗改革计划，成绩显著并广受称赞，让我的父母和他们的朋友都感到非常高兴。维也纳是一个繁荣的文化中心。古斯塔夫·马勒和阿诺德·勋伯格的音乐，同莫扎特、贝多芬和海顿的作品一道，响彻整座城市。古斯塔夫·克里姆特、奥斯卡·柯克西卡和埃贡·席勒那些大胆的表现主义画作也遍布整座城市。

尽管在文化上很繁荣，20世纪30年代的维也纳却是一个高压专制政体的首都。当时年幼的我并不明白这一点。直到后来，当我在美国度过了一个更加无忧无虑的青春期，回过头看时才明白，那种塑造了我对世界的第一印象的政治氛围实在很压抑。

虽然犹太人已经在维也纳生活了上千年，并且对这座城市的文化发展贡献良多，反犹主义却长期存在。20世纪初，维也纳的执政党将反犹主义作为政纲基础，欧洲各大城市里仅此一地。从1897年到1910年担任市长的是反犹民粹主义者卡尔·吕格尔,他在富有煽动性的演讲中集中火力攻击中产阶级里的"富裕犹太人"。中产阶级是在1867年实行新宪法后形成的,新宪法将平等的公民权利扩展到了犹太人和其他少数族群身上,并允许他们自由公开地从事宗教活动。

尽管新宪法有着上述规定,占全市总人口10%及核心城区(内城9区)人口近20%的犹太人,在行政机关、军队、外交使团和社会生活的诸多方面却处处遭受歧视。大多数社交俱乐部和体育团体都设置了一个雅利安人条款,阻止犹太人加入。从1924年到1934年,奥地利一直存在一个非法的纳粹政党,信奉极端反犹的党纲。该党在1928年曾抗议一位犹太作曲家恩斯特·克热内克创作的歌剧在维也纳歌剧院演出(图2-6)。

尽管如此,包括我父母在内的维也纳犹太人,都深深迷恋着这座城市。研究维也纳犹太人生活的历史学家伯克利曾恰当地做出过如下评论:"长年以来,如此多的犹太人深深眷恋着一座反犹情绪根深蒂固的城市,这真是一种莫大的讽刺。"后来我才从父母那里知道这座城市为何如此迷人。首先,维也纳是座美丽的城市:市中心的博物馆、歌剧院、大学、环城大道(维也纳的林荫主道)、公园和哈布斯堡皇宫等建筑物都美轮美奂。城外著名的维也纳森林可以随意进出,几近神奇的普拉特游乐园也同样如此,游乐园及其中的巨型摩天轮后来由于电影《第三人》①而举世闻名。历史学家威廉·约翰斯顿曾写道:"一个维也纳人在戏院消遣一晚或者在普拉特游乐园度过一个五朔节之后,会泰然地将他的城市当作宇宙中心。还有什么地方能让现实变得如此令人愉悦、妩媚动人呢?"虽然我的父母没有受过很

---

① 又译作《黑狱亡魂》,卡罗尔·里德(Carol Reed)1949年执导的电影,曾获戛纳电影节金棕榈奖。

图 2-6 一张 1928 年的奥地利纳粹党海报，抗议犹太作曲家恩斯特·克热内克创作的歌剧在维也纳歌剧院演出："我们的歌剧院，全世界首屈一指的艺术和教育机构，全体维也纳人的骄傲，竟要沦为一个粗鄙犹太黑人的垃圾作品的牺牲品……跟我们一起抗议奥地利这前所未闻的耻辱吧。"（承蒙维也纳市政厅图书馆惠允）

好的教育，他们却仍然感到自己与维也纳的文化价值观，尤其是与戏院、歌剧院以及我至今还会说的语调优美的维也纳方言紧密相连。

我父母的价值观与大多数其他维也纳家长一样：他们希望自己的孩子在一些专业领域取得成就——最好是学术领域。他们的愿望反映的是典型的犹太价值观。公元70年，坐落于耶路撒冷的第二圣殿被毁，约翰南·本·撒该前往海滨小城亚夫内，并在那里建立了第一个研习《托拉》①的学院，从那时起到现在，整个犹太民族都一直是"有经者"②。每一个犹太男子，不论其经济或社会地位，为了能够阅读祈祷书和《托拉》，理应接受文化教育。到了19世纪末，那些向社会上层流动的犹太家长开始鼓励他们的女儿同他们的儿子一样去接受良好的教育。除此之外，生活的目的不仅是求得经济上的保障，而且要利用经济上的保障达到更高的文化层次。最重要的目的是"教化"——对教育和文化的追求。这样做意义重大，在维也纳，即便是贫困的犹太家庭，也至少会有一个儿子成功地当上音乐家、律师、医生，最好是成为大学教授。

在维也纳，犹太社群的文化追求与大多数非犹太市民的文化追求完全一致，这在欧洲城市中颇为少见。由于奥地利军队在1740年至1748年的奥地利王位继承战争和1866年的普奥战争中先后两次被普鲁士击败，奥地利的统治者哈布斯堡家族完全丧失了在军事上称雄德语世界的希望。随着政治和军事实力

---

① 即通常所称的《摩西五经》，由希伯来语圣经《塔纳赫》的前5卷组成。它的字面义是"指引"，因此广义上可以涵盖所有的犹太教律法与教导。
② 有经者（People of the Book）这个术语最早是被《古兰经》用来指称那些早于伊斯兰教形成的一神论宗教的教徒，包括犹太教、拜星教和基督教等。犹太人接纳这个术语来表明自己与《托拉》的特定关联，成为一种文化和宗教认同。

的衰落，他们把扩张领土谋求霸权的野心转移到了对文化优势的追求上。新宪法放宽了迁移限制，导致19世纪最后25年里有大量犹太人和其他少数族群从帝国各地涌入维也纳。维也纳成了德国、斯洛文尼亚、克罗地亚、波斯尼亚、匈牙利、意大利北部、巴尔干半岛和土耳其移民的家。在1860年至1880年间，人口从50万增加到70万。维也纳的中产阶级开始将自己视为世界公民，他们在孩子很小的时候就对其施行教化。维也纳的文化史学家卡尔·休斯克写道："对于从小在环城大道的博物馆、戏院和音乐厅长大的维也纳中产阶级来说，文化不是生活的装饰品，也不是代表地位的徽章，而是如同他们呼吸的空气一样。"著名的讽刺作家和文学评论家卡尔·克劳斯则说："维也纳的街道不是用沥青铺成的，而是用文化铺就的。"

除了富有文化活力，维也纳还有活色生香的一面。我最喜欢的儿时记忆都是典型维也纳式的：其中一段记忆是相互扶持的一家人常在一起享受假日，从中产生适度且持久的中产阶级满足感，另外一段记忆则是我们性感的女管家米琪让我体验到的短暂性爱欢愉。

阿瑟·施尼茨勒曾在一篇短篇小说中直白地描述过那种性爱体验，内容是一个年轻的中产阶级维也纳少年被一个甜美的少女色诱，这个少女是他家的仆人，或是在室外做工的。《纽约客》撰稿人安德里亚·李曾写道，过去奥匈帝国中产家庭挑选女佣的一个标准，就是她们得是家里男孩子失去童贞的合适人选，这在一定程度上是为了避免他们成为同性恋。这样的遭遇在别人看来很容易觉得是我被耍了，但我从未这么觉得。现在回想起来，仍然觉得有趣。

那件事发生在我8岁时的一天下午，性感迷人的米琪大约

25岁,当时我得了感冒正在休息。她坐在我的床边抚摸我的脸,我显得很高兴,于是她解开上衣,露出丰满的双乳,问我是否愿意抚摸她。我并不明白她的意思,但我感受到了她的诱惑,突然间有了与以往迥然不同的体验。

正当我开始被她引导着探索她的身体时,她突然变得不安,告诉我最好停手,否则我会怀孕。我怎么会怀孕呢?我完全清楚只有女人才会生孩子。男人身上哪里可以冒出孩子呢?

"肚脐眼,"她回答,"医生往肚脐眼上撒些药粉,肚脐眼就会裂开,让孩子从里面出来。"

我对这个说法将信将疑。虽然它看上去不可能发生,但我还是不太确定。我对这件事可能产生的后果感到些许担心。我担心如果我怀孕了,母亲会怎么想?我的第一次性体验就在这种担心加上米琪的变脸中草草收场。不过米琪此后从不避讳跟我明说她对性的渴望,还说等我长大了就可以和她好好体验。

结果还没等到我达到她的年龄条件,她就已经有主了。在我们草草收场的几个星期后,她和一个来我家修火炉的修理工好上了。过了一两个月,她就和他私奔去了捷克斯洛伐克。在那之后的很多年里,我都以为"跑去捷克斯洛伐克"和"追逐性爱的欢愉"是一回事。

我们中产家庭式的幸福体现在我家周末的纸牌游戏中、犹太节日的家庭聚会上以及我们的暑期度假里。星期天下午,我的小姨明娜和她的丈夫苏尔姨夫会来我家喝茶。我父亲和苏尔多数时间都在玩一种叫作皮诺克尔的纸牌游戏,父亲玩得很好,常常谈笑风生。

逾越节时,我们一大家子都会聚在我外祖父母赫歇和多拉·齐梅尔斯的家里。我们诵读讲述受奴役的犹太人如何逃出埃及的《哈加达》，然后享用外祖母精心准备的逾越节晚餐，其中最好吃的是她做的鱼丸，在我心目中，至今没有能与之媲美的食物。我对1936年的逾越节印象格外深刻。在那之前几个月，小姨明娜和姨夫苏尔结婚，我参加了婚礼——作为花童托起那美丽婚纱的拖尾。苏尔非常有钱，是位成功的皮革商人。那场盛大华丽的婚礼是我前所未见的，因此我也非常高兴自己能够参与其中。

那个逾越节的第一天晚上，我向她开心地回忆起我对他们婚礼的喜爱，每个人都精心打扮，食物也非常讲究。我说道，那场婚礼太美了，希望她能够很快再办一次，那样我就可以再体验一次。后来我才知道，明娜对苏尔的感情是矛盾的，她认为他的智力和社会地位都不如自己，因此当即觉得我话中所指的不是婚礼而是她对伴侣的选择。她推断我可能希望她再嫁给另外一个人——一个也许在智力和教养上都更配得上她的人。于是明娜发起火来，向我训诫了一大通婚姻的神圣性。我怎么敢说她想很快再举行一次婚礼、嫁给别的人呢？后来我在读弗洛伊德的《日常生活心理病理学》时才知道，动力心理学[①]的一个基本原理就是无意识从不会撒谎。

每年8月，我的父母、路德维希和我会在维也纳以南50英里[②]的一个名为默尼希基兴的小农庄度假。1934年7月，我们正准备出发时，奥地利总理恩格尔伯特·陶尔斐斯被一帮伪装成警察的奥地利纳粹党徒暗杀了——这是我正在形成的政治意识里记住的第一件大事。

---

① 也称心理动力学，是模仿"热力学"一词创造的，意指心理能量在各种心理过程及行为中流动、传递和转换。
② 1英里约为1.6千米。

陶尔斐斯1932年当选总理，他效法墨索里尼，将基督教社会党党员吸收进"祖国阵线"①，建立起一个威权政体。他没有采用纳粹"卐"字标志，而是选择了一种传统的十字架符号作为党徽，来表达其有别于纳粹的基督教价值观。为了确保对政府的控制，他废除了宪法并取缔了包括纳粹党在内的所有反对党。虽然陶尔斐斯打压了奥地利国家社会主义运动妄图组建一个包括所有讲德语的人民在内的泛德意志国家的势头，但他废除旧宪法和取缔反对党的做法却为希特勒打开了大门。陶尔斐斯被暗杀后，在库尔特·冯·许士尼格继任总理的开头几年里，转入地下的奥地利纳粹党活动愈发隐秘，尽管如此，还是源源不断有追随者加入，特别是教师和公务员群体。

希特勒是奥地利人，曾在维也纳生活过。1908年，19岁的他离开因河畔布劳瑙的家乡来到首都，希望成为一名艺术家。尽管他在绘画上有一定的天赋，却屡次被维也纳美术学院拒之门外。与此同时，他逐渐受到卡尔·吕格尔的影响。正是从吕格尔身上，希特勒发现了煽动性演讲的威力和反犹主义的政治红利。

希特勒从青年时期就梦想着将奥地利与德国合并。因此，德国纳粹党早在20世纪20年代成立初期，就在奥地利纳粹党的参与设计下，把建立一个将所有讲德语的人民合在一起的大德意志纳入议程。1936年秋，希特勒开始实施这个计划。自1933年全面控制德国之后，希特勒于1935年恢复了征兵制度，并于次年重新占领了莱茵兰，根据《凡尔赛和约》，这个德语区本是

---

① 政党名称，是当时由陶尔斐斯创建的奥地利唯一合法政党。

由法国监管的非军事区。接着他又咄咄逼人地威胁要进军奥地利。许士尼格希望通过让步来确保奥地利的独立，于是他请求与希特勒会面来应对这次威胁。双方于1938年2月12日在奥地利边境附近的贝希特斯加登举行了会谈。由于一些个人情感因素[①]，希特勒选择在此修建了私人住所。

为了展示实力，希特勒带着两个将军参加会面，威胁许士尼格放开对奥地利纳粹党的限制，并任命三名纳粹党徒进入内阁担任要职，否则他将入侵奥地利。许士尼格一开始表示拒绝。但随着会谈时间的流逝，以及希特勒的进一步施压，筋疲力尽的许士尼格终于屈服，同意让纳粹党合法化，释放作为政治犯的纳粹党徒，并给了纳粹党两个内阁席位。但许士尼格与希特勒达成的这些协议只会刺激纳粹党徒对权力的欲望。现在作为一个成员数量可观的团体，纳粹进入公众视野并通过一系列警察难以控制的暴乱来挑战许士尼格领导的政府。在奥地利纳粹党徒暴乱与希特勒入侵威胁的内忧外患面前，许士尼格开始反击，他大胆提出将在3月13日举行全民公投，这个日期距离他与希特勒的会面仅仅一个月。选民们需要表决的问题很简单：奥地利应该继续保持自由独立吗？是或者否？

许士尼格表现出来的胆识让我父母由衷感到钦佩，却扰乱了希特勒的心神，因为看起来这次公投的结果几乎肯定会是选择奥地利保持独立。希特勒对此的回应是，除非许士尼格推迟公投、辞去总理一职并由奥地利纳粹党徒阿瑟·塞斯-英夸特作为新任总理来组建新政府，不然他就动员军队入侵奥地利。许士尼格转而向曾经支持过奥地利独立的英国和意大利寻求帮助。

[①] 希特勒早年在此地写完了《我的奋斗》第二卷，据信他曾与当地人玛丽亚·瑞特（Maria Reiter）相恋。

两国都未做出回应，这让像我家这样的维也纳自由派感到沮丧。鉴于潜在同盟国的抛弃，同时考虑到避免无谓的流血冲突，许士尼格于3月11日晚辞职。

尽管奥地利总统接受了德国的全部要求，希特勒还是在第二天入侵了奥地利。

这时，令人诧异的事情发生了。希特勒进入奥地利时，迎接他的是绝大多数民众的欢呼喝彩，而非愤怒的抗议。正如乔治·伯克利指出的，头一天还在呐喊着忠于奥地利、支持许士尼格的人们，第二天就对希特勒的军队以"德国兄弟"相称，这一戏剧性的转变不能简单地归因于数以万计的纳粹党徒从地下转到了地上。倒不如说当时所发生的是一次历史上"最飞快而且最彻底的群众信仰转变"。汉斯·卢基伽曾写道："起先为皇帝欢呼的是人民，然后咒骂他的也是人民；废黜皇帝后欢迎民主的是人民，（陶尔斐斯领导的）法西斯上台后为之欢呼的还是人民。他们今天为纳粹党欢呼，明天就会为别的什么欢呼。"

奥地利媒体也不例外。3月11日星期五，国内主流报纸《帝国邮报》还在支持许士尼格。两天之后，这份报纸就在头版刊发了题为《迈向一统》的社论，文中指出："多亏了阿道夫·希特勒的天才与决心，德奥统一的时刻终于到来了。"

针对犹太人的攻击始于1938年3月中旬，恶行在8个月后的水晶之夜达到了顶峰。后来我读到关于水晶之夜的著作时，才知道它部分源于1938年10月28日的事件。那一天，1.7万名来自东欧的德国犹太人被纳粹围捕，并遣送到位于德国和波兰边境的小城兹邦申附近。那时纳粹还认为自愿或强制向外国移民是解决"犹太人问题"的办法。11月7日早晨，一名因父母被驱逐到兹邦申而心意狂乱的17岁犹太男孩赫歇尔·格林斯潘，误把德国驻法国大使馆第三秘书恩斯特·冯·拉特当成大使射杀了。两天之后,一群暴徒以此为借口,组织起来纵火焚烧了几乎所有德奥境内的犹太会堂。

在所有被纳粹控制的城市中,维也纳在水晶之夜遭受的恶行最为不堪。犹太人遭到奚落和暴打,被赶出他们的商店和家门。接着他们的商店和家被贪婪的邻居洗劫一空。位于叔本华街的美丽犹太会堂被彻底摧毁。杰出的纳粹猎人[①]西蒙·维森塔尔后来说道:"和维也纳比起来,柏林的水晶之夜就像个愉快的圣诞节。"

我父亲在水晶之夜遭到拘捕,我家的商店被夺走并转手给了一个非犹太人。这是所谓对财产的雅利安化的一部分,实质是一种名义上合法的盗窃。从父亲于1938年11月中旬获释到1939年8月他和母亲离开维也纳的这段时间里,他们极度贫困。很久之后我才知道,我的父母得到过维也纳犹太社群协会的帮助,协会提供了一些生活必需品,偶尔还会给我父亲提供像搬运家具这样的临时工作机会。

我父母注意到德国在希特勒上台后通过了反犹太人的法律,这让他们明白发生在维也纳的暴行不太可能消退。他们知道我们一家必须离开,越快越好。我母亲的哥哥伯曼·齐梅尔斯早在10年前就离开维也纳去纽约从事会计工作。1938年3月15日,希特勒入侵之后第三天,母亲就给他写信,他很快寄来了担保书,向美国当局保证他可以负担我们在美国的生活。然而,美国国会在1924年通过的一项移民法案限定了来自东欧和南欧的移民数量。尽管我们已有必需的担保书,但由于父母都在那

[①] 这些人以个人名义在"二战"结束后致力于搜集证据、追查纳粹分子,把他们送上法庭,让他们为战争罪行和反人类罪行负责。

时还属于波兰的领土上出生,这使我们花了一年时间才获得名额。又由于移民法案规定了家庭成员进入美国的顺序,我们在拿到名额后还得分阶段移民。根据既定顺序,我的外祖父母可先行离开,那是在1939年2月;接下来是哥哥和我,那是在4月;最后轮到我的父母,那时已是8月末,第二次世界大战一触即发。

由于我家的商店已经被夺走,父母无力支付我们去美国的旅费。于是他们向犹太社群协会申请了荷美航运的一张半船票,一张给我哥,半张给我。几个月后,他们又为自己申请了两张船票。幸运的是,两次申请都通过了。我父亲是一个细心且诚实的人,他总是按时支付自己的账单。我现在拥有他当年申请用的全部材料,上面显示他长期虔诚地缴纳会费。协会的一位官员在评估我父亲的申请时,特地提到上述行为展现了他正直诚信的为人。

在维也纳度过的最后一年对我有着决定性的影响。它让我长期以来备加珍惜自己在美国的生活。但毫无疑问的是,维也纳在纳粹统治之下所呈现的景象也第一次向我展示了人类行为暴虐黑暗的一面。人们该如何去理解那么多人突然间会犯下罪恶的暴行?一个高度有教养的社会,怎么会如此迅速地拥护由于蔑视某个族群而实施的暴政和恶行?

这些问题很难回答。很多学者提出了偏颇且前后矛盾的解释。其中一个让我感到很不安的说法是,一个社会的文化素质并不是衡量它是否尊重人的生命的可靠指标。文化根本无法消除偏见、改变思维。诛灭非我族类的欲望可能与生俱来,因此任何一个凝聚力强的群体都有被激发出这种欲望的潜能。

我对任何此类诉诸准遗传易感性的解释都抱有强烈怀疑，认为它们脱离现实。总的来说德国人并不分享奥地利人这种恶毒的反犹主义。那么，维也纳的文化价值观与它的道德价值观是如何产生了如此彻底的分裂的呢？维也纳人在1938年之所以会有这样的举动，一个重要原因显然是纯粹的机会主义。犹太社群在经济、政治、文化和学术领域取得的成功让非犹太人，特别是那些大学里的非犹太人心生嫉妒和报复的欲望。大学教授中纳粹党徒的比例远远大于普通民众中纳粹党徒的比例。因此，维也纳非犹太裔的专业人士渴望通过取代犹太人的职务来获得提升：犹太裔大学教授、律师和医生很快发现他们自己失业了。很多维也纳人轻而易举地占据了犹太人的房子和财产。正如蒂娜·沃尔泽和斯蒂芬·坦皮对这个时期的系统研究所揭示的："1938年，大量律师、法官和医生通过掠夺他们的犹太邻居改善了自己的生活水平。如今许多奥地利人的成功是建立在60年前盗窃来的钱财之上的。"

文化价值观与道德价值观分裂的另外一个原因是反犹主义从文化形式转向种族形式。文化反犹主义认为"犹太性"是一种宗教或文化传统，是从独特的传统和教育中习得的。这种形式的反犹主义源于犹太人通过文化适应而获得的某些不讨喜的心理和社会特质，比如对赚钱的浓厚兴趣。然而，这种反犹主义也认为，既然犹太性是通过在犹太家庭中成长而获得的，那么就可以通过转变教育或信仰来消除，这样一个犹太人可以克服自身具有的犹太性。大体上，一个转信天主教的犹太人，可以和任何其他天主教徒一样虔诚。

另一方面，种族反犹主义被认为是源于犹太人在遗传上有别于其他种族的信念。这个信念源自罗马天主教会长期宣扬的弑神罪教义。正如研究犹太人的天主教历史学家弗雷德里克·施韦泽指出的，这种教义引发了一种流行信念，认为是犹太人杀害了基督，天主教直到最近才宣布放弃此观点。根据施韦泽的研究，这一教义认为杀害基督的犹太人是一个生来就缺乏人性的种族，必定从遗传上就低人一等，人们因此可以毫不愧疚地将他们从其他人种中除掉。15世纪的西班牙宗教裁判所体现了这种种族反犹主义，它在19世纪70年代被一些奥地利（和德国）知识分子接受，其中包括奥地利泛德意志民族主义者的领袖格奥尔格·冯·舒纳勒和维也纳市长卡尔·吕格尔。虽然在1938年之前，种族反犹主义尚未在维也纳成为主导力量，它却在这一年3月之后成了官方公共政策。

一旦种族反犹主义取代了文化反犹主义，就再也没有犹太人可以成为一名"真正的"奥地利人了。就连改宗也不行。犹太人问题的唯一解决办法就是驱逐或灭绝犹太人。

我哥哥和我于1939年4月离开维也纳，乘火车去了布鲁塞尔。尽管父亲保持乐观的态度、母亲镇定地让我不要担心，年仅9岁的我对于离开父母仍然备感痛苦。当我们到达德国和比利时边境时，火车停了一会儿，德国海关官员登上了火车。他们要求查看乘客携带的任何珠宝或其他值钱货。哥哥和我之前已经得到了一位同行年轻女子的提醒，因此我把一枚刻有我姓名缩写的小金戒藏进了口袋，这枚戒指是我7岁生日时收到的礼物。纳粹官员登上火车时，我原本轻微的焦虑变得几乎难以承受，害怕他们会发现戒指。幸运的是，他们并没有注意到默默发抖的我。

在布鲁塞尔，我们和明娜姨妈和苏尔姨夫待在一起。他们有足够的经济实力，因此成功买到了允许他们进入比利时并在布鲁塞尔定居的签证。他们将在哥哥和我离开几个月后到纽约与我们会合。接着哥哥和我乘火车到达安特卫普，在那里我们登上了荷美航运的"盖罗尔德施泰因号"，经过10天的航行抵达新泽西的霍博肯——直接驶过了迎接我们的自由女神像。

3

美国的求学生涯

来到美国就像获得了新生。虽然我既缺乏先见也不会用英语说出"终于自由了"①，但我那时就已经感受到了自由，直至今日。哈佛大学的科学史学家杰拉尔德·霍尔顿曾指出，对于许多我们这一代维也纳流亡者来说，我们在维也纳受到的扎实教育与到达美国时体验到的自由感结合在一起，释放出无尽能量并激发出奇思妙想。这一点无疑在我身上得到了证实。我在这个国家获得了许多馈赠，其中一件就是在三所各具特色的学校接受了极好的博雅教育，这三所学校分别是：弗莱布许犹太小学、伊拉斯谟堂高中和哈佛学院。

我和哥哥跟外祖父母住到了一起，他们比我们早两个月，于1939年2月抵达布鲁克林。我不会说英语，觉得自己应该尽快适应。于是我将自己的名字埃里希（Erich）稍作调整，采用了现在的拼法。我哥哥的名字更是改头换面，从路德维希变成了路易斯。我的舅舅伯曼和舅妈保拉从20世纪20年代来到美国起就住在布鲁克林，他们把我送进了离我们住的地方不远的一所公立小学——位于弗莱布许社区的P.S.217小学。我在这所学

---

① 此语出自马丁·路德·金的著名演讲《我有一个梦想》的结尾，亦是一首黑人灵歌的歌名。

校只读了12周,不过到暑假离开时,我已经能够用英语表达自己了。那个夏天我重读了埃里希·凯斯特纳的《埃米尔擒贼记》,这是我儿时最爱的读物之一。不过这一次读的是英文版,这让我颇有成就感。

我在P.S.217小学过得并不是很舒心。虽然这所小学有很多犹太小朋友就读,但我当时却没有注意到。相反,由于很多学生都是金发碧眼,我以为他们都不是犹太人,我还害怕长此以往他们会对我产生敌意。因此我欣然接受了外公想把我转到一所希伯来教区学校的劝说。我的外公虽然有些不谙世故,却是个虔诚的饱学之士。我哥哥曾说过,外公是他所知道的人里唯一一个能够说七种语言却没有一种能让人理解的。外公和我感情很好,他很容易就让我确信,他可以在这个夏天教我希伯来语,这样我应该会在秋天拿到弗莱布许犹太小学的奖学金。这所著名的希伯来走读学校用英语教授世俗课程并用希伯来语开设宗教课程,对两种语言的要求都很高。

多亏了外公的教导,我得以在1939年秋天进入犹太小学。到1944年毕业时,我的希伯来语说得差不多和英语一样好了。我读完了希伯来语的《托拉》《列王记》《先知书》,以及《塔木德》的部分卷册。后来我得知,1976年的诺贝尔生理学或医学奖得主巴鲁克·塞缪尔·布隆伯格也同样从弗莱布许犹太小学的独特教育经历中获益,这让我感到既高兴又自豪。

我父母于1939年8月末离开了维也纳。在他们离开前,我父亲第二次被捕并被押往维也纳足球场,在那里遭到穿着褐色制服的纳粹冲锋队的审问和恐吓。他们得知我父亲已经获得美国签证正打算出国,于是释放了他,逃过一劫。

当我父母来到纽约时，父亲一个英语单词都不会说，他在牙刷厂找到一份工作。作为在维也纳蒙羞经历象征的牙刷，到了纽约却成为他通向更好生活的开端。虽然父亲并不喜欢这份工作，他还是凭着惯常的干劲投入其中，很快便由于生产牙刷太多太快遭致工会干事的训斥，因为这样做显得其他工人太没干劲。我父亲没有因此却步。他爱着美国。像许多其他移民一样，他常把美国称作"金色圣地"，一个允诺赐予犹太人安全和民主的黄金之地。在维也纳时，他读过卡尔·迈的小说，故事神化了美国西部的征服史和美洲印第安人的勇气，而我父亲则以他自己的方式保持着这种开拓精神。

后来，我父母存够了一笔钱，租下并开设了一家服装店。他们一起工作，出售朴素的女式连衣裙和围裙，以及男士衬衫、领带、内衣和睡衣。我们还租下了这家位于布鲁克林教堂大街411号的服装店楼上的公寓。我父母赚的钱多到不仅可以养活我们，而且不久之后还买下了店铺和公寓所在的整栋楼。此外，他们还能供我上大学和医学院。

我父母全身心地投入到店铺工作中——这是为他们和孩子提供稳定收入的关键——以致于没有享受过纽约的文化生活，而我和哥哥则开始乐在其中。尽管平常都在忙工作，但他们也总是对我们保持乐观和支持，从来不会对我们的学习或消遣横加干涉。我父亲是个极其诚实的人，他要求自己从供应商那里拿到货后总是立即付款，还常常在找钱给顾客时把钱点两遍。他希望哥哥和我处理金钱问题时也能像他那样。但他除了大体上希望我们做出合理正确的行为，从未对我走学术这条路或是其他人生路施加任何压力。反过来，由于他的社会和教育经历有限，我也从不认为他适合在这些事情上给我建议。我通常会求助于母亲,更多时候则是请教哥哥和老师们,而最经常的则是向我的朋友们寻求建议。

父亲于1977年去世,享年79岁,直到去世前一个星期,他仍在店里工作。在那之后不久,母亲卖掉了店铺以及整栋楼,搬进了海洋公园大道拐角处一套更舒适雅致的公寓。她于1991年去世,享年94岁。

当我1944年从弗莱布许犹太小学毕业时,它还没有后来建成的高中部[①],因此我进入了伊拉斯谟堂高中,这是本地一所学术实力雄厚的公立学校。在那里,我开始对历史、写作以及女孩子产生兴趣。我参与了编写校报《荷兰人》[②]的工作,并当上了体育新闻版的编辑。我还踢足球并担任田径队队长(图3-1)。副队长罗纳德·伯曼是我高中时最亲密的朋友,他尤其擅长长跑,曾赢得市锦标赛半英里跑冠军,我则名列第五。罗恩[③]后来成为加州大学圣迭戈分校的莎士比亚学者和英国文学教授。他还在尼克松执政期间担任国家人文学科基金会的主席。

在历史老师、哈佛毕业生约翰·坎帕尼亚的鼓励下,我向哈佛学院提交了入学申请。当我第一次和父母讨论申请哈佛的事情时,父亲(他和我一样对众多美国大学的差异并不熟悉)劝阻了我,因为再申请一所大学需要花钱。而我已经申请了布鲁克林学院,我哥也在这所优秀的学院就读。坎帕尼亚先生在听到我父亲的顾虑后,自掏腰包给我付了申请所需的15美元。

---

① 美国教育体系在"二战"时尚未流行"初中"的概念,当时的小学多为8年制,与高中教育直接衔接。
② 伊拉斯谟堂高中是以文艺复兴时期鹿特丹著名哲学家伊拉斯谟来命名的,校报刊名指的即是他。
③ 即对罗纳德的昵称。

图3-1 1948年宾大接力赛的冠军队伍。宾大接力赛是每年举行的面向高中和大学田径运动员的全国性赛事。我们获得了高中组一英里跑冠军。左二是我,右二是罗恩。(承蒙罗恩·伯曼惠允)

我是我们这一届1150名学生里被哈佛录取的两名学生之一(另外一位是罗恩·伯曼),我俩都拿到了奖学金。获得奖学金后,罗恩和我体会到了哈佛校歌的真谛:"公平的哈佛。"确实是公平的哈佛!

虽然沉浸在自己的好运及对坎帕尼亚先生的无尽感激之中,我还是对离开伊拉斯谟堂高中感到忧虑,因为我觉得,自己再也体会不到那种由社会接纳、学术和体育成就所带来的纯粹欢愉了。在弗莱布许时,我是个有奖学金的学生。在伊拉斯谟堂高中,我是个学者运动员[①]。这两者对我来说有着天差地别。在伊拉斯谟堂高中,我才第一次感觉到自己从哥哥的影子里走了出来,在维也纳读书时我曾觉得这个影子非常伟岸。这是第一次,我有了自己的兴趣爱好。

---

① 学者运动员(scholar-athlete)是学术成绩和体育成绩都很优秀的学生才能获得的荣誉。

我在哈佛主修现代欧洲历史和文学。这个专业门槛颇高，被录取的学生要保证能在大四完成一篇荣誉论文。这个专业的独特之处是，它让学生有机会从大二开始就获得指导，先是小组指导，然后是单独指导。我的荣誉论文讨论了卡尔·楚克迈耶、汉斯·卡罗萨和恩斯特·荣格尔这三位德国作家对待国家社会主义的态度。他们各自代表了知识分子面对纳粹的不同立场。楚克迈耶是一位勇敢的自由主义者，毕生都在批判国家社会主义，很早便离开德国，先是去了奥地利，然后到了美国。卡罗萨是一名医生兼诗人，立场中立并留在德国，不过他表示自己的灵魂已经逃往异乡。荣格尔在第一次世界大战时是一位英武的德国军官，歌颂战争和战士的精神价值，是纳粹思想的先驱。

我的论文得出了令人沮丧的结论，即包括头脑如此优秀的荣格尔、伟大哲学家马丁·海德格尔和指挥家赫伯特·冯·卡拉扬[①]在内的很多德国艺术家和知识分子，都非常急切地委身于国家社会主义的民族主义狂热和种族主义宣传中。弗里茨·斯特恩和其他学者后来的历史研究表明，希特勒在执政的第一年并没有获得广泛的民众支持。如果知识分子能够有效地对大众进行动员和呼吁，希特勒完全控制政府的愿望恐怕就不会实现，或至少能被大大削弱。

我从大三开始准备荣誉论文，当时我打算在研究生阶段研究欧洲思想史。然而，在大三即将结束时我与安娜·克里斯相遇并相爱了。她同样来自维也纳，在拉德克利夫学院学习。那时我正在上卡尔·维埃特开的两门非常优秀的研讨课，一门是

[①] 卡拉扬是奥地利人，但成年后长期在德国居住和工作，曾加入纳粹党。

关于德国伟大诗人歌德的，另一门则关于现代德语文学。作为一名在美国很有影响力的德国学者，同时也是一名富有洞见和魅力的老师，维埃特鼓励我继续学习德意志历史和文学。他写了两本研究歌德的书，一本讲歌德的青年时代，另一本主要关于歌德成为成熟的诗人之后的记述。他还对格奥尔格·毕希纳进行了开创性的研究，这位原本不太知名的剧作家正是经由他而被世人重新发现的。毕希纳的人生很短暂，他在未完成的剧本《沃伊采克》中倡导现实主义和表现主义的创作手法，这是首部以英雄史诗的维度描绘一个不善言辞的普通人的剧作。在毕希纳因伤寒于1837年（时年24岁）去世后，剧本以未完成形式出版，后来被改编成歌剧《沃采克》，由阿尔班·贝尔格配乐。

安娜很高兴我熟知德语文学，刚开始做朋友时，我俩会在晚上一起读诺瓦利斯、里尔克和斯特凡·格奥尔格的德语诗歌。我打算在大四再修两门维埃特的研讨课，但在我大三结束的时候，他却突然死于癌症。维埃特的去世不仅让我深感悲痛，也使我的计划课程出现了很大空缺。在维埃特去世之前几个月，我见到了安娜的家长恩斯特和玛丽安·克里斯，他们都是弗洛伊德学派杰出的精神分析师。克里斯夫妇燃起了我对精神分析的兴趣，并让我重新规划了我的课程表。

如今已经很难去描述20世纪50年代年轻人对精神分析的那种痴迷了。精神分析提出的心智理论，让我初次领会了人类行为和行为背后动机的复杂性。在维埃特的现代德语文学课上，我已经读过弗洛伊德的《日常生活心理病理学》以及阿瑟·施尼茨勒、弗朗茨·卡夫卡和托马斯·曼三位作家关注人类心智的内部活动的作品。即便按照苛刻的文学标准，阅读弗洛伊德的文章也堪称赏心乐事。他的德语简洁、明晰、幽默并且不断地自我指涉，他也因此荣获了1930年的歌德奖。[①] 这本书向我开启了一个新世界。

《日常生活心理病理学》记述了一系列奇闻轶事，它们已经深深融入了我们的文化，以至于这些轶事如今可以写进伍迪·艾伦电影的脚本或者单口喜剧的台本。弗洛伊德在书中详细记述了那些最平常、乍看上去无关紧要的事情——口误、难以解释的意外、物品放错位置、拼写错误、遗忘，并通过它们来展示人类心智是由一套精确的规则控制着的，而这些规则大多数是无意识的。从表面上看，这些疏忽像是会发生在每个人身上的日常失误和小意外，它们也确实在我身上发生过。但弗洛伊德让我明白，所有这些疏忽全都不是意外。每个疏忽都与一个人的精神生活的其余部分有着连贯且意义明确的关系。特别让我感到惊奇的是，弗洛伊德居然在没有见过我的小姨明娜的情况下就能写出全部这些内容！

弗洛伊德进一步指出，心理确定性是指一个人精神生活中的事件几乎不会随机发生，每个心理事件都由在它之前发生的事件决定，这不仅是正常精神生活的核心，而且是导致精神疾病的关键。无论某种神经症状看上去如何怪异，从无意识活动层面来看都是可以理解的。这些症状与先于它发生的其他心理过程相关。口误与引起口误的原因之间的联系，或症状与其深层的认知过程之间的联系，被自我防御机制（这是一种普遍存

[①] 弗洛伊德生前先后在12个年份获得过诺贝尔生理学或医学奖提名，提名人包括多位诺奖得主在内，总计32人次，这反映了他的理论在当时科学界的影响力。此外，他还获得过1次诺贝尔文学奖提名，提名人是诺贝尔文学奖得主罗曼·罗兰，理由是他的精神分析著作对文学界造成了深刻影响。

在的、动态的、无意识的心理过程）所掩盖，从而导致了自我揭露和自我保护两种心理事件之间持续的斗争。精神分析理论承诺，通过分析无意识动机和个体行为背后的防御机制，人们可以实现自我理解，甚至能够治疗精神疾病。

精神分析之所以对当时读大学的我产生了极大的吸引力，是因为它兼具富有想象力、通俗易懂，并以经验①作为根据的特点——至少当时天真的我是这样认为的。再没有其他关于精神生活的观点能在广度或精细程度上与精神分析媲美。更早的心理学理论要么太玄乎，要么太狭隘。

实际上，直到19世纪末，揭示人类心智之谜的唯一途径还是内省式的哲学思辨（受过特殊训练的观察者对自己的思维模式进行反思），或来自简·奥斯汀、查尔斯·狄更斯、费奥多尔·陀思妥耶夫斯基和列夫·托尔斯泰等伟大小说家的洞见。我在哈佛读大一时受到过这些作品的启发。然而，我从恩斯特·克里斯那里学到，内省法和富有创造性的洞察力都无法使我们系统积累掌握心智科学基础所需的知识。打好基础不仅需要洞察力，更需要实验方法。因此，天文学、物理学和化学等实验科学取得的非凡成就，激励着心智科学的研究者去设计用于研究行为的实验方法。

查尔斯·达尔文认为人类行为都是从我们动物祖先的行为库进化而来的观点，是这趟征程的出发点。该观点引发了用实

---

① 学术语境下的"经验"一词源自哲学领域的"经验主义"（Empiricism），即认为需要通过系统观察、实证研究来得出结论的方法。这与日常生活中个人亲身经历过的"经验"（experience）含义不同。为了区分，本书翻译时通常以"经验性"或"实证"来表示前一种含义。

验动物作为模型研究人类行为的想法。俄国生理学家伊万·巴甫洛夫和美国心理学家爱德华·桑代克的动物实验扩展了由亚里士多德首先提出、后来被约翰·洛克详细阐述的哲学观念，这种观念认为我们是通过联结各种想法来进行学习的。巴甫洛夫发现了经典条件作用[①]，这种学习方式教会动物将两个刺激联结到一起。桑代克发现了工具性条件作用，这种学习方式教会动物将一个行为反应与它的后果联结到一起。上述两种学习过程不仅奠定了利用简单动物进行学习与记忆的科学研究的基础，也适用于研究人类的学习与记忆。学习是通过联结两种刺激或者联结一种刺激跟一种反应而发生的，这个经验性事实取代了亚里士多德和洛克认为学习是通过联结各种想法而发生的说法。

在研究经典条件作用的过程中，巴甫洛夫发现了两种非联结形式的学习：习惯化和敏感化。在这两种方式中，动物只学习单一刺激的特征，而不会将两个刺激联结到一起。在习惯化中，动物学习忽略一个无关紧要的刺激；在敏感化中，动物学习注意一个重要的刺激。

桑代克和巴甫洛夫的发现对心理学产生了巨大影响，导致了行为主义的诞生。行为主义是研究学习的第一个经验主义学派，它主张可以像自然科学那样严格精确地研究行为。我在哈佛读书时，行为主义的领袖是B.F.斯金纳。通过与上过他的课的朋友们进行讨论，我接触到了他的观点。斯金纳遵循了行为主义开创者定下的哲学轨迹。总之，他们将行为的概念缩窄了，坚持认为一门真正的科学心理学必须仅限于研究那些可以公开

---

① 经典条件作用是巴甫洛夫最著名的科学贡献。不过他是因为对狗消化腺的生理学研究而获得1904年诺贝尔生理学或医学奖。经典条件作用则是他在消化腺研究中的意外发现，随后开展了长期的深入研究。

观察和客观量化的行为。内省法也就毫无用武之地了。

因此，斯金纳等行为主义者完全只关注可观察的行为，而将所有与精神生活相关或涉及内省法的东西排除在他们的研究之外，因为这些东西不可观察、测量或用于推导得出人类行为的一般法则。感受、思维、计划、欲望、动机和价值观——这些使我们成为人并被精神分析置于显要位置的内部状态和个人经验——被实验科学视为是不可研究的，而对行为科学来说则是多余的。行为主义者相信，我们所有的心理活动都不需要考虑这些心理过程就能得到充分解释。

我通过克里斯夫妇接触到的精神分析与斯金纳的行为主义截然不同。事实上，恩斯特·克里斯尽心竭力地讨论两者的差异并在它们之间搭桥。他认为，与行为主义一样，精神分析的魅力部分来自于它试图追求客观，拒斥通过内省法得到的结论。弗洛伊德认为一个人不能通过审视自身来理解自己的无意识过程，只有一个训练有素的外在中立观察者，即精神分析师，才能够看清另一个人的无意识世界。弗洛伊德也青睐可观察的实验证据，不过他只将外显行为看作考察有意识或无意识内部状态的诸多手段之一。弗洛伊德不仅对一个人在特定刺激下做出的反应感兴趣，而且对导致这一反应的内部过程同样感兴趣。追随弗洛伊德的精神分析学家则认为，行为主义者在把研究限制于可观察和测量的行为的同时，却忽视了关乎心理过程的最重要问题。

让我对精神分析的兴趣进一步加强的原因是，弗洛伊德既是维也纳人也是犹太人，并被迫离开了维也纳。阅读他的德语著作唤起了我对曾经听闻但未曾经历的学术生涯的向往。比阅读弗洛伊德更重要的是我与安娜父母针对精神分析进行的讨论，他们非常风趣且热情洋溢。与玛丽安结婚并从事精神分析工作之前，恩斯特·克里斯已经是一名艺术史学家并担任维也纳艺术史博物馆应用艺术与建筑部门的策展人。他培养出来的人才包括伟大的艺术史学家恩斯特·贡布里希，后来两人还一起合作，各自对现代艺术心理学的发展做出了重要贡献。玛丽安·克里斯是一名杰出的精神分析师和教师，也是一个非常热心的人。她的父亲奥斯卡·瑞是一名杰出的儿科医生，是弗洛伊德最好的朋友，也是弗洛伊德孩子们的医生。玛丽安是弗洛伊德的女儿、成就卓著的安娜·弗洛伊德的挚友，并且因此将自己的女儿也取名安娜。

跟对待他们女儿的所有朋友一样，克里斯夫妇对我非常慷慨并时常予以鼓励。通过与他们的频繁交往，我和他们的同事、精神分析学家海因茨·哈特曼和鲁道夫·鲁文斯坦也有了一些接触。他们三人已经开辟了精神分析的一个新方向[①]。

哈特曼、恩斯特·克里斯和鲁文斯坦移民美国后，合力写就了一系列开创性论文，他们在论文中指出精神分析理论过于强调自我发展中的挫折与焦虑（根据弗洛伊德的理论，自我是心理结构中与外部世界进行交流的成分），应该更多地将重点放在正常的认知发展的研究上。为了检验他们的观点，恩斯特·克里斯极力主张对正常儿童发展进行经验性观察。通过在精神分析与20世纪50至60年代刚刚兴起的认知心理学之间搭建桥梁，他促使美国精神分析向更加实证性的方向发展。克里斯本人则加入耶鲁大学儿童学习中心担任教职，并参与到他们的观察性研究中。

通过聆听这些激动人心的讨论，我转而认同了他们的观点，

---

① 他们创立了精神分析的自我心理学（Ego Psychology）学派，这一学派在20世纪40年代到60年代期间主导着美国的精神分析学界。

认为精神分析为理解心智提供了一条迷人的、也许是唯一的途径。精神分析不仅在动机的理性和非理性方面以及无意识和有意识的记忆领域开启了一个卓越的观点，也在知觉和思维的认知发展的有序性上开辟了新天地。对我来说，这个研究领域开始显得比欧洲文学和思想史更加令人兴奋了。

在20世纪50年代，要成为一名执业精神分析师，最佳途径通常是进医学院深造，成为一名医师，再到精神科培训。这条路我先前从未考虑过，但卡尔·维埃特的去世让我空出整整两年的课程。于是，1951年夏天，我几乎是凭着一时的冲动修了医学院要求学习的化学导论。我的想法是，大四学习物理和生物，同时完成我的论文，然后，如果我没有改变这一计划，从哈佛毕业后我会学习有机化学，这是医学院要求的最后一门课。

1951年的那个夏天我与四个人同处一室，他们都成了我一辈子的朋友：著名精神分析师赫尔曼·纳伯格的儿子亨利·纳伯格（安娜的表哥）、罗伯特·戈德伯格尔、詹姆斯·施瓦茨，还有罗伯特·斯皮策。几个月后，基于那一门化学课和我在大学的总体表现，我被纽约大学医学院录取，附带条件是我需要在1952年秋季入学前修完其他要求的课程。

我进入了医学院，致力于成为一名精神分析师，并在我作为精神科的实习医师和住院医师期间坚持着我的职业规划。不过，我念到医学院第四年时，开始对医疗实践的生物学基础非常感兴趣。我决定学习一些关于脑的生物学知识。原因之一是，我在医学院第二年修脑解剖学时很喜欢这门课。教授这门课的路易斯·豪斯曼让我们每个人用彩色黏土做了一个有正常人脑四倍大的人脑模型。正如我的同学后来在我们的年鉴中所说：

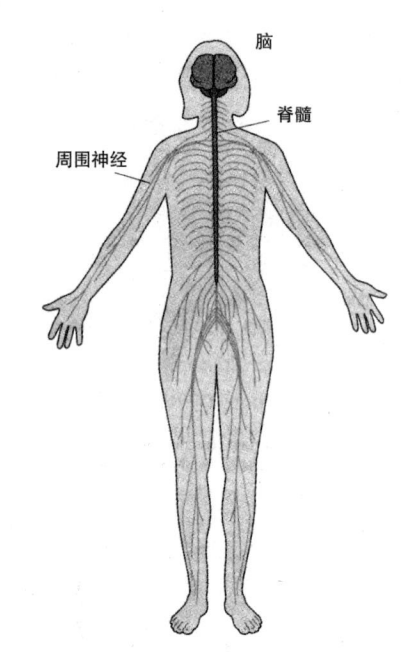

图3-2 中枢和外周神经系统。中枢神经系统由脑和脊髓组成，双侧对称。脊髓通过支配皮肤的长轴突束接收来自皮肤的感觉信息。这些神经束称作周围神经。脊髓还通过运动神经元的轴突将运动指令发送到肌肉。这些感受器和运动轴突是外周神经系统的一部分。

"这个黏土模型激起了我们处于休眠状态的创造力，甚至我们之中最木讷的人也做出了一个色彩斑斓的脑。"

制作这个模型让我第一次有了脊髓与脑如何一起组成中枢神经系统的三维概念（图3-2）。我发现中枢神经系统是一个左右基本对称的结构，由名称奇特的不同部分组成，比如下丘脑、丘脑、小脑、杏仁核。脊髓则包含了做出简单反射行为所需的结构。豪斯曼指出，通过考察脊髓，一个人可以窥斑见豹地了解中枢神经系统的总体作用。这一作用就是通过称作轴突的长神经纤维束从皮肤接收感觉信息，并把信息转换成协调的运动指令，再通过另一束轴突传给肌肉发出动作。

脊髓向上延伸至脑的部分形成脑干（图3-3），这一结构将感觉信息传递到脑内高级区域并将这些区域发出的运动指令往

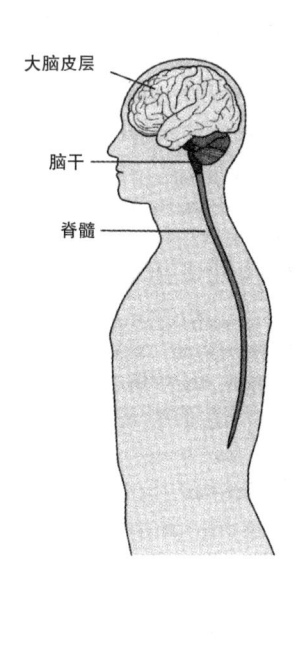

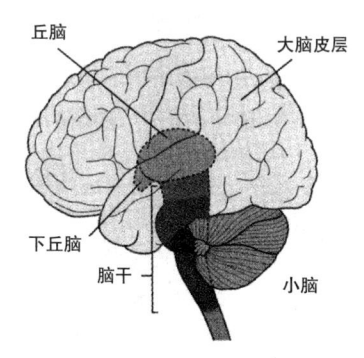

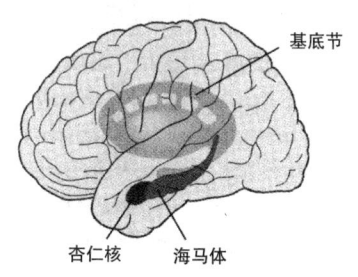

图3-3 中枢神经系统。

下传递到脊髓。脑干还调控注意。在脑干的上方有下丘脑、丘脑和两个大脑半球，半球表面覆盖着一层高度褶皱的大脑皮层。大脑皮层参与知觉、运动、语言和计划等高级心理功能。位于大脑皮层下深处的三个结构分别是基底节、海马体和杏仁核（图3-3）。基底节帮助调控运动表现，海马体涉及记忆存储，杏仁核则在情绪状态下协调自主和内分泌反应。

哪怕只是看着一个脑的黏土模型，也很难不去思索弗洛伊德所说的自我、本我与超我分别位于脑中何处。作为一名敏锐的脑解剖学家，弗洛伊德曾在著作中反复提到精神分析与脑生物学的关联。例如，弗洛伊德在1914年的文章《论自恋》中写道："我们必须记得，我们所有关于心理学的现行观点有朝一日都可能会找到其器质性亚结构。"在1920年的《超越快乐原则》一书中，弗洛伊德再次写道：

> 如果我们已经达到可以用生理学或化学术语来取代心理学术语的地步，那么我们描述中的不足将很可能得到弥补。……

虽然20世纪50年代的大多数精神分析学家还在运用非生物学术语来思考心智，但当时已经有一些人开始讨论脑生物学及其对精神分析的潜在重要性。通过克里斯夫妇，我遇见了三位这样的精神分析学家：劳伦斯·库比、西德尼·马戈林和莫蒂默·奥斯托。在和他们三位分别进行讨论之后，我决定于1955年秋季到哥伦比亚大学选修神经生理学家哈里·格伦德费斯特的一门课。当时在美国的很多医学院，脑科学研究都不是一个重要学科，纽约大学连一个教基础神经科学的老师都没有。

我的这个决定得到丹尼丝·贝斯特林的强烈支持。她是一个极具魅力且智识过人的法国女人，那时我正开始和她约会。我修豪斯曼的解剖课时，安娜和我的关系渐渐疏远。同在剑桥[①]时，我们的关系非常亲密，可这种关系在我离开剑桥来到纽约时没能延续。此外，我们的兴趣也开始变得不同。于是在安娜

[①] 哈佛学院和拉德克利夫学院所在地是剑桥市，该市为纪念英国剑桥大学而得此名。

从拉德克利夫学院毕业后不久的1953年9月，我们分手了。安娜现在是剑桥一名非常成功的执业精神分析师。

随后我有过两段认真但短暂的恋爱，每段都只维持了一年。在第二段关系破裂时，我遇见了丹尼丝。我从一个共同的朋友那里听说了她，然后给她打电话想约她出来。随着谈话的进行，她在电话中明确表示自己很忙，对跟我见面没有特别的兴趣。但我仍然坚持着，想出各种说辞让她同意。不过这些都是徒劳。直到最后，我抛出了自己来自维也纳的老底。突然间，她说话的声调就变了。想必她是觉得跟一个欧洲人交往也许并非是完全浪费时间，于是同意和我见面。

我从她位于西区大道的公寓把她接出来，问她是想去看电影还是想光顾城里最好的酒吧。她说愿意泡吧，于是我把她带到我位于第31街的公寓，这里离医学院很近，是我和朋友罗伯特·戈德伯格尔合租的。当我们搬进公寓时，鲍勃①和我把它翻新了一下并搭了个各种设施一应俱全的吧台，当之无愧为我们朋友圈里最好的酒吧。鲍勃是品鉴苏格兰威士忌的行家，他藏有不少好酒，其中甚至有几瓶单一麦芽苏格兰威士忌。

丹尼丝对我们的木工手艺（大部分是鲍勃做的）印象深刻，但她不喝威士忌。于是我开了一瓶霞多丽葡萄酒，度过了一个愉快的傍晚。我给她讲了医学院的生活，她给我讲了她在哥伦比亚大学所做的社会学领域的研究生工作。丹尼丝钟情于运用量化方法研究人们的行为如何随时间而改变。很多年后，她将这种方法应用到研究青少年如何陷入毒品滥用的课题上。其中的流行病学研究具有里程碑意义：它发展成为门控假说的基础，

---

① 即对罗伯特的昵称。

这种假说认为某些特定的发展顺序导致了人会逐步吸食危害性更大的毒品。①

  我们的恋爱进展得出奇顺利。丹尼丝集智慧与好奇心于一身，还有使日常生活变得无比美妙的高超能力。她厨艺精湛，穿衣打扮品味绝佳——她的衣服有些是自己做的——还喜欢用花瓶、灯具和艺术品装饰房间，这让她住的地方充满生机。正如安娜影响了我对精神分析的认识那样，丹尼丝影响了我对经验科学和生活质量的看法。

  她还强化了我身为犹太人和大屠杀幸存者的意识。丹尼丝的父亲是一位天才的机械工程师，出生在一个祖上好多代都是拉比和学者的家族，并在波兰接受了成为拉比所需的训练。他在21岁时离开波兰前往法国诺曼底的卡昂，在那里学习数学和工程。虽然他成了一名不可知论者并放弃了犹太教信仰，但他在自己的大型图书馆里还是收藏有很多重要的希伯来宗教文献，包括《密什那》和一套维尔纳版的《塔木德》。

  贝斯特林一家在第二次世界大战期间一直待在法国。丹尼丝的母亲帮助她丈夫逃出了法国集中营，他们瞒过纳粹躲在西南部的一个小城圣塞雷，最终幸存下来。中间有很长一段时间，丹尼丝和她的父母分离，独自一人躲在50英里外卡奥尔的一座天主教女修道院里。丹尼丝的经历虽然更加艰辛，但在很多方面都与我相似。多年以来，我们各自还一直对希特勒统治欧洲期间的经历记忆犹新，这也让我们的关系更加亲密。

---

① 近年来，一直在研究上没有交集的坎德尔夫妇开启了合作，他们针对这一假说的分子机制进行了一系列实验研究。最新一项研究发表在2020年5月出版的《美国国家科学院院刊》上，他们发现事先接触过大麻的青春期大鼠在接触更具成瘾性的可卡因时，其反应在行为、分子和表观遗传学水平都会变得更敏感，成年大鼠则无此变化。论文链接：http://doi.org/10.1073/pnas.1920866117

丹尼丝曾经遭遇的一件事给我留下了难以忘怀的印象。她躲进修道院的那几年，只有修道院院长知道她是犹太人，却没有任何人给她施加过压力，让她信仰天主教。但由于自己与其他修行者表现得不一样，丹尼丝常常感到尴尬。她既不进行告解，也不参加每个礼拜天举行的弥撒圣餐礼。丹尼丝的母亲萨拉对女儿表现得这么出格感到不安，担心这样会暴露她的真实身份并招致危险。萨拉与丹尼丝的父亲伊瑟尔讨论了这一窘境，他们决定让丹尼丝受洗。

萨拉通过步行和坐汽车跋涉了50英里，从他们藏身的地方来到卡奥尔的女修道院。到达修道院后，她站在厚重的深色木门前，正打算敲门叫人，就在这最后一刻，她感到自己不能执行这样重大的决定。她没有进入修道院，而是转身走回了家，想着自己的丈夫一定会因为她没能减轻女儿处境的危险而发怒。她回到圣塞雷的家后，伊瑟尔如释重负。原来，在萨拉离开期间，他一直对自己同意丹尼丝改变信仰这一错误做法无法释怀。尽管他不信神，但他和萨拉都以身为犹太人而自豪。

1949年，丹尼丝、她弟弟和父母一起移民来到美国。丹尼丝在纽约的法兰西高中读了一年，17岁进入布林茅尔学院读大三。19岁从布林茅尔毕业时，她申请了哥伦比亚大学的社会学研究生。我们1955年相遇时，她已师从现代社会学的重要贡献者、科学社会学的创始人罗伯特·K.莫顿，开始了医学社会学博士论文的研究工作。她的论文是通过经验性纵向调查来研究医学院学生的职业决策。

从医学院毕业没几天，1956年6月，我和丹尼丝结婚了（图3-4）。我们在马萨诸塞州的坦格伍德度过了一个短暂的蜜月，在那期间我仍然在为国家医学委员会做研究——丹尼丝永远不

图 3-4 1956年，婚礼上的丹尼丝。她当时23岁，是哥伦比亚大学的一名社会学研究生。（来自埃里克·坎德尔的个人收藏）

会允许我忘掉这一点。接着我开始在纽约市的蒙蒂菲奥里医院做为期一年的实习医师，丹尼丝则继续进行她在哥大的博士论文研究。

丹尼丝可能比我更深地感觉到，我关于考察心理功能的生物学基础的想法是原创而大胆的，她催促我进行研究。但我颇有顾虑，因为我们两人都没有任何经济来源，于是我想着有必要开个私人诊所来维持生活。丹尼丝对这种财务问题毫不在意，她坚持认为这不重要。她的父亲在我们结识之前一年去世，他建议她要嫁给一个清贫的知识分子，因为这样的男人会把学识看得高于一切并奋力追求激动人心的学术目标。丹尼丝觉得她遵循了这一建议（她确实嫁给了一个穷人），她总是鼓励我去做出大胆的决定，开展一些真正新颖和原创的工作。

第二部

生物学是一个真正有着无限可能性的领域。我们会期待它带给我们最令人吃惊的信息,我们无法猜测在接下来数十年里它会给出什么答案。……它可能会把我们人为构造的那些假说全部扫进故纸堆。

——西格蒙德·弗洛伊德,《超越快乐原则》(1920)

4

每次一个细胞

　　1955年秋季，我进入哥伦比亚大学哈里·格伦德费斯特的实验室，开始为期6个月的选修课，希望从中学到一些有关大脑高级功能的知识。我并不期待开始一项新事业或者开启一段新生活。但与格伦德费斯特的首次谈话给了我反思的机会。在那次谈话中，我描述了自己对精神分析的兴趣并表示希望学习关于自我、本我与超我可能位于脑中何处的知识。

　　点燃我要找出这三个心理主体的欲望的，是弗洛伊德一部著作中的一幅图，他这部著作总结了自己在1923—1933年间发展出的关于心智的全新结构性理论（图4-1）。这个新理论延续了他早前对于意识和无意识心理功能所做的区分，但添加了三个相互作用的心理主体：自我、本我与超我。弗洛伊德将意识视为这个心理装置的表面。他认为我们的很多心理功能位于表面之下，就像一座冰山的大部分都浸在海水里一样。一种心理功能在表面之下所处的位置越深，它就越难以进入意识层面。精神分析提供了一种方法，可以用来挖掘埋藏在心理深处的前意识与无意识人格成分。

　　这三个相互作用的心理主体给弗洛伊德的新模型带来了戏剧性的变化。弗洛伊德没有将自我、本我与超我定义为有意识

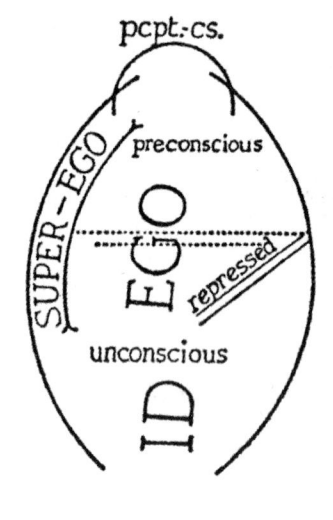

图 4-1 弗洛伊德的结构理论。弗洛伊德构建了三个主要的心理结构——自我（ego）、本我（id）与超我（super-ego）。自我包括一个接收感觉信息并与外部世界进行直接联系的意识成分（又称知觉性意识，缩写为 pcpt.-cs.），以及一个在无意识过程中已经准备好进入意识层面的前意识（preconscious）成分。自我的无意识（unconscious）成分通过压抑（repression）及其他防御机制来抑制本我（性本能和攻击本能的制造者）的本能冲动。自我还对超我（道德价值观的主要无意识载体）的压力做出反应。虚线将可进入意识层面的部分和完全无意识的部分进行了划分。（出自《精神分析引论新编》[1933]）

的或者无意识的，而是在认知风格、目的和功能上对它们进行了区分。

根据弗洛伊德的结构理论，自我是负责执行的主体，它既包括一个意识成分也包括一个无意识成分。意识成分通过视觉、听觉和触觉等感觉器官与外部世界进行直接联系，它涉及知觉、推理、计划行动、体验快乐与痛苦。在哈特曼、克里斯和鲁文斯坦的文章中，他们强调自我的这个无冲突成分是通过逻辑来运转的，并且以现实原则来指导行动。自我的无意识成分涉及心理防御机制（压抑、否认、升华），这些机制通过自我来抑制、引导和改变第二个心理主体本我的性本能和攻击本能内驱力。

本我是完全无意识的，这个术语是弗洛伊德从弗里德里希·尼采那里借来的。它不受逻辑或现实的支配，而是遵循享乐原则，寻求快乐、避免痛苦。根据弗洛伊德的说法，本我代表了婴儿的原始心智，也是人们唯一在出生时就具有的心理结构。第三个管制者超我，是无意识的道德主体，也是我们理想的化身。

虽然弗洛伊德并没有将他的图解视作一幅心智的神经解剖图谱，它却激发我想去弄清楚这些心理主体可能存在于人脑精致褶皱中的什么地方，正如它之前激发过库比和奥斯托的好奇心那样。我之前提到过，是这两位对生物学有着强烈兴趣的精神分析学家鼓励我跟从格伦德费斯特进行研究。

格伦德费斯特耐心地听完了我那颇为浮夸的想法。要是换一个生物学家，恐怕已经把我赶走了，心想面对这么一位头脑简单误入歧途的医学生该如何是好。但格伦德费斯特没有那样做。他解释道，我想理解弗洛伊德的心智结构理论的生物学基础这一愿望远远超出了目前脑科学的能力。他转而告诉我，为了理解心智，我们需要以每次关注一个细胞的方式来研究大脑。

每次一个细胞！我一开始听到这几个词儿时感到很泄气。怎么能够通过在单个神经细胞的水平研究大脑来解决精神分析关于行为的无意识动机或者我们有意识的行动这类问题呢？但随着谈话的进行，我突然想起，弗洛伊德在1887年开启自己的事业时，就曾试图以每次一个神经细胞的方式来研究大脑，以期解决藏在精神生活背后的谜团。弗洛伊德从一名解剖学家做起，研究单个神经细胞，并预见到了后来被称为神经元学说的主要观点，即神经细胞是大脑的基础构件。而只有到了弗洛伊德在维也纳开业治疗心理疾病患者之后，他才做出了关于无意识心理过程的不朽发现。

图4-2 哈里·格伦德费斯特（1904—1983年），哥伦比亚大学神经学教授，引领我进入神经科学。我念到医学院第四年时，于1955—1956年间在他的实验室工作了6个月。（来自埃里克·坎德尔的个人收藏）

现在，格伦德费斯特鼓励我反其道而行之，把对自上而下的心智结构理论产生的兴趣转移到自下而上地研究神经系统的信号传导元件，亦即神经细胞的复杂内部世界，这让我感到一丝讽刺意味，同时又印象深刻。格伦德费斯特将引领我走进这个新世界。

我特别想跟格伦德费斯特一起工作，因为他是纽约市知识最渊博、最睿智风趣的神经生理学家，实际上也是全美国最好的神经生理学家之一。他时年51岁，正处于其卓越智识力量的巅峰期（图4-2）。

格伦德费斯特1930年在哥大获得动物学和生理学的哲学博士学位[①]，并继续在那里从事博士后工作。他于1935年进入洛克菲勒研究所（现在的洛克菲勒大学），在赫伯特·加瑟实验室工

---

① 该学位的授予不限于现代意义的哲学学科，而是指西方传统中与医学、法学和神学并立的哲学，即现今的科学与人文学科。这一学位制度及名称是19世纪初由德国在教育改革中首创，后被西方各国广为采纳。

作。加瑟是神经细胞的电信号传导研究方面的先驱，这个传导过程是神经细胞如何运作的核心。格伦德费斯特加入实验室时，加瑟被任命为洛克菲勒研究所所长，正处于事业的高峰。1944年，加瑟获得诺贝尔生理学或医学奖，此时格伦德费斯特仍然在他的实验室工作。

当格伦德费斯特在加瑟实验室的学术训练结束时，他已经具备了丰富的生物学知识和坚实的电子工程学基础。不仅如此，他还掌握了从简单无脊椎动物（如螯虾、海螯虾、枪乌贼等）到哺乳动物在内的多种动物神经系统的比较生物学知识。那时很少有人拥有如此广博的知识背景。于是在1945年，格伦德费斯特被母校聘为医学院神经学研究所新开设的神经生理学实验室负责人。入职之后不久，他与著名生物化学家戴维·纳赫曼佐恩开展了一项重要的合作。他们一同研究了神经细胞信号传导中的生物化学变化。格伦德费斯特看起来前途一片光明，但他很快就遇到了麻烦。

1953年，由参议员约瑟夫·麦卡锡担任主席的参议院常设调查小组委员会传唤格伦德费斯特作证。第二次世界大战期间，格伦德费斯特作为一个直言不讳的激进分子，在新泽西的蒙莫斯堡信号实验室气候研究组从事创伤修复和神经再生的研究。麦卡锡暗示格伦德费斯特同情共产主义，他或者他的朋友在战时曾把技术知识透露给苏联。在麦卡锡听证会上，格伦德费斯特作证说自己不是共产主义者。他援引宪法第五修正案赋予自己的权利，拒绝进一步讨论他本人或其同事的政见。

麦卡锡没有找到哪怕一丝证据来支持他的指控，而格伦德费斯特却好些年拿不到国立卫生研究院（NIH）的项目资助。纳赫曼佐恩害怕自己的政府资助会受到连累，便将格伦德费斯特请出了他们共享的实验室,并中断了他们的合作。格伦德费斯特不得不把自己的研究组成员减到只剩两人,如果不是哥大学术部门给予他强有力的支持的话,他的事业恐怕会遭受更严重的打击。

对格伦德费斯特来说,在他科研生涯的顶峰阶段,科研实力反遭削弱的后果是毁灭性的。矛盾之处在于,这样的环境对我而言却是因祸得福。格伦德费斯特有了比以往更多的时间可供支配,他把其中大部分时间用来教我脑科学究竟是研究什么的,以及它如何从一个描述性的和松散的领域迅速转变成一门建立在细胞生物学基础之上的贯通性学科。我对现代细胞生物学几乎一无所知,但格伦德费斯特概述的大脑研究新方向让我着了迷,引发了无限的遐想。通过以每次一个细胞的方式来研究大脑,大脑功能之谜开始揭开面纱。

自从在神经解剖课上塑了那个黏土模型之后,我便将脑视为一个单独的器官,它与身体其他部分的运作方式极其不同。这当然是真的:肾脏和肝脏既不能接收和加工感觉器官受到的刺激,它们的细胞也不能存储和提取记忆或产生有意识思维。然而,格伦德费斯特指出,所有的细胞都具有若干共同特征。1839年,解剖学家马蒂亚斯·雅各布·施莱登和西奥多·施旺创立了细胞学说。该学说认为所有活着的实体,从最简单的植物到复杂的人类,都是由称作细胞的相同基本单元构成。虽然不同植物和动物的细胞在细节上存在重大差异,但它们具有若干共同特征。

格伦德费斯特解释道,一个多细胞生物体内的每个细胞都覆盖着一层油性膜,将其与其他细胞以及浸着所有细胞的细胞外液分隔开。细胞表面的膜对特定物质具有渗透性,允许细胞内部与细胞外液之间进行营养成分和气体的交换。细胞内部有细胞核，它自身包含一层膜，环绕其外的是被称作细胞质的细胞内液。细胞核含有细长状染色体，由携带基因的DNA组成，看上去就像绳上的串珠。除了控制细胞让自身得到复制，基因还指导细胞制造执行各种功能所需的蛋白质。而真正制造蛋白质的装置位于细胞质中。从以上共享的特征来看，细胞就是生命的基本单元，也是所有动植物的全部组织和器官的结构与功能基础。

除了共同的生物学特征，所有细胞都具有特定功能。比如肝细胞执行消化功能，而脑细胞之间则有加工信息并进行交流的特定方式。这些相互作用允许大脑中的神经细胞形成完整的环路来传递和转换信息。格伦德费斯特强调，正是特定功能使得肝细胞专门适于新陈代谢，而脑细胞则专门适于信息加工。

我在纽约大学的基础科学课上和指定的教材阅读材料中已经学习过所有这些知识，但直到格伦德费斯特把它们放在情境中进行讲解之前，这些知识没能激起我半点的好奇心，甚至对我也没有多大意义。神经细胞不仅仅是生物学中一页非凡的篇章。它是理解大脑如何运作的关键。随着格伦德费斯特的教学对我产生重大影响，他关于精神分析的洞见也同样影响了我。我开始认识到，在我们能够从生物学角度理解自我如何运作之前，需要先理解神经细胞如何运作。

格伦德费斯特强调，理解神经细胞如何运作至关重要，这一点成为我日后研究学习与记忆的基础；他坚持从细胞水平研究脑功能，这一点对新心智科学的诞生非常关键。回过头来看，考虑到人脑是由1000亿个神经细胞组成，而科学家们在过去半个世纪仅仅通过对脑中个体细胞进行研究，就已经取得了有关心理活动如此多的进展，这成绩着实斐然。细胞学研究是在理解知觉、随意运动、注意、学习和记忆存储的生物学基础方面迈出的第一步。

神经细胞的生物学建立在三大原理之上，这三大原理在20世纪上半叶已经成型并形成了我们今天理解大脑功能性组织的核心。**神经元学说**（即应用于大脑的细胞学说）指出，神经细胞，或曰神经元，是大脑的基本构件和基本信号传导单元。**离子假说**关注神经细胞内的信息传递。它描述了个体神经细胞产生电信号（称作动作电位）的机制，使得信号可以在特定细胞内进行长距离传输。**突触传递的化学理论**关注神经细胞间的信息传递。它描述了一个神经细胞如何通过释放化学信号（称作神经递质）与另一个神经细胞进行交流，以及第二个细胞如何识别这一信号并依靠它表膜上的特异性分子（称作受体）做出反应。这三大原理关注的都是个体神经细胞。

使精神生活的细胞学研究成为可能的那个人名叫圣地亚哥·拉蒙-卡哈尔[①]，他是一名与弗洛伊德同时代的神经解剖学家（图4-3）。卡哈尔为神经系统的现代研究奠定了基础，甚至可以说，他是有史以来最重要的脑科学家。他起初渴望成为一名画家。为了熟悉人体，他跟随当外科医生的父亲学习解剖学，父亲用从古墓中挖掘出的尸骨教他。对这些骨骼残骸的着迷使卡哈尔最终从绘画转向了解剖学，进而又专攻脑解剖学。与弗洛伊德和许多年后的我一样，卡哈尔是在好奇心的驱使下转向脑研究的。卡哈尔想要创立一门"理性心理学"。他认为第一步需要获得详细的脑细胞解剖学知识。

---

① 拉蒙-卡哈尔是一个双姓，其中拉蒙来自父姓、卡哈尔来自母姓。下文遵循原文称呼其为卡哈尔，但需要注意这是不恰当的。

图4-3 圣地亚哥·拉蒙-卡哈尔（1852—1934年），伟大的西班牙解剖学家，创立了神经元学说，这一学说是现代所有关于神经系统的认识的基础。（承蒙卡哈尔研究所惠允）

他有一项不可思议的工作能力，能从已经死去的神经细胞的静态图像推断出活体神经细胞的性质。这种想象力上的飞跃也许源于他的艺术爱好，使他得以用生动的语言和美丽的图画来捕捉并描述他所观察到的事物的本质特征。著名的英国生理学家查尔斯·谢林顿后来这样形容他："在描述显微镜下观察到的景象时，（卡哈尔）习惯于把它描述成一幅鲜活的场景。由于他的观察材料全都（是）死掉的和不会动的，这就更加令人吃惊。"谢林顿继续写道：

> 卡哈尔通过观察染色固定的脑切片而给出的极度拟人化的描述，乍听上去太让人吃惊，以至于难以接受。他对显微镜下的景象的描写让人觉得它是鲜活的，里面住着和我们一样去感受、行动、希望和尝试的生物。……一个神经细胞用它那四散的纤维"摸索着去找寻另一个"！……听着他的描述，我问自己，他作为一名研究者所取得的成功怎能不归功于这种拟人化的能力。我从未遇到第二个拥有这等显著能力的人。

在卡哈尔进入这个领域之前，生物学家完全被神经细胞的形状搞糊涂了。不同于身体内有着简单形状的其他大多数细胞，神经细胞具有高度不规则的形状并被大量非常精细的延伸部分（当时称作突起）环绕着。生物学家不清楚这些突起是否是神经细胞的一部分，因为当时还无法追踪它们往回连到某个胞体或者往前连到另一个胞体，于是也就无法知道它们来自哪里或通向何处。此外，由于突起都极其纤细（大约是人的发丝直径的百分之一），没人能够观察到并分离出它们的表膜。这就导致包括伟大的意大利解剖学家卡米洛·高尔基在内的许多生物学家得出结论，说这些突起没有表膜。不仅如此，由于环绕一个神经细胞的突起会与环绕其他神经细胞的突起紧密相邻，这让高尔基觉得不同突起内的细胞质是自由混杂的，由此形成一个连续不断的神经网，和蜘蛛网很像，这样信号可以同时向所有方向传递。因此，高尔基认为，神经系统的基本单元一定是这个自由交流的神经网，而非单个神经细胞。

到了19世纪90年代，卡哈尔尝试寻找一个更好的方法来让神经细胞从整体上显像。他通过结合两种研究策略做到了这一点。第一种是研究新生而非成年动物的脑。在新生动物中，神经细胞的数目很小，细胞密度更低，突起也更短。这使卡哈尔能在脑的整片细胞森林里观察具体的树。第二种策略是使用一种由高尔基发明的特定银染色法。这种方法的任意性很大，标记细胞完全基于随机，只有不到百分之一的神经元会被染色。不过每一个被标记的神经元都会被完整地染色，允许观察者看到神经细胞体和所有的突起。在新生动物的脑中，这种碰巧被标记的细胞在整片未被标记的森林中凸显了出来，如同一棵被点亮的圣诞树。卡哈尔因此写道：

> 由于事实证明繁茂的森林是难以理解和描述的，为什么不转而研究处于育苗期的小树苗呢？……如果恰当地选择发育阶段……神经细胞相对而言仍然很小，但各个部分都完全长出；那些终端的分枝……能被极其清晰地描绘出来。

以上两种策略揭示出，尽管神经细胞的形状很复杂，但它们是完整的单个实体（图4-4）。环绕它们的精细突起并不是独立的，而是直接从胞体长出来的。不仅如此，包括突起在内的整个神经细胞，是被一层表膜完全包裹着的，这与细胞学说相符。卡哈尔进一步区分出了两类突起——轴突和树突。他将这

树突

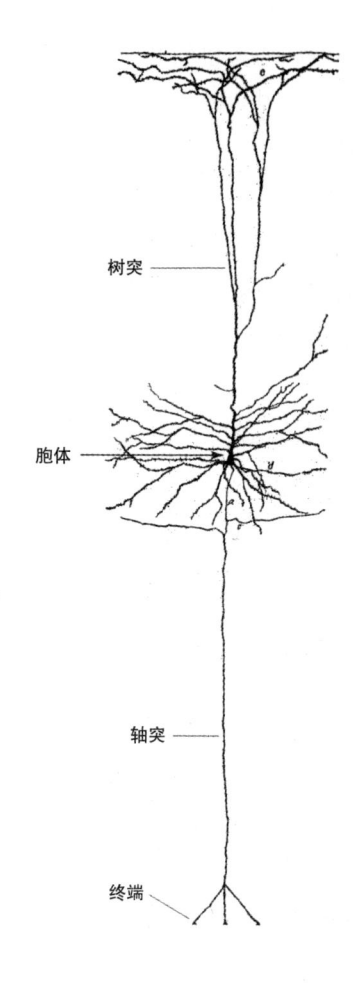

胞体

轴突

终端

图 4-4 海马体中的一个神经元，由卡哈尔绘制。卡哈尔认识到一个细胞的树突和轴突都是从胞体长出的，信息则由树突（上部）流向轴突（下部）。这幅图是根据卡哈尔原图修改的。（根据哈维尔·德费利佩和爱德华·琼斯编译的《卡哈尔关于大脑皮层的研究》[牛津大学出版社1988年版] 图23修改，得到牛津大学出版社授权使用）

个由三部分组成的神经细胞称作神经元。除了极少的例外，脑中所有神经细胞都由一个包含细胞核的胞体、一条轴突和许多精细的树突组成。

一个典型神经元的轴突从胞体长出后可以延伸数英尺[①]长。

---

① 1英尺约为30厘米。

轴突常常沿着延伸的方向，分叉成为一个或多个分枝。每一个分枝的末端有很多细小的轴突终端。树突常常从胞体的另一侧长出（图4-5-A），分枝众多，形成一个从胞体伸出的树状结构并散布到很大一块区域。人脑中有些神经元的树突分枝多达40个。

19世纪90年代期间，卡哈尔将他的观察汇总到一起，形成了神经元学说的四原理，从那时起到现在，这一关于神经组织方式的学说一直支配着我们对大脑的理解。

第一条，神经元是大脑的基本结构及功能单元，也就是说，它是大脑的基本构件和基本信号传导单元。而且，卡哈尔推断轴突和树突在信号传导过程中扮演大相径庭的角色。一个神经元通过树突接收来自其他神经细胞的信号，并通过轴突向其他细胞发送信息。

第二条，他推断一个神经元的轴突终端与另一个神经元的树突只在特定区域进行交流，这个区域后来被谢林顿称作突触（synapses，源自希腊语synaptein，意思是"绑在一起"）。卡哈尔进一步推断两个神经元之间的突触的特征是存在一个小间隙，现在称作突触间隙。在这个空间，一个神经细胞的轴突终端——卡哈尔将其称作突触前终端——靠近另一个神经细胞的树突，但并没有完全接触（图4-5-B）。因此，就像嘴巴贴着耳朵呢喃细语，神经元之间的突触交流包括三个基本组成部分：轴突的突触前终端，用于发送信号（相当于上述类比中的嘴巴）；突触间隙（嘴巴和耳朵之间的空间）；以及树突上用于接收信号的突触后区域（耳朵）。

第三条，卡哈尔推断出连接特异性原理，认为神经元并非不加区分地形成连接。而是每个神经细胞通过突触与特定神经细胞进行交流，且不与其他神经细胞交流（图4-5-C）。他运用

A. 神经元
卡哈尔将神经细胞称作"神经元"——神经系统的基本信号传导单元。

B. 突触
一个神经元的轴突与另一个神经元的树突只在特定的区域——突触——进行交流。

C. 连接特异性
一个给定的神经元只与特定的细胞进行交流，而不与其他神经细胞交流。

D. 动态极化
在一个神经元内部，信号的传导只有一个方向，这一原理允许我们决定信息如何在神经环路中流动。

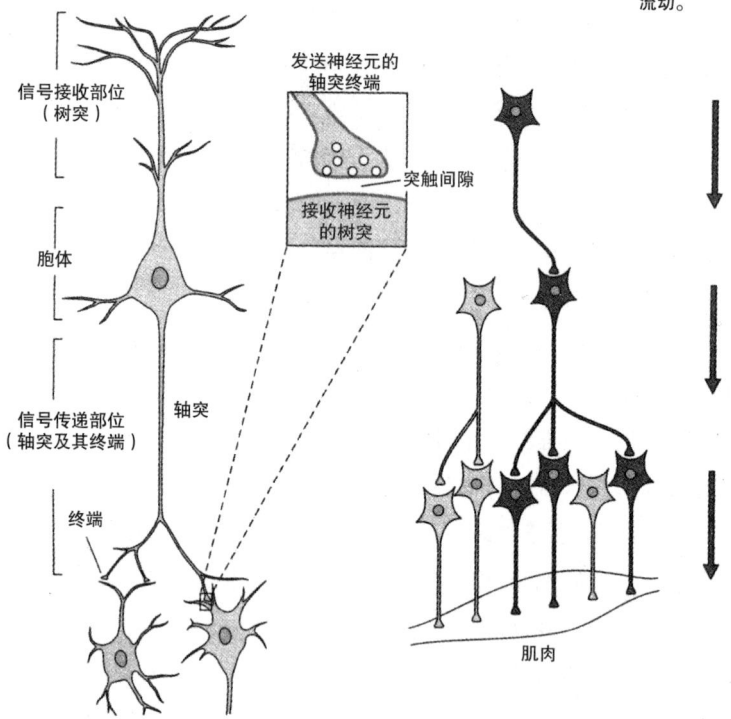

图 4-5 卡哈尔的神经组织方式四原理。

连接特异性原理来展示神经细胞是在特异性通路中相连接的，他将这些通路称为神经环路，信号在这些环路中以一种可以预测的模式进行传导。

通常情况下，单个神经元通过它的多个突触前终端与许多靶细胞的树突进行交流。通过这种方式，单个神经元能够把它接收的信息广泛地散布到不同的靶神经元中，这些靶神经元有时位于大脑的不同区域。反过来，一个靶神经细胞的树突能够从多个不同神经元的突触前终端接收信息。通过这种方式，一个神经元能够整合来自多个不同神经元的信息，即便这些神经元位于大脑的不同区域。

基于对信号传导的分析，卡哈尔把大脑构想为一个由特异性的、可预测的环路构成的器官，这与当时流行的看法不同，后者将大脑看作一个弥散性神经网，其中到处发生着各种可能形式的相互作用。

通过直觉上的惊人跳跃，卡哈尔得到了第四条原理：动态极化。这条原理认为信号在一个神经环路中的传导方向只有一个（图4-5-D）。信息从一个给定细胞的树突流向胞体，再沿着轴突流向突触前终端，然后穿过突触间隙进入下一个细胞的树突，依此类推。这个信号单方向流动的原理极其重要，因为它将神经细胞中的所有组成部分通过一个单一的功能——信号传导——联系在了一起。

从连接特异性原理和信号单方向流动原理出发，能够推导出一套规则，从那时起，人们就用这套规则绘制神经细胞之间的信号传导线路图。卡哈尔对神经环路的描绘取得了进一步的成果，他发现存在于脑和脊髓中的这类环路包括三种主要神经元，每种都有专门的功能。**感觉神经元**位于皮肤和各种感觉器官中，对来自外部世界的特定刺激——机械性压力（触觉）、光（视觉）、声波（听觉）及特异性化学物质（嗅觉和味觉）——做出反应并向大脑发送这些信息。**运动神经元**由脑干和脊髓向效应细胞——如肌肉和腺体细胞——伸出轴突，并控制这些细胞的活动。**中间神经元**是脑中数量最多的一种神经元，在感觉神经元和运动神经元之间起中继作用。卡哈尔由此得以追踪指示肌肉细胞运动的信息流：它从皮肤的感觉神经元传到脊髓，再从脊髓经由中间神经元传到运动神经元（图4-6）。卡哈尔是从对大鼠、猴子和人的研究中得出这些洞见的。

经过一段时间后，人们认识到每一种细胞都可以依据其生物化学特性进行区分，并能受到不同的疾病状态影响。比如，在梅毒后期，来自皮肤和关节的感觉神经元会受损；帕金森病会攻击一类特定的中间神经元；肌萎缩侧索硬化和脊髓灰质炎会选择性地破坏运动神经元。事实上，有些疾病的选择性很强，它们只影响神经元的特定部分：多发性硬化影响某种特定的轴突；戈谢病影响胞体；脆性X染色体综合征影响树突；肉毒杆菌中毒影响突触。

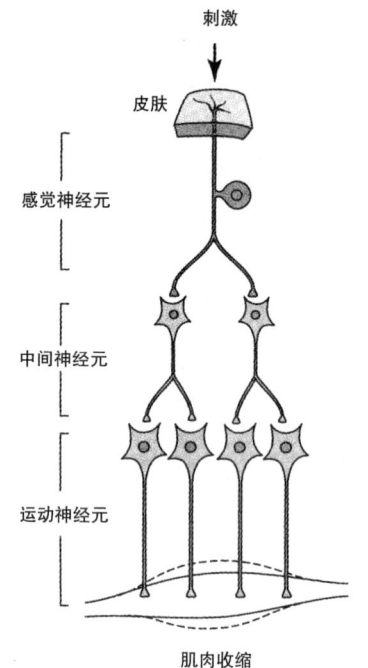

图4-6 由卡哈尔分类的三种主要神经元。 脑和脊髓中的每种神经元都有专门的功能。感觉神经元对来自外部世界的刺激做出反应。运动神经元控制肌肉和腺体细胞的活动。中间神经元在感觉神经元和运动神经元之间起中继作用。

卡哈尔因其革命性的洞见与高尔基共同获得了1906年的诺贝尔生理学或医学奖，正是高尔基的银染色法让卡哈尔的发现成为可能。

虽然高尔基发明的技术为卡哈尔的杰出发现铺平了道路，他却一如既往地强烈反对卡哈尔的学说，而且从未认可过神经元学说的任何一个方面。这是科学史上奇怪又扭曲的一幕。事实上，高尔基甚至利用他的诺贝尔讲座①再次发起对神经元学说的攻击。他一开场就再次断言，他会一直反对神经元学说而且"这一学说大体上已经不再受欢迎"。他接着说道："依我之见，根据所有已经提到的那些……我们无论如何也得不出任何结论来支持或者反对神经元学说。"他进一步辩称动态极化原理是错误的，而且一个神经环路的基本单位通过精确的方式连接在一起或者不同的神经环路具有不同的行为功能的观点也不正确。

直到1926年去世，高尔基还在非常错误地认为神经细胞不是自成一体的单元。至于卡哈尔，他后来针对分享诺贝尔奖一事写道："命运是如此残酷而讽刺，如同肩膀连在一起的暹罗双胞胎那样，将科学上个性差异鲜明的对手配到了一起。"

上述分歧揭示了科学社会学中一些有意思的东西，我后来在自己的职业生涯中也屡次遇到过。首先，存在像高尔基这样的科学家，技术过硬却未必对其研究的生物学问题有很深的洞察力。其次，甚至最优秀的科学家也会各执一词，特别是在研究的早期阶段。

有些情况下，始于科学问题的争论会演变成几乎带有报复性质的私人恩怨，正如在高尔基的案例中那样。这类争论揭示

---

① 诺贝尔基金会规定每一位诺贝尔奖得主都需要在获奖之后的6个月内，根据其获奖主题做一场公开讲座。

出,科学家之间不仅有慷慨和分享的举动,他们也会因为野心勃勃、骄傲自满及怀恨在心而彼此竞争。造成这一点的原因很清楚。科学的目标是发现关于世界的新真理,而发现意味着优先权,看谁抢先一步。正如离子假说的创立者艾伦·霍奇金在其自传文章中写道:"如果纯粹的科学家仅仅受到好奇心的驱使,他们就应该对别人解决了他们正在研究的问题感到高兴,但这可不是他们通常的反应。"同行的认可和尊重只会给予那些对共有的知识大厦做出原创性贡献的科学家。这使得达尔文指出,他对"自然科学的热爱……很大程度上是由渴望得到科学家同行尊重的雄心驱使的"。

最后一点是,重大的争议往往发生在现有方法还不足以给核心问题提供一个明白无误的答案之时。直到1955年,卡哈尔的直觉才最终得到证实。洛克菲勒研究所的桑福德·帕莱和乔治·帕拉德通过电子显微镜证明,在绝大多数情况下,存在一个将一个细胞的突触前终端与另一个细胞的树突分隔开来的微小空间——突触间隙。这些新图像还揭示出,突触是不对称的,很久之后才发现的释放化学递质的装置,只存在于突触前细胞。这就解释了为什么一个神经环路的信息流只有一个方向。

生理学家很快就注意到了卡哈尔所做贡献的重要性。查尔斯·谢林顿(图4-7)成了卡哈尔最重要的支持者之一,并邀请他于1894年访问英国,在伦敦皇家学会的克鲁尼安讲座上作报告。这是大不列颠能够授予一名生物学家最尊贵的荣誉之一。

谢林顿在其1949年纪念卡哈尔的文章中写道:

> 把他称作有史以来神经系统方面最伟大的解剖学家,

图4-7 查尔斯·谢林顿（1857—1952年）研究反射行为的神经基础。他发现神经元可以被抑制或激动，对这些信号的整合决定了神经系统的活动。（翻印自《神经系统的整合活动》，剑桥大学出版社1947年版）

这个评价过分吗？一直以来有很多一流的研究者对神经系统感兴趣，在卡哈尔之前做出过一些发现，这些发现常常给医生们带来比以往更多的困惑，徒增谜团且毫无启发。如今即便是个新手瞥一眼，也能认出一个活细胞及一个完整的神经细胞链中神经电流的方向，是卡哈尔让这一切成为可能的。

他一举解决了神经电流在脑和脊髓中的传导方向这一重要问题。比如，他发现每一个神经通路永远只是一条单行道，而且它的方向始终保持一致，永不可逆。

谢林顿在其很有影响力的《神经系统的整合活动》一书中，以卡哈尔发现的神经细胞结构为基础，进一步将结构与生理学和行为学联系起来。

他通过研究猫的脊髓做出这一成果。脊髓接收并加工来自皮肤、关节和四肢及躯干肌肉的感觉信息。它自身包含很多基本的神经装置来控制四肢和躯干的运动，包括走路和跑步所需的运动。谢林顿尝试理解简单神经环路，他研究了两种反射行为——猫身上相当于人类膝跳反射的行为，以及受到一个引起不愉快感觉的刺激时猫爪的缩回反应。这些与生俱来的反射不需要学习。而且它们是脊髓固有的反射，不需要将信息发送到脑。一个适当的刺激就能立刻诱发这些反射，比如轻敲膝盖或者让爪子接触电击或热的表面。

在研究反射的过程中，谢林顿发现了一些卡哈尔仅仅通过解剖学研究无法预料到的现象——并非所有的神经活动都是兴奋性的——换言之，并非所有的神经细胞都通过它们的突触前终端来刺激相邻的接收细胞往前传递信息。有些细胞是抑制性的，它们通过自身的终端终止接收细胞的信息传递。谢林顿在研究不同的反射是如何协调产生一致的行为反应时做出了上述发现。他发现，当特定部位受到刺激以便诱发特定的反射性反应时，只有这个反射被诱发，其他与之相反的反射则被抑制。因此，轻敲一下膝盖骨的肌腱会诱发一个反射活动——向前踢腿。这次敲击同时抑制了与之相反的反射活动——向后屈腿。

谢林顿接着探究了运动神经元在上述协调一致的反射性反应过程中所扮演的角色。他发现，当他轻敲膝盖骨的肌腱时，伸展下肢（伸肌）的运动神经元产生兴奋，同时屈曲下肢（屈肌）的运动神经元受到抑制。谢林顿将抑制屈肌的细胞称作抑制性神经元。后来的研究发现，几乎所有的抑制性神经元都是中间神经元。

谢林顿立刻意识到，抑制不仅对协调反射性反应，而且对增强反应的稳定性都很重要。动物常常遭受可能诱发两种对立反射的刺激。在这些竞争性反射中，抑制性神经元通过抑制除了某个之外的其他全部反射（这个机制称作交互控制），使得某个特定刺激产生一个稳定、可预测、协调的反应。比如，腿的伸展总是伴随着对屈曲的抑制，腿的屈曲总是伴随着对伸展的抑制。通过交互控制，抑制性神经元在竞争性的反射中做出选择，以确保可能发生的两个甚至多个反应中只有一个会表现成行为。

脑和脊髓对反射的整合和决策能力源自个体运动神经元的整合性特征。一个运动神经元加总它从其他神经元接收到的全部兴奋性和抑制性信号，通过计算执行一系列合适的动作。当且仅当兴奋的总和超过抑制的总和且达到某个临界最小值时，运动神经元才会传递信号到靶肌肉，引发其收缩。

谢林顿将交互控制视为协调优先顺序的一般性手段，以实现活动的单一性和行为要达到的目的。他通过脊髓研究揭示出的神经整合原理，很有可能也是大脑的一些高级认知决策功能的基础。我们所形成的每一次直觉和思维，所做的每一次运动，都是大量相似的基础性神经计算的结果。

19世纪80年代中期，当弗洛伊德放弃他对神经细胞及其连接的基础研究工作时，神经元学说的若干细节及其对生理学的启示尚未确立。但他持续关注着神经生物学的进展，并尝试将卡哈尔关于神经元的若干新主张吸收到其一份未出版的手稿《科学心理学大纲》中，这份手稿写于1895年末，那时他已经开始运用精神分析治疗患者并揭示出梦的无意识含义。虽然后来弗洛伊德变得全神贯注于精神分析，但其早期实验研究对他的思想有着持续性影响，因此也影响了精神分析理论的发展。对精神分析感兴趣的心理学家罗伯特·霍尔特这样写道：

> 从许多方面来看，弗洛伊德似乎经历了一次重大的重新定位。他从一名神经解剖学研究者转变成了一名通过心理治疗进行实验的临床神经科医师，并最终成为首位精神分析师。然而，如果我们想象这个转变过程中的延续性远少于变化，那么我们就只是平庸的心理学家了。当弗洛伊德决定转变成为心理学家，去研究一个纯抽象的假想模型时，他很难将倾注了20年热情的神经系统研究经历弃如敝履。

弗洛伊德把他用于研究简单生物（比如螯虾、鳗鱼和原始鱼类）神经细胞的这一时期称作"我学生时代最快乐的时光"。在与后来成为其妻子的玛莎·伯奈斯相遇并相爱后，他放弃了这些基础研究工作。在19世纪，一个人需要用另外的收入来负担研究事业。考虑到自己可怜的财务状况，弗洛伊德转而开了一个诊所，这可以赚到足够的钱来支撑家庭开销。如果那时能像今天这样，从事科学职业的收入就能养家糊口，弗洛伊德也许会作为一名神经解剖学家闻名于世，并成为神经元学说的共同创立者，而不是精神分析之父。

5

神经细胞在说话

如果我成了一名执业精神分析师,我会花很多时间倾听患者谈论他们自己——关于他们的梦境和清醒时的记忆、他们的冲突和欲望。这是由弗洛伊德开创的"谈话疗法",这种内省的心理治疗方法能够达致更深层次的自我理解。通过鼓励患者对思维和记忆的自由联想,精神分析师帮助他们释放出潜藏在有意识思维和行为背后的无意识记忆、创伤及冲动。

在格伦德费斯特的实验室,我很快就领会到,要理解大脑如何运作,我必须学习如何聆听神经元,如何解读作为一切精神生活基础的电信号。电信号传导表征的是心智的语言,它们通过作为大脑构件的神经细胞进行传输,使得彼此之间能够长距离交流。聆听这些谈话并记录神经活动可以说是一种客观的内省法。

格伦德费斯特是信号传导生物学的领军人物。我从他那里学到,对神经细胞的信号传导功能的探索历程可以分成4个阶段,从18世纪开始,经过两百年的研究历程,终于在艾伦·霍奇金和安德鲁·赫胥黎的工作中得到了非常清晰和满意的解答。自始至终,神经细胞如何交流这一问题一直吸引着那些科学界最聪明的头脑。

第一阶段可追溯到1791年，当时来自意大利博洛尼亚的生物学家路易吉·伽伐尼在动物身上发现了电活动。伽伐尼截下一条青蛙的腿挂在了他家阳台铁栏杆的铜钩上，他发现铜和铁这两种不同类的金属的相互作用，偶尔会使得蛙腿抽动，看上去就好像它还是活的。伽伐尼还能通过电脉冲刺激蛙腿使其抽动。进一步研究之后，他认为神经细胞和肌肉细胞自身具备产生电流的能力，肌肉抽搐是由肌肉细胞产生的电流引起的，而非由当时普遍相信的"气"或者"活力"。

伽伐尼的洞见和他让神经活动的解释脱离活力玄学的领域，进入自然科学的范畴这一成就，在19世纪由赫尔曼·冯·亥姆霍兹进一步发扬光大。亥姆霍兹是首批将物理学的严密方法带入脑科学研究的科学家中的一员。亥姆霍兹发现，神经细胞轴突产生的电流并不是它们活动的副产品，而是制造讯息的一种方法，使其可以沿着轴突传导。这些讯息用来将外部世界的感觉信息传到脊髓和脑，并将来自脑和脊髓的动作指令发送到肌肉。

亥姆霍兹在进行上述研究的过程中，做出了一个非凡的实验测量，这一测量改变了人们对动物电活动的认识。1859年，他成功地测量到这些电讯号传导的速度。让他感到惊讶的是，沿着活轴突传导的电流与铜线中的电流有着本质不同。在金属线圈中，电信号传导的速度接近光速（每秒18.6万英里）。尽管速度这么快，但由于传导是被动的，信号强度会在长距离传导中严重衰减。如果轴突也是依靠被动传导，那么从你大脚趾皮肤下的神经末梢传来的信号在它到达大脑前就消失殆尽了。亥姆霍兹发现神经细胞轴突传导的电流远比金属线圈中的慢，它们是通过一种新的波状活动方式主动传导的，速度各异且最快能达到每秒90英尺！后续研究表明，神经电信号与金属线圈中的电信号不同，它们在传导时强度不会减弱。于是，神经牺牲速度进行主动传导，以确保来自你大脚趾的信号到达脊髓时不会衰减。

亥姆霍兹的发现引出了占据生理学领域下个百年的一系列问题：这些后来被称作动作电位的传导信号是怎么一回事？它们如何编码信息？生物组织如何产生电信号？具体而言，这些电流究竟通过什么在传导？

说到研究信号的形式和编码信息的规则，我们就进入了研究的第二阶段，它始于20世纪20年代埃德加·道格拉斯·阿德里安的工作。阿德里安（图5-1）开发的研究方法能够记录和放

图5-1 埃德加·阿德里安勋爵（1889—1977年）开发的方法能够记录神经细胞进行交流所需的动作电位。（翻印自坎德尔、施瓦茨和杰塞尔主编的《神经科学及行为精要》，麦格劳-希尔集团1995年版）

大沿着皮肤上的个体感觉神经元轴突传导的动作电位，让我们得以首次理解神经细胞的基本表达方式。在研究过程中，他做出了几项关于动作电位，以及它如何生成主观感觉的重要发现。

为了记录动作电位，阿德里安使用很薄的金属线圈。他将金属线圈的一端置于皮肤感觉神经元轴突的外表面，另一端则与一个墨迹记录仪（用于观察动作电位的形状和模式）和一个扩音器（用于听到动作电位的声音）连接在一起。每当阿德里安触摸皮肤，就会产生一个或多个动作电位。每当出现一个动作电位，他就会从扩音器里听到短促的"梆！梆！梆！"并看到墨迹记录仪上出现一个短暂的电脉冲。感觉神经元的一个动作电位仅仅持续千分之一秒，它包括两个成分：首先快速上升到峰值，接着保持匀速下降回到起点（图5-2）。

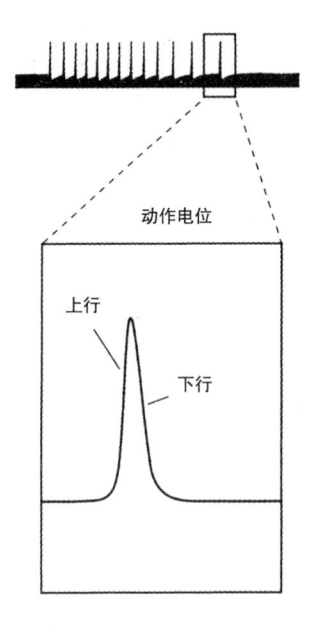

图 5-2 埃德加·阿德里安的记录揭示了动作电位的特征。单个神经细胞的记录显示出动作电位的全或无特性：只要达到了产生信号所需的阈值，这个信号的振幅和形状就总是一样的。

墨迹记录仪和扩音器反映出的是同一个显著事实：单个神经细胞产生的所有动作电位都几乎一样。它们有着同样的形状和振幅，这与激发它们的刺激强度、持续时间或位置无关。因此，动作电位是一个恒定的"全或无"信号：只要达到了产生信号所需的阈值，这个信号就几乎总是一样的，不会变大也不会变小。动作电位产生的电流足以让轴突毗邻的区域兴奋，使得动作电位以最快每秒 100 英尺的速度沿着整个轴突继续传导，而不会消失或衰减，这个结果与亥姆霍兹之前测量的几乎一致！

发现动作电位具有这一全或无特性之后，阿德里安开始进一步思考更多的问题：感觉神经元如何报告一个刺激的强度——触摸是轻是重，光线是明是暗？它又如何传达一个刺激的持续时间？更广泛地讲，神经元如何区分不同的感觉信息，比如将触觉与痛觉、视觉、嗅觉或听觉区别开来？它们又如何区分知觉相关的感觉信息和动作相关的运动信息？

阿德里安首先着手解决的是强度问题。在一项标志性研究中，他发现强度是由动作电位发放的频率来体现的。一个轻微的刺激，比如轻抚手臂，会激发每秒两到三个动作电位，而一个强烈的刺激，比如拧或者撞一个人的肘部，会激发每秒 100 个动作电位。类似地，感觉的持续时间由其产生的动作电位的持续时间决定。

接下来，他探究了信息如何传导。神经元是通过不同的电编码来告知大脑它们携带了不同的感觉信息（比如痛觉、视觉或听觉）的吗？阿德里安发现并非如此，不同感觉系统的神经元产生的动作电位差异极小。因此，一种感觉的属性——比如，它是视觉还是触觉——并不体现在动作电位的差异上。

那么，神经元携带的不同信息通过什么来区分呢？简而言之，是通过解剖学。在一项确证卡哈尔的连接特异性原理的研究中，阿德里安发现神经所传导信息的属性，取决于该信息激活的神经纤维的类型，以及这些神经纤维连接的特异性大脑系统。每一种感觉沿着特异性神经通路传输，神经元传导的特定信息取决于该信息所属的通路。在感觉通路中，信息从感觉神经元——对触摸、疼痛或光照等环境刺激做出反应的感受器——传递到脊髓或脑中特定的专门神经元。视觉信息之所以不同于听觉信息，是因为它们激活了不同的通路。

1928年，阿德里安以他特有的生动语言风格总结了他的工作："不论一个讯息最终是为了唤起视觉、触觉还是痛觉，其所引发的脉冲都是极其相似的；如果这些脉冲非常密集，我们的感受就强烈；如果它们被间隔开来，相应地我们的感受就轻微。"

最后，阿德里安发现大脑中的运动神经元发送给肌肉的信号事实上与皮肤感觉神经元传递给大脑的信号是一样的："运动纤维和感觉纤维传递的信号几乎完全对等……都遵循相同的全或无法则。"之所以特定神经通路发出的一连串动作电位会使得我们的手运动，而不是让我们感知到有色光，是因为这条通路与我们的指尖相连，而没有连着视网膜。

和谢林顿一样，阿德里安将卡哈尔基于解剖学观察的神经元学说扩展到了功能学研究的领域。而与陷入痛苦竞争的高尔基和卡哈尔不同的是，谢林顿和阿德里安是一对互相支持的好朋友。他们两位凭借在神经元功能方面做出的发现，分享了1932年的诺贝尔生理学或医学奖。听闻自己将与谢林顿分享这一荣誉，作为后辈的阿德里安在致对方的信中写道：

我无意重复那些你肯定已经听厌了的话——关于我们如何珍视你的工作及你本人,但我必须让你知道,能够以这种方式与你联系在一起,给我带来了多么强烈的欢乐。我从未想过有这么一天,冷静地说我也并不希望如此,因为你应该得到全部的荣誉才对,但事实既然如此,我也不禁要为自己的好运庆幸。

阿德里安已经听到了神经信号传导中发出的"梆!梆!梆!"的声音并发现这些电脉冲的频率表征着感觉刺激的强度,但还有一些问题没有解决。神经系统为什么具有以全或无方式传导电信号这种非凡的功能?如何打开和关闭电信号?它们沿着轴突快速传导的机制又是什么?

信号传导研究历程的第三阶段关注的就是动作电位产生的机制,这一阶段始于1902年由朱利叶斯·伯恩斯坦首次提出的膜假说。他是亥姆霍兹的学生,19世纪最具创造力、最有成就的电生理学家之一。伯恩斯坦想知道,全或无法则背后的机制是什么?动作电位的电荷从何而来?

伯恩斯坦明白轴突是被细胞表膜包裹的,即便在静息状态下,没有任何神经活动时,膜的两侧也存在着一个稳定的电位差,现在我们将其称作静息膜电位。他知道这一电位差对神经细胞非常重要,因为一切信号传导都是基于这一静息电位的改变。他测定这一跨膜电位差为70毫伏,细胞内部比外部带有更多的负电荷。

怎么解释这一电位差?伯恩斯坦推断一定有什么东西能够

跨过细胞膜来运输电荷。他知道人体的每个细胞都沐浴在细胞外液中。细胞外液不像金属，其中不包含自由电子来运输电荷，而是存在大量离子——比如钠、钾和氯等带电原子。此外，每个细胞内的细胞质也包含高浓度离子。他认为这些离子可以运输电荷。他进一步推断，跨膜电流的产生，可能就源于细胞内外离子浓度的不平衡。

伯恩斯坦从早前的研究中得知细胞外液是含盐的：它包含高浓度带正电的钠离子，并有等量高浓度带负电的氯离子与之形成平衡。相反，细胞质包含高浓度带负电的蛋白质，并被高浓度带正电的钾离子平衡。因此，细胞膜每一侧的正负电荷都是平衡的，只不过包含的离子不同。

为了让电荷在神经细胞膜间流动，细胞膜必须对细胞外液或细胞质中的某些离子具有通透性。是哪些离子呢？试验了各种可能性之后，伯恩斯坦大胆做出结论，他认为在静息状态下，细胞膜对除了钾离子之外的所有离子都有屏障作用。细胞膜包含现在称作离子通道的特定开口，这些通道只允许钾离子顺着浓度梯度从具有高浓度钾离子的细胞内部流向具有低浓度钾离子的细胞外部。由于钾离子带正电，它从细胞内流出使得细胞膜内表面略微带上了负电，这是因为细胞内还存在蛋白质。

尽管钾离子流出了细胞，但它又受到它外流后细胞内净负电荷的吸引。因此，细胞膜外表面就会分布着从细胞内外流的钾离子所带的正电荷，而细胞膜内表面则分布着试图拉回钾离子的蛋白质所带的负电荷。当这一过程达到平衡时，膜电位就会稳定在–70毫伏（图5-3）。

这些关于神经细胞如何维持其静息膜电位的基本发现让伯恩斯坦追问：当一个神经元受到充分刺激并产生动作电位时，

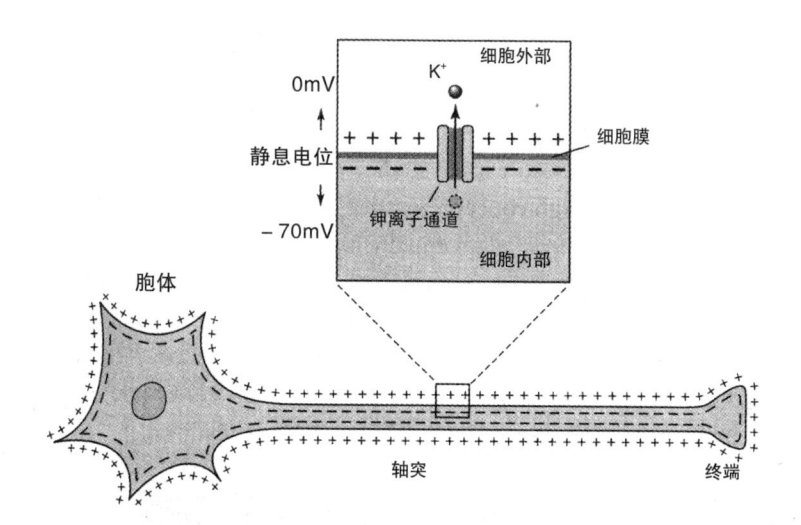

图 5-3 伯恩斯坦发现的静息膜电位。 朱利叶斯·伯恩斯坦推论即使是在静息状态，神经细胞的内部和外部之间也存在电位差。他认为神经细胞膜必须包含允许带正电的钾离子（K^+）流出细胞的特定通道，正电荷外流使得细胞膜内表面带负电，形成了静息膜电位。

会发生什么呢？他用一台电池驱动的刺激器制造电流，传给神经细胞轴突以产生动作电位，并推论动作电位发生时，细胞膜的选择通透性会暂时失效，允许所有离子自由进出细胞，静息膜电位降低至零。根据这一推断，由于细胞膜电位是从 -70 毫伏变为 0 毫伏，那么动作电位的振幅应该是 70 毫伏。

伯恩斯坦论述的膜假说后来被证明是很有力的，这部分是因为它基于已被充分确立的溶液中离子运动的原理，部分是因为它如此优雅。静息电位和动作电位并不需要复杂的生化反应，而只是利用离子的浓度梯度中存储的能量。从更广泛的意义上讲，伯恩斯坦的论述与伽伐尼和亥姆霍兹的研究一起，以强有力的证据表明了，物理学和化学定律甚至可以用来解释心智运作的某些方面——神经系统的信号传导及在此基础上对行为的控制。没有必要再给"活力"或其他不能用物理学和化学术语解释的现象留下一席之地。

第四阶段由艾伦·霍奇金和安德鲁·赫胥黎提出的离子假说主导，前者是阿德里安最出色的学生，后者是霍奇金自己的天才学生兼同事（图5-4）。霍奇金和赫胥黎的工作关系既相互补充，又协调一致。霍奇金对神经细胞运作的生物学基础及其研究历史具有敏锐的洞见。作为一名出色的实验者和一流的理论家，他总

图5-4 艾伦·霍奇金（1914—1998年）和安德鲁·赫胥黎（生于1917年[①]）针对枪乌贼神经细胞的巨大轴突开展了一系列经典研究。除了证实伯恩斯坦提出的静息膜电位是由细胞内钾离子外流所致，他们还发现动作电位是由细胞外钠离子内流所致。（承蒙乔纳森·霍奇金和安德鲁·赫胥黎惠允）

---

① 赫胥黎已于2012年5月30日去世。

是在寻找实验的直接发现背后的更大意义。赫胥黎是一名深具技术天分的数学奇才。他设计了新的方法来记录和观察单个细胞的活动,还开发了数学模型来描述他和霍奇金获得的数据。他俩是一对完美的搭档,其合作成就大于两个人各自成就的总和。

霍奇金的过人天赋在他事业的早期就已显现,1939年刚开始与赫胥黎合作时,他已经在神经信号传导研究方面做出了重要贡献。凭借一篇以"神经传导的性质"为题的博士论文,他于1936年获得了英国剑桥大学三一学院的从事研究的院士称号[1]。在那篇论文中,他通过优雅的定量细节显示,动作电位产生的电流大到足以跳过轴突被麻醉的部分,传导至未被麻醉的部分并在那里产生新的动作电位。这些实验为动作电位一经产生便不会消失或衰减的原因提供了最终的洞见。根据霍奇金的理论,这是因为动作电位产生的电流远大于激活一个毗邻区域所需的电流。

霍奇金博士论文中描述的研究是如此重要,其论证风格又如此优美,以至于他年仅22岁就得到了国际科学界的关注。英国生理学界的权威、诺贝尔奖得主A.V.希尔是霍奇金博士论文委员会的一员,这篇论文给他留下了深刻印象,于是他把论文转发给了洛克菲勒研究所所长赫伯特·加瑟。在他附上的信中,希尔称霍奇金"非常卓越。……一个实验科学家在第四学年就成为院士,这在剑桥三一学院简直是史无前例的,但这小子做到了"。

加瑟认为霍奇金的论文是一项"非常漂亮的实验工作",并邀请他于1937年来洛克菲勒研究所做访问学者。在那一年里,

---

[1] 源自英国古老大学的独特学院制度,院士在学院中从事教学、研究或行政工作,也是一种荣誉身份,享受学院优待。院士包括荣誉院士、资深院士和初级院士,年轻的霍奇金属于初级院士,相当于博士后研究员。

霍奇金与在隔壁实验室工作的格伦德费斯特交上了朋友。霍奇金还访问了美国其他几个实验室，并接触到了他随后用以大展身手的枪乌贼的巨大轴突。最后，他还遇到了他未来的妻子，一位洛克菲勒研究所教授的女儿。就短短一年时间来说，他的收获着实不小呢！

霍奇金和赫胥黎的第一个重大洞见诞生于1939年，他们前往位于英国普利茅斯的海洋生物站，研究动作电位如何在枪乌贼的巨大轴突中产生。英国神经解剖学家约翰·扬不久前发现，枪乌贼作为海洋中游动速度最快的动物之一，有着直径整整一毫米的巨大轴突，这相当于人体大多数轴突直径的约一千倍。它和一根纤细的意大利面差不多粗，可以通过肉眼观察到。扬是一名比较生物学家，他了解动物会进化出特化器官来确保自己在其环境中更有效地生存，他同时也意识到枪乌贼那用于快速逃离捕食者的特化轴突，是给生物学家的天赐之物。

霍奇金和赫胥黎立即感到枪乌贼的巨大轴突可能正是他们追逐神经科学家的梦想所需要的，因为它使得在细胞的内部和外部记录动作电位，从而揭示动作电位如何产生成为可能。由于这条轴突很大，他们可以做到将一个电极插入细胞质，同时将另一个置于细胞外部。他们的记录证实了伯恩斯坦的推测，即静息膜电位是-70毫伏，以及它依赖钾离子在离子通道中的流动。然而，当他们和伯恩斯坦一样用电刺激轴突来产生动作电位时，他们很惊奇地发现动作电位的振幅是110毫伏，而不是伯恩斯坦所预测的70毫伏。动作电位把细胞膜的表面电位从-70毫伏增加到了峰值时的$+40$毫伏。这一惊人的与预测不符之处有着意义深远的启示：伯恩斯坦关于动作电位表征着细胞膜对所有离子的通透性失效这一假说是错误的。细胞膜在动作电位产生时一定仍然是选择性地允许某些而非其他离子通过。

这是一个非凡的洞见。动作电位是将感觉、思维、情绪和记忆等信息从脑中一处传导到另一处的关键信号,因此在1939年,动作电位如何产生这一问题成了整个脑科学的核心问题。霍奇金和赫胥黎对这一问题进行了深入思考,然而,他们还没来得及用实验方式验证任何想法,第二次世界大战就爆发了,两人都应征入伍。

直到1945年,两人才重新拾起他们关于动作电位的研究。在与伦敦大学学院的伯纳德·卡茨短暂共事期间(当时赫胥黎在为结婚做准备),霍奇金发现上行——动作电位的上升部分——取决于细胞外液钠离子的数量,下行——动作电位的下降部分——则受到钾离子浓度的影响。这一发现表明,细胞中的某些离子通道对钠离子具有选择通透性,并且只在动作电位上行阶段开放,其他离子通道则只在下行阶段开放。

为了更直接地检验这一想法,霍奇金、赫胥黎和卡茨在枪乌贼的巨大轴突上使用了电压钳,这是一项新开发的用于测量跨膜离子电流的技术。他们再次证实了伯恩斯坦的发现,即静息电位是由细胞膜两侧钾离子分布不均所致。此外,他们还证实了自己早先的发现,当细胞膜受到充分刺激时,钠离子会在千分之一秒内流入细胞,将内部电位从-70毫伏变为$+40$毫伏,使得动作电位上升。在钠离子内流之后,紧接着就会出现钾离子外流的显著增加,使得动作电位下降,细胞内电位回到其初始值。

细胞膜如何调控钠离子和钾离子通透性的变化?霍奇金和赫胥黎假定存在先前没有想到过的一种离子通道,这种通道具有可开关的"门"或"闸"。他们认为在动作电位沿着轴突传导的过程中,钠离子和钾离子通道大门会迅速地相继打开和关闭。

霍奇金和赫胥黎还意识到，由于门开和关的速度都非常快，这些门必须由跨膜的电压（即电位差）调控。他们因此将这些钠离子和钾离子通道称作电压门控通道。相应地，他们将伯恩斯坦发现的产生静息膜电位的钾离子通道称作非门控钾离子通道，因为它们没有门，也不受跨膜电压的影响。

当神经元处于静息状态时，电压门控通道是关闭的。当一个刺激充分地降低了细胞的静息膜电位，比如从–70毫伏降到–55毫伏时，电压门控钠离子通道会打开，钠离子冲进细胞，造成正电荷短暂但显著的飙升，使得膜电位从–70毫伏变为+40毫伏。作为对这一膜电位变化的反应，钠离子通道随即关闭，电压门控钾离子通道短暂开放，增加带正电钾离子的外流，并迅速让细胞回到其静息状态的–70毫伏（图5-5）。

每一个动作电位最终都使得细胞内留下了超出最适状态的钠离子，而细胞外则留下了超出最适状态的钾离子。霍奇金发现这种不平衡是通过一种蛋白质得到纠正的，它将多余的钠离子运出细胞，并将钾离子运回细胞。于是，钠离子和钾离子的初始细胞浓度梯度得以重新建立。

一旦在轴突的一个区域产生了动作电位，它产生的电流将使毗邻区域兴奋，产生一个新的动作电位。如此产生的链反应确保动作电位从它产生的地方沿着整条轴突传导到毗邻另一个神经元（或肌肉细胞）的终端。通过这种方式，视觉体验、运动、思维或记忆的信号得以从一个神经元传递到另一个神经元。

凭借这一现在被称作离子假说的研究，霍奇金和赫胥黎分享了1963年的诺贝尔生理学或医学奖。霍奇金后来说道，这项荣誉应该归枪乌贼所有，是它的巨大轴突让他们的实验成为可能。不过这种谦逊忽视了两人提出的非凡洞见，这一洞见给了

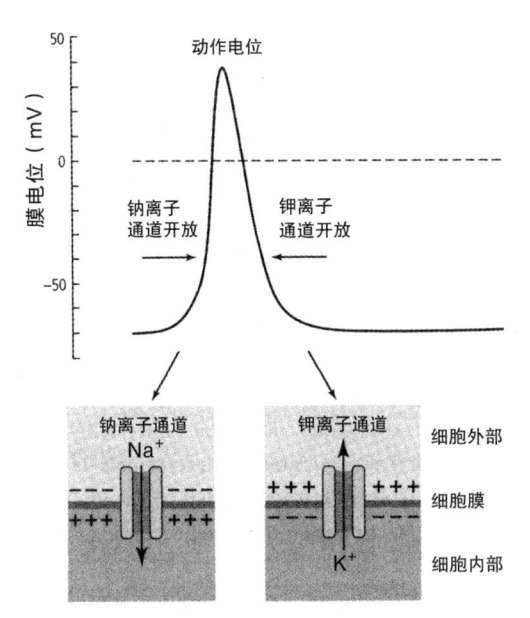

图 5-5 细胞内记录动作电位的霍奇金－赫胥黎模型。带正电钠离子（Na^+）的内流改变了细胞内部电位，形成动作电位的上行段。钾离子通道随即开放，钾离子（K^+）流出细胞，形成动作电位的下行段，细胞回复其初始电位。

整个科学界——其中就包括像我这样的新入行者——以信心，让我们相信科学界可以在一个更深的水平上理解脑中的信号传导。

当科学家们将分子生物学运用到脑科学领域之后，他们发现电压门控钠离子和钾离子通道实际上都是蛋白质。这些蛋白质横跨细胞膜的两侧，包含一个充满液体的通道，即离子孔，离子可以从中穿过。离子通道存在于身体里包括神经细胞在内的每一个细胞，而且它们共享伯恩斯坦提出的那种产生静息膜电位的机制。

与先前的神经元学说一样，离子假说也增强了脑细胞生物学与细胞生物学其他领域的联系。它提供了神经细胞可以通过物理学原理得到解释的最终证明，且这些原理为所有细胞共享。最为重要的是，离子假说为在分子水平上研究神经信号传导机制奠定了基础。离子假说的普遍性和预测能力统合了神经系统的细胞学研究；它对神经元的细胞生物学研究做出的贡献，可以与DNA结构在其余生物学研究中做出的贡献相提并论。

离子假说确立51年后的2003年，洛克菲勒大学的罗德里克·麦金农获得了诺贝尔化学奖，他的贡献是取得了第一幅组成两种离子通道——非门控钾离子通道和电压门控钾离子通道——的原子三维图像。麦金农对这两种蛋白质高度原创性的结构分析所揭示出的若干特征，正与霍奇金和赫胥黎当年大胆预测的图景高度吻合。

既然细胞膜离子通道中的离子运动对神经元的运作至关重要，而神经元的运作又对心智的运作至关重要，那么，离子通道蛋白质的基因发生突变会导致疾病，这一点就不足为奇了。1990年，查明人类遗传疾病背后的分子缺陷已经变得相对容易。其后不久，科学家们又接连鉴定出了导致肌肉和脑神经疾病的几种离子通道缺陷。

这些疾病现在称作通道病，或离子通道功能障碍。比如，研究表明家族性特发性癫痫，即一种发生于新生儿身上的遗传性癫痫，与编码钾离子通道的基因突变相关。近年来对通道病以及针对它们的专门治疗方案的探索进展，都直接得益于我们已经掌握的离子通道功能的基础科学知识，霍奇金和赫胥黎在这一点上做出了很大贡献。

6

神经细胞之间的交流

我1955年进入哈里·格伦德费斯特的实验室时,研究者们正为神经元之间是如何交流的吵得不可开交。霍奇金和赫胥黎划时代的研究解决了神经元内的电信号如何产生这一持续多年的谜题,但神经元之间的信号传导是如何发生的?一个神经元要想和挨着它的下一个神经元"谈话",就需要发送能够穿过突触间隙的信号。这会是一种什么信号呢?

格伦德费斯特和其他主要神经生理学家曾坚信穿透细胞间隙的微弱信号是电信号,是由突触前神经元的动作电位形成的电流流入突触后神经元的结果,这一观点直到20世纪50年代早期才被证明是错误的。始于20世纪20年代晚期的研究所积累的证据表明某些神经细胞间的信号可能是化学性质的。这项证据来自对自主神经系统(又称不随意神经系统)中神经细胞的研究。自主神经系统可被视为外周神经系统的一部分,因其神经细胞的胞体聚在一起而被称作外周自主神经节,它们位于脊髓和脑干外部。自主神经系统控制维持生命所必需的不随意动作,比如心率、血压、消化,以及情绪激动时的呼吸调节。

新的证据使得突触传递的化学理论兴起,并由此引发了一场争论,当时被诙谐地称作"汤与电火花之争"。其中的"电火花"派如格伦德费斯特，相信突触间的交流是通过电信号，而"汤"派则坚持是通过化学信号。

突触传递的化学理论始于亨利·戴尔和奥托·勒维的研究。20世纪20年代到30年代早期，他们研究了自主神经系统发送到心脏和特定腺体的信号。他们各自独立地发现，当自主神经系统中一个神经元的动作电位到达轴突终端时，会导致一种化学物质被释放到突触间隙。这种现在称作神经递质的化学物质，穿过突触间隙到达靶细胞，被靶细胞膜外表面的特异性受体识别并捕获。

出生于德国，居住在奥地利的生理学家勒维检查了控制心率的两条神经（或轴突束），一条是降低心率的迷走神经，一条是提高心率的加速神经。在一个关键性的实验中，他刺激青蛙的迷走神经，使其产生动作电位，导致青蛙心率降低。他在这一操作过程进行中和刚刚结束时，快速地采集了青蛙心脏外的体液，并将其注射到另一只青蛙的心脏。引人注目的是，第二只青蛙的心率也降低了！没有动作电位受到激发来降低第二只青蛙的心率，相反，是第一只青蛙迷走神经释放的某些物质传递了降低心率的信号。

勒维和英国药理学家戴尔的进一步研究表明，迷走神经释放的是简单的化学物质乙酰胆碱。乙酰胆碱作为一种神经递质，通过与特异性受体结合，能够减缓心跳。由加速神经释放的提高心率的物质则与另一种简单的化学物质肾上腺素有关。勒维和戴尔因首次证明了自主神经系统中从一个神经元到另一个神经元的跨突触信号传递是由特异性化学递质主导的，而分享了1936年的诺贝尔生理学或医学奖。

获得诺贝尔奖后两年，勒维亲身体验了奥地利纳粹党徒对科学和学术的蔑视。希特勒在我同胞的欢呼声中进驻奥地利后第二天，勒维就因其犹太人身份被关进监狱。作为一名在格拉茨大学担任了29年药理学教授的科学家，勒维于两个月后获释，条件是他将自己仍存放于瑞典一家银行中的诺贝尔奖奖金转移到一家纳粹控制下的奥地利银行并立即离开奥地利。他照做了，后来在纽约大学医学院找到了一份工作。也是在这里，多年后我有幸聆听了他的讲座，讲座的内容正是他在心脏的化学信号传导方面的研究。

勒维和戴尔在自主神经系统方面的开创性工作说服了很多神经科学家，让他们开始认同中枢神经系统中的细胞也可能是通过神经递质来进行跨细胞间隙的交流的。然而，包括约翰·埃克尔斯和哈里·格伦德费斯特在内的一些电生理学家仍然持怀疑态度。他们承认自主神经系统中化学传递的重要性，但他们坚信在脑和脊髓中的细胞间极其迅速的信号传导不大可能是化学性的。因此，他们在涉及中枢神经系统时，仍然坚持电传递理论。埃克尔斯提出了这样的假说：突触前神经元的动作电位产生的电流穿过细胞间隙，进入突触后细胞，在那里信号被放大，导致新的动作电位产生。

随着电信号记录方法的持续改进，人们发现在运动神经元和骨骼肌之间的突触处有一个微小的电信号，这证明了突触前神经元的动作电位并不直接激发肌肉细胞的动作电位，而是在肌肉细胞里激起了一个要小得多的独特信号，它被称作突触电位。研究表明突触电位有两个方面不同于动作电位：它们慢许多且振幅各异。如果给它安装一个阿德里安式的扩音器，突触电位发出的声音应该类似一种轻柔、缓慢、持续的嘶嘶声，而非动作电位那种尖锐的"梆！梆！梆！"的声音，而且它的音量会出现变化。突触电位的发现证明了神经细胞会使用两种不同的电信号。它们用动作电位进行长距离信号传导，将信息从神经细胞内的一个区域传到另一个区域；而用突触电位进行局部信号传导，主要在突触间传递信息。

埃克尔斯立即认识到，突触电位就是谢林顿所说的"神经系统的整合活动"背后的成因。在任意给定时刻，任意神经通路中的一个细胞都在被许多突触电位轰炸，其中既有兴奋性的也有抑制性的，但结果只有两种情况：这个细胞要么激发、要么不激发一个动作电位。一个神经细胞的基本任务就是整合：它将自己从突触前神经元收到的兴奋性和抑制性突触电位整合在一起，当且仅当兴奋性信号的总和超过抑制性信号，达到某个临界最小值时，它才会产生一个动作电位。神经细胞整合从其他神经细胞汇聚到它这里的全部兴奋性和抑制性突触电位，这种整合能力确保了谢林顿所描述的，这些活动最终在行为层面只体现为单一动作这一现象。

到了20世纪40年代中期，争论双方都同意，突触电位会出现在所有突触后细胞中，而且构成了突触前神经元的动作电位与突触后细胞的动作电位的关键性连接。不过，上述发现只是使争论更加具体地聚焦于一点上了：中枢神经系统的突触电位最初是电信号还是化学信号？

戴尔与他的同事，另一位来自德国的流亡者威廉·费尔德伯格一起取得了一个突破性进展，他们发现脊髓中的运动神经元在激动骨骼肌的同时，也会释放在自主神经系统中用于减缓心跳的乙酰胆碱。这一发现激起了伯纳德·卡茨的兴趣，使得他开始探索骨骼肌的突触电位是否是乙酰胆碱作用的结果。

卡茨是莱比锡大学的获奖医学生，因其犹太人身份，他于1935年逃离希特勒统治的德国，前往英国加入了伦敦大学学院A.V.希尔的实验室。卡茨在2月到达英国哈维奇口岸时连护照都没有，据他后来回忆，那是"一场令人恐惧的经历"。到达英国后三个月，卡茨出席了剑桥的一个会议，会上他得以近距离接触到"汤与电火花"之争。他后来写道："让我无比惊讶的是，我目睹了埃克尔斯与戴尔两人简直像在针锋相对地争斗，而主持人阿德里安（勋爵）则像一名极其尴尬且不情愿的裁判员。"电火花派领袖约翰·埃克尔斯提交的一篇论文火力十足地针对汤派领袖亨利·戴尔及其同仁的核心观点，后者认为乙酰胆碱是神经系统突触间信号的递质。"跟进这场争论有些困难，因为我还没有完全了解那些术语，"卡茨回忆道，"递质这个词在我听来好像是和无线电通讯有关的什么东西[①]，由于没法理解其间的关系，这事儿让我感觉有些困惑。"

放下卡茨的困惑不表，化学传递的一个问题在于，没人知道突触前终端的电信号如何引起化学递质的释放，这种化学信号又如何在突触后神经元中再被转为电信号。在接下来的20年里，卡茨加入了试图解决这两个问题的尝试，并将戴尔和勒维在自主神经系统方面的工作扩展到了中枢神经系统。

然而，与在霍奇金和赫胥黎的例子里一样，卡茨的研究也被战争的威胁中断了。1939年8月，第二次世界大战爆发前一个月，身在伦敦的德国侨民卡茨感到自己的处境有些不妙，于是他接受约翰·埃克尔斯的邀请，前往澳大利亚悉尼加入了埃

[①] 递质（transmitter）一词在英语里也指发送器，实际上，神经科学借用了很多无线电领域的术语。

克尔斯的实验室。

与此同时，另一位为了逃离纳粹统治而离开欧洲的科学家斯蒂芬·库夫勒也到悉尼加入了埃克尔斯的实验室（图6-1）。他对我的影响也很大。库夫勒生于匈牙利，在维也纳接受学术

图6-1 突触传递研究的三位先驱第二次世界大战期间一起在澳大利亚工作，后来又各自做出了重要贡献。斯蒂芬·库夫勒（左，1918—1980年）阐明了螯虾树突的特性，约翰·埃克尔斯（中，1903—1997年）发现了脊髓中的突触抑制现象，伯纳德·卡茨（右，1911—2003年）揭示了突触兴奋及化学传递的机制。（承蒙戴米恩·库夫勒惠允）

训练，一开始研究的是物理学，后来转向了生理学。他之所以在1938年离开维也纳，是因为他的祖父是犹太人，而且他还是一名社会主义者。库夫勒在奥地利获得过少年网球冠军，他曾开玩笑说，埃克尔斯邀请他加入实验室，是因为埃克尔斯需要一名网球高手做搭档。尽管埃克尔斯和卡茨都是经验丰富的科学家，但他们还是惊讶于库夫勒精湛的外科技术。他能够分离出单个的肌肉纤维，用以研究从一个运动轴突到一个肌肉纤维的突触输入，这可真是一项了不起的技艺。

欧洲深陷战争之中的那几年里，卡茨、库夫勒和埃克尔斯正为神经细胞和肌肉间是化学传递还是电传递争论不休。埃克尔斯试图将支持化学传递的证据解释得与已有的理论相一致，他坚持化学传递是一个缓慢的过程，还需要一个快速的神经-肌肉信号传导。他假设突触电位包含两个成分：一个初始的快速成分，由电信号介导；一个持续的残余成分，由乙酰胆碱这样的化学递质介导。当卡茨和库夫勒发现，肌肉中突触电位的初始成分同样是乙酰胆碱在起作用时，俩人倒向了汤派。1946年，第二次世界大战结束后不久，卡茨回到了英国而库夫勒移民美国。1945年，埃克尔斯接受了新西兰但尼丁大学的一个教职，在那里建立了一个新实验室。

由于越来越多的实验证据对突触传递的电理论提出挑战，这让体格壮硕、平日里活力四射的埃克尔斯日渐消沉。我们在20世纪60年代后期成为朋友后，他回忆起在这个沮丧的时期所经历的一次重要的思想转变，对此他将永远心存感激。这一转变发生在大学里的教师俱乐部，埃克尔斯每天工作结束后都会去那儿小憩一会。其中一次是在1946年，他遇见了来自维也纳的科学哲学家卡尔·波普尔，波普尔因为预料到希特勒会吞并奥地利，于1937年移民新西兰。在他们的谈话中，埃克尔斯向波普尔讲述了化学-电传递之争一事，以及在经历了漫长且对他而言是根本性的争论之后，他们一方好像失败了。

波普尔听得很着迷。他让埃克尔斯放宽心，告诉他没有理由感到绝望。相反，他应该高兴才对。并没有任何人在质疑埃克尔斯的研究发现——受到质疑的是他的理论、他对这些研究发现的解释。埃克尔斯从事的是最高水平的科学活动。只有当事实已经变得清晰，焦点集中在关于事实的各种竞争性解释时，对立的假说才能发生冲突。也只有当聚焦后的理论发生冲突，它们中的一个才能被证明是错误的。波普尔认为，谁在争执中站到了错误解释一边并不重要。科学方法的最伟大之处就在于它有能力推翻一个假说。科学之所以能够前进，靠的就是这永无休止、精益求精的循环：不断提出假说，并对这些假说做出反驳。一个科学家提出一个关于自然的新想法，然后其他科学家进行研究来找出支持或反对这一想法的观察结果。

波普尔认为埃克尔斯有充分的理由感到高兴。他力劝埃克尔斯回到实验室，精炼他的想法并设计更多的实验来攻击电传递理论，以期甚至可能由自己来推翻电传递的观点。埃克尔斯后来这样回忆道：

> 我自认为从波普尔那里学到了科学研究的核心本质——如何发挥想象力去推断和创造假说，接着再用尽可能严格的方式来质疑它，要利用已知的一切知识以及最严苛的实验方法来对其进行攻击。事实上，他甚至教会了我

在反驳一个自己珍视过的假说时更应该感到高兴，因为这同样是一项科学成就，而且我们能从这种反驳中学到很多东西。

与波普尔的交往让我摆脱了人们在传统科学研究中通常坚持的那些死板条框，感到了一种宏大的自由……当一个人从这些束缚的教条中解放出来后，科学研究就成了一项令人耳目一新的激动人心的冒险。我想，从那时起，这种态度就贯穿于我本人的科研生涯始终。

———

不久，埃克尔斯的假说就被证伪了。卡茨回到伦敦大学学院后，提供了直接证据，证明运动神经元释放的乙酰胆碱引发并完全影响了突触电位的所有阶段。乙酰胆碱通过快速扩散到突触间隙并迅速与肌肉细胞上的受体结合来实现上述过程。后来发现，乙酰胆碱受体是一种蛋白质，它包含两个主要成分：一个乙酰胆碱结合位点和一个离子通道。当乙酰胆碱被受体识别并结合时，就会导致离子通道开放。

卡茨又进一步指出这一新型离子通道的门是由化学递质控制，它与电压门控钠离子和钾离子通道有两点不同：它只对特异性化学递质做出反应，而且既允许钠离子，也允许钾离子通过。钠离子和钾离子同时通过会将肌肉细胞的静息膜电位从 -70 毫伏变至接近 0。此外，虽然突触电位是由化学物质引发的，但就像戴尔预测过的那样，它非常迅速。当突触电位足够大时，它就会产生动作电位，引起肌肉纤维的收缩（图6-2）。

把霍奇金、赫胥黎和卡茨的工作综合到一起，我们现在就

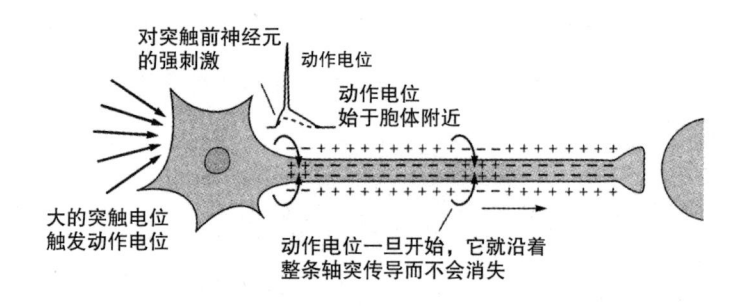

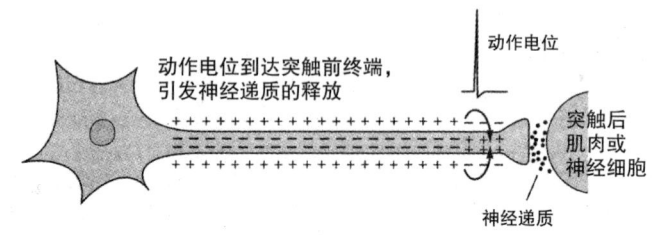

图 6-2 动作电位的传递。

知道了存在两种不同类型的基本离子通道。电压门控通道产生的动作电位在神经元内传导信息，而化学递质门控通道则通过在突触后细胞产生突触电位的方式，将信息在神经元（或神经元与肌肉细胞）之间传递。因此，卡茨发现了递质门控离子通道通过产生突触电位，把来自运动神经元的化学信号转换成肌肉细胞内的电信号。

就像存在与电压门控离子通道相关的疾病一样，也存在与递质门控通道相关的疾病。比如，重症肌无力就是这样一种严重的自体免疫疾病，多发于男性[①]，这种疾病通过制造抗体摧毁肌肉细胞中的乙酰胆碱受体来降低肌肉的运动能力。肌无力可以发展到

---

① 此处说法有误，根据美国国立神经疾病与脑卒中研究所资料，重症肌无力多发于40岁以下女性和60岁以上男性。

非常严重的地步，病人甚至无法保持眼睛睁开。

脊髓和脑中的突触传递显然比运动神经元和肌肉之间的信号传导复杂得多。埃克尔斯曾经花了10年时间（从1925年到1935年），与谢林顿一起对脊髓进行直接研究。他于1945年再次回到这些研究，并于1951年获得了运动神经元的细胞内记录。埃克尔斯证实了谢林顿的发现，即运动神经元同时接收兴奋性和抑制性信号，这些信号是由不同神经递质作用于不同受体而产生的。在运动神经元中，突触前神经元释放的兴奋性神经递质将突触后神经元的静息膜电位从–70毫伏降至–55毫伏，这是激发动作电位所需的阈值。同时，抑制性神经递质将膜电位从–70毫伏升至–75毫伏，使得细胞更难激发动作电位。

现在我们知道脑中主要的兴奋性神经递质是一种名为谷氨酸的氨基酸，而主要的抑制性神经递质则是一种名为GABA（伽马氨基丁酸）的氨基酸。各种镇静药——苯二氮平类、巴比妥类、酒精以及全身麻醉药——都和GABA受体结合，通过增强受体的抑制功能而对行为产生镇静效果。

埃克尔斯由此证实了卡茨的发现，即兴奋性突触传递是化学介导的，另外他还发现抑制性突触传递也是化学介导的。多年后再次描述这些发现时，埃克尔斯写道："卡尔·波普尔鼓励我将我的假说提炼得尽可能精确，这样它就可以以实验方式受到攻击和证伪。结果表明，是我成功地完成了对它的证伪。"埃克尔斯抛弃了他曾热烈拥护的电假说并全心全意地转投化学假说，他用与之前相同的热忱和精力来阐释化学假说的普适性。

正是在这个时候，1954年10月，卡茨的一位杰出合作者保罗·法特发表了一篇关于突触传递的高妙综述。法特提出了一个富有远见的观点,认为现在下结论说所有的突触传递都是化学性的为时尚早。他总结道:"虽然每一项证据都指向在这些连接处发生了化学传递……这对生理学家来说再熟悉不过,**但有可能在其他某些连接处发生的却是电传递**。"(此处强调是本书作者所加)

三年之后,法特的预言被爱德温·弗什潘和戴维·波特证实了。弗什潘和波特是卡茨实验室的博士后研究员,他们在螯虾神经系统的两个细胞之间的确发现了电传递。因此,就像科学争论中时常发生的那样,争论的双方都有对的一面。现在我们知道,包括与这场争论主要相关的那些突触在内的大多数突触都是化学性的,但有些神经元会与其他神经细胞形成电突触。在这种突触中,两个细胞之间存在一座小桥,允许电流从一个细胞传到另一个细胞,就像高尔基曾经预测的那样。

两种形式的突触传递的存在,让我产生了一些问题,这些问题之后又不止一次地在我的脑海中浮现。为什么脑中的绝大部分突触都是化学性的?化学传递和电传递在行为中是否扮演着不同的角色?

在其卓越科研生涯的最后阶段,卡茨将目光从靶细胞的突触电位转向了信号传导细胞中神经递质的释放。他想知道突触前终端的电事件,即动作电位,是如何引发化学递质的释放的。在这一课题上,他做出了两项更令人瞩目的发现。第一,随着动作电位沿着轴突向突触前终端传导,它引发了允许钙离子进入的电压门控通道的开放。钙离子流入突触前终端又引发了一系列分子步骤,导致神经递质的释放。因此,在信号传导细胞内,通过动作电位打开的电压门控钙离子通道,开启了由电信号转为化学信号这一过程，同时在信号接收细胞内，递质门控通道将化学信号转回电信号。

第二，卡茨发现像乙酰胆碱这样的递质不是以单个分子的形式在轴突终端释放，而是以相互独立的小包形式释放（每个小包包含约五千个分子）。卡茨把这些小包称作量子，并假定每个小包都装在一个被膜包围的囊中，他称之为突触囊泡。1955年，桑福德·帕莱和乔治·帕拉德用电子显微镜拍下了这些突触的图像，证实了卡茨的预测。图像中显示突触前终端塞满了囊泡，后来人们发现这些囊泡中包含神经递质（图6-3）。

为了进一步检验这一想法，卡茨做出了一个绝妙的战略决策。他将研究方向从青蛙的神经-肌肉突触转向了枪乌贼的巨大

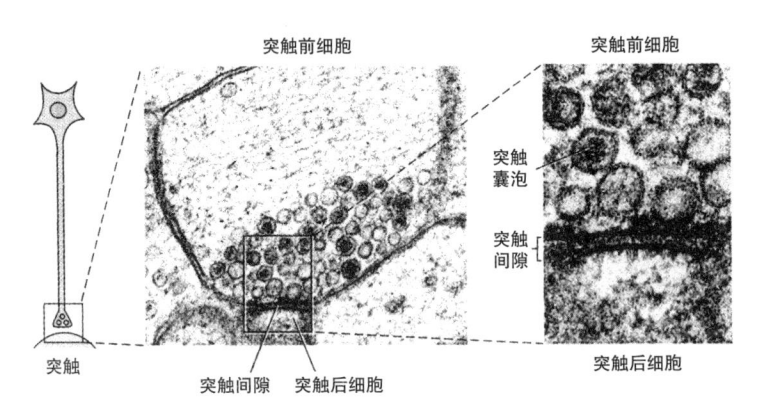

图6-3 信号如何在细胞间传递。突触的首批图像显示出突触前终端包含突触囊泡，后来发现其中含有约五千个神经递质分子。这些囊泡聚集在突触前终端的膜附近，它们准备在此处将递质释放到两个细胞间的空隙，即突触间隙。穿过突触间隙后，神经递质与突触后细胞树突上的受体结合。（翻印自《细胞》1993年第10卷第2页，论文作者杰塞尔和坎德尔，使用得到爱思唯尔出版社许可。中图承蒙克雷格·贝利和玛丽·陈惠允）

突触。凭借这一系统的优势，卡茨得以推断出钙离子在流入突触前终端时的活动：它们引发了突触囊泡与突触前终端的表膜融合，并在膜上开孔使得囊泡可以将它们所含的递质释放到突触间隙（图6-4）。

当人们认识到大脑运作的功能——不只是知觉，还包括思维、学习和存储信息——可能是通过化学信号以及电信号实现的之后，脑科学的吸引力就不再局限于解剖学家和电生理学家了，生物化学家也开始关心这一领域。而且，由于生物化学是生物学的通用语言，突触传递激起了整个生物科学界的兴趣，更不消说像我这样学习行为和心智科学的学生了。

全世界的脑科学研究何等幸运，有英国、澳大利亚、新西兰和美国向那些被奥地利和德国驱逐的研究突触的杰出学者敞

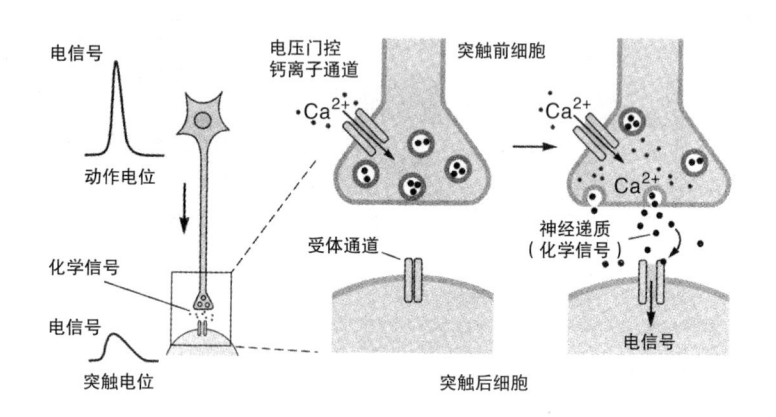

图6-4 从电信号到化学信号再反过来。 伯纳德·卡茨发现当动作电位到达突触前终端时，它引发钙离子通道开放，使得钙离子流入细胞。这导致神经递质释放到突触间隙。神经递质与突触后细胞表面的受体结合后，化学信号又重新转为电信号。

开大门，其中就包括勒维、费尔德伯格、库夫勒和卡茨。[①]这让我想起一个有关西格蒙德·弗洛伊德的故事，当他到达英国，发现自己将住进伦敦市郊的一栋漂亮房子时，想到被迫移民却换来了如此的安宁与礼遇，他深受感动，并用维也纳人典型的讽刺语气低声说道："希特勒万岁！"

[①] 卡茨因本章提到的一系列研究而与他人分享了1970年的诺贝尔生理学或医学奖。对纳粹的"文化清洗运动"所造成的世界科学文化中心的洲际大转移这一议题感兴趣的读者，可参阅李工真教授的专著《文化的流亡：纳粹时代欧洲知识难民研究》。

7

简单与复杂的神经系统

1955年，当时我刚进入哥大不久，格伦德费斯特建议我同多明尼克·普尔普拉一起工作。他是一名年轻的医生，在格伦德费斯特的鼓励之下改变了职业，从神经外科转向脑基础研究（图7-1）。当我见到多姆[①]时，他刚刚决定要把研究工作聚焦于大脑中最为发达的区域——大脑皮层。多姆对能改变心智的药物很感兴趣，我协助他做的第一个实验就是关于迷幻药LSD（麦角酸二乙胺）在视幻觉的产生中所扮演的角色。

LSD于20世纪40年代被发现[②]。到了50年代中期，它已经因其在休闲娱乐活动中的大量使用变得广为人知。阿道司·赫胥黎在《众妙之门》一书中宣传了LSD改变心智的作用，据他描述，LSD增强了他对自己视觉体验的意识，让他觉知到强烈且明亮的色彩映像和愈发明晰的感受。LSD及相关迷幻药能够改变我们的知觉、思维和感受，而我们平时只能在梦境或纯粹的宗教体验中才能经历类似的改变，这一点将它们与其他类别的药物明确地区分开来。服用了LSD的人常常会感觉到他们的

[①] 即对多明尼克的昵称。他已于2019年5月16日去世。
[②] 此处说法比较含混。准确地说，LSD是于1938年首次被合成出来，并于1943年被发现具有致幻作用。

图7-1 多明尼克·普尔普拉（生于1927年）起初是一名神经外科医生，后转向全职研究工作，并成为大脑皮层生理学研究的主要贡献者。我在格伦德费斯特实验室时，于1955—1956年间同他一道工作。他后来成为斯坦福大学的学术领袖，再后来进入阿尔伯特·爱因斯坦医学院。（来自埃里克·坎德尔的个人收藏）

心灵扩张并分裂成了两部分：一部分是有序的，体验到被增强的知觉效应；另一半是被动的，以一个不相干的局外人视角观察着周围发生的一切。注意力转向了自身内部，而自我和非自我间的明确界限消失了，这让LSD使用者感到自己成了宇宙的一部分。很多人的知觉扭曲以视幻觉的形式体现，一部分人甚至会产生类似精神分裂症的幻觉反应。因为LSD有这些显著的性状，多姆想知道它是如何起作用的。

一年前，洛克菲勒研究所的两位药理学家迪尔沃思·伍莱和埃利奥特·肖发现LSD和血清素结合在同样的受体上。血清素是最近刚在脑中发现的物质，被认为是一种神经递质。他们使用的是实验药理学家青睐的材料——大鼠子宫的平滑肌，它遇到血清素就会自发收缩。LSD则通过取代与受体结合的血清素而抵消了这一效应。伍莱和肖由此认为LSD可能会在脑中抵消血清素的效应。他们进一步认为，LSD是通过阻碍脑中血清素发挥其正常作用来引发幻觉反应的。如果确实如此，那么血清素对于我们保持神智清楚——使心智功能正常运转——应该非常重要。

虽然多姆对用子宫平滑肌来检验脑中的化学物质这一想法没有异议，但他想做一些相关性更强的测试来检验心理健康和疾病的脑功能运作，即通过直接观察大脑来研究迷幻药如何起作用。他尤其想知道LSD是否影响了视觉皮层中的突触活动，这一脑区与视知觉相关，被认为是那些戏剧性的视觉扭曲和幻觉发生的地方。他让我协助他探索血清素在猫的一条通向视觉皮层的神经通路中的作用。

我们麻醉动物，打开它们的头盖骨，使大脑暴露出来，并把电极插在视觉皮层表面。我们发现在视觉皮层中，血清素和LSD并没有像它们在子宫平滑肌中那样产生相反的作用。它们二者不仅产生了同样的作用——抑制突触信号传导，而且还各自增强了对方的抑制作用。因此，我们以及其他实验室后续的研究似乎否定了伍莱和肖的观点，他们认为LSD的迷幻视觉效果是由于它阻断了视觉系统中血清素的作用。（现在我们知道，血清素在整个脑中作用于多达18种不同的受体，而LSD似乎只是通过刺激这些受体中位于大脑额叶的那一种来产生致幻效果。）

这个结果非常不错。在研究过程中，我从多姆那里学到如何设置用猫作为实验动物的实验以及如何操作电信号记录仪和引发刺激的设备。让我感到惊讶的是，我发现自己的首次实验室经历引人入胜，这与我之前在本科和医学院教室里学到的枯燥的科学知识非常不同。在实验室里，科学是一种方法，用来提出有趣的关于自然的研究问题、讨论这些问题的重要性和条理性、进而设计一系列实验来探索特定问题的可能答案。

格伦德费斯特和普尔普拉正在探索的问题并不与自我、超我或本我直接相关，但他们让我认识到，神经科学正逐渐发展得能够去研究主要心理疾病的某些方面，如精神分裂症的知觉扭曲和幻觉。

更重要的是，我感到与格伦德费斯特和普尔普拉的讨论很吸引人——他们看问题很透彻，有时还会颇为八卦地谈论一些其他科学家的工作、事业和风流韵事。多姆非常聪明，技术过硬而且极具幽默感（我后来把他称作神经生物学界的伍迪·艾伦[①]）。我开始认识到，做科研，特别是在美国实验室里做科研，之所以会如此与众不同，不只是因为那些实验本身，更多的是因为其中的社交氛围，学生和老师之间的地位是平等的，大家相互公开、持续、坦率且不留情面地交流想法、开展批评。格伦德费斯特和普尔普拉相互仰慕并共同设计实验，但他在挑剔多姆的数据时就像挑剔来自其他实验室的竞争对手那样严厉。格伦德费斯特对实验室成员的要求决不会比对其他人的要求宽松。

我从格伦德费斯特和普尔普拉，以及后来从格伦德费斯特的年轻同事斯坦利·克雷恩那里所学到的，除了一些从脑生物学研究中涌现出的重要新颖的想法，还有方法和策略。从更大的意义上讲，就像1938年我年少时在维也纳留下的痛苦回忆后来一直萦绕心间一样，我在25岁时获得的这些早期的积极研究经历和接受的想法，对我的思想和毕生研究也有着重要影响。

血清素和LSD的有关发现激励着多姆进一步开展在当时还属于前沿领域的哺乳动物皮层研究。我们用闪光来刺激视觉皮

[①] 美国著名电影导演、编剧和演员。他常常在自己的作品中扮演各种神经质的知识分子形象。

层，这些刺激激活了一条终止于视觉皮层神经元树突的通路。我们对树突所知甚少，特别是不知道它们是否能够像轴突那样产生动作电位。普尔普拉和格伦德费斯特在他们研究的基础上，提出树突有着有限的电学性质：它们能够产生突触电位，但不能产生动作电位。

由于格伦德费斯特和普尔普拉不确定他们所用的实验方法是否适用于研究树突，他们做出的这个结论只是试探性的。为了检测LSD在突触传递中引起的变化，格伦德费斯特和普尔普拉需要获得来自视觉皮层神经元树突的细胞内记录，而且是每次记录一个树突。这就需要使用卡茨在单个肌肉纤维中以及埃克尔斯在单个运动神经元中用到的那种细玻璃电极。经过讨论他们得出结论，由于视觉皮层的神经元远小于卡茨和埃克尔斯研究的细胞，进行细胞内记录很难成功。只有胞体二十分之一大小的细长树突，似乎不可能成为记录的对象。

就是在这样的背景之下，我又一次邂逅了斯蒂芬·库夫勒。一天傍晚，格伦德费斯特扔给我一期《普通生理学期刊》，上面刊载了库夫勒基于他对鳌虾单个神经细胞及其树突所做的研究而写成的三篇论文。我觉得一位同时代神经生理学家能研究鳌虾是件很棒的事情：在弗洛伊德的早期科研论文中，有一篇发表于1882年，当时他年仅26岁，研究的正是鳌虾的神经细胞！正是在这项研究中，弗洛伊德几乎就要做出一个独立于卡哈尔的发现，即神经细胞体和它的突起是脑信号传导的一个单元。

我尽最大的努力仔细阅读了库夫勒的论文。尽管不能完全理解其内容，但我当时就产生了一个清晰的想法：库夫勒所做的，正是普尔普拉和格伦德费斯特在哺乳动物脑中想做但没能做到的。他研究的是单个孤立神经细胞的树突。排除了其他神经细胞的干扰后,库夫勒可以看清树突的分枝并记录它们的电变化结果。

库夫勒的论文让我们深刻地认识到,选择一个解剖学上简单的系统对实验的成功至关重要,而无脊椎动物就是简单系统的宝库。这些论文还提醒了我,实验系统的选择是一个生物学家要做出的最重要决定之一,之前我就在霍奇金和赫胥黎关于枪乌贼巨大轴突的研究及卡茨关于枪乌贼巨大突触的研究中了解过这一点。

上述洞见对我产生了重大影响,我渴望自己动手来直接检验这一新颖的研究策略。我脑子里并没有特定的想法,但我正在开始像一名生物学家那样思考。我理解所有的动物都有某种形式的心理体验,它们反映了其神经系统的构造,我还知道我想在细胞水平上研究神经系统的功能。总之,当时我就知道,将来有一天我会用一种无脊椎动物来检验某个想法。

1956年从医学院毕业后,我在纽约市的蒙蒂菲奥里医院当了一年实习医师。1957年春,在实习期间的一个短期选修阶段,我回到了格伦德费斯特的实验室,花了6个星期和斯坦利·克雷恩待在一起,他是位使用简单系统的高手。我选他是因为他作为一名细胞生物学家,非常善于寻找合适的实验系统来解决重要问题。克雷恩是最早研究单个孤立神经细胞性状的科学家之一,他们把神经细胞从脑中取出,与其他细胞分离开,通过组织培养生长。没有比这更简单的系统了!

格伦德费斯特了解到我对无脊椎动物特别是螯虾怀有日渐增长的好奇心,于是他建议我在克雷恩的帮助下建立一个电生理记录系统。我可以用这个系统复制霍奇金和赫胥黎的实验，记录螯虾的大轴突，它具有控制尾巴逃避捕食者的作用。螯虾轴突虽然比枪乌贼的要小，但也相当大了。

克雷恩向我展示了如何制作用来插入单个轴突的玻璃微电极以及如何获取和解读来自轴突的电记录。在进行这些实验的过程中——由于我并没有探索新的科学性或概念性问题，这些实验几乎都属于操作训练——我第一次感觉到了为自己工作的兴奋劲。我将记录电信号的放大器的输出端与扩音器连到一起，阿德里安30年前就是这么干的。每当我插入一个细胞，我也会像他那样听到动作电位的噼啪声。我并不喜欢枪声，但却陶醉于动作电位"梆！梆！梆！"的声音。我已经成功地穿刺了轴突并真正聆听到了螯虾脑的信息传输，这让我产生了一种美妙而亲密的感觉。我正在成为一名真正的精神分析师：我正在聆听我的螯虾头脑深处的想法！

我在螯虾的简单神经系统中做的初步实验获得了漂亮而直观的结果：我测量了静息膜电位和动作电位，印证了动作电位的全或无法则，以及动作电位并不只是简单抵消掉静息膜电位而是产生超射[①]。这些结果给我造成了深远影响，并让我更确定无疑地认识到选择正确动物进行研究的重要性。我的结果完全没有原创性，但对我来说它们仍然很美妙。

基于我在他实验室的两段经历，格伦德费斯特推荐我去NIH的精神病学部门——国立精神卫生研究所（NIMH）的一个研究职位，以此作为应征入伍的一个替代选项。在朝鲜战争之后的几年里，医生会应征去给部队成员及其家属提供医疗服务。

[①] 指动作电位在从–70毫伏变到0毫伏后，还会进一步上升到+40毫伏的峰值，超出0毫伏的这一阶段称作"超射"（overshoot）。

公共卫生署当时是海岸警卫队的一部分,具备相应资格者可以去那里工作以满足兵役要求,而NIH则是公共卫生署下设机构之一。通过格伦德费斯特的推荐,NIMH神经生理学实验室主任韦德·马歇尔接收了我,我被要求于1957年7月赴任。

韦德·马歇尔很可能是美国20世纪30年代末研究大脑的年轻科学家中最有前途且成就最高的一位(图7-2)。在如今已成为经典的一系列研究中他问道:猫和猴子身体表面——手、脸、胸、背——上的触觉感受器是如何在大脑中表征的?马歇尔和他的同事发现,触觉的内部表征呈现空间上的有组织性:身体表面相邻部位的表征在大脑里也挨在一起。

当马歇尔开始他的研究时,科学界已经对大脑皮层解剖学有了很多的了解。皮层是一个卷曲结构,覆盖着前脑的两个对称半球,并被划分为4部分,或曰4个脑叶(额叶、顶叶、颞叶和枕叶)(图7-3)。如果将其展开,大脑皮层的面积和一块大号

图7-2 韦德·马歇尔(1907—1972年)是首位在大脑皮层中定位触觉和视觉的精细感觉表征的科学家。他于1947年来到NIH并于1950年成为NIMH神经生理学实验室主任,我从1957年至1960年在该实验室工作。(承蒙路易丝·马歇尔惠允)

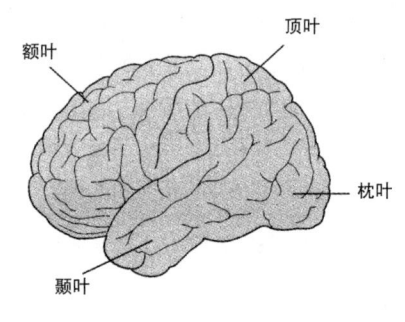

图7-3 大脑皮层的四个脑叶。额叶是支配社会判断、活动的计划和组织、语言的某些方面、运动控制以及被称作工作记忆的一种短时记忆的神经环路的一部分。顶叶接收有关触摸、压力和身体周遭空间的感觉信息并帮助把这些信息整合成连贯一致的知觉。枕叶参与视觉加工。颞叶参与听觉加工和语言与记忆的某些方面。

餐巾布相仿，只是比布要厚一些。它包含1000亿个神经元，每个神经元又有大约1000个突触，那么总共就有1000万亿个突触连接。①

马歇尔对触觉的研究始于1936年，当时他还是芝加哥大学的一名研究生。他发现拨弄猫腿上的毛或触摸它的皮肤，会引起位于顶叶并支配触觉的躯体感觉皮层中一组特定神经元的电反应。这些研究仅仅表明触觉在大脑中得到了表征，但马歇尔立即认识到，他可以将这一分析向前推进。他想知道皮肤上相邻区域在躯体感觉皮层中的表征，是同样在相邻区域，还是随机散布的。

为了回答上述问题，马歇尔申请成为菲利普·巴德的博士后。巴德是约翰·霍普金斯医学院生理学系主任，也是美国

---

① 此处计算有误。综合已有的多种估算，每个神经元的突触数量平均应为几千个，据此计算出突触连接数量应为几百万亿个，作者取的是上限值。另外，根据巴西神经科学家Suzana Herculano-Houzel的最新计算，人脑中神经元的数量平均为860亿个，大大少于之前通常认为的1000亿个。

生物学界的代表人物。马歇尔参与了巴德在猴子身上开展的研究，他们从中发现整个身体表面都以点对点的神经图谱形式在躯体感觉皮层中得到表征。身体表面相邻的各部分，比如各个手指，在躯体感觉皮层的表征也是相邻的。几年之后，极具天赋的加拿大神经外科医生怀尔德·彭菲尔德将这项研究从猴子扩展到了人，他揭示出身体表面对触摸最敏感的部分，在躯体感觉皮层中的表征占有的面积也最大（图7-4）。

接下来，马歇尔发现眼睛视网膜中的光感受器同样也在位于枕叶的初级视觉皮层中以有序的方式表征。最后，马歇尔指出在颞叶中有一个针对声音频率的感觉图谱，可以系统性地表征不同的音高。

这些研究革新了我们对感觉信息在大脑中如何组织和表征的认识。马歇尔发现，虽然不同的感觉系统携带不同类型的信息，并终止于大脑皮层的不同区域，但是它们在组织方式上共享一个逻辑：所有的感觉信息在大脑中都有拓扑化的组织，呈现为身体感受器的精确图谱形式。这些感受器包括眼睛的视网膜、耳朵的基底膜和身体表面的皮肤。

以躯体感觉皮层的触觉表征为例，这些感觉图谱就很容易理解了。触觉始于皮肤上的感受器将某个刺激的能量——比如"捏"这个动作传递出的能量——转换成感觉神经元中的电信号。这些信号接下来沿着精确的通路传输到大脑，它们在达到终点躯体感觉皮层之前，要经过脑干和丘脑中的一些中继站。在每一站，来自皮肤相邻位点的信号都通过并排的神经纤维进行传输。这样一来，两个相邻的身体部位，例如两根相邻手指的刺激，就会激活大脑中相邻的两簇神经细胞。

了解大脑感觉图谱以及它们如何被拓扑化地组织起来，这

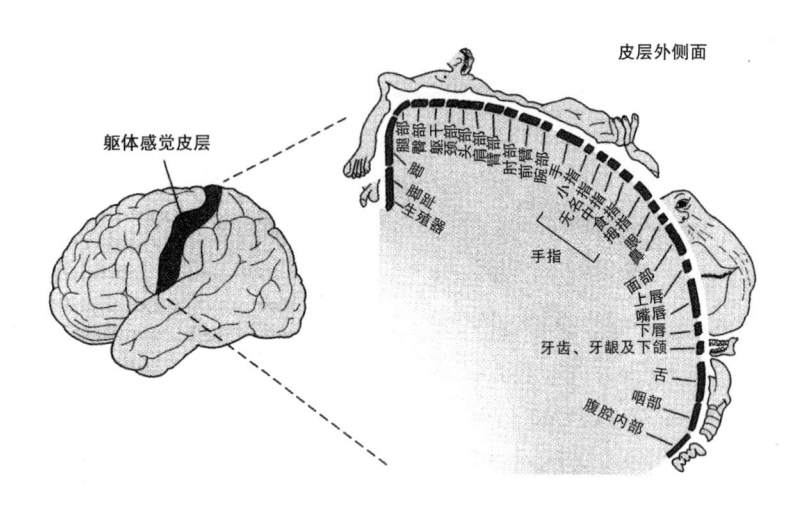

图 7-4 大脑中表征身体的感觉图谱。躯体感觉皮层——在大脑皮层顶叶呈带状——接收触觉。身体的各个部分有着各自的表征。手指、嘴巴和其他格外敏感的部位占据了大部分空间。怀尔德·彭菲尔德把这幅横切面图谱称作一个感觉小矮人。基于这幅横切面图谱,他将感觉小矮人的整体表征形象化地呈现为下图。这是一个有着大手、大手指和大嘴巴的人。(摘自科林·布莱克默的《心智机制》,剑桥大学出版社1977年版)

对治疗病人非常有帮助。由于这些图谱极为精确，使得临床神经病学一直以来都是一门诊断精确度很高的学科。即便直到最近脑成像技术发展壮大之前，它依靠的只是一些最简单、最原始的工具——用一团棉花测试触觉、一枚安全别针测试痛觉、一把音叉测试振动、一把锤子测试反射动作。由于身体位点和大脑区域之间存在一对一的关系，这使得感觉和运动系统的紊乱可以被极其准确地定位。

这种关系的一个生动例子是杰克逊感觉扩展，这是一种特定类型的癫痫发作，由英国神经学家约翰·休林斯·杰克逊于1878年首次描述。在发作时，麻痹、灼烧感和针刺感在身体某个部位出现并蔓延到全身。比如麻痹可能始于指尖，接着扩展到手、上延至胳膊、穿过肩膀、到达背部，再下延至同侧的腿部。这种异常感觉的出现序列可以由身体感觉图谱的排列来解释：癫痫发作是大脑中异常电活动产生的波，始于躯体感觉皮层表征手的外侧区域，并朝着表征腿的脑中线区域传播。

然而，马歇尔非凡科学成就的背后也有沉重的代价。这些实验耗费体力，每次常常持续超过24小时。经常性的睡眠缺乏使得他筋疲力尽。此外，他和巴德关系也很紧张。1942年，在确实通过身体动作对巴德做出了威胁之举后，马歇尔因严重的偏执型精神分裂症而崩溃了，不得不因此住院18个月。

当马歇尔于20世纪40年代末重返神经科学研究时，他转向了一组全新的问题：实验诱发的扩散性皮层抑制，能够可逆地停止大脑皮层的电活动。我进入NIH时，他辉煌职业生涯的巅峰期已经过去了。他仍然喜欢偶尔做做实验，但他已经失去了科学上的进取心和清晰的视野，而是把大量的精力和兴趣投入到他擅长的行政事务中。

尽管马歇尔古怪、情绪化、时不时还会以无法预料到的方式表现出多疑，但他却是一个慷慨的实验室主管，对他手下的年轻人鼎力支持。我在他那里学到了很多属于一个科学实验室应有的谦逊和严格。他对科研工作有着高标准，对自己则怀着绝佳的幽默感，在合适的时刻总会脱口而出一些精彩的警句。当他的研究发现受到质疑时，他最爱说的是："我们迷糊他们也迷糊，只不过我们更习惯于迷糊。"有些情况下他可能会咕哝："事情会这样持续一段时间，之后它们就会变得更糟！"

除了谦逊，我还从马歇尔那里学到，随着时光流逝，一个人可以凭借强大的性格力量从严重的精神疾病中大体恢复正常（当时还没有治疗精神疾病的药物）。我还目睹了一个从这样毁灭性疾病中恢复过来的人能够做出怎样的工作。研究所的年轻人很多后来都取得了辉煌的职业成就，我本人则将我们的起步和后来取得的很多成绩归功于韦德·马歇尔在为人和专业方面的表率作用。尽管我明显缺乏经验，他却不会坚持让我只去研究他感兴趣的问题，反而允许我思考我想做的——研究学习和记忆在脑细胞中是如何实现的。科学给人提供了一个结构性的机会来检验其想法，如果一个人不怕丢脸，就应该试着去验证那些粗糙、重要且大胆的想法。马歇尔给了我尝试创造性思考的自由。

格伦德费斯特、普尔普拉、克雷恩、马歇尔以及后来的斯蒂夫·库夫勒，都深深地影响了我。他们改变了我的人生。他们和为我进入哈佛铺平道路的坎帕尼亚先生一起，表明了师生关系对个人学术成长的重要性。他们同等重视机会对年轻人的影响并慷慨地鼓励年轻人进步。而年轻人则必须努力保持一个开放的心态，到那些一流学者云集的环境中去历练。

8

不同的记忆，不同的脑区

我进入韦德·马歇尔的实验室时，已经不再抱着尝试寻找大脑中的自我、本我和超我这一幼稚想法，取而代之的是一个稍微不那么含糊的想法，认为寻找记忆的生物学基础可能是理解高级心理过程的一个有效途径。我很清楚学习和记忆是精神分析和心理治疗的核心。毕竟很多心理问题都是习得的，而精神分析的基本原理是所有习得的东西都可以被忘却。更广义地说，学习和记忆是我们特有身份的核心，是它们使得我们成为我们。

不过，当时对学习和记忆的生物学研究还处于混沌状态。受哈佛心理学教授卡尔·拉什利的理论影响，很多科学家都确信，大脑皮层中没有特定的区域是专为记忆而设的。

我进入NIMH后不久，有两位科学家改变了这一局面。在一篇新近发表的研究论文中，麦吉尔大学蒙特利尔神经研究所的心理学家布伦达·米尔纳和康涅狄格州哈特福德市的神经外科医生威廉·斯科维尔报告他们已经在大脑中的特定区域追踪到了记忆。这一消息对我和很多人都产生了强有力的影响，因为这意味着关于人类心智的一个由来已久的争论可能终于有了决定性的结果。

直到20世纪中叶，记忆位于脑中何处的研究仍然围绕着两种关于大脑特别是大脑皮层如何运作的竞争性观点进行。一种观点认为大脑皮层由具有特定功能的不同区域组成——一个区域表征语言，另一个表征视觉，等等。另一种观点认为心智能力是整个大脑皮层联合活动的产物。

弗朗茨·约瑟夫·加尔是支持特定心智能力位于皮层特定区域这一观点的第一人，这位德国医生兼神经解剖学家在1781年到1802年期间任教于维也纳大学。加尔对心智科学做出了两大不朽的概念性贡献。第一，他认为所有的心理过程都是生物性的，并且源自大脑。第二，他提出大脑皮层有很多支配不同心理功能的特定区域。

加尔的理论认为所有的心理过程都是生物性的，这与当时的主流理论二元论相对立。二元论是由数学家、现代哲学之父勒内·笛卡尔在1632年创立的，这一理论认为人类具有二重性：物质性的身体和位于身体之外无形且不灭的灵魂。二重性反映的是两种实体。充满包括大脑在内的整个身体的物质实体（res externa）通过神经运作并向肌肉中充入动物元气，非物质性的思维实体（res cogitans）则为人类所独有。后者带来理性思维和意识，并通过灵魂的灵性这一非物质特性反映出来。反射动作和很多其他的物理行为是由大脑执行的，而心理过程是由灵魂执行的。笛卡尔相信这两个实体在松果体——一个位于大脑中部深处的细小结构那里发生交互。

感觉到解剖学的新发现会威胁其权威后，罗马天主教会拥抱了二元论，因为它支持宗教和科学分属各自不同的领域。而加尔对心灵所持有的唯物主义激进观点对科学界有着吸引力，因为它终结了非生物性的灵魂这一概念。但它对社会中强大的保守势力构成了威胁，于是，弗朗茨一世禁止加尔进行公众演讲并将他驱逐出了奥地利。

加尔还对皮层各区域各自行使什么功能做出了推测。当时的学院派心理学已经确定了27种心智能力。加尔将这些能力分配到皮层的27个不同区域，并把每个区域称作一个"心理器官"。（加尔和其他人后来又添加了额外的区域。）这些心智能力——比如事实记忆、谨慎性、私密性、希望、对上帝的信仰、崇高感、父母之爱、浪漫之爱——既抽象又复杂，不过加尔坚持认为每种能力是由脑中单个独立的区域控制。这一功能定位理论开启了一场持续了整个下一世纪的辩论。

虽然加尔的理论在原则上是正确的，但细节上存在缺陷。首先，在加尔的时代被认为是单一心理功能的大部分"能力"都太复杂了，不会是大脑皮层中任何单个区域产生的。其次，加尔将这些功能分配到特定脑区的方法是错误的。

加尔不信任那些对丧失了部分大脑的人的行为学研究，因此他无视了临床发现。相反，他开发了一套基于头盖骨研究的方法。他相信大脑皮层的每个区域都会随着得到使用而生长，这一生长造成了覆盖其上的头盖骨隆起（图8-1）。

加尔的理论是逐步发展而来的，最早可以追溯到他年幼的时候。他还在上学时就留意到最聪明的同学有着突出的前额和眼睛，而他遇到的一个浪漫迷人的寡妇则有着突出的后脑勺。因此，加尔开始相信超凡的智力导致大脑前部长得更大，而浪漫的激情则导致后部增大。在两种情况下，大脑的生长都扩增了覆盖其上的头盖骨。加尔相信只要仔细研究具有各种卓越特定能力者的头盖骨隆起，就能够确定这些能力所处的位置。

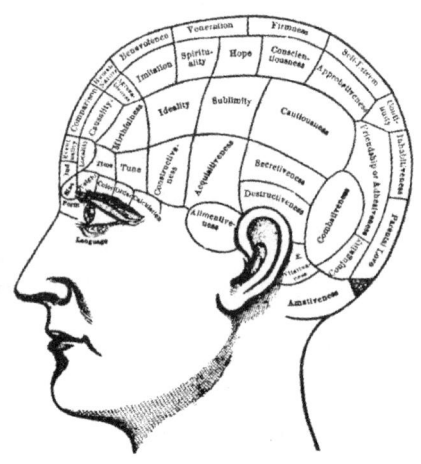

图8-1 颅相学。弗朗茨·约瑟夫·加尔（1758—1828年）根据自己的观察，将不同的心理功能分配到特定脑区。加尔后来创立了颅相学，该学问把人格特质与头盖骨上的隆起进行关联。（加尔的图像承蒙安东尼·A.沃尔什惠允）

作为一名年轻医生，加尔被分去主管维也纳的一家疯人院，这让他进一步系统化了自己的想法。他在那里检查了罪犯们的头盖骨，发现他们眼睛上方的一块隆起与食肉动物的极为相似。加尔将这一隆起与他认为大脑中导致虐待倾向和破坏行为的一个区域关联起来。这种定位心理功能区域的方法发展成为颅相学，该学科在人格特质与头盖骨的形状间建立关联。

到了19世纪20年代末，加尔的理论以及颅相学已经变得极为流行，甚至在普通大众中也很受欢迎。法国实验神经学家皮埃尔·弗劳伦斯决定将其付诸检验。他在实验中使用了各种动物，将它们被加尔认为与特定心理功能相关的大脑皮层区域逐个移除，但他并没有看到加尔预测过的任何行为缺陷的出现。

事实上，弗劳伦斯无法将行为上的任何缺陷与皮层中的特定区域进行关联。影响行为缺陷的只有移除区域的大小，而与它的位置或它牵涉行为的复杂性无关。

弗劳伦斯由此总结道，大脑两半球的所有区域都同等重要。他认为皮层是均势的，也就是说每个区域都能够表现大脑的任意功能。因此，大脑皮层特定区域的损伤对某一种能力的影响不会比对另一种更甚。"所有的知觉和意志力在这些（大脑）器官中都占据着同样的位置；知觉、思维、意志等能力不过是同一个完整能力的组成部分。"弗劳伦斯写道。

弗劳伦斯的观点迅速传播开来。这些观点得以被迅速接受，当然一部分是因为他的实验工作的可信性，但同时也因为它还代表了一种基于政治和宗教的对加尔唯物主义大脑观的反对。如果唯物主义观是正确的，那就没有必要假定灵魂是人类认知功能所必需的中介角色了。

在接下来的几十年里，有关大脑的理论都围绕着加尔与弗劳伦斯各自追随者之间的争论进行。直到19世纪下半叶，这个问题才由来自巴黎的皮埃尔·保罗·布罗卡和来自德国布雷斯劳的卡尔·韦尼克两位神经学家给出了解答。在研究患有特定语言缺陷，或称作失语症的病人时，布罗卡和韦尼克做出了一些重要发现。这些发现共同书写了人类行为研究史上最激动人心的一章——对语言这一复杂认知能力的生物学基础的最初洞见。

与弗劳伦斯不同，布罗卡和韦尼克不是通过正常大脑来检验加尔的理论的，他们研究的是病理状态下的大脑——当时的医生称之为"自然的实验"。他们成功地将语言方面的特定障碍与大脑皮层特定区域的损伤关联起来，由此提供了令人信服的证据，证明至少有一些高级心理功能产生于那些区域。

大脑皮层具有两大主要特征。第一，虽然它的两个半球看上去似乎互为镜像，但它们无论在结构上还是功能上都有差异。第二，每个半球主要与对侧身体的感觉和运动有关。因此，来自身体左侧——比如左手——的感觉信息到达脊髓后穿越到了神经系统的右侧再到达大脑皮层。类似地，右半球的运动区控制身体左半边的运动。

布罗卡（图8-2）同时还是一名外科医生和人类学家，他创立的学科现在称作神经心理学，这门学科研究大脑损伤造成的心理过程的改变。1861年，他描述了一位51岁的巴黎鞋匠勒博尔纳的案例，他在21年前患过脑卒中。脑卒中使勒博尔纳丧失了流利说话的能力，虽然他的表情和动作显示出他能够很好地理解别人说的话。勒博尔纳身上不存在那些会影响说话的常见运动缺陷。他能够自如运动舌头、嘴巴或声带。事实上，他还能够自如地表达单个词汇、吹口哨以及哼一段旋律。但他不能讲出语法上正确、完整的句子。此外，他的障碍不限于口语，他也无法通过书面形式表达想法。

在布罗卡对他进行了初次检查一周之后，勒博尔纳去世了。在尸检中，布罗卡发现勒博尔纳的额叶有一处损伤区域，这个区域现在被称作布罗卡区（图8-2）。他进一步研究了8位生前无法说话的病人的大脑，发现每个人都在大脑左半球额叶处有一个相似的损伤。布罗卡的发现首次提供了经验性证据，证明一种定义明确的心理能力受到一个皮层特定区域的支配。由于所有病人的损伤都位于左半球，布罗卡提出两个大脑半球虽然看上去对称，却有着不同的角色。1864年，他基于上述发现宣布了非常著名的一个脑功能原理："我们用左脑讲话！"

8 不同的记忆，不同的脑区　129

保罗·布罗卡　　　　　　　　　卡尔·韦尼克

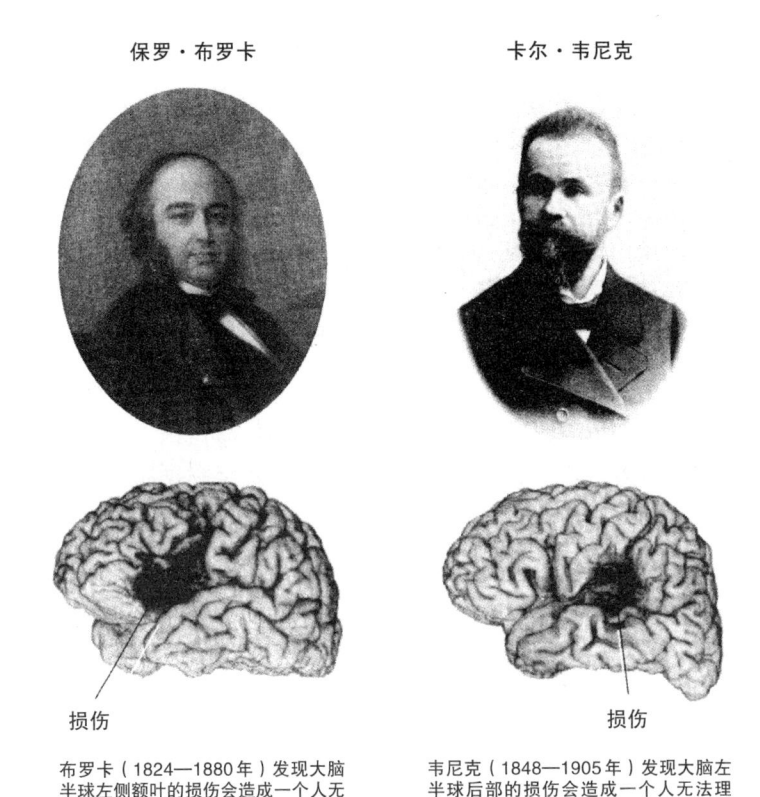

损伤　　　　　　　　　　　　损伤

布罗卡（1824—1880年）发现大脑半球左侧额叶的损伤会造成一个人无法说话。

韦尼克（1848—1905年）发现大脑左半球后部的损伤会造成一个人无法理解别人说的话。

图8-2 语言的脑功能研究的两位先驱。（翻印自坎德尔、施瓦茨和杰塞尔主编的《神经科学及行为精要》，麦格劳－希尔集团1995年版。脑图像承蒙汉娜·达马西奥惠允）

布罗卡的发现激发了一系列在皮层中定位其他行为功能的研究。9年之后，两位德国生理学家，古斯塔夫·西奥多·弗里奇和爱德华·希齐西再次震动了科学界，他们的研究表明，当大脑皮层的特定区域受到电刺激时，狗的四肢会以可预测的方式运动。另外，弗里奇和希齐西还定位了皮层中的一小块区域，该区域控制着产生运动的肌群。

1879年,卡尔·韦尼克(图8-2)描述了第二种失语症。这种障碍不是口头表达的能力受损,而是理解口语或书面语的能力出了问题。此外,虽然患有韦尼克失语症的病人能够说话,但他们说的话在其他人听来完全语无伦次。和布罗卡失语症一样,这种失语症也是由左脑的损伤造成,不同的是,损伤发生在大脑后部,这个区域现在称作韦尼克区(图8-2)。

基于他自己和布罗卡的工作,韦尼克提出了一个理论来解释皮层是如何实现语言功能的。这一理论虽然比我们现在的理解粗糙很多,但与我们今天看待大脑的方式是一致的。韦尼克提出的首要原理是,任何一种复杂行为都不是一个单一脑区而是若干个专门化且相互联系的脑区共同作用的产物。支配语言的是韦尼克区(理解)和布罗卡区(表达)。韦尼克还认识到,这两个区域由一条神经通路连接(图8-3)。这些专门化的区

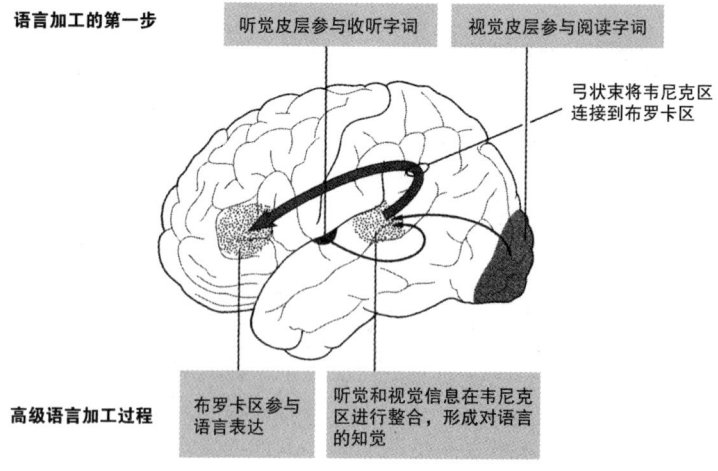

语言加工的第一步　听觉皮层参与收听字词　视觉皮层参与阅读字词

弓状束将韦尼克区连接到布罗卡区

高级语言加工过程　布罗卡区参与语言表达　听觉和视觉信息在韦尼克区进行整合,形成对语言的知觉

图8-3 复杂行为,比如语言,涉及若干个相互连接的脑区。

域——比如上文提到的支配语言的区域——通过一个大型网络相互连接，共同确保了我们能够体验到连贯的心理活动。

不同脑区具有不同的专门化功能这一观念是现代脑科学的核心，而韦尼克提出的将这些专门化的区域连接在一起的网络模型则是大脑研究中占主导地位的议题。之前的研究者迟迟未能发现这一结论的原因之一，可以从神经系统的另一组织原理——大脑环路具有内在冗余性——中找到答案。很多感觉、运动和认知功能都是由不止一条神经通路来实现的——相同的信息在不同脑区被同时并行地加工。当一个区域或通路受损，其他区域或通路能够至少部分地补偿受损造成的损失。因此，如果有代偿发生且没有出现明显的行为缺陷，研究者就很难将脑中一个受损的区域与一种行为关联起来。

人们一旦确认了语言的产生和理解是发生在特定脑区这一结论，随后支配各种感觉的脑区就都得到了确定，这为后来韦德·马歇尔发现触觉、视觉和听觉图谱奠定了基础。这方面的研究最终转向记忆领域只是时间问题。实际上，记忆究竟是一种独特的神经过程还是与运动和感觉过程相连，这一基本问题仍然有待解决。

寻找负责记忆的脑区，甚至仅仅试图将记忆描述为一个独特心理过程的尝试，起初都以失败告终。在20世纪20年代的一系列著名实验中，卡尔·拉什利训练大鼠穿过一个简单迷宫。然后他移除了它们大脑皮层的不同区域并在20天后重新测试这些大鼠，看它们还保留有多少训练成果。基于这些实验，拉什利提出了总体活动原理，这一原理表明记忆受损的严重程度与所移除的皮层区域的大小相关，而与移除的位置无关。拉什利据此对一个世纪前的弗劳伦斯做出回应:"可以确定的是,穿越迷宫的能力并不位于端脑(大脑皮层)的任何单个区域,而且其表现通过某种方式与未被破坏的脑组织的体量相适应。"

许多年后,拉什利的实验结果得到了蒙特利尔神经研究所的怀尔德·彭菲尔德和布伦达·米尔纳的重新解释。随着更多科学家使用大鼠进行实验,大家发现用迷宫来研究记忆功能的定位是明显不合适的。学习走迷宫是一项许多不同感觉和运动能力都参与在内的活动。当一只动物被剥夺了一种感觉线索(比如触觉)时,它还可以通过其他感觉(比如视觉或嗅觉)来很好地识别一个地点。此外,拉什利只关注了作为大脑外层的皮层,他并没有探索大脑中更为深层的结构。后续研究表明,许多形式的记忆涉及一个或多个大脑深处的区域。

图8-4 怀尔德·彭菲尔德(1891—1976年)在进行癫痫手术时,暴露出意识清醒的病人的大脑表面。然后他刺激皮层的不同区域,通过病人的反馈识别出颞叶是记忆存储的可能位置。(承蒙彭菲尔德档案和蒙特利尔神经研究所惠允)

1948年，彭菲尔德的神经外科研究工作（图8-4）首次提出了人类记忆的某些方面可能存储在特定脑区中这一见解。彭菲尔德曾以罗德学者的身份在查尔斯·谢林顿那里接受生理学训练。他开始用手术治疗局灶性癫痫，这是一种只在皮层的局部区域引发抽搐的疾病。他开发出一项沿用至今的技术，使得人们可以在移除癫痫组织的同时，避免或尽可能小地损伤那些涉及病人心理过程的区域。

由于大脑中没有疼痛感受器，手术可以在局部麻醉的条件下实施。因此彭菲尔德的病人在手术期间意识是完全清醒的，并能够报告他们的体验。（在向整个职业生涯研究的都是猫和猴子的谢林顿描述上述情形时，彭菲尔德忍不住补上一句："想象你的那些实验对象能够和你交谈。"）彭菲尔德在手术时将很弱的电刺激施加到病人大脑皮层的不同区域，根据病人的表达和理解语言的能力来判断刺激的效果。通过病人的反应，他就可以找准布罗卡区和韦尼克区，并在移除癫痫组织时尽量避免损伤它们。

那些年里，彭菲尔德对一千余人的大脑皮层表面进行过探索。有时，一个病人会把其对于电刺激的反应描述成复杂的知觉或体验："感觉好像有个声音在说话，但声音太轻了，我听不清楚说的究竟是什么。"或者"我看到一幅上面有狗和猫的图片……那只狗在追那只猫。"这样的反馈非常少（只在8%的案例中会出现），而且只会在刺激大脑颞叶时发生，无一例外。彭菲尔德由此认识到，通过电刺激颞叶可以诱发人回忆起个人经验流中的一些记忆片断。

劳伦斯·库比是我通过恩斯特·克里斯结识的一位精神分析学家，他前往蒙特利尔，用录音机记录了彭菲尔德的病人的言语。库比渐渐确信，颞叶存储的是被称作前意识性无意识的一种特殊类型的无意识信息。当我还在医学院的时候，就读过库比的一篇重要论文，在格伦德费斯特实验室工作期间又听过几次他的讲座，他对颞叶的热情影响了我。

彭菲尔德认为颞叶存储记忆的观点很快受到了质疑。首先，他的所有数据都来自脑功能异常的癫痫病人，其次，在接近半数的情况里，他通过刺激诱发的心理体验都与常常伴随癫痫发作出现的幻觉性心理体验完全一致。这些发现让多数脑科学家确信彭菲尔德通过电刺激诱发的是类似癫痫发作的现象——具体来说，可能是癫痫发作早期阶段的先兆（幻觉性体验）特征。此外，这些心理体验的报告包含幻想成分或不可能发生的情境，它们更像是梦境而非记忆。最后，移除相应刺激电极下方的脑组织并没有抹除病人的记忆。

尽管如此，还是有一些神经外科医生受到了彭菲尔德工作的启发，其中之一就是威廉·斯科维尔，他取得了证明颞叶对人类记忆至关重要的直接证据。在我进入NIH时读到的一篇论文中，斯科维尔和布伦达·米尔纳报告了一个病人的传奇故事，这个病人在科学史上以他姓名的首字母H.M.为人所知。

H.M.在9岁时被一个骑自行车的人撞倒，造成他头部受伤并导致了癫痫。他的癫痫状况一年比一年严重，直至最后每星期会出现多达10次的晕厥和一次大发作。到27岁时，他已经几乎完全处于失能状态。

由于H.M.的癫痫被认为是起源于颞叶（特别是内侧颞叶），斯科维尔最终决定移除他大脑左右颞叶的内表面以及位于颞叶深处的海马体。这次手术有效地减轻了H.M.的癫痫发作，却毁灭性地对他的记忆造成了永久损害。1953年做完手术后，

H.M.依旧保持着以往的睿智、亲和及风趣，但他再也不能将任何新的记忆转化为永久性记忆了。

在一系列研究中，米尔纳（图8-5）细致精确地记录了H.M.分别丧失和保有哪些记忆能力，以及它们各自对应的脑区。她发现H.M.保有的记忆功能极为特别。首先，他具有完好的短时记忆，可以持续数分钟。他能够在学习之后轻易地记住一个多位数或一幅图像并维持一小段时间，他也能进行正常的交谈，只要谈话持续得不是太久，或者不牵涉太多话题。上述短时记忆功能后来被称作工作记忆，研究表明这一功能需要前额叶的参与，而H.M.的这一脑区未被移除。其次，H.M.对发生在他手术之前的事情有着完好的长时记忆。他记得怎么讲英语，表现出了良好的智力，还能绘声绘色地回忆起许多童年往事。

H.M.受损程度最深的是将新的短时记忆转化为新的长时记忆的能力。这一能力的缺失使得他在一件事情发生之后不久就会忘掉它。在他的注意力还没有从一件事情上转移开之前，他还能够保持对这件事的记忆，但只要他的注意力转到了别的什么事情上，一两分钟之后他就再也记不起之前那件事情。吃完饭不到半

图8-5 布伦达·米尔纳（生于1918年）对H.M.的研究开启了通过将记忆定位到大脑特定位置来研究记忆存储的新时代。米尔纳确定了海马体和内侧颞叶在外显记忆中扮演的角色，并为内隐记忆存储提供了第一手证据。（翻印自坎德尔、施瓦茨和杰塞尔主编的《神经科学及行为精要》，麦格劳-希尔集团1995年版）

小时,他就忘记了他吃过什么食物,甚至连自己是否吃过饭都记不得了。布伦达·米尔纳在将近三十年的时间里以每月一次的频率对H.M.进行了研究,而每次她走进房间向他问好时,他都无法记起她。他辨认不出自己的近照或者镜中的自己,因为他记得的那个自己还是手术之前的样子。他对自己外貌的变化没有记忆:从他做完手术之后的五十多年里,他的自我身份一直处于冻结状态。米尔纳曾这么描述H.M.:"他不能学到哪怕一丁点儿新知识。他活在与过去捆绑在一起的今天,一个孩童般的世界里。你可以说他的个人史在手术完成的那一刻就停止了。"

通过对H.M.的系统研究,米尔纳提炼出了有关复杂记忆的生物学基础的三个重要原理。第一,记忆是一种独特的心理功能,它与其他知觉、运动和认知能力截然有别。第二,短时记忆和长时记忆能够被分开存储。内侧颞叶结构的丧失,尤其是海马体的丧失,会破坏将新的短时记忆转化为新的长时记忆的能力。第三,米尔纳指出至少有一种记忆能够被定位到大脑特定位置。内侧颞叶结构和海马体的丧失严重破坏了存储新的长时记忆的能力,而其他特定脑区的丧失并不会影响记忆。

米尔纳据此反驳了拉什利的总体活动原理。形成长时记忆所必需的各种感觉信息流只有在海马体才会聚到一起。拉什利在他的实验中从未研究过皮层表面以下的结构。此外,米尔纳发现H.M.对发生在手术之前的事情的长时记忆良好,这清楚地表明内侧颞叶和海马体并不是永久存储长时记忆的脑区。[1]

---

[1] 近年来这一观点已经受到挑战,根据新的多痕迹理论(Multiple Trace Theory),海马体与大脑皮层构成一个交互网络,前者作为一个指针,终生参与长时情景记忆的提取。该理论得到了2011年发表于著名科学期刊《细胞》的一项研究的支持。小鼠海马体受到抑制后可依赖代偿机制来提取长时记忆,这可以解释H.M.为什么保留了过去的长时记忆。论文链接:http://doi.org/10.1016/j.cell.2011.09.033

现在我们有理由相信长时记忆是存储在大脑皮层中的，而且就存储在大脑皮层中最初加工相应信息的那些区域——也就是说，视觉图像的记忆存储在视觉皮层的多个区域，触觉体验的记忆存储在躯体感觉皮层（图8-6）。这解释了为什么拉什利无法通过移除皮层的特定部分完全消除大鼠的记忆，因为他实验中使用的复杂任务涉及几种不同的感觉形式。

很多年里，米尔纳都以为H.M.的记忆缺陷是完全的，他不

外显记忆的存储

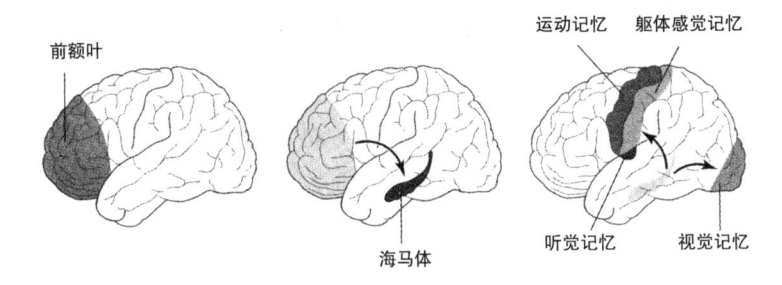

内隐记忆的存储

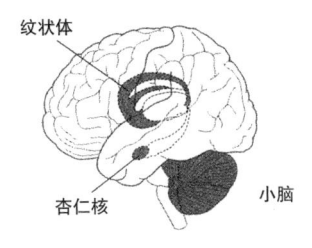

图8-6 外显记忆和内隐记忆在不同的脑区得到加工并存储。 对人、物、地点、事实和事件的外显记忆短期内存储在前额叶。这些记忆在海马体中转化为长时记忆，然后存储在皮层中与各种感觉所牵涉的部位相同的区域，也就是最初加工相应感觉信息的那些脑区。对技能、习惯和条件作用的内隐记忆存储在小脑、纹状体和杏仁核。

能将任何短时记忆转化为长时记忆。但在1962年，她又提出了关于记忆的生物学基础的另一条原理——存在不止一种记忆。具体地说，米尔纳发现除了需要海马体参与的有意识记忆，还存在一种位于海马体和内侧颞叶之外的无意识记忆。（这一区分是20世纪50年代由认知心理学的创始人之一，哈佛大学的杰罗姆·布鲁纳在行为学层面提出的。）

通过展示出这两种形式的记忆依赖于不同的解剖系统，米尔纳证明了这一区分的存在（图8-6）。她发现H.M.能够长期地学习和记住一些东西，也就是说，他有一种不依赖内侧颞叶或者海马体的长时记忆。他可以学着描出镜子里看到的一个星形轮廓，而且日复一日的练习后，他描轮廓的技能也渐渐娴熟起来，在这件事上他与一个没有脑损伤的人并无差别（图8-7）。然而，即使他的表现在每天的测试开始时都有进步，H.M.却从不记得自己前一天练习过这个任务。

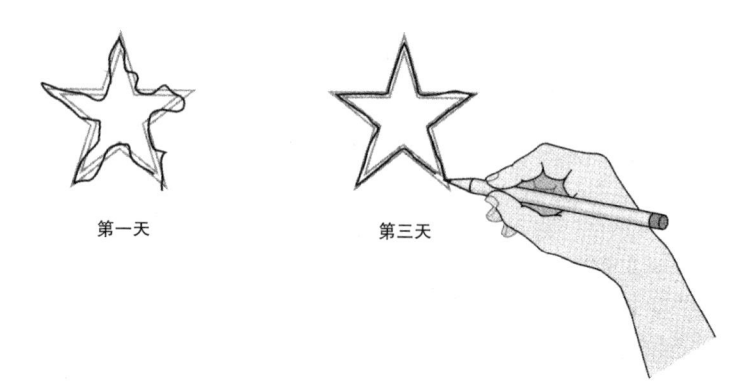

第一天   第三天

图8-7 尽管H.M.明显丧失了记忆，但他还能学习和保持新技能。第一天的初次尝试中（左图），H.M.在描出他只能从镜子里看到的一个星形轮廓时犯了很多错误。第三天的初次尝试中（右图），H.M.保持了他通过练习获得的能力，即便他对自己做过这个任务毫无印象。

米尔纳发现H.M.有很多能力并未受损,学习画画只是其中一种。而且米尔纳描述的这些学习能力已被证明在其他海马体和内侧颞叶受损的病人身上也同样普遍存在。因此米尔纳的工作揭示出,我们是通过两种具有本质差异的方式来加工和存储有关这个世界的信息的(图8-6)。另外,与布罗卡和韦尼克的工作一样,米尔纳的研究也证明了,我们可以在对临床案例的细致研究中学到很多。

在加州大学圣迭戈分校工作的神经心理学家拉里·斯奎尔拓展了米尔纳的发现。他同时研究人类和动物的记忆存储。这些研究和现在任职于哈佛大学的丹尼尔·夏克特的研究一起,描述了两种主要记忆类型的生物学。

我们通常视为有意识记忆的这种记忆,现在沿用斯奎尔和夏克特的说法,被称作外显(或陈述性)记忆。具有这种记忆意味着可以有意识地回忆起人、物、位置、事实和事件——这是H.M.所丧失的那种记忆。现在我们把无意识记忆称作内隐(或程序性)记忆。它是习惯化、敏感化和经典条件作用,以及诸如骑自行车或者打网球这样的知觉和运动技能的基础。这是H.M.还保留着的记忆。

内隐记忆不是一个单独的记忆系统,而是包括了位于大脑皮层深处的多个不同脑系统的集合(图8-6)。例如,将感受(如恐惧或高兴)与事件联结起来需要用到一个称作杏仁核的结构。新运动习惯的形成(以及认知习惯的形成也可能)需要纹状体,而学习新运动技能或协调动作则依赖小脑。对于包括无脊椎动物在内的最简单的动物,与习惯化、敏感化和经典条件作用相关的内隐记忆可以存储在反射通路中。

内隐记忆通常具有一种"自动"属性。它可以直接通过表现回忆起来，而不需要任何有意识的努力，甚至我们都意识不到自己在运用记忆。虽然经验会改变知觉和运动能力，但这些经验事实上无法通过有意识的回忆来获取。比如，一旦你学会了骑自行车，之后你只需要去骑就可以了。你并不会去有意识地驾驭你的身体："现在我的左脚往前踩，现在我的右……"如果我们对每个动作都过多关注，反而可能会从车上跌下来。当我们说话时，我们也不会去考虑每个名词或动词究竟应该放到哪里。我们是自动、无意识地完成了对词语顺序的安排。这就是巴甫洛夫、桑代克和斯金纳等行为主义者所研究的反射性学习。

很多学习经历既要用到外显记忆也要用到内隐记忆。实际上，经常的重复可以将外显记忆转化为内隐记忆。开始学习骑自行车时我们需要有意识地注意自己的身体和车，而最后骑车会变成一项自动化、无意识的活动。

哲学家和心理学家早已预期了外显和内隐记忆的区分。第一个测量动作电位传导速度的赫尔曼·亥姆霍兹也研究过视知觉。1885年，他指出用于处理视知觉和动作的大量心理过程都发生在无意识水平。1890年，在经典著作《心理学原理》中，威廉·詹姆斯拓展了这一想法，将习惯（无意识的、机械的、反射性的活动）和记忆（对过往有意识的觉知）分别用不同的章节加以介绍。1949年，英国哲学家吉尔伯特·赖尔对知道"怎么做"（技能的知识）和知道"什么"（事实和事件的知识）进行了区分。实际上，在1900年出版的《梦的解析》一书中，弗洛伊德阐明过精神分析理论的一个核心假定，这一假定扩展了亥姆霍兹的想法，认为经验既作为有意识记忆也作为无意识记忆被记录和回忆。无意识记忆通常无法进入意识层面，但它们可以对行为产生强大的影响。

虽然弗洛伊德的想法很有趣也很有影响力，但在没有关于大脑如何存储信息的实验证据的情况下，很多科学家并不相信这些想法是真的。米尔纳的H.M.描星实验是科学家首次揭示出精神分析假说的生物学基础。通过展示一个人没有海马体（因而不能存储有意识记忆）却能够记住一个动作，米尔纳证实了弗洛伊德的理论，即我们的大部分行为都是无意识的。

每当我重温布伦达·米尔纳那些关于H.M.的论文时，我都会再一次被其震撼：这些研究在厘清我们对记忆的认识方面，做出了多大的贡献啊！①19世纪的皮埃尔·弗劳伦斯和20世纪的卡尔·拉什利都将大脑皮层想成是一碗粥，其中所有区域的运作方式都是相似的。对他们而言，记忆不是一个能够被单独研究的独立心理过程。但是，当其他科学家开始将认知过程以及其他各种记忆过程都追踪到了大脑不同区域之后，总体活动原理就彻底被推翻了。

因此，到1957年，在阅读了米尔纳的原始论文，并对记忆在脑中的存储位置有了一些见解之后，记忆在大脑中如何存储这一问题成了对我而言有意义的下一个科学问题。当我进入韦德·马歇尔的实验室时，我开始觉得这一问题会是一个理想的挑战。此外，我认为它的答案最好是通过研究特定外显记忆存

---

① H.M.（真名Henry Molaison）作为一个神经科学和心理学史的著名个案研究，毫无疑问极大地推进和更新了我们对于记忆的研究和认识。但他的情况实际上比本章讲到的早期研究更为复杂，这也反映了记忆机制的高度复杂性。比如，后续研究表明他在手术后还能形成少量新的长时记忆，他知道阿波罗登月、肯尼迪总统遇刺等重大事件。再比如，由于手术的精确性有限，他的海马体并没有被完全移除，而一并切除的如杏仁核等邻近区域也对记忆有贡献。他于2008年去世，捐赠脑部供进一步研究。有兴趣的读者可阅读米尔纳的学生Suzanne Corkin教授于2013年出版的H.M.传记《永久现在时》（Permanent Present Tense）。

储涉及的细胞来获得。我的研究计划综合了自己对临床精神分析和神经细胞的基础生物学这两个领域的兴趣，我将通过"每次一个细胞"的方式来探索外显记忆的版图。

9

寻找一个理想系统来研究记忆

在布伦达·米尔纳的发现之前,很多行为主义者和一些认知心理学家沿袭了弗洛伊德和斯金纳的观点,把生物学排除在研究学习和记忆的有效手段之外。他们这么做不是因为他们像笛卡尔那样是二元论者,而是由于他们认为在短时间内,生物学不太可能在有关学习的研究中扮演重要角色。实际上,拉什利的那些深具影响力的研究让人们认为学习的生物学机制是无法被理解的。1950年,在总结自己的毕生事业时,拉什利写道:"当我回顾关于记忆痕迹的定位理论的证据时,有时我会觉得,其必然结论就是**学习是不可能发生的**。"(此处强调是本书作者所加)

米尔纳的工作完全改变了这一切。特定脑区是某些形式的记忆所必需的,她的这个发现第一次为不同记忆分别在哪里得到加工和存储提供了证据。但记忆如何被存储这一问题仍然没有找到答案,这个问题让我着迷。虽然我对研究记忆在神经系统中如何存储几乎没什么准备,但我渴望试一试——NIH的氛围也鼓励研究者大胆尝试。当时,我周围同事的研究都是在谢林顿构想的框架下,针对脊髓在细胞水平开展的。而记忆的细胞学研究最终需要回答这样几个核心问题:当我们学习时脑中发生了什么变化？不同类型的学习是否涉及不同变化？记忆存储的生物化学机制是什么？这些问题萦绕在我脑中，但很难设计出有效的实验来研究它们。

我想将米尔纳的研究接续下去。我想研究记忆最复杂和有趣的一面——对人、位置和事情的长时记忆的形成，这正是她发现H.M.所缺失的。因此我想聚焦于海马体，即米尔纳发现的对于形成新的长时记忆至关重要的脑区。但涉及如何研究海马体中的记忆生物学时，我的想法不仅模糊，而且幼稚。

首先，我提出了一个简单的问题：参与记忆存储的神经细胞具有易于辨认和区分的特征吗？海马体的神经细胞——这些细胞被假定对记忆存储至关重要——是否与脊髓中的运动神经元（这是哺乳动物中枢神经系统中唯一被充分研究过的神经元）存在生理学上的差异？我想，海马体神经元的性质可能会部分揭示出记忆如何得到记录。

我之所以有勇气进行这一对技术要求很高的研究，是因为在隔壁实验室工作的卡尔·弗兰克和澳大利亚的约翰·埃克尔斯都在用微电极研究猫的脊髓中的单个运动神经元。他们用的电极与我之前用来研究螯虾细胞的完全一样。虽然弗兰克自己觉得研究海马体既困难又冒险，但他没有给我泼冷水。

马歇尔只有一个实验室和两个博士后，杰克·布林利和我。杰克在密歇根大学获得医学学位，他进入NIH之前又刚刚开始在约翰·霍普金斯大学攻读生物物理学博士学位。他的博士论文打算研究自主神经系统中神经元的钾离子跨膜运动。由于马歇尔感兴趣的是大脑皮层，杰克对自己的关注点进行了一些调整，研究起了扩散性皮层抑制发生时钾离子在大脑皮层的运动，马歇尔对这种发作过程曾关注过好些年。这是一个极好的问题，但是我对它并不感兴趣。而杰克对海马体也不感兴趣。于是我们达成了妥协：我们得共享这个实验室。一半时间归他使用，期间我会协助他；另一半时间则归我使用，他也会协助我。

这种安排起初进行得很顺利，直到马歇尔突然又给我们塞进来一个人，新来的博士后奥尔登·斯宾塞，他刚从俄勒冈大学医学院毕业。现在实验室如果要开展三个独立的项目，我们每个人用在自己研究上的时间就更少了，这让我和杰克的心里有些忧虑。于是我俩都热烈地劝说奥尔登加入自己的项目。

让我感到高兴的是，说服奥尔登和我一道研究海马体几乎没有费什么工夫。后来我才意识到，这部分是由于奥尔登压根就没考虑过与杰克一同工作。他的项目需要用到放射性的钾，而奥尔登有点疑病症[1]倾向，他怕死了跟放射性物质打交道。

我的研究随着奥尔登的加入而出现了极其幸运的转机。他生于波特兰，得益于俄勒冈传统中最好的那部分，崇尚基于道德而非狭隘政治考量的独立思考，他是一个自由主义者（图9-1）。奥尔登的父亲是个超年限学生[2]，虔信宗教的同时思想也很开明，在第一次世界大战期间出于良知拒服兵役，被招募进了非战斗人员团体。"一战"结束后，他进入不列颠哥伦比亚省[3]的一所神学院，在一个小教堂做了一段时间的牧师，接着再次进入斯坦福大学学习数学和统计学，后来在俄勒冈政府部门担任统计师。

---

[1] 一种心理障碍，指患者在事实上并无症状的情况下担心自己患有一种或多种严重的疾病。
[2] 超年限学生（perpetual student）有两种含义，一般是指学生在一所大学学习的时间超出获得一个学位通常所需年限（即逾期获得学位），进一步也用来特指那些多次重返校园学习并获得多个学位的学生。
[3] 加拿大的一个省份。

图9-1 奥尔登·斯宾塞（1931—1977年），1958年到1960年期间，我有幸在NIMH的实验室中与他合作。后来我们又一起进入了纽约大学医学院以及哥伦比亚大学。奥尔登在理解海马体、学习中的简单反射性反应的修饰和触觉感知等方面做出了重要贡献。（来自埃里克·坎德尔的个人收藏）

奥尔登完全改变了我对东海岸之外的生活的狭隘认识。他非常独立，有着原创性想法、对音乐和艺术兴致勃勃、对生活充满热情，是一位令人兴奋的同伴。他对经历过的大多数事情都有着新颖的洞见：无论是讲座、音乐会还是网球赛。他的创造力是如此丰沛，以至于总是得去寻找新事物，把自己沉浸到新问题中。奥尔登还拥有可观的音乐天赋，曾在波特兰交响乐团演奏单簧管，他的妻子黛安则是一名优秀的钢琴演奏者。此外，奥尔登还极为谦逊，对于自己的这些才华毫不张扬。丹尼丝和我很快与他们夫妇成了好朋友，我们四人每周都会相约去国会图书馆听著名的布达佩斯弦乐四重奏演奏的室内音乐会。

奥尔登的众多天赋还包括手术技能、对脑解剖组织的扎实知识以及对何种问题具有科学重要性的洞察力。虽然他对细胞内记录毫无经验，却完成了一些出色的电生理学实验，研究丘脑和皮层之间的通路如何导致脑电图（EEG）中呈现出的各种脑节律。奥尔登是极好的同伴。我们一刻不停地谈论科学，互相激励对方提出更大胆的想法。一旦我们确定一个问题是重要的——比如尝试在无损的大脑内记录单个皮层神经元——那么它无论多困难我们都乐于去挑战。

我们开始合作之后不久，就做出了第一个成功的实验。我永远也不会忘记它。我花了整个上午和部分下午的时间完成手术，暴露出猫的海马体。下午晚些时候，奥尔登接手，将记录电极插入海马体。我坐在用于显示电信号的示波器面前，同时还控制刺激器，用于激活那些进出海马体的通路。就像在斯坦利·克雷恩的实验室做过的那样，我把记录电极接在扩音器上，使得我们获得的任何电信号不但能被看到，还能被听到。我们试着记录锥体细胞，这是海马体中一类主要的神经元。这些细胞接收并加工进入海马体的信息，再把它们传送到下一个中继站。我们还设置了一个照相机来拍摄示波器的显示屏。

突然，我们听到了动作电位响亮的"梆！梆！梆！"声，根据之前做螯虾实验的经验，我立刻辨识出了这一声音。奥尔登插入了一个细胞！我们很快意识到这是一个锥体细胞，因为这些神经元的轴突呈丛束状，形成了一条从海马体向外延伸的通路（称作穹窿），而且我已经把电极放置在了通路上。我实施的每一次刺激都激起了一个漂亮而显著的动作电位。对传出性轴突进行刺激并引发锥体细胞放电的这种方法是鉴定这些细胞的有力手段。我们还打算刺激让信息传入海马体的通路以激发锥体细胞。由此，在短短10分钟的时间里，我们通过记录来自锥体细胞的信号获得了大量信息。我们让照相机不停拍摄，确保记录的每一瞬间、锥体细胞的每一个突触电位和动作电位都能被胶片捕获。

奥尔登和我高兴得要发狂了——我们第一次获取了来自于存储我们记忆的脑区的细胞内信号！我们几乎要在实验室里手舞足蹈起来。成功记录这些细胞这一小小成就实现了我们最乐观的预期。此外，我们的数据看上去非常有趣，它与埃克尔斯和弗兰克在脊髓运动神经元中发现的有一些不同。

这个实验和接下来的一些实验都非常耗费体力，有时会持续24小时。好在我俩都刚刚做过实习医师，有过多次在医院连续工作24小时的经验。我们一周做了三个实验，并用其中两天来分析数据、讨论结果，或者做些一般性的谈话。由于杰克也在使用实验室，因此我们常常只能用到部分时间。很多实验并不成功，但我们做出了一些简单的技术性改进，可以每周获得一到两次高质量记录。

通过将细胞生物学的强大方法论应用到海马体，奥尔登和我很轻松地获得了一些初步的智力成果。首先，我们发现与运动神经元不同的是，海马体中一类特定神经元是自动激发的，甚至不需要收到来自感觉或其他神经元的指令。更有趣的是，我们发现海马体中锥体细胞的动作电位源自细胞内不止一个位点。而在运动神经元中，动作电位仅产生于源自胞体的轴突基部。我们有充分的证据显示，海马体中锥体细胞的动作电位还能够始于树突，这样它们就能够对穿质通路的刺激做出反应，穿质通路是从称作内嗅皮层的脑区到锥体细胞的一个重要的直接突触输入。

这被证明是一个重要发现[1]。在此之前，包括多明尼克·普

---

[1] 值得强调的是，坎德尔和斯宾塞就此研究发表的一系列论文（参见书末的本章注释）中有几篇被引用次数很高，成为该领域的经典文献。

尔普拉和哈里·格伦德费斯特在内的大部分神经科学家，都认为树突不可能被激发，因而也就不能产生动作电位。NIH的资深理论家和建模者威利弗雷德·拉尔开发了一个数学模型来表明运动神经元的树突如何运作。这一模型背后的基本假定是树突细胞膜是被动的：它不包含电压门控钠离子通道，因此不能产生动作电位。我们记录的细胞内信号是第一个与之相反的证据，而我们的研究后来被证明是神经元功能的一个普遍原理。

我们的技术性成功以及这些迷人的发现，得到了NIH的资深同事们热情洋溢的鼓励和慷慨大方的赞美。哺乳动物脑研究方面的领军人物，著名细胞生理学家约翰·埃克尔斯在访问NIH期间顺道看望了我们，并给出了慷慨的评价。埃克尔斯邀请奥尔登和我加入他在澳大利亚的实验室，与他一道继续开展对海马体的研究，我们犹豫再三之后还是拒绝了这一邀请。韦德·马歇尔请我在NIMH开一个研讨会来总结奥尔登和我的成果，很多人都前来旁听了我的报告，并给出了热情的回应。但即便是在最飘飘然的时刻，我们也一直意识到我们的故事不过是NIH中发生过很多次的那一种。没有经验的年轻人得到机会去尝试他们想做的事情，他们知道无论自己在什么地方碰壁，都会得到过来人的帮助。

然而并非一切都是美酒和玫瑰。我刚到NIH不久，另一位年轻科学家菲力克斯·斯特穆瓦瑟就到了隔壁实验室工作。我们的其他年轻研究同事都是医学博士，而菲力克斯却是加州大学洛杉矶分校神经生理学的哲学博士。与学识渊博的菲力克斯相比，我们中的大多数对脑科学所知甚少。我们很快就成了好朋友，而且经常在彼此的家中共进晚餐。我从他那里学到了很多东西。事实上，在和菲力克斯的谈话中，我进一步打磨了有关如何进行学习的神经生物学研究的思路。菲力克斯还让我开始关注下丘脑，这是涉及情绪表达和激素分泌的一个脑区。下丘脑在如何治疗应激和抑郁症的临床讨论中正变得越来越重要。

可是，在我开完那个研讨会的第二天，菲力克斯就不再和我说话了，这让我又惊讶又伤心。我无法理解发生了什么。随着时间的推移，我才渐渐认识到科学研究中不仅包括对想法的激情，还包括人们在其职业生涯不同阶段的抱负与奋斗。多年以后，菲力克斯重续了我们的友谊，并解释道，看到两个相对缺乏经验的科学家——在他眼里甚至都不够格——能够做出有趣和重要的实验结果，这让当时的他感到懊恼。

随着我们作为初学者的幸运余晖开始褪去，奥尔登和我认识到，尽管我们的发现很迷人，但它也把我们引向了与记忆无关的歧途。事实上，我们发现海马体神经元与脊髓运动神经元在性质上的差异不足以解释海马体存储记忆的能力。我们花了一年时间才认识到从一开始就显而易见的道理：学习和记忆的细胞机制不在于神经元自身的特性，而在于它接收的信息并与其所属神经环路中其他细胞交流的连接。随着通过阅读文献和互相讨论进行学习，我们对学习和记忆的生物学机制有了更深入的思考，于是我们得出结论，海马体在记忆中扮演的角色必定出现在其他方面，也许来自它接收的信息的性质，它的细胞相互连接的方式，或者来自环路和它携带的信息受到学习影响的方式。

我们思想上的转变使得我们改变了实验手段。为了理解海马体的神经环路如何影响记忆存储，我们需要知道感觉信息是如何到达海马体的，这些信息在海马体中怎样被加工，以及它们在离开海马体之后又去向何处。这是一个艰巨的挑战。实际上，当时科学界对感觉刺激如何到达海马体，或者海马体如何向其他脑区发送信息都一无所知。

因此我们实施了一系列实验来考察各种感觉刺激——触觉的、听觉的和视觉的——如何影响海马体锥体神经元的放电模式。我们只是看到一些时隐时现的、微弱的反应——这与其他研究者在躯体感觉、听觉和视觉皮层的神经通路中看到的敏锐反应毫无可比性。在最后一次尝试理解海马体如何参与记忆存储的实验中，我们探索了来自穿质通路的轴突与海马体神经细胞所形成的突触的性质。我们以每秒10个脉冲的速率反复刺激这些轴突，观察到持续了大约10至15秒的突触强度增加。然后我们以每秒60至100个脉冲的速率刺激它们，结果引发了一次癫痫发作。这都是些有趣的发现，但它们不是我们想要的！

随着我们对海马体的了解日益加深，我们认识到要找出它的神经网络如何加工习得的信息以及学习和记忆存储如何改变这些网络是一个极其困难的任务，恐怕需要花上很长一段时间。

我最初被海马体吸引是因为我对精神分析感兴趣，这一兴趣诱惑我来研究精神分析中最复杂和迷人的记忆的生物学。但我渐渐明白，霍奇金、卡茨和库夫勒研究动作电位和突触传递时用到的还原论策略同样适用于研究学习。要在理解记忆如何存储的问题上取得任何合理的进展，那么研究记忆存储的最简单形式并在有着尽可能简单的神经系统的动物身上进行研究将是一个可取的办法，至少在开始阶段是这样。这样我才能追踪从感觉输入到运动输出过程中的信息流。因此，我要寻找到一种实验动物——或许是如蠕虫、蝇和蜗牛这样的无脊椎动物——它们的简单但可改变的行为是通过由少量神经细胞构成的简单神经环路控制的。

那会是什么动物呢？奥尔登和我在此问题上分道扬镳了。他专注于哺乳动物的神经生理学并想着继续研究哺乳动物的脑。他觉得虽然研究无脊椎动物是有价值的，但无脊椎动物脑的组织方式与脊椎动物存在本质区别，因此他不想研究它们。而且脊椎动物的脑结构已经得到了充分的描述。他会感兴趣和钦佩在对无脊椎动物的研究中取得的生物学成果，但除非这些成果也适用于脊椎动物，即人类的脑，否则他不会费心去研究。因此，奥尔登转向了猫脊髓的一个简单子系统，研究可被学习修饰的脊髓反射。接下来的5年里，奥尔登与心理学家理查德·汤普森合作，在这一领域做出了重要贡献。然而，即便是脊髓中相对简单的反射环路也很难适用于对学习的详细细胞学分析，于是在1965年，奥尔登从研究脊髓和学习转向了其他领域。

尽管这意味着逆主流思想而动，但我渴望一种更激进的还原论手段来研究学习与记忆存储的生物学。我确信学习的生物学基础应该首先在个体细胞水平进行研究，而且在一种简单动物的最简单行为上运用这一方法，将最有可能获得成功。多年以后，将秀丽隐杆线虫（*Caenorhabditis elegans*）引入生物学的分子遗传学先驱西德尼·布伦纳[①]写道：

> 你需要做的是寻找到能让你通过实验解决这一问题的**最佳**系统，而且只要这一问题具有足够的普遍性，你就会在这个系统里找到答案。

[①] 布伦纳凭借利用秀丽隐杆线虫作为模式生物，在器官发育和细胞凋亡的遗传调控方面做出的贡献，与他人分享了2002年诺贝尔生理学或医学奖。后文还会多次提到他的研究。

选择恰当的实验对象始终是生物学研究中最重要的环节之一，而且我认为它是做出创新性研究的绝佳途径。……自然界的多样性是如此巨大，但因为万物都是以某种方式连在一起的，那就让我们找出**最佳**的那个。

可是在20世纪五六十年代，大多数生物学家都和奥尔登一样，不情愿运用严格的还原论策略来研究行为，他们认为从简单生物身上得到的结论与人类没有相关性。更简单的动物不具备人类的心智能力，而且这些生物学家相信人脑的功能性组织方式必定与更简单的动物迥异。虽然这一观点部分正确，但我认为它忽视了一个事实：这一事实在康拉德·洛伦兹、尼科·廷贝亨和卡尔·冯·弗里希[①]等动物行为学家的田野工作中得到了广泛的证明，即学习的某些基本形式适用于所有动物。我认为这是非常有可能的：在进化过程中，人类可能保留了一些可在更简单动物身上发现的学习和记忆存储的细胞机制。

不出所料，我将要采取的研究策略，遭到了包括埃克尔斯在内的很多资深神经生物学家的反对。他的担心部分反映了当时神经生物学认可的研究问题的等级。虽然有些科学家正在研究无脊椎动物的行为，但那些工作被大多数研究哺乳动物脑的人认为是不重要的——它们在很大程度上受到了忽视。更大的担心则是，知识渊博的心理学家和精神分析学家怀疑，我们无法通过研究单个神经细胞特别是无脊椎动物的细胞，来发现任何有关高级心理过程（比如学习和记忆）的有意思结果。但我

[①] 这三位科学家因为对动物的个体及社会行为模式的研究而分享了1973年诺贝尔生理学或医学奖。

的心意已决。接下来的唯一问题是，哪一种无脊椎动物最适于学习和记忆的细胞学研究。

NIH不但是一个做研究的好地方，还是一个获取生物学最新进展的好地方。每一年都会有许多优秀的脑科学家来NIH访问。于是，我能够和很多人进行交流并通过参加研讨会来获悉各种无脊椎动物作为实验对象的优缺点。这些动物包括螯虾、海螯虾、蜜蜂、蝇、陆生蜗牛和蛔虫。

我还清晰地记得库夫勒描述的运用螯虾感觉神经元来研究树突性质的优点。但我排除了螯虾：尽管它们有着几条很长的轴突，但它们的神经细胞体不是很大。我想要一种有着简单反射的动物，其简单反射可以被学习修饰并由少量大型神经细胞控制，而且这些神经细胞从输入到输出的通路可以得到鉴定。这样一来，我就可以将反射的变化与细胞中发生的变化联系起来。

经过6个月的仔细考虑，我选定了一种巨大的海生蜗牛——海兔（*Aplysia*）作为适宜的研究对象。有两个关于这种蜗牛的讲座给我留下了深刻印象，一个来自于安热莉克·阿尔娃尼塔基-克雷扎尼蒂斯[①]，她是一位成就很高的资深科学家，发现了海兔可用于研究神经细胞的信号传导特征；另一个则来自于年轻的拉迪斯拉夫·托克，他给神经细胞功能研究带来了一个全新的生物物理学视角。

海兔第一次被提及是在老普林尼那本写于公元1世纪的百科全书式著作《博物志》中。公元2世纪时的盖伦也曾提到过它。这些古代学者把它称作lepus marinus，即海中的兔子，这是因

[①] 在这个双姓中，克雷扎尼蒂斯是阿尔娃尼塔基丈夫的姓氏，下文为了行文简便只使用她的本姓。

为在坐立不动并收缩起来时，它看上去像一只兔子。当我开始自行研究海兔时，我也印证了前人的发现，它在被打搅之后会释放大量紫色墨汁。这种墨汁曾被错误地认作给罗马皇帝的宽外袍上的条纹染色用的蓝紫色染料（那种染料实际上是骨螺分泌的）。由于海兔具有会大量喷墨这一特征，有些古代博物学家也把它视为神圣之物。

海兔的美国种（A. californica）生活在加州海岸，我职业生涯中的大部分时间都在研究它，它的长度超过一英尺、重达几磅[①]（图9-2）。它以海藻为食，体表呈海藻的红棕色。这是一种庞大、骄傲、有魅力而且显然非常聪明的生物——正是会被选中研究学习的那种动物！

海兔吸引我的地方，并不是它的博物学知识或漂亮外表，

图9-2 加利福尼亚海兔：巨大的海生蜗牛。（承蒙托马斯·特克惠允）

[①] 1磅约为450克。

而是阿尔娃尼塔基和托克在他们关于欧洲种（*A. depilans*）的讲座中列出的其他几项特征。他们都强调了海兔的脑细胞数量很少，只有大约两万个，而哺乳动物的脑中有1000亿个。这些细胞中的大多数组成了9个簇或神经节（图9-3）。由于单个神经节要控制若干个简单反射反应，在我看来，参与一个简单行为的细胞数量可能很小。此外，海兔的有些细胞是动物中最大的，使得插入微电极记录电活动变得相对容易。奥尔登和我曾记录过其活动的猫海马体的锥体细胞，已经属于哺乳动物脑中最大的神经细胞之列，但它们的直径只有20微米，而且只能在高倍显微镜下看到。某些海兔神经细胞的直径是它们的50倍，用肉眼就可以看到。

阿尔娃尼塔基已经发现海兔中的少数神经细胞独特而且可

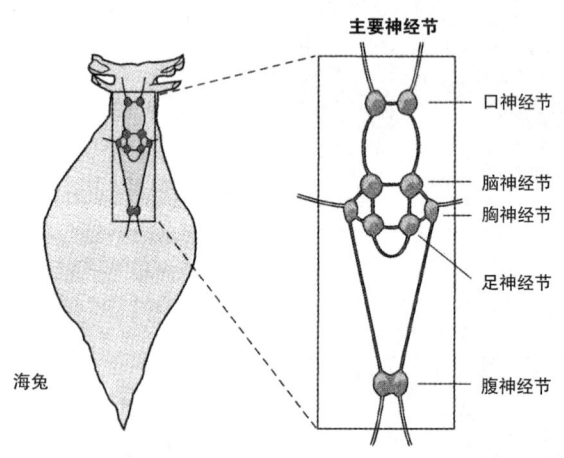

图9-3 海兔的脑非常简单。它包括组成了9个独立神经节的两万个神经元。由于每个神经节的细胞数量很少，研究者可以分离出由它控制的简单行为。然后他们可以研究当学习改变一种行为时特定细胞的变化。

鉴定，也就是说，每一只蜗牛所具有的某些相同细胞都很容易在显微镜下辨认出来。① 很快我认识到这一发现也适用于海兔神经系统中的其他大多数细胞，这提高了我对找出控制一种行为的整个神经环路的预期。结果我发现控制海兔大多数基本反射的环路非常简单。后来我还发现刺激一个神经元常常引起它的靶细胞产生一个大的突触电位，这是两个细胞之间突触连接强度的明显标志和度量。这些大的突触电位使得通过细胞逐个定位神经连接成为可能，最终让我得以首次绘制出一种行为的精确线路图。

很多年以后，果蝇学习行为遗传学研究的开创者之一奇普·奎因指出，学习的生物学研究所需的理想实验动物必须具备"不超过三个基因，能拉大提琴或者至少能诵读古希腊语，而且学习这些任务用到的神经系统只包含10个色彩各异、易于辨识的大型神经元"。我常常觉得海兔与上述标准的吻合程度惊人。

在我决定研究海兔时，我还从未解剖过这种蜗牛，也没有记录过其神经元的电活动。此外，整个美国还没有人研究过海兔。在1959年，全世界研究它的只有两个人，托克和阿尔娃尼塔基。他们都在法国，托克在巴黎而阿尔娃尼塔基在马赛。坚定的巴黎至上主义者丹尼丝认为巴黎是更好的选择。她说，生活在马赛就像生活在奥尔巴尼②而非纽约。所以我决定选择托克。离开NIH之前，我于1960年5月拜访了托克，我们商定好，

---

① 针对海兔神经细胞的这些研究是由法国生理学家亨利·加尔多（Henri Cardot）及其学生阿尔娃尼塔基和朱锡侯在20世纪30年代末共同开创的。可惜加尔多早逝，而朱锡侯回到中国后已无缘继续这方面的研究。
② 纽约州的首府，与纽约相比是一个小城市。

等我1962年6月完成在哈佛医学院精神科的实习后,就去加入他的实验室。

我于1960年6月离开NIH时感到非常难过,这和我从伊拉斯谟堂高中毕业时的体验有几分相似。我来这儿的时候还是个毫无经验的新手,离开时则成了虽不够成熟但已走上研究之路的科学家。我在NIH期间经历了很多。我发现我喜欢科研工作,并且在多次尝试中都取得了成功。但我对自己的成就由衷地感到惊讶。很长一段时间里我都觉得这纯属偶然,归功于我的好运、我与奥尔登愉快且高产的合作、韦德·马歇尔慷慨的心理支持以及NIH倾向于支持年轻人的科学氛围。我已经有了一些被证明是有用的想法,但我认为它们都是新手的运气。我非常害怕自己的想法有一天会枯竭,在科学之路上无以为继。

从研究哺乳动物海马体这一前途无量的起点转到一种其行为尚未得到充分研究的无脊椎动物重新开始,对此,我所尊敬的约翰·埃克尔斯和其他一些资深科学家都认为我犯了一个重大错误。这一切愈发加重了我对自己无力提出新想法的担忧。相反,鞭策我前行的是以下三个因素。首先,生物学研究的库夫勒–格伦德费斯特原理:每一个生物学问题都要用一种合适的生物来进行研究。其次,我现在是一名细胞生物学家。我想了解细胞在学习时如何运作,我想花时间阅读、思考并与他人探讨想法。我不想像之前和奥尔登研究海马体时那样,花上几小时反复地做一个简单实验,仅仅为了找到一个恰好合适的细胞进行研究。我喜欢大细胞这个想法,尽管它存在风险,但我确信海兔是正确的系统,而且我掌握了有效地研究它的行为的工具。

最后，我在与丹尼丝的婚姻中学到了一些东西。我曾对婚姻有些不情愿和恐惧，即便对象是丹尼丝，我爱她胜过任何其他让我曾动过结婚念头的女人。但丹尼丝对我们的婚姻很有信心，于是我也信心倍增并大步向前。从这一经历中我学到，在很多情况下，一个人不能仅仅基于冰冷的事实来做决定——事实往往并不充分。一个人最终还是要相信自己的无意识、自己的直觉、自己的创造力。我就是这样选择了海兔。

10

学习的神经性模拟

在巴黎短暂拜访过拉迪斯拉夫·托克之后，丹尼丝和我于1960年5月来到维也纳，我打算带她游览一下我出生的城市。这是我自1939年4月离开后第一次回来。我们走在美丽的环城大道上，这条主要的林荫道两旁坐落着许多这个城市最重要的公共建筑——歌剧院、大学和国会。我们很喜欢维也纳艺术史博物馆，这是一幢有着精致大理石楼梯、富丽堂皇的巴洛克式建筑，拥有最早由哈布斯堡王室聚敛的一流艺术品收藏。这家伟大博物馆的亮点之一是一个包含有老彼得·勃鲁盖尔描绘四季的作品的展厅。我们参观了上美景宫，这里收藏的奥地利表现主义画家的作品是全世界最好的，克里姆特、柯克西卡和席勒这三位现代画家的作品在我们这一代维也纳艺术爱好者心中留下了不可磨灭的印象。

最重要的是，我们去了塞弗林巷8号我家曾住过的公寓。我们发现现在住在那里的是一个年轻女子和她的丈夫。她允许我们进入并四处看看。尽管从法律上讲，由于我们从未出售过它，这套公寓仍然属于我家，不过我还是会因为自己唐突的拜访而感到尴尬。我们只待了短短一小会儿，但足以让我强烈地感觉到它的狭小了。我记忆中它的空间已经相当小了——许多年前的9岁生日那天我控制着那台闪亮的蓝色遥控小车在客厅和餐厅穿行,但我还是惊异于它实际上是如此之小——这是记忆扭曲的一种常见把戏。接着我们走去学校巷参观了我的小学,却发现它已经被一个政府机构取代了。这段路,我记得在我上学的时候显得相当漫长,现在只要5分钟就走完了。走去库奇克巷的路程也很短,那是我父亲开的商店所在地。

丹尼丝和我站在面朝商店的马路上,我把商店指给她看,这时一个我不认识的老人走过来说道:"你一定是赫尔曼·坎德尔的儿子!"

这让我目瞪口呆。我问他怎么会如此有把握做出判断,毕竟我父亲从未回过维也纳,而我离开时还只是个孩子。他指出自己的住处与这儿相隔三栋房子,然后只说了一句:"你长得太像他了。"我和他都没有勇气讨论中间这些年的经历——现在回想起来,我不禁为自己没这么做而感到遗憾。

故地重游使我感触颇深。丹尼丝也觉得很有意思,但后来她告诉我,如果不是因为我对维也纳深沉且持久的迷恋,她会感到这座城市和巴黎比起来挺没劲的。她的评价让我想起在我俩刚开始相处时的某天傍晚,丹尼丝第一次邀请我去她母亲家吃晚饭。共进晚餐的还有丹尼丝那位令人印象深刻的姨妈索妮娅,她体态丰腴、智识过人而且略带傲慢,在联合国工作,第二次世界大战之前曾做过法国社会党的书记。

我们坐下来享用晚餐后的饮品时,她转向我,带着严重法国口音以审讯般的口气问道:"你来自哪里?"

"维也纳。"我回答。

她没有改变居高临下的腔调,挤出一丝微笑说道:"那挺好的,我们以前称那里为小巴黎。"

多年以后，我的朋友、将我引入分子生物学领域的理查德·阿克塞尔，正在准备首次访问维也纳。还没等我有机会向他灌输维也纳的优点，他的一个朋友把自己对维也纳的看法告诉了他："那是欧洲的费城。"

我很清楚这些人并不真的了解维也纳——它曾经的光辉，它持久的美丽，或是它现时的自鸣得意，以及潜在的反犹主义。

从维也纳回来后，我开始在哈佛医学院附属的马萨诸塞州精神卫生中心精神科进行住院医师培训。我本该早在一年前就开始培训的，但由于海马体的研究进展太顺利，我给中心主管、哈佛医学院精神病学教授杰克·艾沃特写信，询问是否可以延期一年。他很快回复说我完全可以按自己的需求安排培训时间。在NIH的那三年被证明是很关键的，不仅对于我与奥尔登合作的研究，而且对于我作为一名科学家的成长也是如此。

由于这个很好的开端，以及随后一系列热情的书信往来，我一到医院就拜访了艾沃特。我问他是否可能提供一些空间和适当的资源来组建一个实验室。突然间，气氛发生了转变。我仿佛在和一个判然不同的人交谈。他看着我，指着其他22个即将开始培训的住院医师的一摞简历吼道："你以为你是谁？你凭什么觉得自己比这些人都要有本事？"

他说话的内容，特别是他的腔调让我完全怔住了。我在哈佛读本科以及纽大读医科的那些年里，没有一个教授曾以这样的方式和我说过话。我向他保证，我没有幻想过自己的临床技术好过那些同事，我只是不想荒废掉之前有过的三年研究经历。艾沃特让我去病房好好照顾病人。

我带着困惑和沮丧离开了他的办公室，并一度燃起要转到波士顿退伍军人管理局医院培训的念头。我的一位朋友、神经生物学家杰瑞·莱特文听了我给他描述的与艾沃特的谈话，力劝我转去管理局医院，他说道："在马萨诸塞州精神卫生中心工作就像在漩涡中游泳。要改变现状或者取得进步都是不可能的。"不过，由于这里的住院医师培训有着极好的名声，我还是决定收起我的傲气留了下来。

事实证明这是一个明智的决定。几天之后，我前往隔了一条街的医学院，与生理学教授埃尔伍德·海纳曼讨论我的情况。他给我在他的实验室辟出一块空间。几个星期后，艾沃特走过来跟我说，他从医学院同事海纳曼和斯蒂芬·库夫勒那里了解到，我是一个可造之才。"你需要什么？"他说，"我可以怎样帮助你？"接下来，在整个住院医师培训的两年期间，他保证了我在海纳曼实验室里研究所必需的全部资源。

住院医师培训让我在感到兴奋的同时又有些失望。和我一起培训的同事个个都很优秀，多年来我们一直保持着友谊。他们中的许多人继续从事精神病学方面的学术研究。这个小组包括朱迪·莱文特·拉帕波特，她后来成为儿童心理障碍的主要研究者；保罗·文德，他是现代精神分裂症遗传学研究的先驱；约瑟夫·施尔德克劳特，他提出了首个抑郁症的生物学模型；乔治·瓦利安特，他参与提出了人们患生理和心理疾病的若干诱因；阿伦·霍布森和恩斯特·哈特曼，他俩是睡眠研究的重要贡献者；还有托尼·克里斯（安娜的弟弟），他是一位知名精神分析师，写了一本很有影响力的关于自由联想本质的书。

这里的临床督导做得非常出色，尽管眼界略显狭隘。第一年，我们治疗病情严重、需要住院的病人，其中有一些是精神分裂症患者。我们只看很有限的病人，只有很少的机会为那些病情非常严重的患者进行深入的心理治疗,每次治疗一小时,每周两到三次。虽然我们并没有真正改善他们的心理功能,但在简单的倾听中我们学到了很多关于精神分裂症和抑郁症的知识。临床服务的主任埃尔文·塞姆瑞德和我们的大多数督导都深深依赖于精神分析的理论和实践,他们很少有人从生物学角度进行思考,也很少有人熟悉精神药理学,他们大多不鼓励我们阅读精神病学甚至是精神分析的文献,因为他们认为我们应该通过接触患者而不是书本来学习。我们流行的教学格言是"倾听患者,别信文献"。

在某种程度上他们是对的。患者让我们了解到许多有关严重心理疾病的临床动态发展方面的知识。另外,我们还学到,要非常仔细并动脑筋地去倾听患者跟我们讲述他们自己以及他们的生活。最重要的是,我们学到要将患者作为一个个有着独特价值和独特问题的个体加以尊重。

但我们几乎学不到诊断的基本原理或者精神障碍的生物学基础。我们只得到过一些在心理疾病治疗用药方面的基本指导。事实上,由于塞姆瑞德和我们的督导害怕药物会干扰心理治疗,他们常常不鼓励我们在治疗中使用药物。

鉴于这个项目存在这一不足,我和其他住院医师组织了一个关于描述性精神病学的讨论小组,每月一次在克里斯和哈特曼的住处集会。我们轮流分享自己为此准备的原创论文。我的报告是关于称作心理功能缺陷的一组急性心理障碍,伴有头部创伤和化学性中毒。其中一些障碍,比如急性酒精中毒性幻觉症,会让患者经历一种类似精神分裂症的精神错乱,但在酒精作用减退之后就能完全恢复正常。我的观点是精神错乱的症状并不是精神分裂症独有的,其他一些障碍也会产生这些症状。

在我们到来之前，精神卫生中心几乎从未邀请过外面的人来给住院医师或者全体医生作报告。这很大程度上反映了哈佛和整个波士顿的极度自负，一则关于某个波士顿妇人的轶事极好地体现了这一点，当被问及她的旅行时，她回答道："我为什么要旅行？我都已经在波士顿了。"

克里斯、施尔德克劳特和我发起了一次学术性的病例研讨会，这场会议聚集了本医院所有的研究者和医生，以及来自其他机构的重要人物。在NIH的时候，我曾为西摩·凯蒂的一个讲座着迷，他在讲座中总结了基因与精神分裂症的关系。他是国立精神卫生研究所的前业务所长，韦德·马歇尔就是他聘用的。我认为或许可以从这个主题开始我们的系列讲座。但在1961年，全波士顿根本找不着对遗传学和心理疾病有所了解的精神病学家。我不知从何处获悉，哈佛的著名进化生物学家恩斯特·迈尔曾是已故的精神分裂症遗传学研究先驱弗朗茨·卡尔曼的朋友。迈尔欣然同意参加，并给我们做了两个关于心理疾病遗传学的精彩讲座。

我进入医学院时曾确信精神分析会前途无量。有了在NIH的经历之后，现在我开始质疑自己要成为一名精神分析师的决定。我还怀念在实验室的日子。我渴望得到新数据，从中做出发现并与其他科学家讨论。而最主要的是，我质疑起精神分析在治疗精神分裂症方面的有效性，甚至弗洛伊德对此也不持乐观态度。

当时，住院医师的工作并不辛苦：工作时间一般是从上午8点半到下午5点，很少会占用晚上或周末时间。这样一来，我可以跟进由菲力克斯·斯特穆瓦瑟首先向我提及的一个想法，研究下丘脑的神经内分泌细胞。这是脑中非典型且相当少见的一种细胞。它们看上去像神经元，但与神经元通过突触连接直接向其他细胞传导信号不同的是，它们释放激素到血液中。我对神经内分泌细胞特别感兴趣是因为有些研究显示，抑郁症患者下丘脑的神经内分泌细胞会受到干扰。我已经知道金鱼有着非常大的神经内分泌细胞，我在业余时间完成了有一定原创性的系列实验，结果表明这些细胞和一般的神经元一样，会产生动作电位并接收来自其他神经细胞的突触信号。丹尼丝帮我装配了一个养金鱼的水箱，她还用抹布和金属衣架给我做了一个精巧的捕鱼网兜。

我的研究直接证明了释放激素的神经内分泌细胞实际上既是功能完备的内分泌细胞也是功能完备的神经细胞。它们具有神经细胞的全部复杂信号传导能力。由于这些研究得到了一些新成果，它们引发了热烈的反响。对我而言更重要的是，我是完全靠自己在海纳曼实验室的一个里间，利用其他人通常不在那里的零散时间完成上述工作的。完成这些研究后，我开始对自己的能力更有信心了。不过从海马体转到研究神经内分泌细胞对我来说并不是太具原创性。我在这里和在NIMH一样，老想着同样的问题：这一有限的创造力爆发会持续多久？我表示怀疑，仍然担心自己的想法可能很快就会枯竭。

然而，这只是我当时所有的烦心事中最小的一件。1961年3月，我们的儿子保罗出生后不久，丹尼丝和我之间经历了一次严重的危机，也是到目前为止在我们的共同生活中最严重的一次。我认为我们有着不寻常的和谐关系。她在我努力寻找自己研究方向的过程中一直坚定地支持我，她还在马萨诸塞州精神卫生中心做博士后，这个博士后项目旨在培训研究心理健康相关议题的社会学家。我们两人无论在白天还是晚上，都只能匆忙地与对方打个照面。

然而，一个星期天下午，她突然出现在我的实验室，朝我大发脾气。她怀里抱着保罗，大喊道："你不能再这么下去了！你只是想着你自己和你的工作！对我们两个不闻不问！"

我愣住了，觉得自己的心被伤得很深。我全身心投入到了科研之中，热爱它的同时又在实验失败时——失败是常有的事——感到忧虑。但我从未觉得自己忽视了，或者以任何方式看轻过丹尼丝和保罗，或者收回过我对他们的爱。如此严厉而且突然的质问让我既心烦又恼火。我生着闷气，撅着嘴，花了好些天才恢复。过后我才渐渐学会从丹尼丝的视角看待自己的所作所为。于是我决定花更多的时间待在家里陪她和保罗。

经过了这一次以及接下来的许多次事情，丹尼丝成功地把我的注意力从很容易就会——偶尔也的确会——全时段全身心地投入科学部分转移到了与我们的孩子进行更多的亲密互动上。对保罗和我们的女儿、1965年出生的米娜琪而言，我是一个操心和投入的家长，但我做得远非完美。保罗的少年棒球联赛我错过了至少一半，其中有一场比赛，他在满垒时上场击球并打出一个清垒的二垒安打[①]。这一战绩在我们家人尽皆知，直到今天我还为错过它而感到遗憾。

2004年，我迎来自己的75岁生日时，我们提前三个月进行了庆祝，这样我们就能够在位于科德角的夏季居所和我们的孩子、他们的配偶以及我们的四个孙辈团聚了。他们分别是米娜琪

[①] 此处均为棒球术语，略作解释供有兴趣的读者参考：具体是指他在一二三垒都有跑者的情况下（满垒）上场击中防守方投手投来的球，并在未遭防守方触碰出局的情况下跑到了二垒（二垒安打），同时将其他三名跑者都送回了本垒（清垒），得三分。它比较好地体现了击球者的能力和技巧。

和她的丈夫瑞克·谢恩菲尔德以及他俩的孩子，5岁的伊兹和3岁的玛雅；保罗和他的妻子埃米莉以及他俩的孩子，12岁的艾莉森和8岁的莉比。米娜琪先后毕业于耶鲁大学和哈佛法学院，目前在旧金山做公益律师，主要处理有关女性问题和女性权利的案件。瑞克是旧金山的一名律师，专攻医疗和卫生保健问题。保罗在哈弗福德学院经济学本科毕业后又进入哥大商学院深造。他在德雷福斯公司管理多支基金。埃米莉先后毕业于布林茅尔学院和帕森斯设计学院，现在经营着自己的室内装饰公司。

生日晚宴上，我向我们的孩子、他们的配偶以及我的四个孙辈举杯祝酒。我说我很自豪地看到我们的孩子成长为了正直而有趣之人，而且他们作为家长对自己的孩子也关怀备至，相比之下我只算个良好（B+）的父亲。喜欢和我斗嘴的米娜琪喊道："这个分数只怕放了水！"

在另外一个场合米娜琪对我的抚养给出了清晰的评价。"你很了不起，老爸，你让我相信我可以在智识方面取得任何成就。小时候你常常给我读故事，你对我的思考和我在霍瑞斯·曼学校、本科、法学院乃至现在的工作总是抱有极大的兴趣。但是我记得小时候，你一次都没带我去例行见过医生！"

即便到现在，我的孩子们也很难理解——更谈不上原谅——我对科研有着无尽的迷恋而且我对它的投入没有上限，我能够理解孩子们的感受。我需要做出有意识的努力，也需要丹尼丝和精神分析的帮助才能回到现实中来，规划我的时间，更多地尽我对米娜琪和保罗以及他们孩子的责任，并享受我们的人生。

更多地在家里陪丹尼丝和保罗还让我有更多的时间思考如何利用海兔来研究学习。奥尔登·斯宾塞和我已经发现了参与记忆存储和不参与记忆存储的神经元两者在基本性质上的差异极少。这些发现支持了下述想法，即记忆并不依赖于神经细胞自身的性质，而是依赖于神经元之间连接的性质以及它们如何加工收到的感觉信息。这使得我想到在介导行为的环路中，特定模式的感觉刺激会引发突触强度的改变，记忆可能由此而形成。

突触的某些类型的改变可能对学习很重要，这一基本观点卡哈尔在1894年已经提出了：

> 心理活动促进了原生质内细胞器以及大脑相应部位用到的神经侧支更快地发育。就这样，细胞群组间原有的连接能够通过终端分枝的增殖得到强化。……但原有的连接也能够通过新侧支的形成得到强化和……扩展。

1948年，巴甫洛夫的学生、波兰神经心理学家耶日·柯尔纳斯基提出了这一假说的现代版本。他认为感觉刺激导致了神经系统的两种变化。第一种，他称作兴奋性，通常在一个神经通路中响应感觉刺激而产生的一个或多个动作电位之后出现。在这些神经元中，动作电位的激发短暂地提高了产生额外动作电位的阈值，这种广为人知的现象就是所谓的不应期。第二种变化更有意思，柯尔纳斯基称之为可塑性，或塑性变化，他写道："适宜的刺激或它们之间的结合，导致了特定神经元系统中……永久的功能性转变。"

特定神经元系统具有高度适应性和可塑性因而能够被永久改变——也许是由于它们突触强度的变化——这一想法现在对我极具吸引力。这使我产生了一个问题：这些变化是如何发生的？

约翰·埃克尔斯曾对过度使用可能会造成突触改变非常感兴趣，但当他检验了这一想法之后，他发现它们只是改变很短一段时间。"不幸的是，"他写道，"实验无法证明过度使用会导致突触效能的长时间改变。"我认为，对学习而言，突触应该会发生长时间改变——在极端情况下这一改变可能持续终生。现在我明白了，巴甫洛夫之所以在训练学习上如此成功，或许因为他所用的简单模式的感觉刺激诱发了突触传递活动中的特定自然模式，而这一自然模式的激活尤其适于产生长时变化。这个想法真的抓住了我的想象力。但是怎么检验它呢？我如何才能诱发这种最佳模式？

通过进一步的反思，我决定尝试在海兔的神经细胞中模拟巴甫洛夫在他的学习实验中用过的感觉刺激模式。尽管是通过人工方式诱发的，但这种活动模式仍然可能会揭示那些具有潜能的突触所发生的一些长时塑性变化。

开始认真思考这些想法之后，我认识到可能需要修订卡哈尔关于学习会修饰神经元之间突触连接强度的理论。卡哈尔认为学习是一个单一的过程。因为我熟悉巴甫洛夫的行为学研究和之后布伦达·米尔纳的认知心理学研究，我认为存在由不同刺激模式及其结合产生的多种不同形式的学习，这就导致了两种非常不同的记忆存储形式。

因此我以下述方式扩展了卡哈尔的观点。我假定不同形式的学习导致不同模式的神经活动，而且这些活动模式的每一种又以独特的方式改变突触连接的强度。当这种改变一直持续下去，就产生了记忆存储。

以这种方式重述卡哈尔的理论，让我能够考虑如何将巴甫洛夫的行为学实验方案转换为生物学实验方案。毕竟，巴甫洛夫描绘的三种学习形式（习惯化、敏感化和经典条件作用），本质上是关于感觉刺激应该如何被呈现——单独给出，还是与其他感觉刺激相结合——来产生学习的一系列指南。我的生物学研究的目的应该是考察不同的刺激模式（以巴甫洛夫的学习形式为蓝本）是否能导致不同的突触可塑性形式。

举例来说，在习惯化过程中，重复向一只动物呈现一个弱的或中性的感觉刺激，会让它学到这个刺激是不重要的，进而忽略它。在敏感化过程中，当一个刺激很强，这只动物会将该刺激视为危险信号，这使它学到增强自己的防御性反射，准备好撤退或者逃跑。甚至在此之后紧接着呈现一个无害的刺激也会诱发一个增强的防御性反应。而在经典条件作用中，当一个中性刺激与一个潜在的危险刺激配对出现时，这只动物就会学到把这个中性刺激当成危险信号来做出反应。

我认为应该能够在海兔的神经通路中诱发与动物在上述三种学习任务中所诱发的相似的活动模式。接着我就能确定模仿不同学习形式的刺激模式是如何改变突触连接的。我将这种方法称作学习的神经性模拟。

我的上述想法得益于我在思考如何开启海兔实验时获悉的一项新发表的研究。1961年，密歇根大学安娜堡分校的罗伯特·杜蒂做出了一个关于经典条件作用的重要发现。他把一个弱电刺激施加到狗脑中支配视觉的区域，发现视觉皮层的神经元产生了电活动，但狗没有移动。另一个施加到运动皮层的电刺激导致了狗爪的移动。在这两种刺激多次配对出现之后，只需单独施加弱刺激就会诱发狗爪的移动。于是杜蒂清楚地证明了，脑中的经典条件作用不需要动机[①]：它只需要两个刺激的配对。

这是朝着学习的还原论取向迈出的一大步，但我想要开发的学习的神经性模拟还需要走出另外的两步。第一，与杜蒂在一个完整动物身上进行实验不同的是，我需要移除神经系统并在单个神经节（包含约两千个神经细胞）上进行研究。第二，我需要在那个神经节中选择一个神经细胞———一个靶细胞——作为可能会在学习后发生的任何突触变化的模型。然后我会将模仿不同学习形式的不同电脉冲模式施加到一个特定轴突束上，这个轴突束从海兔身体表面的感觉神经元延伸到靶细胞。

为了模拟习惯化，我会将重复的弱电脉冲施加到这条神经通路上。为了模拟敏感化，我会用一个非常强的脉冲一次或多次刺激第二条神经通路，然后观察它如何影响靶细胞对第一条通路的弱刺激的反应。最后，为了模拟经典条件作用，我会以强刺激总是跟随弱刺激出现的方式，将第二条通路的强刺激和第一条通路的弱刺激进行配对。这样一来，我就能够确定这三种刺激模式是否改变了靶细胞的突触连接，如果改变了，又是如何改变的。对电刺激的三种不同模式做出反应的突触强度的不同变化，代表的是三个生物学模型，分别模拟的是通过三种不同学习形式的训练导致的海兔神经系统的突触变化。

我需要这些神经性模拟来回答一个核心问题：被精细控制的电刺激模仿的是三种主要学习实验中的感觉刺激，这些电刺激的不同模式导致突触发生了怎样的变化？比如在经典条件作用中，突触得到了怎样的修饰，使得每当一条通路上出现弱刺

[①] 这里指在巴甫洛夫的经典实验中，狗之所以看到肉或者听到和肉配对的铃声后会流口水，首先是因为它有想吃肉的动机。而这个实验中的刺激并没有诱发狗的任何动机。

激时，被修饰过的突触就能预测另一条通路上随即会出现强刺激？

为了回答这一问题，我于1962年1月申请了NIH的博士后奖学金，让我可以去托克的实验室工作。我的具体目的是：

> 研究电生理条件作用以及简单神经网络中突触功效的细胞机制。……这一探索性研究尝试开发一个只需简单准备就能形成条件作用的方法，并分析在此过程中的若干神经成分。……长期目标为在可能是最小的神经元群里"捕捉"到一个条件性反应，以便能够用多种微电极来研究这些细胞的活动。

我以下面的话作为申请书的结语：

> 这项研究的一个明确假设是：由条件作用导致的塑性变化，其基本形式所具有的潜能，是一切或简单或复杂的中枢神经系统都具有的内在的和基本的性质。

我正在检验的想法是，学习和记忆的细胞机制很可能在进化过程中是保守的，因此能够在简单动物中发现，即使我们使用的是人工模式的刺激。

德国作曲家理查德·施特劳斯曾说过，他最好的乐曲常常是在与妻子吵架之后写出来的。这一条一般而言并不适用于我。但丹尼丝坚持让我花更多时间陪她和保罗的这次争吵，的确导致了我暂停实验并开始进行思考。这次争吵让我意识到了一个简单而明确的道理：要勤于思考，如果由此能产生哪怕一个有用的想法，也要比只是做更多的实验有价值得多。后来，生于维也纳的英国结构生物学家马克斯·佩鲁茨评价吉姆·沃森的一句话也提醒了我："把勤奋工作和勤于思考混为一谈，吉姆绝不会犯这样的错误。"①

1962年9月，凭借着NIH每年一万美元的丰厚奖学金，丹尼丝、保罗和我开启了为期14个月的巴黎生活。

---

① 1962年，马克斯·佩鲁茨与约翰·肯德鲁（John Kendrew）因测定血红蛋白和肌红蛋白精细结构而分享了诺贝尔化学奖，詹姆斯·沃森（吉姆是他的昵称）则与后文提到的弗朗西斯·克里克和莫里斯·威尔金斯因发现DNA双螺旋结构而分享了诺贝尔生理学或医学奖。除威尔金斯外，其余四人都是在剑桥大学佩鲁茨主持的实验室中做出上述贡献的，被传为一段科学史佳话。

第三部

即将过去的这个世纪是由核酸和蛋白质主导的。接下来的一个世纪将集中关注记忆和欲望。他们提出的这些问题能够得到解答吗?

——弗朗索瓦·雅各布,《蝇、鼠、人》(1998)

11

增强突触间的连接

在巴黎的感觉很美妙，我渐渐习惯了每周末和丹尼丝、保罗一起在这座城市漫步，这让留法之旅对我们每个人来说都不虚此行。此外，我很高兴自己又能够全职做科研了。拉迪斯拉夫·托克和我在兴趣和专长方面正好互补，与他一道工作再好不过了。除了对海兔非常了解，托克还受过物理学和生物物理学的训练，两者都是细胞生理学的基础。我之前对这两个领域都不太熟悉，从他那里学到了很多。

托克（图11-1）生于捷克斯洛伐克，通过研究大型植物细胞的电性质获得哲学博士学位，这些细胞有着和神经细胞相似的静息电位和动作电位。他将这些兴趣转向了海兔，研究它的腹神经节的最大细胞，这一细胞后来称作R2，他还描述了这个神经元产生动作电位的位点。由于他的关注点是神经细胞的生物物理学性质，他没有研究过神经环路或者动物行为，对学习和记忆也所思甚少。而这些问题正是我在研究哺乳动物脑时思考最多的。

和其他许多美好的博士后经历一样，这段经历不仅让我受益于一名资深科学家所具有的充足知识背景和经验，它还允许我把自己的知识和经验带入到我们共同的研究中。起初，托克

图11-1 拉迪斯拉夫·托克（1925—1999年）是海兔研究的先驱。1962年至1963年间，我同他一道在法国巴黎和阿卡雄工作了14个月。（翻印自坎德尔的《行为的细胞基础》，W. H. 弗里曼出版公司1976年版）

对于尝试在海兔的细胞水平研究学习有点疑虑。但很快他就对我在腹神经节的单个细胞中模拟学习的研究计划充满了热情。

根据我在思考这项研究时的计划，我剖出了包含两千个神经细胞的腹神经节，将它置于一个盛满充气海水的容器里。我把微电极插入一个细胞，通常是R2细胞，然后对其所属神经通路施加各种刺激序列，记录细胞的反应。基于巴甫洛夫对狗的研究，我采用了三种刺激模式来模拟三种学习：习惯化、敏感化和经典条件作用。在经典条件作用中，一只动物学会对一个中性刺激做出与它在遇到一个有效的威胁性或负性刺激时相同的反应，也就是说，在这个中性刺激与负性刺激之间形成一个联结。在习惯化与敏感化中，一只动物学会对一个不与其他任何刺激相联结的刺激做出反应。这些实验后来证明比我预想的还要有效。

通过习惯化这一最简单形式的学习，动物学会将一个刺激识别为无害的。当动物听到一个突发的响声时，起初它会通过自主神经系统发出的若干防御性变化来作为反应，包括瞳孔扩

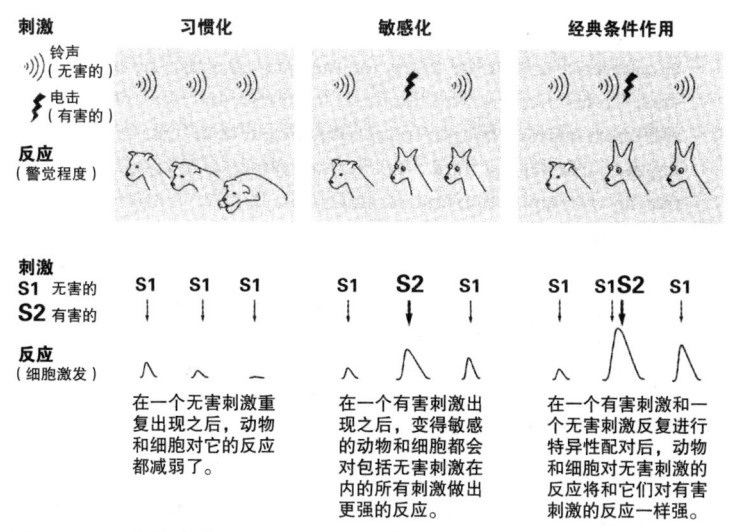

刺激	习惯化	敏感化	经典条件作用
铃声（无害的） 电击（有害的）			
反应（警觉程度）			

刺激 S1 无害的 S2 有害的	S1 S1 S1	S1 **S2** S1	S1 S1**S2** S1
反应（细胞激发）	在一个无害刺激重复出现之后，动物和细胞对它的反应都减弱了。	在一个有害刺激出现之后，变得敏感的动物和细胞都会对包括无害刺激在内的所有刺激做出更强的反应。	在一个有害刺激和一个无害刺激反复进行特异性配对后，动物和细胞对无害刺激的反应将和它们对有害刺激的反应一样强。

图 11-2 三种内隐学习。习惯化、敏感化和经典条件作用既可以在动物身上（上图）也可以在单个神经细胞中（下图）得到研究。

大、心率和呼吸频率增加（图11-2）。如果声响重复若干次，这只动物就学到这一刺激是安全的，可以忽略。当这一刺激出现时，它的瞳孔不再扩大、心率也不再增加。如果这个刺激消失一段时间后再次出现，这只动物将再次对刺激做出反应。

习惯化使得人们可以在嘈杂环境中高效工作。在教室里我们会逐渐习惯钟表的滴答声，我们对自己的心跳、肠胃蠕动和其他身体感觉也都很习惯。如果没有特殊情况，这些感觉很少会再进入到我们的意识中。从这个意义上说，习惯化就是学会将反复发生的刺激识别为安全的，可以忽略。

习惯化还可以消除不合适或过度的防御性反应。下面这则寓言说明了这一点（先给伊索先生道个歉）：

一只从没见过乌龟的狐狸，第一次在森林里遇到一只乌龟时，它害怕得要死。第二次见到这只乌龟时，它仍旧很慌乱，但已经不像第一次那么严重了。到第三次看到这只乌龟时，它胆子变得很大，走上前去和乌龟开展了一段亲切的交流。

消除无用反应可以让动物的行为更有目的性。未成熟的动物常常对各种非威胁性刺激表现出逃跑反应。一旦习惯了这些刺激，它们就能够去关注那些新异的，或是与快乐或危险相联结的刺激。因此，习惯化对于知觉的组织很重要。

习惯化不限于逃跑反应：性反应的频率也会通过习惯化而降低。一只雄鼠在能够自由接近一只处于交配期的雌鼠后，会在一两小时内与它交配六七次；但在之后的30分钟或更长时间里，雄鼠就不会再对性活动表示出兴趣。这种性行为的习惯化并非疲劳所致。一只看上去已经失去兴致的雄鼠，如果遇到一只新的雌鼠，就会迅速重新开始交配行为。

习惯化作为一种简单易行的检测识别熟悉物体的方法，用在对婴儿的视知觉和记忆的发展研究中非常有效。婴儿对一幅新图像做出的典型反应是瞳孔扩大、心率和呼吸频率增加。如果重复显示同一幅图像，他们就会停止对它做出反应。因此，向一个婴儿反复展示一个圆圈，他就会忽视它。但如果接着向他展示一个方块，他的瞳孔就会再次扩大，并伴有心率和呼吸频率增加，这表示他能够区分这两幅图像。

我通过向连着R2细胞的轴突束施加一个微弱的电刺激、接着重复这一刺激10次来模拟习惯化。我发现细胞响应刺激而发出的动作电位会随着重复逐渐降低。到第10次刺激时，反应强度只有初始值的二十分之一，正如一只动物的行为反应随着中性刺激的重复出现而降低一样（图11-2）。我将上述过程称作同突触抑制：抑制指的是突触反应的降低，同突触指的是抑制发生在受到刺激的同一条神经通路上。停止刺激10到15分钟后，我再次施加刺激，发现细胞的反应强度几乎又回到了初始值。我将这一过程称从同突触抑制中恢复。

敏感化就是习惯化的镜像。与训练一只动物忽略一个刺激不同的是，敏感化是一种习得性恐惧：它训练动物受到一个威胁性刺激后，要对几乎任何刺激都注意并做出比以往更强的反应。因此，对一只动物的足部施加一次电击后，这只动物会对钟声、铃声或轻抚都做出夸张的退缩和逃跑反应。

和习惯化一样，敏感化在人类中也很常见。听到一声枪响之后，一个人就会在听到铃声或感到有人碰他肩膀时，做出夸张的反应。康拉德·洛伦兹详述了这一习得的警觉反应即使对简单动物都具有生存价值："一条刚刚躲过了乌鸫捕食的蚯蚓……当然应该对类似的刺激有一个相当低的反应阈值，因为它很确定那只鸟在接下来几秒钟里仍然离得很近。"

与之前的习惯化实验一样，我通过向连着R2细胞的同一条神经通路施加微弱刺激来模拟敏感化。我刺激它一到两次以诱发一个突触电位，作为细胞反应性的基线度量。接着我向连着R2细胞的另一条通路连续施加5个更强的刺激（模仿的是不愉快或有害刺激）。在我呈现了更强的刺激之后，细胞对第一条通路上的刺激的突触反应显著增强了，这意味着那条通路的突触连接增强了。这一增强的反应持续时间可以长达30分钟。我将上述过程称作异突触易化：易化指的是突触连接强度增强了，异突触则指的是对第一条通路的轴突刺激的增强反应是由另一条通路的强刺激引起的（图11-2）。细胞对第一条通路的增强反应完全取决于另一条通路上刺激的增强，而与任何强和弱刺激的配对无关。因此它类似于行为的敏感化，是一种非联结形式的学习。

最后，我尝试模拟的是厌恶性经典条件作用。这一形式的经典条件作用训练动物将一个不愉快的刺激（如电击）和一个原本不引发反应的刺激进行联结。中性刺激必须总是出现在厌恶性刺激之前，这样前者的出现才会让动物预测到后者会出现。比如，巴甫洛夫将施加于狗爪的电击作为厌恶性刺激。电击造成动物抬起并缩回它的腿，这是一个恐惧反应。巴甫洛夫发现，在他尝试把电击和铃声进行若干次配对之后——先摇铃然后施加电击——只要铃响狗就会缩腿，即便随后并没有电击出现。因此，厌恶性经典条件作用是习得性恐惧的一种联结形式（图11-2）。

厌恶性经典条件作用与敏感化的相似之处是，一条感觉通路的活动增强了另一条的活动，但两者在两方面存在差异。第一，在经典条件作用中，联结是由快速相继出现的两个刺激配对形成的。第二，经典条件作用只增强动物对中性刺激的防御性反应，而不像敏感化那样会使它们对环境中各种刺激的反应都有所加强。

因此，在我对海兔的厌恶性经典条件作用实验中，我将一条神经通路上的弱刺激与另一条神经通路上的强刺激反复配对。先出现的弱刺激是对即将出现的强刺激的预警。两个刺激的配对大大增强了细胞对弱刺激的反应，而且这一增强的反应远远大于敏感化实验中细胞对弱刺激的增强反应（图11-2）。弱刺激出现的时间点对这一额外的增强至关重要，它总是先于并且预测了强刺激的出现。

这些实验证实了我的猜想：模拟行为学研究中用于引发学习的模式设计而成的刺激模式，能够改变一个神经元与其他神经细胞交流的效能。这些实验清楚地显示出，突触强度不是固定的——它能够被不同活动模式以不同方式改变。具体来说，敏感化和厌恶性经典条件作用的神经性模拟增强了突触连接，而习惯化的神经性模拟减弱了连接。

由此，托克和我发现了两个重要原理。第一，通过施加模仿动物学习行为的特定训练程式设计而成的不同刺激模式，神经细胞之间突触交流的强度能够改变若干分钟。第二，也是更重要的一点，同一个突触能够被不同刺激模式增强或减弱。这些发现促使托克和我在发表于《生理学期刊》的论文中写道：

> 在一个模仿行为学条件作用范式而设计的实验程式的作用下，神经细胞之间的连接增强能够超过半小时，这一事实表明，与突触强度相伴随的变化，可能构成了无损动物[①]特定简单形式的信息存储的基础。

让我们印象尤为深刻的是，突触强度是多么容易被不同刺激模式改变。这表明突触可塑性是包含于化学突触自身的性质，也就是它的分子结构中的性质。从最宽泛的角度来说，它还表明大脑各种神经环路中的信息流能够被学习修饰。我们不清楚

---

① 无损动物（intact animal）指的是其用于实验的部位未与活体分离并保持完整的动物，这一概念与本章坎德尔将腹神经节剥离出来进行实验的方式相对，第13章的研究将会用到无损动物。

无损且正常活动的动物的真实学习是否需要突触可塑性参与，但我们的结果表明这种可能性非常值得探索。

海兔被证明不只是一个富含信息的实验系统，它还是一个令人愉快的研究伙伴。一开始我对它的热情只是出于想找到一种合适动物的希望，而现在转为了认真的承诺。此外，由于海兔的细胞很大（尤其是巨大的R2细胞——直径一毫米、肉眼可见），它对实验的技术要求比海马体实验低得多。

这些实验做起来也更从容。因为把一个微电极插入如此巨大的细胞几乎不会造成什么伤害，我能够轻松地对R2细胞进行5到10个小时的记录。我可以中途去吃个午饭，回来后细胞仍然状态良好，等着我继续开工。与奥尔登和我不得不花很多个夜晚才能从海马体锥体细胞10到30分钟的记录时程中获得偶尔的记录相比，这要舒服多了。一个典型的海兔实验能在6到8小时内完成，做这样的实验让我感到乐趣十足。

在这样的状态下研究了一个季度的海兔之后，我记起伯纳德·卡茨给我讲过的一个关于他在伦敦大学学院的导师、伟大生理学家A.V.希尔的故事。36岁的希尔因其在肌肉收缩机制方面的工作获得诺贝尔奖之后不久，于1924年首次访问美国，在一个科学会议上就其工作做了一次演讲。演讲结束时，一个年长的绅士起身问他这些研究的实用价值。

希尔沉思了一会儿，像是在犹豫要不要列举许多例子来表明人类后来从那些纯粹为了满足求知欲而进行的实验中获得了巨大利益。不过他没有采取这一方式，而是简单地转向那位绅士，微笑着说道："实话实说，这位先生，我们不是因为它有用才研究它的，我们研究它是因为它有趣。"

就个人而言，这些研究极大增强了我作为一名独立科学家的信心。当我第一次谈起学习和学习的模拟时,其他博士后同事的眼神都是漠然的。在1962年与大多数细胞神经生物学家谈论学习,有点像是对牛弹琴。然而当我离开时,实验室讨论的风向已然改变。

我还觉得自己正在发展出一种科研风格。虽然我仍然觉得自己在某些方面的训练还有所欠缺,但我在思考科学问题时已经非常大胆了。我做那些我认为有趣和重要的实验。不知不觉间,我找到了自己的声音,就像一个作家在写过一些令人满意的故事之后会有的那种感觉。这种感觉给我自信,觉得自己能够在科学上取得成功。在我跟随托克做研究之后,我再也没有了对自己的想法会耗尽的恐惧。许多时候我会感到失落、泄气和筋疲力尽,但我总是发现,通过阅读文献、回到实验室查看每天获得的数据以及同我的学生和博士后同事讨论,我就会知道接下来该做什么。然后我们会反复讨论这些想法。当我开始解决下一个问题时,我会集中地大量阅读相关文献。

我学到了相信自己的本能,无意识地跟随自己的直觉,就像最初在选择海兔作为研究对象时所做的那样。一个科学家的成熟包括许多要素,对我而言最关键的是发展自己的品味,在科学研究中品味起到的作用,跟它在享受艺术、音乐、食物和葡萄酒等活动中的作用相当。一个人需要学会判断哪些问题是重要的。我感到自己正在发展出品味,能够将有趣的议题与无趣的议题区分开来,并从有趣的议题中找出那些有戏的。

在科学带来的愉悦之外,这14个月的留法之旅对丹尼丝和我而言也是一次转变。由于我们太喜欢巴黎,加之海兔实验做起来如此容易,我几年来第一次过上了再也不用周末干活,并且每晚7点都能在家吃晚饭的生活。闲暇时我们去巴黎及周边观光。我们定期参观画廊和博物馆，精打细算地买下了我们的第一批艺术品收藏。其中一幅是绝妙的油画自画像，创作者是克劳德·魏斯布希，他是一位来自阿尔萨斯的艺术家，最近刚获得"年度青年画家"称号，他那急促且紧张不安的笔触让人联想到柯克西卡。我们还买了一幅田中阿喜良的油画，画的是一对温柔的母子。我们最大的一笔投资，是毕加索的一幅精美蚀刻版画，画的是艺术家和他的模特们，为沃拉尔系列第82号，出版于1934年[①]。在这幅美妙绝伦的版画中，四个女人分别以不同的风格画出。丹尼丝认为她能够辨认出其中三个——欧嘉·柯克洛娃、莎拉·墨菲和玛丽-德雷莎·沃尔特[②]——她们在毕加索早年的不同时期先后对他有过重要影响。至今我们在观赏这三幅美丽的画作时仍感到无比享受。

拉迪斯拉夫·托克做实验用的法国种海兔来自大西洋。由于这种蜗牛的来源不是很稳定，在巴黎很难获取它们。于是我们在阿卡雄度过了1962年整个秋天和1963年整年，这是一个风景优美的小型度假胜地，离波尔多不远。我在阿卡雄完成了大部分的海兔实验，然后在巴黎分析数据，在巴黎我还做了一些陆生蜗牛的实验。

就好像在阿卡雄待上几个月还不算假期似的，托克和他实验室的成员，以及所有的法国人都视8月休假为神圣不可侵犯的

[①] 沃拉尔系列是毕加索在1930年至1937年间为著名画商昂布鲁瓦·沃拉尔（Ambroise Volland）创作的一套蚀刻版画，印刷了三百多套。作者此处表述有误，1934年为第82号这幅画的创作年份，而非出版年份，这套作品直到第二次世界大战结束后才出现在艺术品市场。

[②] 柯克洛娃是毕加索的第一任妻子，墨菲是毕加索的朋友，沃尔特是毕加索婚后交往的第一个情妇，她们都曾多次出现在毕加索的作品中。

权利。我们遵循这一传统，在位于地中海边的意大利小城皮耶特拉桑塔租了个房子。这里距离佛罗伦萨一个半小时车程，我们每周都会去那里三四次。在其他假期，我们会进行或近或远的旅行。我们去过巴黎郊外的凡尔赛，还去法国南部的卡奥尔拜访过丹尼丝在"二战"期间藏身的女修道院。

在卡奥尔，我们遇到了一个还记得丹尼丝的修女，她给我们看丹尼丝住过的宿舍照片，屋子每边摆着10张整洁的小床，还有一张丹尼丝和班上其他女孩的照片。这个修女指出其他女孩里还有一个是犹太人，但无论是丹尼丝还是那个女孩都不知道对方的身份。为了保护她们，没有女孩被告知她们中间有犹太人。两个犹太女孩都曾被女修道院院长带去看过一条秘密的逃生暗道，如果盖世太保前来搜寻，她们可以从这里穿过隧道逃走。

离卡奥尔20英里，有一个住着两百个居民的小村庄，在那里我们拜访了面包师阿尔弗雷德·艾马尔和他的妻子路易丝，是他们保护了丹尼丝的弟弟。那一天确实是我们在法国最值得纪念的日子之一。艾马尔是个共产主义者，他收留丹尼丝的弟弟不是因为他喜欢犹太人，而是因为他憎恨纳粹。在短短几个月里，他喜欢上了让-克劳德[1]，战争结束时的别离让他难过。贝斯特林一家感觉到了这一点，于是战后那几年的每个暑假，他们都会花一些时间和艾马尔夫妇共度。

艾马尔执意留我们过夜。他近来刚遭遇一次脑卒中，言语有些迟缓，身体左侧也部分瘫痪了，但他还是显得很快活并且极其慷慨。他将自己和妻子的卧室收拾停当给我们住，把电线

---

[1] 即丹尼丝的弟弟。

牵进来方便我们有更好的照明。尽管我再三推辞，艾马尔和他的妻子仍然坚持认为客人应该住最好的房间，他们则睡厨房。为报答他们的这份心意，晚餐时我们讲了很多有关让-克劳德的故事。17年过去了，艾马尔仍然很想念他。

还有一次让丹尼丝和我至今难忘的旅行。我们去了法国南部的一个中世纪古城卡尔卡松，并在那里过夜。我们到达时已经很晚，找住处很难。最终，我们在一个小旅馆里找到了房间。可是房间里只有一张稍大的单人床。我们把保罗搁在中间，换上睡衣，然后分别从两边爬上床。习惯了一个人睡的保罗立即躁动起来，尖叫着抗议。我们不断试着让他安静下来，发现这样不奏效之后，我们索性睡到了床两边的地板上，把床让给了保罗。享受了短短10分钟的清净后，我们意识到，睡地上太不舒服了，根本睡不着。于是我们从开明的家长一下子变成了严厉的管教者，爬回床上毅然决然地不再离开。过了一会儿，一切复归平静，我们仨就这么睡了一夜。

生活在法国还让我得以定期看望我的哥哥。当我们1939年从维也纳前往纽约时，路易斯14岁，学习成绩一直非常出色。尽管有着学术上的抱负，但他觉得自己的主要责任是帮着养家，因为我父亲的收入很低，而且大萧条尚未完全结束。于是他没有去修学术课程，而是进入纽约专门职业高中接受训练，准备做一名出版商。他选择这个职业是出于对书籍的热爱。整个高中期间以及在布鲁克林学院的头两年，路易斯一直在一个出版商手下做兼职。他用打工赚到的钱补贴家用，此外还能剩点小钱买站票来满足他对瓦格纳歌剧的嗜好。他19岁时被美国陆军征召入伍，并派遣到欧洲打仗，在突出部之役中被弹片击中受伤。这一役是德军为了将步步推进的美军围困在海湾所做的最后努力。

收到荣誉退役证书后，路易斯加入了陆军预备役并晋升到了中尉军衔。按照退伍军人法案的规定，全体服役人员都有资格免学费入读自己选择的学校。路易斯返回布鲁克林学院继续学习工程学和德语文学。毕业后不久，他与在大学里认识的维也纳流亡者伊丽泽·威尔克结婚，并进入布朗大学念研究生，主攻德语研究。1952年，他开始撰写主题为语言学和中古高地德语的博士论文。当时正值朝鲜战争期间，路易斯被派往位于巴黎的美国大使馆。他接受了这个职位，并和伊丽泽在离开之前，于1953年前往纽约看望了父母。有一晚当他们外出吃饭时，有人砸了他们的汽车偷走了他们的东西，包括路易斯的研究笔记和博士论文的早期草稿。起初他尝试重写他的研究，但他未能战胜这次挫折，学术生涯止步于此。

结束了大使馆的工作后，路易斯又被派往法国巴勒迪克的美国空军基地，成为一名文职审计官。他最终深深爱上了在法国的生活，以及他们有着5个孩子的家，于是放弃了重返学术界的打算。他决定继续留在法国，成了一名鉴赏美酒和奶酪方面的行家。

路易斯和伊丽泽最小的孩子比利生于1961年。刚出生不久，比利就因为感染发起了高烧，这把伊丽泽吓坏了。她和路易斯之前就与浸信会牧师交上了朋友，这位牧师对基督教教义的阐释吸引了正打算更深入地参与宗教生活的她。她向自己许诺，如果比利能活下来，她就会承认基督的干涉并转而信仰基督教。比利活了下来，于是伊丽泽改变了信仰。

当路易斯打电话给母亲说起这件事时，我的母亲无法理解伊丽泽的改宗是由追寻信仰驱使的，感到十分不快。对她而言，接纳一个基督教儿媳成为我们家庭的一员并不是问题。路易斯和我都同非犹太女性交往过,而且我母亲也完全接受我们中的一位可能会娶一个非犹太人。但她觉得伊丽泽的情况非常不同。伊丽泽是犹太人,她生于维也纳,经历过反犹主义并幸存下来,现在却抛弃了犹太教。我母亲争论道:如果不是为了延续我们的文化,为什么犹太人要拼命挣扎着活下来?对她而言,犹太教的精髓更多是在于它的社会及思想价值观,而不怎么在于其上帝观念。我母亲禁不住将伊丽泽的作为与丹尼丝母亲的作为进行了比较,后者不惜牺牲内心的宁静和女儿的安全,也要让丹尼丝继承她作为一个犹太人的文化和历史身份。

伊丽泽和我关系一直很好,但她之前从未与我讨论过她要改宗的愿望或者对更深层精神价值的追寻。我不知道究竟发生了什么,我担心这可能反映了比利的出生给她造成的心理危机,或许是产后抑郁。在电话里劝说伊丽泽无效之后,我母亲飞到巴勒迪克跟路易斯和伊丽泽待了两个星期,但她仍然没能让伊丽泽回心转意。

在我们暂居法国期间,丹尼丝、保罗和我拜访过巴勒迪克好几次,而伊丽泽、路易斯和他们的孩子也来巴黎拜访过我们。这些互访让我们有机会在更轻松的氛围下讨论伊丽泽的新信仰,我逐渐认识到她确实在寻求一种更深层次的信仰。后来她还让他们的5个孩子也改信了基督教,这让我母亲深感失望,也让我感到惊讶。仍然信仰犹太教的路易斯对此未作干预。

到了1965年,路易斯和伊丽泽急切地想让他们的孩子在美国长大。于是路易斯申请调动到了位于宾夕法尼亚州托比汉纳的空军基地。两年后,他又在纽约市卫生和医院管理部门得到了一个管理职位。他工作日在纽约和我们父母一起生活,周末则住在托比汉纳。在此期间,伊丽泽从一名浸信会教徒转变为一名卫理公会教徒。在接下来的10年里她又成了一名长老会教徒，最终，就像我曾经开玩笑地预测过的那样，她改信了罗马天主教。

从旁观者的角度看，这个过程像是一个内心深处受到严重惊吓的人在不断寻找更宏大的结构和更多的安全感，寄希望于基督教能容纳她的恐惧。如果伊丽泽确实受到了惊吓，我从她身上却看不到这一点。我对她的作为感到惊讶，特别是对她让孩子们改变信仰感到不悦。虽然如此，我读过犹太学校，一种深沉且坚定的信仰对一个人可能意味着什么，我还是略知一二的。

更重要的是，我确实意识到我们都背负着我们自己的历史、我们各自的问题和我们个人的心魔，这些经历以及恐惧深刻地影响着我们的所作所为。在我们旅法期间——这是我自1939年离开维也纳后第一次在欧洲待这么久——我强烈地察觉到了自己的心魔。即便是在享受研究的高产期和各种愉快的文化体验之时，我间或也会有强烈的孤独感。法国社会和法国科学等级森严，而我只不过是梯子底部的一个无名小卒。

在我赴巴黎之前一年，我曾安排托克来波士顿召开了一系列研讨会。他住在我们家，我们还为他准备了一次欢迎晚宴。但我们到了法国之后，等级感就显现了出来。不论托克还是研究所的任何其他资深人士都没有邀请过我们或者任何其他博士后同事到他们家里做客，也不会与我们进行社交活动。而且，我还感受到些许反犹主义——尤其是来自实验室的技术员和秘书——这是自从我逃离维也纳之后就再也没有遇到过的。我的不安感始于我和托克的技术员克劳德·雷提起我是犹太人时。他用一种难以置信的神情看着我，坚持说我看上去不像犹太人。当他确信了我的犹太人身份之后，就问我是否参与了试图控制全世界的国际性犹太人同谋组织。我跟托克提及了这次不寻常的谈话，他向我指出，相当一部分法国工人阶级都对犹太人持有这样的信念。这一经历让我想到伊丽泽是否在她离开美国的这些年里也遭遇过类似的反犹主义，以及这个心魔是否影响到她信仰的改变。

1969年，路易斯患了肾癌。当时肿瘤被成功切除了，看上去似乎不会再复发。可是12年后，癌症又毫无征兆地卷土重来，悲剧性地结束了路易斯57年的人生。哥哥去世后，我与伊丽泽和孩子们的联系明显少了，也许这是可想而知的。我们还会见到彼此，只是如今我们见面的间隔不是以周或月为单位，而是以年了。

哥哥至今都对我有着巨大的影响。我对巴赫、莫扎特和贝多芬以及所有古典音乐的兴趣，我对瓦格纳和歌剧的热爱，还有我在学习新事物时的乐趣，很大程度上都是拜他所赐。上了年纪之后，随着我开始享受味觉欢愉，我从中领会到，甚至在品尝美食和美酒方面，路易斯对我下的工夫也没有白费。

1963年10月，在我离开巴黎前夕，托克和我从收音机里得知霍奇金、赫胥黎和埃克尔斯由于他们在神经系统的信号传导方面的工作而获得了诺贝尔生理学或医学奖。我们为此感到振奋。我们觉得自己的研究领域在很重要的层面上得到了认可，而且其中最优秀的人物获得了嘉奖。我忍不住跟托克说道，我认为关于学习的问题非常重要，但科学界现在还没有什么人在搞，谁要是解决了这个问题，有朝一日也可能拿到诺贝尔奖。

12

神经生物学与行为研究中心

在托克的实验室度过了充实的14个月之后,我于1963年11月回到马萨诸塞州精神卫生中心担任讲师,这是教职梯队的最低一级。我督导住院医师进行心理咨询方面的培训,用我自己的话说,这就像是"瞎子带瞎子"。一个住院医师会和我讨论他或她对某个特定病人实施的各种治疗方案,我则试着给出有帮助的建议。

三年前,当我第一次来到精神卫生中心开始我的精神科住院医师实习时,我遇到了一桩未曾预料到的幸事。曾经在思想上深深影响过我的斯蒂芬·库夫勒,应邀从约翰·霍普金斯大学来到哈佛医学院药理学系组建一个神经生理学研究团队。这个团队的年轻研究员都是之前在他实验室工作的一些极具天赋的博士后——戴维·休伯尔、托尔斯滕·维泽尔、爱德温·弗什潘和戴维·波特。于是库夫勒一下子就成功组建了一个在全国范围内首屈一指的神经科学家团队[1]。他早已是一流的实验科学家,现在更是成了美国神经科学界最受钦佩和最具影响力的领袖。

---

[1] 1966年,库夫勒又带着这个团队从药理学系分出,在哈佛医学院创建了全美首个神经生物学系。

我从巴黎回来之后，和库夫勒的交流就增多了。他看好我的海兔研究并大力支持。直到他于1980年去世，他都一直是我的良师益友，有着难以估量的能力和慷慨的胸怀。他对周围的人，以及他们的事业和家庭都非常关心。在我离开哈佛后好多年，他都会偶尔在周末打电话给我，讨论我发表的、他觉得有意思的论文，或者只是问候我的家人。当他送给我一本与约翰·尼科尔斯合著于1976年的《从神经元到脑》[1]时，他的题献写着："献给保罗和米娜琪"（当时他俩分别是15岁和11岁）。

在我任教于哈佛医学院的两年里，我曾在三个将会对我的事业产生深远影响的选择之间犹豫不决。第一个选择机会出现在我36岁那年，波士顿的贝斯以色列医院邀请我去出任他们的精神科主任。精神病学家格里特·彼布林刚刚从这个位子上退下来，他是知名精神分析师、在维也纳时曾与玛丽安和恩斯特·克里斯共事。要是早上几年，这样一个职位会是我的至高梦想。但到了1965年，我的想法已经转到了一个截然不同的方向。在丹尼丝的大力鼓励之下，我决定放弃这一选择。她对此简洁地概括道："什么？你打算强行把基础研究和临床实践还有行政职责结合到一起，毁掉你的科研事业吗！"

接下来，我又做出了一个更为根本且更艰难的决定，就是放弃成为精神分析师，而将全部精力投入到生物学研究中。我意识到自己无法如之前所希望的那样，将基础研究与精神分析的临床实践成功地结合起来。我在精神病学界一再遭遇的一个问题是，年轻医师承担的工作远比他们能够有效处理的多，而且这一问题

---

[1] 在神经科学领域，这本教材与坎德尔主编的《神经科学原理》齐名，内容侧重点各有不同。

只会变得越来越糟。我决定自己不能也不该去做这个。

最终，我决定离开哈佛及其临床环境，加入我的母校纽约大学医学院的一个基础科学系任教。在那里，我将在生理学系组建一个小型研究团队，侧重于行为的神经生物学研究。

我在哈佛度过了大学时光和两年的住院医师生涯，接着又在这里成为一名年轻教师。哈佛是一个很棒的地方，波士顿也是一个适于生活和抚养小孩的城市。此外，这所大学在绝大部分学术领域都有着很深的造诣。下决心离开这个让人兴奋的学术环境并不容易。尽管如此，我还是这样做了。丹尼丝和我于1965年12月搬到纽约，这时我们的女儿米娜琪刚出生几个月——她降生后，我们的家庭成员就都到齐了。

在此期间，我在波士顿接受的一次精神分析也临近尾声。在这一艰难且充满压力的时期，精神分析对我非常有帮助。它使我能够在做出一个理性的选择时，将那些无关紧要的考量放在一边，只关注其中的根本议题。我的分析师对我非常支持，他曾认真建议我考虑将自己的诊疗服务专门化，只专注于处理患有某一种心理障碍的患者，每周和他们只见一次面。但他很快就理解了我是一个非常专注的人，难以成功处理双线程的工作。

经常有人问起，我是否从这次精神分析中受益。对我而言，这是毋庸置疑的。它带给我新的洞见来看待自己和他人的作为，因而让我成了一个更好的家长以及一个更有同理心和细腻情感的人。我开始理解无意识动机的某些方面，以及我的一些作为之间的关联，这些关联是我先前不曾意识到的。

那我又为什么放弃了临床实践呢？如果我仍然留在波士顿，我最终可能会听取分析师的建议，开设一个小型诊所。在1965

年的波士顿，做到这一点很容易。但是在纽约，由于那里的医师大多都不了解我的诊疗能力，因此也就不太会给我介绍患者。此外，我很了解自己。我只有在一次只关注一件事情的时候才能做到最好。我知道通过海兔研究学习是我职业生涯的早期阶段唯一能够做好的事情。

位于纽约市内的纽大的职位对我有三点吸引力，后来的经历证明，长期来看这几点都很关键。第一，它使得丹尼丝和我住得离我的父母还有她的母亲更近，他们年事已高，健康也出现了问题，我们住在附近更方便照顾他们。我们也希望孩子们能经常见到祖父母。第二，丹尼丝和我在巴黎时养成了周末逛画廊和博物馆的习惯，回到波士顿后我们开始收集德国和奥地利表现主义艺术家的纸上作品，这一兴趣也与日俱增。但在20世纪60年代中期，波士顿只有很少几间画廊，而纽约则是艺术世界的中心。此外，在医学院时我受路易斯的影响，爱上了大都会歌剧院，回到纽约让丹尼丝和我得以满足这一爱好。

另外，纽大的职位奇迹般地让我有机会再次同奥尔登·斯宾塞一道工作。他离开NIH之后，接受了俄勒冈大学医学院的一个助理教授职位。由于教学任务过于繁重，挤压了科研时间，这让他感到很不开心。我曾试着帮他在哈佛谋职未果。而纽大允许我再招募一位资深神经生理学家，于是奥尔登应允来了纽约。

他爱这座城市。他和黛安在这里得以充分宣泄对音乐的热爱，他们到来后不久，黛安就开始跟从天才的大键琴演奏家伊果·吉普尼斯学习大键琴，他碰巧和我是哈佛同学。奥尔登的实验室在我旁边。虽然我们并没有在具体实验中合作过（因为奥尔登研究的是猫而我研究的是海兔），但我们每天都会讨论行

图 12-1 詹姆斯·施瓦茨（生于1932年[1]）与我第一次相见是在1951年夏天。他同时拥有纽约大学的医学博士学位和洛克菲勒大学的生物化学博士学位。他是对海兔进行生物化学研究的先驱，对学习与记忆的分子机制做出了主要贡献。（来自埃里克·坎德尔的个人收藏）

为的神经生物学以及其他几乎任何事情，直到他于11年后英年早逝。在思考科学问题方面，没有人比他对我的影响更大了。

不到一年，生物化学家詹姆斯·H.施瓦茨成了我们的同事（图12-1），他是独立于我和奥尔登而被医学院招进来的。1951年，吉米[2]和我在哈佛暑期学校做过室友兼朋友。他在纽大医学院比我低两届，在这里我们重续了友谊。不过自从我1956年离开医学院，我们就没有联系了。

从医学院毕业后，吉米在洛克菲勒大学获得博士学位，他在那里研究酶机制和细菌化学。到我们1966年春天重逢时，吉米已经是一个小有名气的年轻科学家了。当我们讨论科学时，他提到他想将自己的研究领域从细菌转向脑。由于海兔的神经

---

[1] 施瓦茨已于2006年3月13日去世。
[2] 即对詹姆斯的昵称。

细胞非常大而且可以被逐个鉴定，它们看上去像是研究生物化学鉴定——在分子水平研究一个细胞如何区别于另一个细胞——的好材料。吉米从研究不同海兔神经细胞用作信号传导的特异性化学递质起步。他、奥尔登和我组成了由我在纽大开创的神经生物学与行为研究室的核心成员[①]。

我们团队受到哈佛的斯蒂芬·库夫勒团队的很大影响——不仅在他们做了什么这方面，也包括他们没有去做什么。库夫勒将神经系统的电生理学研究与生物化学和细胞生物学相结合，开创了第一个统合这三者的神经生物学系。这是一个特别有力、有趣且影响深远的创举，塑造了现代神经科学的形态。他们的研究重点是单个细胞和单个突触。库夫勒和其他很多优秀的神经科学家都持有一个观点，他们认为神经元的细胞生物学与行为之间的未知领地实在太大，难以在一个合理的时间段内（比如我们的有生之年）勘定边界并架起桥梁。因此，哈佛团队在其早期没有招募任何行为或学习研究方面的专家。

偶尔，在喝过一两杯酒之后，斯蒂夫[②]也会无拘无束地谈论大脑的高级功能以及学习与记忆，但他告诉我，冷静下来时他会认为它们太复杂了，在那个时候难以从细胞水平进行研究。他还觉得自己对行为所知甚少，研究起来会不大自在，在我看来这是没有道理的。

在这一点上，奥尔登、吉米和我的看法与库夫勒不同。我们没有受到未知事物束缚，反而觉得这一领域正因它的未知和重要而显得格外迷人。因此我们计划在纽大的这个新研究室探

[①] 1974年，坎德尔带着这个团队整体加入哥大医学院，创立了神经生物学与行为研究中心，2007年升格为神经科学系。
[②] 即对斯蒂芬的昵称。

索神经系统如何产生行为以及行为如何受到学习的修饰。我们想把细胞神经生物学与对简单行为的研究结合起来。

1967年，奥尔登和我在一篇题为《学习研究的细胞神经生理学取向》的重要综述里宣布了这个方向。在这篇综述中我们指出，探索行为受到学习修饰时在突触水平上到底发生了什么，这是非常重要的。下一个关键的步骤则是，把研究从对学习的模拟再向前推进一步，将神经元及其连接的突触变化跟学习与记忆的真实案例联系起来。针对这一挑战，我们提出了一个系统性的细胞水平研究取向，并讨论了这一取向使用到的各种简单系统——蜗牛、蠕虫、昆虫，以及鱼和其他简单脊椎动物——各自的优缺点。大体上，这里列举的每一种动物都具有能够受到学习修饰的某些行为，尽管这一点当时尚未在海兔身上得到证实。此外，描绘出这些行为的神经环路，将会揭示由学习引起的变化发生的位置。然后我们就可以使用细胞神经生理学的强大技术来分析这些变化的性质。

在奥尔登和我撰写这篇综述的时候，我不只从哈佛转到了纽大，而且还从突触可塑性的细胞神经生物学转向了行为与学习的细胞神经生物学。

这篇综述——或许是我写过的文章中最有影响力的一篇——的影响一直持续到今天。它鼓舞了许多研究者通过还原论取向研究学习与记忆，用于学习研究的简单实验系统也开始涌现——包括水蛭、蛞蝓、海生蜗牛 *Tritonia* 和 *Hermissenda*、蜜蜂、蟑螂、螯虾和海螯虾。这些研究支持了最早由动物行为学家在研究自然栖息地的动物行为时提出的一个观点，他们认为由于学习对生存至关重要，它在进化过程中是保守的。任何动物都必须学会对捕食者和猎物、有毒的食物和有营养的食物，以及舒适安全的住所和拥挤危险的住所做出区分。

我们的观点也影响到了脊椎动物的神经生物学。引领哺乳动物脑的突触可塑性研究的佩尔·安德森在1973年写道："1973年以前，这些观点对这个领域的科学家有过影响吗？在我看来答案是显而易见的。"

奥尔登和我的综述让戴维·科恩相信了简单系统的价值，他是我们的友好竞争对手，后来成为我们在哥大的同事及分管文理学部的副校长。由于决心研究脊椎动物，科恩转向了鸽子，这是斯金纳最喜爱的实验动物。不过斯金纳无视了大脑，而科恩关注的是敏感化和经典条件作用造成的大脑控制的心率变化。

约瑟夫·勒杜同样受到了这篇综述的影响，他调整了科恩的经典条件作用程式，将其用在大鼠身上，开发出了用哺乳动物研究习得性恐惧的细胞机制的最佳实验系统。[1]勒杜关注杏仁核，这是位于大脑皮层下深处的一个结构，专门用来探测恐惧。后来，当使用转基因小鼠作为实验动物成为可能时，我也转向了杏仁核并在勒杜工作的影响下，将海兔的习得性恐惧的分子生物学扩展到了小鼠身上。

---

[1] 勒杜在他2015年出版的《焦虑》(*Anxious*)一书第2章详细讲述了上述研究过程。

13

即便是简单的行为也能被学习修饰

当我于1965年12月进入纽大时,我知道迈出重要一步的时候到了。在托克的实验室我已经发现,模拟巴甫洛夫式学习对不同的刺激模式做出反应时,一个突触很容易经历持续很长时间的变化,进而引起一个独立神经节中两个神经细胞间的交流强度的改变。但这只是一种人为制造的情境。我没有直接证据来证明在一只正常活动的动物身上,真正的学习会导致突触效能的改变。我需要比在一个独立神经节的单个细胞中模仿学习走得更远,进入无损且正常活动的动物的某个行为神经环路中研究学习与记忆。

由此我为接下来的几年设定了两个目标。第一,我要详细地列出海兔能做出的全部行为,并决定其中哪些行为能够受到学习修饰。第二,我要选择一种能够受到学习修饰的行为,用它来探索学习如何发生,以及记忆如何存储在属于那种行为的神经环路中。还在哈佛时,我就已经想好了上述安排,并打算找一个对无脊椎动物的学习特别感兴趣的博士后研究员来合作解决这一问题。

我很幸运地招到了极具天赋、个性殊异的欧文·库普费尔曼,他是一个在芝加哥大学接受训练的行为主义者。在我离开哈佛之前数月加入我的团队，并和我一起来到纽大。欧文是一个典型的芝大学人。他个子又高又瘦，书呆子气十足还有点古怪，戴着厚厚的镜片，年纪轻轻头发却快掉光了。他的一个学生后来把他描述成"一颗大大的脑袋支在一根细长的棒子顶上"。由于欧文对啮齿类和猫科动物都过敏，他的博士论文研究的是一种小型陆生节肢动物潮虫。他是一个知识渊博、极具创造性的行为研究者，设计起实验来很有一手。

我们一起探索海兔的各种行为，希望从中找出一种能够用于研究学习的行为。我们逐渐熟悉了它摄食、运动的日常模式（图13-1）、喷墨以及产卵等行为的方方面面。我们对它的性行为（图13-2）很着迷，这是海兔最明显且让人印象最深的社会性行为。这些蜗牛是雌雄同体的，它们在面对不同的交配对象时可以有时是雄性，有时是雌性，甚至还可以同时既是雄性又是雌性。在适宜的条件下，多只海兔可以形成让人印象深刻的交配链，链中的每个成员都为在它前面的成员充当雄性并为在它后面的成员充当雌性。

我们经过分析和思考后，认识到这些行为都太复杂了，有些需要不止一个神经节的参与。我们需要找出一种由单个神经节控制的非常简单的行为。因此我们关注了由腹神经节控制的几种行为，我在巴黎研究的就是腹神经节，对它再熟悉不过了。腹神经节只包含两千个神经细胞，控制心率、呼吸、产卵、喷墨、释放黏液以及收缩鳃和虹吸管。1968年，我们选定了最简单的行为：缩鳃反射。

鳃是海兔用于呼吸的外部器官。它位于体壁的外套腔中，覆盖着一层被称作外套膜的皮肤。外套膜止于虹吸管，这是一个用于从外套腔排出海水和废物的肉质喷口（图13-3A）。轻轻

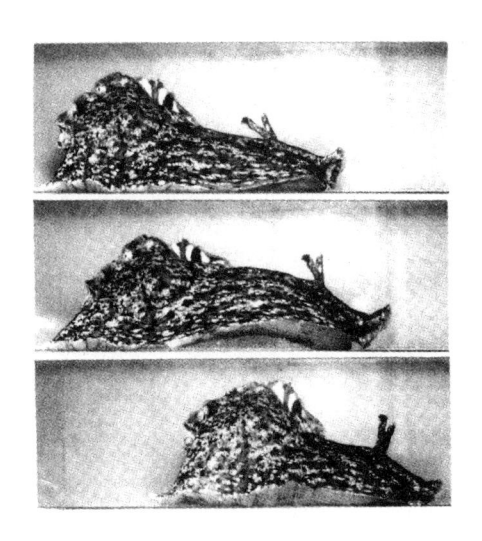

图13-1 一个完整步骤。海兔的运动模式:先伸出它的头部并运用吸力拱起足的前部,这样它就伸出了相当于半个身体长度的距离。接着放下它的足前部,依附到一个表面,然后收缩它的身体前部使得整体向前运动。(承蒙保罗·坎德尔惠允)

触碰虹吸管会使虹吸管和鳃防御性地迅速收缩进外套腔(图13-3B)。收缩反射的目的很显然是为了避免鳃——一个关乎生死且很纤弱的器官——受到可能的伤害。

欧文和我发现,即便是这一非常简单的反射也能够受到习惯化和敏感化这两种学习形式修饰,而且每种都形成了一个持续数分钟的短时记忆。初次轻触虹吸管引发迅速的缩鳃。重复轻触则形成习惯化:随着动物学会识别这一刺激是无关紧要的,反射逐渐变弱。我们通过给头部或尾部施加一个强电击来形成敏感化。动物识别出强刺激是有害的,接着便会在响应对虹吸管同样的轻触时,做出一个夸张的缩鳃反射(图13-3C)。

1971年,来自加州大学河滨分校的汤姆·卡鲁加入了我们,

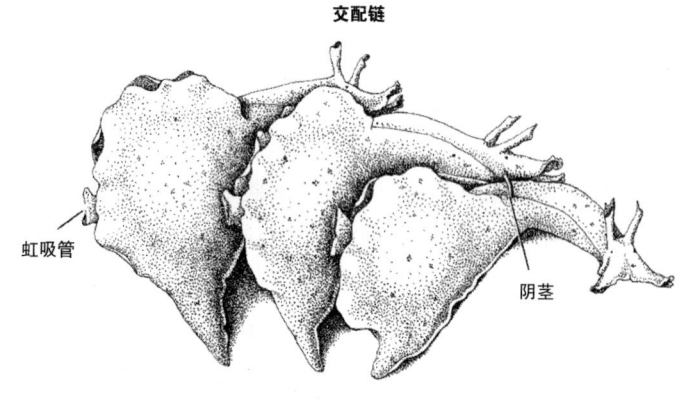

图13-2 海兔的简单和复杂行为。 喷墨(上图)是一种相对简单的行为,由海兔神经系统的单个神经节(腹神经节)中的细胞控制。性行为则要复杂得多,需要多个神经节中的神经细胞参与。海兔雌雄同体,能够既是雄性也是雌性,常常形成如图所示的交配链(下图)。(翻印自坎德尔的《行为的细胞基础》,W.H.弗里曼出版公司1976年版)

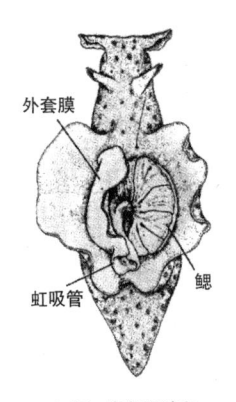

13 即便是简单的行为也能被学习修饰　205

外套膜

鳃

虹吸管

弱触碰刺激

弱触碰刺激　尾部电击

A.鳃，海兔通过它进行呼吸，通常是松弛的。

B.当触碰虹吸管，海兔受到惊吓，鳃会收缩进外套腔受到保护。即便这一简单反应也能够受到习惯化、敏感化和经典条件作用修饰。

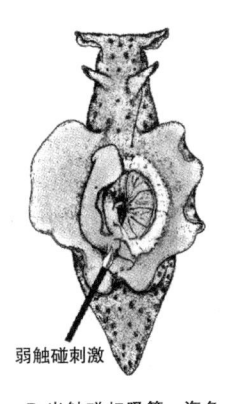

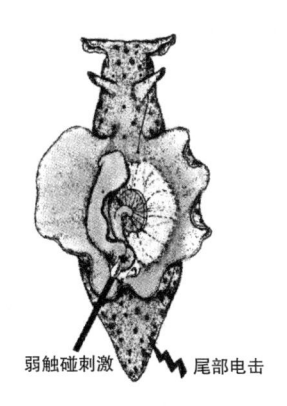

C.重复轻触虹吸管之后，海兔逐渐习惯了这一刺激，它的收缩反射会降低。但当一次轻触与一次尾部电击配对后，海兔变得敏感，即便只是轻触也做出强烈的缩鳃反射。

图13-3　海兔最简单的行为——缩鳃反射。

　　他是一个天资聪颖、精力充沛、喜欢热闹的生理心理学家，开启了我们对长时记忆的研究。卡鲁非常喜欢在我们这个神经生物学与行为研究团队里工作。他与吉米·施瓦茨、奥尔登·斯宾塞还有我都成了好朋友。卡鲁像块干海绵似的尽情吸收着我们的团队文化——不仅指科学，还有在艺术、音乐和科学八卦上的共同兴趣。正如卡鲁和我相互之间说过的："当别人聊这些的时候，他们是在八卦，但我们不一样，我们是在讲述思想史！"

　　卡鲁和我发现，海兔要形成长时记忆，也和人一样需要穿插有休息间隔的反复训练。"熟能生巧"即使对于蜗牛也成立。因此，施加连续40次刺激导致的缩鳃的习惯化仅能持续一天，而连续4天每天10次的刺激则会导致持续几个星期的习惯化。训练中间穿插一些休息能增强海兔形成长时记忆的能力。

库普费尔曼、卡鲁和我证明了一个简单反射可能受制于两种非联结性形式的学习，这两种学习分别形成短时与长时记忆。1983年，我们又成功地实现了对缩鳃反射的经典条件作用。这是一个重要进展，因为它证明了这一反射还能够受到联结性学习的修饰。

到1985年，在艰苦工作逾15年之后，我们证明了海兔的一个简单行为能够受到各种形式的学习修饰。这使我更加确信某些形式的学习在进化过程中是保守的，即便是在一个非常简单的行为的简单神经环路中也可能会找到。此外，我预料到接下来我的研究工作可能会突破已有的框架，在探讨学习如何发生以及记忆在中枢神经系统如何存储等问题的基础上更进一步，去在细胞水平上探索不同形式的学习与记忆的相互关系。更具体地说就是，短时记忆如何在脑中转化为长时记忆？

缩鳃反射的行为学研究并不是我们在此期间的唯一关注点。实际上，这些研究是在为我们第二个也是主要的兴趣点——设计实验来研究动物在学习时大脑中发生的变化——打下基础。于是，一旦我们决定把学习研究的关注点放在海兔的缩鳃反射上，我们就需要绘制出这一反射的神经环路，来了解腹神经节是如何产生这一反射的。

然而，完成这个任务要面临一个内含于神经环路概念本身的挑战。一组细胞之间的连接要具有怎样的精确性和特异性，我们才能说它们构成了一个神经环路？20世纪60年代早期，卡尔·拉什利的一些追随者认为大脑皮层中所有神经元的性质都是相似的，无法因其目的或功能而得到鉴定，而且它们的连接也是随机且大致等值的。

其他科学家，特别是无脊椎动物神经系统的研究者，则支持许多或者所有神经元都是独一无二的观点。这一观点最早由德国生物学家理查德·戈德施密特于1908年提出。戈德施密特研究了一种原始的肠道寄生虫蛔虫（*Ascaris*）的一个神经节。他发现这一物种每一个体的那个神经节都有着数量相同且位置完全一样的细胞。同年他在德国动物学会发表了一次著名的演讲，他在演讲中指出："神经系统的组成元素有着令人惊讶的恒常性：在中央总是有162个神经节细胞，一个不多一个不少。"

阿尔娃尼塔基注意到了戈德施密特对蛔虫的分析，她于20世纪50年代探索了海兔的腹神经节，以寻找可被鉴定的细胞。她发现了几种独特的细胞，在每一只海兔中，这些细胞都基于它们的位置、染色特性和大小而可被鉴定。R2就是这样一个细胞，我在与拉迪斯拉夫·托克一道研究学习时关注过这个细胞。接着在哈佛以及后来在纽大，我都跟进着这方面的研究，到1967年，像戈德施密特与阿尔娃尼塔基一样，我也已经能够轻松地鉴定出腹神经节中大多数特定的细胞了（图13-4）。

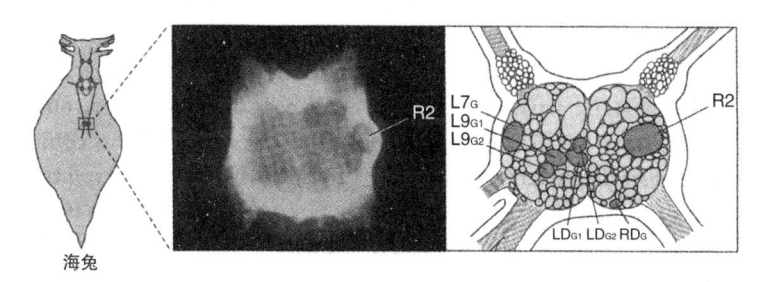

图13-4 鉴定海兔腹神经节中的特定神经元。R2细胞能够在直径一毫米的海兔腹神经节的显微照片（左图）中清晰地看到。手绘示意图（右图）显示了R2细胞和控制鳃运动的6个运动神经元的位置。一旦单个神经节得到鉴定，绘制它们的连接就成为可能。

神经元是独一无二的，以及相同的细胞在该物种每一成员体内出现的位置都相同，这一发现带来了新问题：这些独一无二的神经元之间形成的突触连接是否也是不变的？一个给定的细胞是否总是向相同的靶细胞而非其他细胞传递信号？

让我惊讶的是，我发现自己能够轻松地绘制出细胞间的突触连接。通过向一个靶细胞插入一个微电极，并逐一刺激神经节其他细胞产生动作电位，我就能够鉴定出许多与靶细胞交流的突触前细胞。因此，这一方法首次表明了绘制动物细胞之间运作的突触连接的可能性，我能够用它来找到控制一种行为的神经通路。

我在单个的神经元之间发现了圣地亚哥·拉蒙-卡哈尔曾在神经元集群之间发现过的连接特异性。此外，正如神经元及其突触连接是精确且不变的，这些连接的功能也是不变的。这一非凡的不变性将会使我更容易在简单神经连接中"捕获"学习，进而实现在细胞水平研究学习如何产生记忆的长期目标。

到了1969年，库普费尔曼和我已经成功鉴定出大部分参与缩鳃反射的神经细胞。我们的做法是，麻醉海兔以便在它的颈部开一个小口，接着从开口处轻轻将腹神经节及其连带的神经挑起拉至体外，置于光亮的台面上。我们向不同神经元中插入用于记录和刺激细胞的双管微电极。通过这种方式打开活着的海兔使得我们可以完好无缺地保持它的神经系统及所有正常连接，并能同时观察腹神经节控制的所有器官。我们首先找出控制缩鳃反射的运动神经元——也就是那些轴突是从中枢神经系统导向鳃的运动细胞。我们通过用微电极每次刺激一个细胞，并观察刺激是否导致了鳃的运动来做到这一点。

1968年秋天的一个午后，我在独自进行实验时刺激了一个细胞,并惊奇地发现它导致了鳃的剧烈收缩(图13-5)。这是我第一次鉴定出海兔的一个控制特定行为的运动神经元!我迫不及待地向欧文展示这一发现。我们都为刺激单个细胞就能带来如此强大的行为后果感到惊奇,这一发现让我们对鉴定出其他运动细胞信心十足。实际上,欧文在数月内就发现了另外5个运动细胞。我们猜想这6个细胞构成了缩鳃反射的运动成分,因为如果我们阻止这些细胞激发,反射反应就不会发生。

1969年,文森特·卡斯特鲁奇和杰克·伯恩加入了我们。前者是一个讨人喜爱、品味不俗的加拿大科学家,在生物学方面学识渊博,在网球场上也让我屡尝败绩;后者是一个技术天分很高的研究生,受过电子工程学训练,他将该学科严格的治

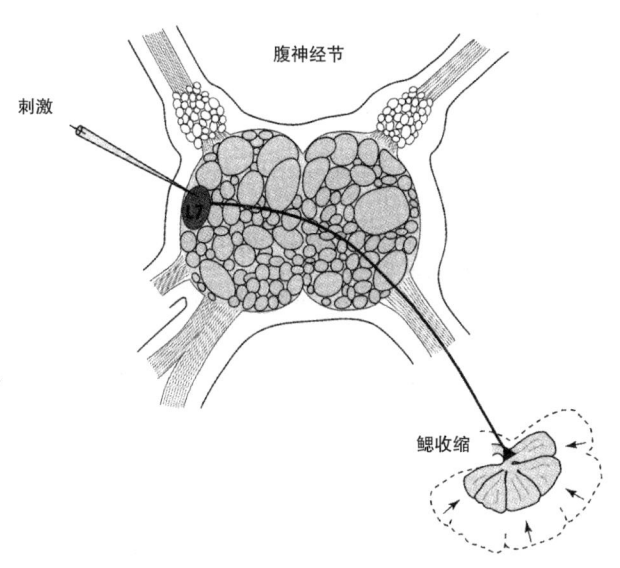

图13-5 发现海兔的一个导致特定行为的运动神经元。一旦海兔腹神经节的单个神经细胞得到鉴定,绘制它们的连接就成为可能。比如,刺激L7细胞(一个运动神经元)导致海兔鳃的突然收缩。

学态度带入了我们的工作。我们三个一起鉴定出了参与缩鳃反射的感觉神经元。接着我们发现除了直接连接,感觉神经元还通过中间神经元与运动神经元形成间接突触连接。这两类连接——直接的和间接的——将触碰信息中继到运动神经元,后者通过与鳃组织的连接导致收缩反射。此外,我们研究的每一只蜗牛的缩鳃反射中涉及的神经元都相同,而且这些相同的细胞之间总是形成相同的连接。因此,海兔至少有一种行为的神经构造精确得令人惊讶(图13-6)。后来,我们又发现其他行为的神经环路也有着同样的特异性和不变性。

库普费尔曼和我在我们1969年发表于《科学》期刊的论文《海兔腹神经节介导的一个行为反应的神经控制》结尾写下了乐

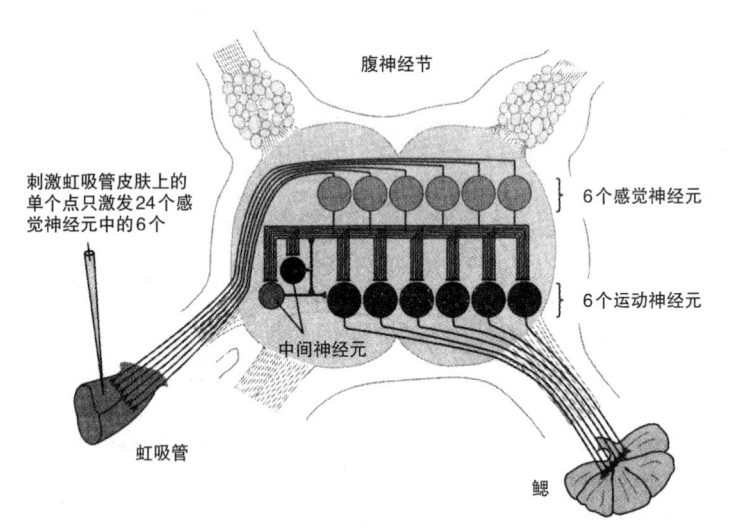

图 13-6 海兔缩鳃反射的神经构造。虹吸管系统有 24 个感觉神经元,但施加于皮肤上任意一点的刺激只会激发其中 6 个。每只蜗牛中相同的 6 个感觉神经元将触觉中继到相同的 6 个运动神经元,导致了缩鳃反射。

观的一笔:

鉴于其用于细胞神经生理学研究的优点,这一预处理①可能会被证明对分析学习的神经机制有帮助。初步的实验表明,行为反射反应能够受到修饰而显示出简单的学习过程,比如敏感化和习惯化。……它还证明了存在通过经典或操作性条件作用范式研究更复杂的行为修饰的可能性。

---

① 指前文提到的作者麻醉海兔挑出腹神经节的那套流程。

14

突触随经验而改变

　　一旦确定了行为的神经构造是不变的，我们就面临着一个关键性问题：一种由精确连接的神经环路所控制的行为是如何随着经验而改变的？卡哈尔已经提出过一个答案，他认为学习能够改变神经元之间突触的强度，从而增强它们之间的交流。有趣的是，弗洛伊德的《科学心理学大纲》中概述过的一个心智模型包含了一种相似的学习机制。弗洛伊德假定存在不同类别的神经元，分别用于知觉和记忆。与知觉相关的神经环路形成固定的突触连接，由此确保了我们知觉世界的准确性。与记忆相关的神经环路的突触连接随着学习而改变强度。这一机制形成了记忆和高级认知功能的基础。

　　巴甫洛夫和行为主义者的工作以及布伦达·米尔纳和认知心理学家的工作使我认识到，不同形式的学习会产生不同形式的记忆。因此我修订了卡哈尔的观点并利用这一新洞见作为开发海兔的学习模拟的基础。先前的研究表明刺激的不同模式以不同方式改变了突触连接的强度。但托克和我没有考察过一个真实的行为是如何被改变的，因此也就没有证据证明学习真的依赖于突触强度的改变。

　　实际上，突触能够通过学习增强并因此参与到记忆存储，这一想法并没有被广泛接受。卡哈尔的观点问世20年后，杰出的哈佛生理学家亚历山大·福布斯认为记忆是通过自兴奋神经元的闭合环路中的动态不间断变化来维持的。为了支持这一想法，福布斯引用了卡哈尔的一个学生拉斐尔·洛伦特·德·诺画的一幅图，图中显示神经元通过闭合的通路互相连接。1949年，心理学家D.O.赫布在其颇有影响力的著作《行为的组织：一种神经心理学理论》中进一步详细阐述了这一想法。赫布认为反射性环路是短时记忆的基础。

类似地，大脑皮层生物学的重要研究者B.德莱尔·伯恩斯挑战了突触的生理变化能够作为存储记忆的手段这一想法：

突触易化的各种机制作为解释记忆的候选对象……已被证明是令人失望的。在其中任何一种机制能够被视为是伴随条件反射形成的细胞水平变化之前，我们必须在一个比现有尺度大得多的时间尺度上观察它们。用突触易化来解释记忆的持续失败，使得我们怀疑神经生理学家所寻找的可能是错误的机制。

有些学者怀疑学习是否能在固定的神经环路中发生。在他们看来，学习必定是部分甚至完全独立于预先建立的神经通路的。拉什利以及在早期认知心理学家中颇有影响力的格式塔心理学派的一些成员持有上述观点。这一观点的一个变式由神经生理学家罗斯·阿迪在1965年提出。他这样开始他的论证："没有神经元在被自然或人工地与其他神经元分离后，显示出跟我们通常理解的'记忆'这一概念相符的存储信息的能力。"接着他指出通过神经元之间空隙的电流可能携带信息，该信息的地位"在信息交换中至少等价于神经元放电，在信息存储和提取中甚至会更重要"。对拉什利和阿迪而言，学习完全是个谜。

在研究清楚了缩鳃反射的神经环路并确定它能够受到学习修饰之后，我和同事们面对的问题是，前人的这些想法是否有任何可取之处。1970年，我们在《科学》期刊上连续发表了三篇论文，并在第一篇就介绍了我们使用的研究策略，这一策略在之后的30年里一直指导着我们的想法：

> 对学习的神经机制和相似的行为修饰进行分析，需要这样一种动物，它的行为可修饰、神经系统可用于细胞水平分析。在本文以及随后的两篇论文中，我们在海生软体动物海兔身上采取了一种结合行为和细胞神经生理学的方法，研究受到习惯化和去习惯化（敏感化）的一种行为反射。我们已经逐步简化了这一行为的神经环路，使得单个神经元的活动能够与整个反射联系起来。这样一来，分析这些行为修饰的发生地点和机制就变得可能了。

在接下来的论文里，我们证实了记忆不依赖于神经元的自兴奋环路。通过在海兔身上研究三种简单形式的学习，我们发现在介导行为的神经环路中，学习导致了特定细胞间突触连接的强度变化，因而改变了交流的效能。

我们的数据明白无误且颇具戏剧性。通过来自单个感觉与运动神经元的记录，我们描绘出了缩鳃反射的解剖图谱和功能运作。我们发现触碰皮肤激活的若干个感觉神经元一起在每个运动神经元中分别产生一个大信号——一个大的突触电位，使得后者激发出若干个动作电位。运动神经元的这些动作电位导致了一种行为——鳃的收缩。于是我们得出结论，在正常情况下感觉神经元能够有效地与运动神经元交流，向它们发送适当的信号来形成缩鳃反射。

现在我们将注意力转向感觉与运动神经元之间的突触。我们观察到，当我们通过反复触碰皮肤形成习惯化时，缩鳃反射的幅度逐渐降低。这一行为上习得的变化与突触连接的逐渐减弱平行发生。相反，当我们通过给动物的尾部或头部施加一个电击来形成敏感化时，增强的缩鳃反射也伴随着突触连接的增强。我们总结道，在习惯化过程中，感觉神经元的一个动作电位引发了运动神经元更弱的突触电位，导致了交流效能的降低；而在敏感化过程中，前者引发了运动神经元更强的突触电位，导致了交流效能的提高。

1980年，我们又将还原论取向向前推进了一步，探索在经典条件作用期间突触发生了什么变化。这时，来自斯坦福大学、富有洞见的年轻心理学家罗伯特·霍金斯加入了卡鲁和我的研究工作。他出身学术世家，见多识广，在来到纽约之前就已经是个古典音乐和歌剧的爱好者了。作为一名优秀的运动员，他曾在斯坦福校足球队踢球，接着又对帆船运动产生了热情。

我们发现在经典条件作用中，无害（条件作用）和有害（非条件作用）刺激产生的神经信号必须按照精确的时间次序发生。当触碰虹吸管刚好发生在尾部受到电击之前——这样前者就预测了后者的发生——则感觉神经元激发的动作电位也刚好先于它们收到的来自尾部的信号。感觉神经元中动作电位的激发与尾部电击信号的到达总是遵循这一精确的时序，导致了感觉与运动神经元之间突触连接的增强，这一增强与来自虹吸管或尾部的信号分别出现时（比如敏感化中的情形）相比要强烈得多。

习惯化、敏感化和经典条件作用造成的这些结果，不可避免地使得我们去思考遗传和发育过程如何与经验交互作用，从而决定了心理活动的结构。遗传和发育过程规定了神经元之间的连接方式——哪些神经元与其他哪些神经元形成突触连接，以及何时形成这些连接。但它们没有规定这些连接的强度。强度——突触连接的长时效能——受经验调控。这一看法表明，有机体许多行为的潜能是先天内置于大脑的，并在很大程度上受到遗传和发育控制；然而，一个生物的环境和学习能够改变这些预先存在的通路的效能，从而导致行为通过新的模式表达出来。我们对海兔的研究支持了下述观点：在最简单形式的学习中，学习从预先存在的众多连接里进行选择，并改变了其选中连接的强度。

在回顾我们的结果时，我不禁想到了自17世纪以来一直统治着西方思想史的两种相对立的关于心智的哲学观点——经验主义和理性主义。英国经验主义者约翰·洛克认为心智并不拥有与生俱来的知识，而是一块逐渐被经验填满的白板。我们所了解的关于这个世界的每一件事都是习得的，于是我们越是频繁地遇到一个想法，越能有效地将它与其他想法联结起来，这个想法对我们心智的影响就越持久。德国理性主义哲学家伊曼努尔·康德则持相反观点，他认为我们生来就具有一些知识的内置模板。康德称这些模板为先验知识，它们决定了感觉经验如何被接收和被理解。

当我在精神分析与生物学研究之间做出抉择时，我最终选择了生物学，这是因为精神分析及其前身学科哲学，都把大脑视为一个黑箱，一个未知之物。这两个学科并不直接对大脑进行研究，无法解决经验主义与理性主义之争。而研究大脑正是生物学已经开始在做的事情。通过研究最简单的有机体的缩鳃反射，我们认识到两种观点都有可取之处——事实上，它们互为补充。神经环路的解剖图谱是康德式先验知识的一个简单例子，而神经环路中特定连接强度的变化则反映了经验的影响。此外，与洛克熟能生巧的观念相一致的是，构成记忆基础的这种变化是持久的。

拉什利和其他学者觉得研究复杂学习是棘手的问题，但蜗牛的缩鳃反射具有的优雅的简洁性，却使得我和同事们能够通过实验研究许多哲学和精神分析问题，正是这些问题让我选择了生物学。我觉得这件事既奇妙又有趣。

在1970年发表于《科学》的第三篇论文中，我们以下述评论总结道：

> 这些数据表明，习惯化和去习惯化（敏感化）都涉及之前就存在的兴奋性连接在功能性效能上的变化。因此，至少在简单的系统中，……对行为进行修饰的能力看上去是直接内置于行为反射的神经构造中的。
>
> 最后，这些研究巩固了我们的假定……即研究行为修饰的先决条件是分析作为行为基础的线路图。我们确实发现，一旦知道了行为的线路图，对其修饰的分析就变得非常简单。因此，虽然这些分析只适用于相对简单和短时的行为修饰，一个类似的方法可能也会适用于更复杂而且持续更久的学习过程。

通过坚持一种激进的还原论取向——研究一个非常简单的行为反射和简单形式的学习，逐个细胞地描绘出反射的神经环路，然后聚焦于环路中发生变化的位置——我实现了我在1961年向NIH递交的经费申请书中提出的长期目标。我"在可能是最小的神经群、两个细胞之间构成的连接里捕获了一个条件作用反应"。

于是，上述还原论取向使得我们发现了学习与记忆的细胞生物学的若干原理。第一，我们发现在学习一种行为背后的突触强度变化，可能会强到足以重新配置一个神经网络和它的信息加工能力。比如，海兔的一个特定感觉细胞会与8个不同的运动细胞交流——其中5个用来产生鳃的运动、3个用来引发墨腺的收缩进而喷墨。在训练之前，激活这个感觉细胞会让5个支配鳃的运动细胞适度兴奋，导致它们激发动作电位进而引起鳃收缩。激活这个感觉细胞还会让3个支配墨腺的运动细胞微弱兴奋，但这不足以产生动作电位或引发喷墨。因此，在训练之前，刺激虹吸管会导致鳃收缩但不会导致喷墨。然而，在敏感化之后，这个感觉细胞和全部8个运动细胞之间的突触交流都增强了，使得3个支配墨腺的运动神经元也会激发动作电位。于是，作为学习的结果，当虹吸管受到刺激时，喷墨会和更强烈的鳃收缩一道发生。

第二，与我对卡哈尔理论的修订以及我早期对模拟的研究相一致，我们发现两个神经元之间给定的一组突触连接能够通过不同形式的学习朝着相反的方向得到修饰——增强或减弱。因此，习惯化减弱突触，而敏感化或经典条件作用增强它。突触连接强度的持续改变是学习与短时记忆的细胞机制。此外，由于变化发生在缩鳃反射的神经环路中的多个位点，所以记忆分布并存储在整个环路中，而不是在某个位点上。

第三，我们发现在三种学习形式中，短时记忆存储的持续时间都依赖于一个突触受到减弱或增强的时间长度。

第四，我们开始了解到一个给定的化学性突触的强度能够以两种方式受到修饰，这取决于学习激活的是两个神经环路中的哪一个——介导环路还是调节环路[①]。在海兔中，介导环路由支配虹吸管的感觉神经元、中间神经元和控制缩鳃反射的运动神经元组成。调节环路由位于身体其他部分支配尾部的感觉神经元组成。当介导环路中的神经元被激活时，同突触的强度会发生改变，习惯化就是这种情况：控制缩鳃反射的感觉与运动神经元重复放电，并以特定的模式对重复的感觉刺激做出直接反应。当调节环路（而不是介导环路）中的神经元被激活时，异突触的强度会发生改变，敏感化属于这种情况：对尾部的强刺激激活了调节环路，该环路控制介导环路中突触传递的强度。

后来我们发现，经典条件作用既涉及同突触变化也涉及异突触变化。实际上，我们对敏感化与经典条件作用的关系的研究表明，学习可能就是把突触可塑性的各种基本形式组合成更为复杂的新形式的过程，就像我们使用字母表来组成单词一样。

现在我开始认识到，动物脑中存在的化学性突触远多于电突触，这可能反映了化学传递较之于电传递的根本优势：它具有介导各种形式的学习及记忆存储的能力。从这个角度来看，很清楚的一点是，缩鳃环路中的感觉与运动神经元——这些神经元在进化过程中参与到了各种学习形式中——之间的突触要

[①] 这两个概念在第16章还会讲到，从图16-1可以得到直观认识。

比那些不参与学习的突触容易改变得多。我们的研究戏剧性地表明,仅仅在相对少量的训练之后,受到学习修饰的环路中的突触强度就能够经历大而且持久的改变。

记忆的根本特征之一是它的形成具有阶段性。短时记忆持续数分钟,而长时记忆持续许多天甚至更久。行为学实验表明,短时记忆会自然地逐渐转化为长时记忆,而且它是通过重复来做到这一点的,所谓"熟能生巧"。

可是练习是怎样起作用的?训练如何能让短时记忆转化为牢固且自我维持的长时记忆?这一过程是发生在同一位点——感觉与运动细胞之间的连接处——还是需要一个新位点?现在我们就要来解答这些问题了。

这一时期,我停止了其他活动,再次全身心地投入科研。不过,在沉迷海兔这件事上,我发现了一个意想不到的盟友,我的女儿米娜琪。1970年,5岁的米娜琪开始识字了,她偶然翻开了我放在客厅里的一本图文并茂的《拉鲁斯动物百科全书》中有海兔图片的那一页。她爱上了这幅图片,并指着它反复大叫"海兔!海兔!"。

两年后,在我43岁生日时,7岁的她写了下面这首诗:

海兔[①]

米娜琪

海兔就像只黏糊的蜗牛。

在雨里、在雪里、在雨淞里、在冰雹里。

[①] 米娜琪错误拼写了海兔,故译为海兔。另外,为了押韵,这首诗的部分词句未遵循原文。

当它生气时，会射出墨汁。

墨汁是紫色，不是粉红丝。

海兔没法生活在陆地。

它没有脚于是站不起。

它的嘴巴非常滑稽。

冬天它会往南方去。

The Aplisa
by Minouche
An aplisa is like a squishy snail.
In rain in snow, in sleet, in hail.
When it is angry, it shoots out ink.
The ink is purple, is not pink.
An aplisa cannot live on land.
It doesnt have feets so it cant stand.
It has a very funny mouth
And in winter it goes to the south

（翻印自坎德尔的《海兔的行为生物学》，W.H.弗里曼出版公司1979年版）

米娜琪把海兔讲得很清楚，比我可强多了！

15

个性的生物学基础

从对海兔的研究中我了解到,与行为的改变相伴发生的,是产生行为的神经元之间突触强度的改变。但我的研究并没有揭示出短时记忆如何转化为长时记忆。事实上,我们对长时记忆的细胞机制还一无所知。

我对学习与记忆的早期研究是基于行为主义者使用的学习范式。行为主义者主要关注的是知识如何获得并存储在短时记忆中,他们对长时记忆兴趣不大。对长时记忆的兴趣来自认知心理学领域的先驱对人类记忆的研究。

1885年,也就是爱德华·桑代克开始在哥伦比亚大学用实验动物进行学习研究的10年前,德国哲学家赫尔曼·艾宾浩斯开创性的工作使对人类记忆的分析从一项内省研究转变成了一门实验科学。艾宾浩斯受到了三位科学家的影响:生理学家恩斯特·韦伯、物理学家古斯塔夫·费希纳和赫尔曼·亥姆霍兹。他们将严谨的方法引入了知觉研究。例如,亥姆霍兹测量了来自皮肤的触觉传到脑部的速度。当时通常认为神经传导的速度快到无法测量,与光速差不多。但亥姆霍兹发现它实际上并不快——大约每秒90英尺。而且一个受试者对刺激做出反应所用的时间——反应时——甚至还要更长！亥姆霍兹据此提出，大脑对知觉信息的加工过程有相当一部分是无意识的。他把这一过程称作"无意识推断"，认为它是基于不需要意识参与的对神经信号的评估和转换。他还指出这一过程必定是在知觉和随意运动过程中，信号在不同位点进行传递和加工的结果。

和亥姆霍兹一样，艾宾浩斯也认为心理过程本质上是生物性的，与物理学和化学一样可以用严谨的科学术语来进行理解。比如，只要诱发反应所用的感觉刺激是客观可量化的，那么知觉就能够得到实证研究。艾宾浩斯提出了通过类似的实验方法来研究记忆的想法。他设计的测量记忆的技术至今仍在使用。

要设计实验考察新信息如何进入记忆，艾宾浩斯必须确保他研究的受试者形成的新联结不依赖于先前学过的联结帮助。他想出的解决办法是：让受试者学习无意义单词，每个单词由夹着一个元音字母的两个辅音字母组成（如RAX、PAF、WUX、CAZ，等等）。由于这些单词都是无意义的，对它们的识记就不会涉及学习者之前建立的联结网络。艾宾浩斯编制了约两千个这样的单词，将每个词写在一张单独的纸片上，打乱这些纸片，然后随机抽取一些构成单词列表，每张表包含7到36个数量不等的无意义单词。为了完成记忆这些列表的艰巨任务，他专门在巴黎租了一个顶楼的房间，可以俯瞰这座美丽城市的景色。在那里，他以每分钟50个单词的速度依次大声朗读每张表，以此帮助自己记住它们。正如丹尼丝说的，"也就只有巴黎才能让人忍受得了这么无聊的实验！"

通过这些以自己为受试者的实验，艾宾浩斯总结出了两条记忆原理。第一，他发现记忆是循序渐进的——换句话说就是熟能生巧。第一天重复训练的次数与第二天还记得的信息量之间存在线性关系。因此长时记忆似乎是短时记忆的简单延展。第二，尽管短时与长时记忆在机制上存在明显的相似性，但艾宾浩斯指出，一张有6到7个条目的列表只需要呈现一次就能够习得并保持，更长的列表则需要重复呈现。

接下来，他绘制了一条遗忘曲线。他在首次学习完列表上的无意义单词后，分别间隔不同时长对自己进行测试，每次使用不同的列表。他记录了重新学习每张列表时要达到和首次学完后同等准确程度所需的时间。从中他发现了节省现象：重新学习一张旧列表所需时间及次数都要少于首次学习。最有意思的是，他发现遗忘至少包含两个阶段：在学完后第一个小时记忆迅速减退，接着在大约一个月的时间里则是缓慢地减退。

基于艾宾浩斯的遗忘两阶段理论以及自己的过人直觉，威廉·詹姆斯在1890年总结道，记忆必然至少包含两个不同过程：一个被他称作"初级记忆"的短时过程和一个被他称作"次级记忆"的长时过程。他把长时记忆称作"次级"是因为它对记忆的提取发生在初次学习之后的一段时间。

追随艾宾浩斯和詹姆斯的心理学家们，逐渐清晰地认识到理解长时记忆的下一步是理解它如何被牢固建立，这一过程现在称作巩固。为了保持住记忆，进入大脑的信息必须得到全面深入的加工。通过注意某一信息并将它与记忆中已经确立的知识进行有意义、系统性的联结，我们就可以做到这一点。

1900年，两位德国心理学家格奥尔格·米勒和阿尔方斯·皮尔策克首次发现，新存储的信息在得到长时存储后会更稳定。他们使用艾宾浩斯的实验方法，要求一组志愿者充分学习识记一张无意义单词表，达到24小时后还记得住的程度，这组志愿者很容易就做到了。接着他们要求第二组志愿者识记同一张列表,重复练习的次数与第一组相同,但在学完第一张表后立刻要学习额外的一张单词表。这一组志愿者在24小时后没能记起第一张表上的单词。相较之下,第三组志愿者在学完第一张表后两小时才开始学习第二张表,他们在24小时后没费什么劲就记起了第一张表上的单词。这一结果表明,在训练过后,当第一张表已经进入短时记忆,甚至可能已经进入长时记忆的早期阶段时,记忆仍然很容易被干扰。可以推测,长时记忆的固定或巩固需要一定的时间。当两个或更多小时过后,一旦巩固达成,它就能在一段时间内保持稳定,不太容易受到破坏。

记忆巩固这一想法得到两类临床观察的支持。第一,从19世纪末起,人们就观察到,头部损伤和脑震荡能够导致一种称作逆行性遗忘症的失忆。一个在比赛第五回合被打中头部造成脑震荡的拳击手,通常会记得比赛开始前的情形,但不记得比赛开始后的一切事情。毫无疑问,在那一击之前,许多事件曾进入过他的短时记忆——入场时的兴奋、他的对手在前四回合的路数甚至运动中的那一拳本身以及躲避它的企图——但是,还没等上述任何记忆痕迹得到巩固,对大脑的那一击就发生了。第二类临床观察是,通常在癫痫惊厥之后也会发生一种类似的逆行性遗忘症,癫痫病人对发作之前刚发生的事件没有记忆,但可以回忆起更早的事情。这表明记忆存储的早期阶段是动态的,对干扰很敏感。

对记忆巩固的第一次严格测试出现在1949年,美国心理学家C.P.邓肯在动物进行训练期间或刚刚完成训练后,给动物的脑施加电刺激。刺激造成的惊厥会破坏记忆并造成逆行性遗忘。在训练完成若干小时后造成惊厥对该项记忆的影响则很小甚至没有影响。大约20年后,宾夕法尼亚大学的路易斯·弗莱克斯纳做出了引人注目的发现：在学习期间和学习后立即注射抑制脑内蛋白质合成的药物，会破坏长时记忆，却不会破坏短时记忆。这一结果表明，长时记忆的存储需要合成新的蛋白质。综上所述，这两类研究似乎证实了记忆存储至少存在两个阶段的观点：持续数分钟的短时记忆会通过一个需要合成新蛋白质的巩固过程转化成稳定的长时记忆，后者可以持续几天、几星期甚至更久。

科学家们很快提出了若干个记忆的两阶段模型。根据其中一种观点，短时与长时记忆发生在不同的解剖学位置。与之相对的是，有些心理学家认为所有记忆都发生在同一个位置，只是会随着时间逐渐增强。短时与长时记忆需要两个不同位置还是都存储在一个位置，这一问题成了分析学习、特别是在细胞水平分析记忆的核心问题。很显然这一问题无法只通过行为学分析来解决——还需要细胞学分析。对海兔的研究让我们有能力探讨这一问题，即短时与长时记忆是发生在相同还是不同的位置，以及它们涉及的神经过程是相同的还是相互独立的。

1971年，卡鲁和我发现，经过重复训练，习惯化和敏感化——最简单形式的学习——能够保持很长时间。因此它们可以成为测试长时与短时记忆两者差异的有用工具。最终我们发现，海兔长时敏感化伴随的细胞变化与哺乳动物脑内长时记忆伴随的变化很相似：长时记忆需要合成新蛋白质。

我们想知道长时记忆的简单形式与短时记忆是否使用了相同的存储位置——同一个神经元群以及同一组突触。我从布伦达·米尔纳对H.M.的研究中得知，人的复杂外显长时记忆——这种记忆会持续数天到许多年——不仅需要皮层还需要海马体。那么更简单的内隐记忆又是怎么一回事呢？卡鲁、卡斯特鲁奇和我发现,在短时习惯化和敏感化中受到改变的感觉与运动神经元之间的那些突触连接,在长时习惯化和敏感化中也受到了改变。而且这两种情况下,突触变化都平行于我们观察到的行为变化:在长时习惯化中,突触受到了几个星期的抑制,而在长时敏感化中,它受到了几个星期的增强。这表明,在最简单的记忆形式中,同一位置既能够存储短时记忆也能够存储长时记忆,而且对于不同形式的学习都是如此。

剩下的就是机制问题了。短时与长时记忆的机制相同吗?如果相同,长时记忆的巩固过程又是何种性质的呢?长时记忆存储伴随的长时突触变化需要合成蛋白质吗?

我曾设想过,长时记忆的巩固可能是基于解剖学变化的。这可能是为什么需要合成新蛋白质的原因之一。我感到我们很快就需要对记忆存储的结构进行分析。1973年,我成功地将克雷格·贝利招进了实验室,他是一位具有天赋和创造性的年轻细胞生物学家,我们一起探索从短时记忆到长时记忆的转化中伴随的结构性变化。

贝利和他的同事玛丽·陈[1],以及卡鲁和我发现,长时记忆不是短时记忆的简单延伸:我们不仅观察到前者突触强度的改变持续更久,更令人惊讶的是,环路中突触的数量也变化了。具体来说,在长时习惯化中,位于感觉与运动神经元之间的突触前连接的数量减少,而在长时敏感化中,感觉神经元长出了新的连接,其持续时间与记忆保持的时间一样长(图15-1)。在每种情况下,运动神经元中都发生了一系列平行于感觉神经元的变化。

---

[1] 译者倾向于将本书中提到的几位华裔科学家的名字都采用中文名而非英文名音译。经去信询问当事人,获知她的中文名是周启骅,陈是夫姓,由于她不曾在正式场合使用过中文名,故尊重她的意愿,正文保留英文名音译。(感谢本书作者及王渊源为联系当事人提供帮助)

静息态 **习惯化** **敏感化**

感觉神经元

新的活跃终端

活跃终端 运动神经元

在静息态时,这个感觉神经元与一个运动神经元有两处连接。

长时习惯化使得感觉神经元撤销了它的活跃终端,导致突触传递几乎完全关闭。

长时敏感化使得感觉神经元长出新的活跃终端,与运动神经元形成了更多活跃连接,增强了突触传递。

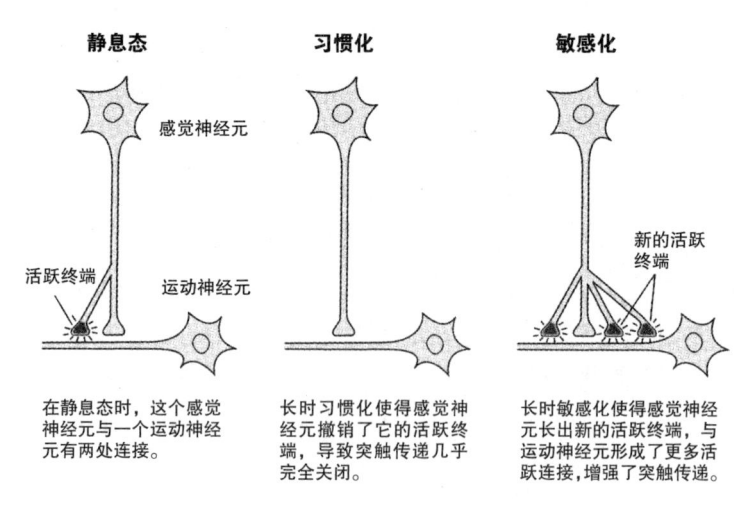

图15-1 长时记忆伴随的解剖学变化。

这一解剖学变化以几种方式得到表达。贝利和陈发现,单个感觉神经元具有大约1300个突触前终端,并与大约25个不同的靶细胞进行联系,包括运动神经元、兴奋性中间神经元和抑制性中间神经元。在这1300个突触前终端中,只有大约40%具有活跃突触,且只有这些突触能够释放神经递质。其余终端是休眠的。在长时敏感化中,突触终端的数量翻了一倍(从1300个增加到2700个),活跃突触的比例也从40%增加到60%。此外,运动神经元上还长出了分枝来接收其中一些新连接。过了一段时间,随着记忆的消退、增强的反应恢复正常,突触前终端的数量从2700个降到了大约1500个,只比初始数量略多一些。多出的生长物也许能解释由艾宾浩斯最先发现的事实,即第二次学习要比第一次学习容易。另一方面,在长时习惯化中,突触前终端的数量从1300个下降到大约850个,而且活跃终端的数量从500个减少到大约100个——突触传递几乎完全关闭(图15-1)。

因此，在海兔中我们第一次看到，脑中突触的数量不是固定的——它随着学习而变化！而且，长时记忆保持的时间和解剖学变化持续的时间一样长。

这些研究首次为关于记忆存储的两个竞争性理论提供了清晰的洞见。两个理论各有正确的一面。单过程理论的正确之处在于，在习惯化和敏感化中，同一位置既能够产生短时记忆也能够产生长时记忆，而且两种情况下都发生了突触强度的变化。双过程理论的正确之处则在于，短时与长时变化的机制有着根本差异。短时记忆造成的是突触功能的变化，它会增强或减弱已经存在的连接；长时记忆则需要解剖学变化。重复的敏感化训练使得神经元长出新的终端，形成长时记忆，而习惯化使得神经元撤销已有的终端。因此，通过造成深刻的结构性变化，学习能够让不活跃的突触变得活跃，或者让活跃的突触变得不活跃。

一段记忆，只有当它能够被唤起时才是有用的。记忆的提取取决于合适的线索，让一只动物能够将线索与它的学习经验联结起来。这个线索可以是外部的，比如在习惯化、敏感化和经典条件作用中的感觉刺激，也可以是内部的，比如一个想法或欲望。在海兔的缩鳃反射中，诱发记忆提取的线索是外部的：触碰虹吸管诱发反射。提取这一刺激记忆的神经元就是当初被激活的那些感觉与运动神经元。不过由于这些神经元之间突触连接的强度和数量已经被学习改变了，感觉刺激引发的动作电位在到达突触前终端时"读取"了突触的新状态，于是提取记忆导致了一个更强烈的反应。

无论是在短时记忆还是长时记忆中，突触连接被改变的数量都可能多到足以改变一个神经环路的程度，但不同的是，长时记忆可以在解剖学上重构神经环路。比如，在训练之前，对海兔感觉神经元的刺激可能强到足以导致支配鳃的运动神经元激发动作电位，但还不足以导致支配墨腺的运动神经元激发动作电位。训练不仅增强了感觉神经元与支配鳃的运动神经元之间的突触，而且也增强了感觉神经元与支配墨腺的运动神经元之间的突触。训练之后，当感觉神经元受到刺激时，它将提取对增强后的反应的记忆，使得支配鳃和墨腺的运动神经元都激发动作电位，导致喷墨和缩鳃的发生。这样，海兔的行为模式就被改变了。触碰虹吸管诱发的不只是行为在程度上的改变——缩鳃的幅度变大——还包括动物整个行为指令库的变化。

我们的研究表明，经验会造成海兔脑结构的生理性改变，这不禁让我们产生了这样的疑问，经验也会改变灵长类动物包括人的脑吗？

20世纪50年代我在念医学院时，我们学到的知识是，韦德·马歇尔发现的躯体感觉皮层图谱是固定的，终生都不会改变。现在我们知道这一观点是错误的。这张图谱会受到经验的不断修饰。在这一点上，20世纪90年代的两项研究提供了关键证据。

首先，加州大学旧金山分校的迈克尔·梅尔策尼希发现不同猴子的皮层图谱细节有着明显差异。比如，某些猴子的手部表征区比其他猴子大得多。梅尔策尼希的初步研究并没有区分经验和遗传的影响，因此这些表征上的差异有可能是基因决定的。

于是梅尔策尼希进行了额外的实验来确定基因和经验各自的贡献。他训练猴子用中间三根手指触碰转盘以获取食物。几个月后，这三根手指、特别是用于触碰转盘的指尖的皮层表征面积扩大了很多（图15-2）。同时，这三根手指的触觉敏感性也增加了。其他研究显示，分辨颜色或形状的视觉训练也会改变大脑结构并增进知觉能力。

其次，德国康斯坦茨大学的托马斯·埃伯特和他的同事比较了小提琴家、大提琴家和非音乐家的大脑图像。弦乐演奏者使用左手的四根手指来调节弦音，而移动琴弓的右手手指则不需要进行这样高度差异化的运动。埃伯特发现，弦乐演奏者和非音乐家的右手手指对应的皮层区域不存在差异，而前者左手手指的大脑表征则比后者大出许多——有5倍之多。此外，13岁前就开始演奏乐器的音乐家的左手手指表征要比13岁后才开始演奏乐器的音乐家大。

皮层图谱经由学习而发生的这些戏剧性变化拓展了我们在

这幅图显示猴子躯体感觉皮层表征身体各部分的相对大小。手指和其他特别敏感的部位占据了大部分空间。

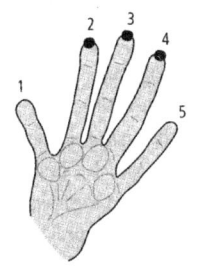

一只猴子在一项任务中接受训练，需要频繁使用其中间手指的尖部。训练了几个月后，这些部位变得更为敏感。

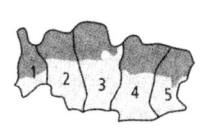

在训练之前，猴子指尖对应的躯体感觉皮层的区域（灰色）。

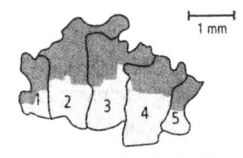

在训练之后，猴子指尖对应的区域扩大了。

图15-2 皮层图谱随经验而改变。（改编自梅尔策尼希1990年发表的一篇论文）

海兔研究中已经获得的解剖学洞见：一个身体部位在皮层中的表征面积取决于它的使用强度和复杂性。此外，埃伯特的研究还显示，大脑中的这些结构性变化在生命的早期更容易发生。因此，沃尔夫冈·阿马德乌斯·莫扎特之所以能成为伟大音乐家，不单单是因为他有好的基因（虽然基因也起到了一定作用），还因为他在大脑更容易改变的时候就开始练习那些日后使其成名的技能了。

我们海兔研究的结果还显示出，神经系统的可塑性——神经细胞改变突触强度甚至数量的能力——是学习与长时记忆背后的机制。这样一来，因为每个人都成长于不同的环境并有着不同的经历，所以每个人的大脑构造都是独一无二的。即便有着相同基因的同卵双胞胎也有着不同的大脑，因为他们的生活经历存在差异。因此我们发现，最初从一只简单蜗牛的研究中显露出的细胞生物学原理，实际上为人类个性的生物学基础做出了深远贡献。

短时记忆造成功能性变化而长时记忆造成解剖学变化，我们的这一发现带来了更多问题：记忆巩固的本质是什么？为什么它需要合成新蛋白质？为了解答这些问题，我们需要深入细胞内部研究它的分子构成。我和同事们已经为此做好了准备。

就在这个时候，传来了令人悲痛的消息。1973年秋天，我最好的朋友、曾与我共同创建纽大神经生物学与行为研究室的奥尔登·斯宾塞开始发现自己打网球时双手经常用不上力气。几个月后他被诊断患有致命的肌萎缩侧索硬化（ALS，又称卢伽雷病）。在从国内权威的神经病专家那里听到这一诊断后，奥尔登变得很沮丧并开始准备遗嘱，他觉得自己可能活不过一个星期了。但奥尔登的肘部还有关节炎，这一症状并非ALS的指征。因此我建议他去看看风湿病专家。

奥尔登去看了一个非常好的医生，医生让他放宽心，说他患的不是ALS，而是一种与红斑狼疮类似的结缔组织病（一种胶原性疾病）。听到这个乐观得多的诊断后，奥尔登的心境好转了。然而几个月后他再去看神经病专家时，专家却确定在关节炎之外，他确实患有ALS。奥尔登的心境旋即又落回了谷底。

这时我去找了那个神经病专家，因为奥尔登显然很难面对他的诊断，我问他是否可以帮助奥尔登，让他怀有更多的希望。这位神经病专家是一个非常正派且有同情心的人，他坚持不能那样做，因为那是欺骗行为，对奥尔登不公平。"不过，"他说，"我已经没有什么能给奥尔登的了。他不需要也不应该再来我这里看病。让他继续去看风湿病专家吧。"

我与奥尔登和他的妻子黛安分别讨论了这一建议。他们都认为这是一个好主意。黛安确信奥尔登不想面对他患有ALS这一事实，虽然她和我都悲伤地认识到，这个诊断是正确的。

接下来的两年半时间里，奥尔登的病情缓慢地恶化着。起初他还能拄着拐杖四处走动，后来就不得不依靠轮椅了。但他还照常来实验室上班，也从未停止对科研的追求。尽管讲课对他来说变困难了，他还是继续教课，只是课时少了一些。我们团队除了我没人知道他的真实诊断，大家以为他只是得了一种特别严重的关节炎。他还在坚持锻炼，定期去附近一个专门为残障人士服务的游泳池游泳。1977年11月去世前一天，他还在他的实验室参与一个关于感觉加工过程的讨论。

奥尔登的去世对我们所有人，以及我们这个亲密的研究团队整体都是一个巨大的打击。我们在之前大约20年里几乎每天都会见面而且无话不谈，于是在此之后很长一段时间我的整个工作节奏都被打乱了。直到今天，我仍然常常想念奥尔登。

怀念奥尔登的不只我一个人。每个人都喜欢他自嘲式的幽默、他的谦逊和无限的慷慨，还有他源源不断的创造力。为了纪念他，我们于1978年设立了奥尔登·斯宾塞讲席和奖金，每年授予一位50岁以下、正在向科学高峰攀登的优秀科学家。获奖者经哥大神经生物学与行为研究中心的全体职员、研究生、博士后研究员和教授评选产生。

奥尔登去世后那几年我在科研上仍然获得了很多成果，因此在外人眼中似乎一切都运转良好，但我的内心其实非常痛苦。我父亲在奥尔登去世同一年的早些时候离世，随后我哥哥也于1981年去世。每一次我都尽可能地悉心照顾他们，而他们的去世带给我的不只是心理上的失落无望，还有生理上的筋疲力尽。这时我总会由衷感激专心投入研究工作带给我的那份宁静。工作上富有挑战性的探索和我揭示的惊人洞见，使我得以逃离日常生活中无法挽回的痛苦现实。

1979年，我的儿子保罗去上大学了，这对我当时沉痛的心情来说无异于另一重打击。从保罗7岁时起，我就鼓励他下象棋和学习打网球，他两样都学得很好。我也会下棋，因而能和他一起体验在棋盘上斗智斗勇的乐趣，但我不会打网球。为了和他一起玩，在39岁时我开始上网球课，并持续坚持到现在，虽然水平一般，但我很享受这项运动。从保罗一开始打网球，他就是我的固定搭档之一。到了高中最后一年，他的球技已经相当不错，而且成了我唯一的搭档。他的离家，不仅让我见不到自己的儿子，而且也没人陪我打网球和下棋了。这让我感觉自己像约伯一样形单影只[①]。

---

① 约伯是《圣经》中的一个人物，天灾人祸突然到来，让他失去了所有子女和财富。

16

分子与短时记忆

1975年，在哈里·格伦德费斯特告诉我，需要以"每次一个细胞"的方式来研究大脑20年之后，我和同事们开始探索记忆的细胞学基础——一个人是如何能够终生都记得一次邂逅、一片美景、一场讲演或一份疾病诊断的呢？我们已经知道记忆源自神经环路中突触的变化：短时记忆来自功能性变化而长时记忆来自结构性变化。现在我们想钻入记忆谜团的更深处。我们想洞悉心理过程的分子生物学，想知道到底是哪些分子在短时记忆中起作用。带着这个问题，我们开始涉足一片完全未知的领地。

随着我对我们能够在海兔这一简单系统中找到记忆存储的分子基础的信心与日俱增，这段旅程就显得不那么令人生畏了。我们已经在海兔神经系统突触连接这个大迷宫中找到了一些门道，绘制了它的缩鳃反射的神经通路，证明了组成这一通路的突触能够被学习增强。毫无疑问，我们已经正确地走入了这个科学迷宫的外圈。现在我们想确定的是，短时记忆伴随的突触变化到底发生在这条神经通路的什么位置。

我们将注意力集中于传递触碰蜗牛虹吸管信息的感觉神经元与引发鳃收缩的运动神经元之间的关键突触上。现在我们想知道的是，构成这一突触的两个神经元如何导致了突触强度的变化。是感觉神经元对刺激的反应改变了，导致它的轴突终端释放的递质变得更多或更少了吗？还是运动神经元发生了改变，导致细胞中接收神经递质的受体数量增加，或者受体对递质的敏感性增加？我们发现改变只是单方面的：在短时习惯化持续的几分钟里，感觉神经元释放出更少的神经递质，而在短时敏感化时，它释放出更多的神经递质。

后来我们知道，这种神经递质是谷氨酸，它是哺乳动物脑中的主要兴奋性递质。通过增加感觉细胞发送给运动细胞的谷氨酸数量，敏感化增强了运动细胞中激发的突触电位，这使得运动神经元更容易激发动作电位并导致鳃的收缩。

感觉与运动神经元之间的突触电位只持续数毫秒，但我们观察到对海兔尾部的电击导致的谷氨酸释放和突触传递增加持续了很多分钟。这是如何发生的？当我和同事们专注于解答这一问题时，我们注意到了一些有趣的现象。在感觉与运动神经元之间突触连接增强的同时，感觉细胞中存在着一个非常缓慢的突触电位[①]，它持续数分钟，而不像运动神经元中典型的突触电位那样只存在数毫秒。很快我们发现对海兔尾部的电击激活了第二类感觉神经元，它们接收来自尾部的信息。这些尾部感

[①] 突触电位通常指的是突触后神经元的膜内外电位差，既可以表述为"突触后（运动）神经元内的"突触电位，比如本行末尾；也可以表述为"两个神经元之间的"突触电位，比如本段首句。它们指的是同一个电位，而不同于此处新发现的"突触前（感觉）神经元内的"突触电位，后文通常称之为"慢突触电位"。

觉神经元激活了一组作用于虹吸管感觉神经元的中间神经元。是这些中间神经元引发了非常缓慢的突触电位。接着我们问自己：这些中间神经元释放了什么神经递质？这第二种神经递质如何导致了感觉神经元终端释放更多的谷氨酸，进而形成短时记忆的存储？

我们发现电击海兔尾部激活的中间神经元释放的是一种称作血清素的神经递质。这些中间神经元不仅与感觉神经元的胞体形成突触，还与突触前终端形成突触，因此它们不仅引发了一个慢突触电位，还增强了感觉细胞对运动细胞的谷氨酸释放。事实上，我们能够通过简单地施加血清素到感觉与运动神经元之间的连接，来模拟这一慢突触电位，以及模拟突触强度的增强和缩鳃反射的增强。

我们把这些释放血清素的中间神经元称作调节性中间神经元，因为它们并不直接介导行为，而是通过增强感觉与运动神经元之间的连接强度来修饰缩鳃反射的强度。

这些发现让我们认识到，在行为与学习中存在两类重要的神经环路：我们之前描述过的介导环路和我们才刚开始深入研究的调节环路（图16-1）。介导环路直接引发行为，因而属于康德式的，这些神经构造构成了行为中由基因和发育决定的那部分成分。介导环路由支配虹吸管的感觉神经元、中间神经元和控制缩鳃反射的运动神经元组成。在学习中，介导环路扮演学生的角色并获取新知识。调节环路则属于洛克式，它充当老师。它并不直接引发行为，而是通过异突触调节感觉与运动神经元之间突触连接的强度，来对响应学习的行为进行微调。通过电击尾部这一与虹吸管截然不同的身体部位，调节环路得到激活，它教会海兔去注意对其安全很重要的虹吸管上的刺激。因此这

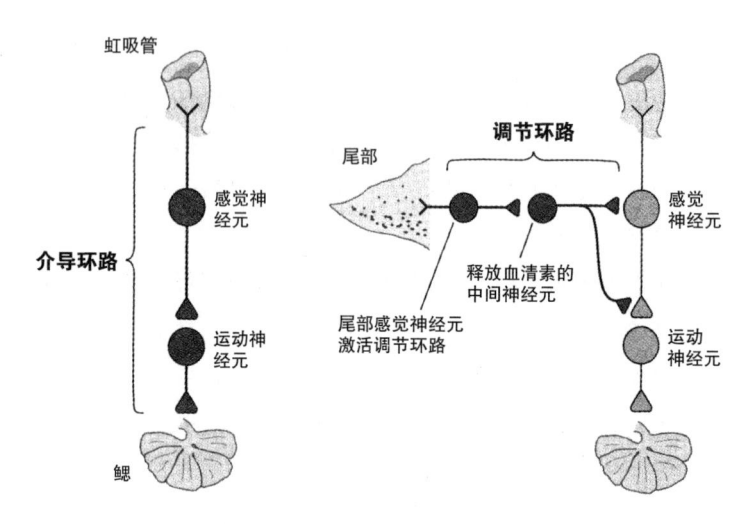

图16-1 脑中的两类环路。介导环路引发行为。调节环路作用于介导环路,调整它们的突触连接的强度。

个环路在本质上负责海兔的警觉或对凸显性[1]做出反应,正如我们之后会看到的,在更复杂动物身上的类似调节环路是记忆的必要成分。

血清素是敏感化的调质,这一事实让我感到很惊讶。1956年,我和多姆·普尔普拉做的第一个实验关注的就是血清素的作用。事实上在1956年春天,纽大医学院学生节那天,我还做过题为《传入皮层通路的血清素和LSD交互作用的电生理模式》的简短报告。排练时,好心的吉米·施瓦茨还帮助过我,给了我一些改进意见。我开始感慨人生就像一个圆圈。我已经几乎20年没研究过血清素了,而现在又带着新的眼光和热情重新回到了这里。

---

[1] 又称显著性(salience),指某个对象相对于其周围的对象显得更突出的一种性质或状态,生物体需要对此类对象产生警觉。这个概念在第23章还会出现。

一旦我们知道了血清素作为一种调节性递质,能够用来增强感觉神经元突触前终端的谷氨酸释放这一事实,下一步就是对记忆存储进行生化分析了。幸运的是,在这次科学旅程中,有吉米·施瓦茨这位杰出的向导与我同行。

回到纽大前,吉米在洛克菲勒大学研究过大肠杆菌,这是一种单细胞生物,许多现代生物化学和分子生物学的基本原理最初都源自对它的研究。1966年,他的兴趣转向了海兔,开始研究腹神经节的神经元使用的一种化学递质。1971年,我们开始一道研究起学习过程中伴随的分子作用。

在我接受生物学教育的第二个主要阶段,吉米提供了不可估量的帮助。我们受到路易斯·弗莱克斯纳工作的影响,他几年前的研究表明小鼠和大鼠的长时记忆需要合成新蛋白质,短时记忆则不需要。蛋白质是细胞里的耕牛。它们组成了酶、离子通道、受体和运输机器。正如我们已经发现的,由于长时记忆涉及新连接的生长,因此生长需要新蛋白质成分的合成一点也不奇怪。

吉米和我开始在海兔身上测试这一想法,我们对虹吸管感觉细胞以及支配鳃的运动神经元的突触进行研究。如果突触变化平行于记忆变化,那么短时突触变化应该不需要合成新蛋白质。这与我们观察到的现象也相符。那么,是什么介导了这一短时变化呢?

卡哈尔已经提出,大脑是一个由特定通路上相互连接的神经元组成的器官。我在海兔身上介导反射行为的简单神经环路中也看到了这种值得注意的连接特异性。但吉米指出,这种特异性也适用于分子——通过原子结合而成的细胞功能的基本单元。生物化学家已经发现，一个细胞内的分子之间存在交互作用，而且这些化学反应是以特定顺序组织的，称作生化信号传导通路。这条通路以分子形式从细胞表面向细胞内部传递信息，很像神经细胞之间的信息传递。此外，这条通路还是"无线的"。在细胞内流动的分子与特异性分子伴侣识别并绑定，还调控后者的活性。

我和同事们不仅已经实现了我早期想在可能是最小的神经元群里捕捉到一个习得性反应的雄心壮志，而且我们已经在单个感觉细胞里捕捉到了记忆的一种简单形式的成分。但即使是单个海兔神经元也包括上千种不同的蛋白质及其他分子。这些分子里的哪个对短时记忆负责呢？随着吉米和我开始探讨其中的可能性，我们注意到了一个想法，即响应尾部电击而释放的血清素可能通过在感觉细胞中发起特定序列的生化反应来增强感觉神经元谷氨酸的释放。

吉米和我要找的生化反应的序列必须服务于两个基本目的。第一，它们必须把血清素的短暂作用转化给感觉神经元中那些信号能够持续数分钟的分子。第二，这些分子必须从血清素发挥作用的细胞膜发出信号到感觉细胞的内部，特别是到涉及谷氨酸释放的轴突终端的特定区域。我们在1971年发表于《神经生理学期刊》的论文里详细描述了这些想法，并推测一个称作环腺苷酸的特定分子具备这种可能性。

什么是环腺苷酸？我们如何突发奇想将它列为可能的候选者？之所以想到环腺苷酸是因为研究者已经发现这个小分子是肌肉和脂肪细胞中信号传导的主要调控因子。吉米和我知道大自然是保守的——因此，适用于一种组织细胞中的机制很可能也适用于另一种组织细胞。克利夫兰市凯斯西储大学的厄尔·萨瑟兰德[1]已经发现肾上腺素会引发脂肪和肌肉细胞膜表面的短暂生化变化，导致细胞内发生更持久的变化。这一持续变化是由细胞内环腺苷酸数量的增加引起的。

萨瑟兰德的革命性发现称作第二信使信号传导理论。这一生化信号传导理论的核心是他在对激素做出反应的脂肪和肌肉细胞的表面发现了一类新的受体。在他之前，伯纳德·卡茨已经发现的神经递质门控受体属于离子通道型受体，这些受体在结合神经递质时开启或关闭受体自带的离子通道的阀门，将化学信号转换为电信号。但称作代谢型受体的这一类新受体，自身没有可以开启或关闭的离子通道。取而代之的机制是，这些受体的一个区域从细胞膜外表面突出以识别来自其他细胞的信号，同时另一个区域从细胞膜内表面突出并吸引一个酶。当这些受体与细胞外的一个化学信使识别并结合时，它们会激活细胞内的腺苷酸环化酶，进而产生环腺苷酸。

这一过程的优点是可以极大地放大细胞的反应。当化学信使的一个分子与代谢型受体结合时，该受体刺激腺苷酸环化酶产生一千个环腺苷酸分子。接着环腺苷酸与一个关键蛋白质结合，触发整个细胞内一系列的分子反应。最终，腺苷酸环化酶继续产生环腺苷酸达数分钟的时间。因此，代谢型受体的作用比起离子通道型受体要更强大、更广泛也更持久。离子通道型作用通常只持续数毫秒，而代谢型作用能够持续几秒到几分钟——是前者的一千倍到一万倍。

为了区分代谢型受体空间上有差别的两种功能，萨瑟兰德将

---

[1] 他因对激素，特别是对肾上腺素作用机制的研究，获得了1971年的诺贝尔生理学或医学奖。

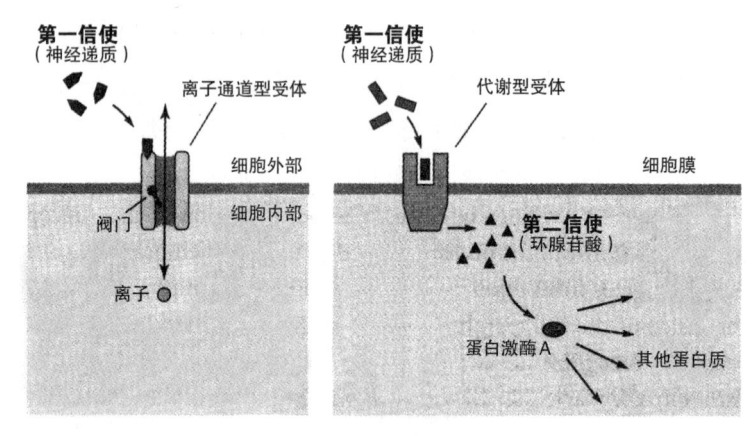

图 16-2 萨瑟兰德的两类受体。离子通道型受体（左图）产生持续数毫秒的变化。代谢型受体（如血清素受体）通过第二信使发挥作用（右图），它们在整个细胞内产生持续几秒到几分钟的改变。

与代谢型受体细胞外部分结合的化学信使称作第一信使，而在细胞内受到激活并发出信号的环腺苷酸则是第二信使。他认为第二信使将来自细胞表面第一信使的信号传递到细胞内，并启动了整个细胞的反应（图16-2）。第二信使信号传导让我们想到，代谢型受体和环腺苷酸可能是把感觉神经元内慢突触电位与谷氨酸释放的增强以及最终短时记忆的形成连接到一起的神秘中介。

1968年，华盛顿大学的爱德·克雷布斯[①]提供了关于环腺苷酸如何产生广泛效应的最初洞见。环腺苷酸结合并激活的酶被克雷布斯称作环腺苷酸依赖性蛋白激酶，或蛋白激酶A（因为它是科学家发现的第一个蛋白激酶）。激酶通过给蛋白质添加一个磷酸分子来修饰它们，这一过程称作磷酸化。磷酸化激活一些蛋白质，同时让另外一些蛋白质失活。克雷布斯发现磷酸化很

[①] 爱德是昵称，大名是爱德温（Edwin），他与同事爱德蒙·菲舍尔（Edmond Fischer）因下文所述贡献而分享了1992年诺贝尔生理学或医学奖。

容易逆转，因此能够作为一个简单的分子开关，打开或关闭一个蛋白质的生化活性。

克雷布斯接下来研究了这个分子开关是如何工作的。他发现蛋白激酶A是一个由4个单元组成的复杂分子，包括两个调控单元和两个催化单元。催化单元用于实现磷酸化，而调控单元通常"坐"在它们上面以抑制它们。调控单元包含结合环腺苷酸的位点。当环腺苷酸在细胞内的浓度上升时，调控单元结合这些过量的分子。这一作用改变了它们的构型并使得它们脱离催化单元，让催化单元自由地去将靶蛋白磷酸化。

这些发现让我们意识到一个关键问题：萨瑟兰德和克雷布斯发现的这一机制是特异性地只对脂肪和肌肉细胞的激素起作用，还是对包括脑中含有的递质在内的其他递质也起作用？如果是后者的话，这将代表突触传递的一个前所未知的机制。

这里我们得到了保罗·格林加德工作的帮助。他是一位受过生理学训练的天才生化学家，当时刚从他担任生物化学主任的嘉基制药研究实验室调到耶鲁大学不久。在去耶鲁之前，他在萨瑟兰德任教的系里待了一年。他认识到脑中一个潜在的新信号传导机制的重要性，于1970年开始研究大鼠脑中的代谢型受体。现在出现了一个奇妙的巧合，将阿尔维德·卡尔松、保罗·格林加德和我在科学之旅上连到一起，并让我们仨在2000年到达斯德哥尔摩，凭借神经系统信号转换方面的贡献分享了诺贝尔生理学或医学奖。

1958年，伟大的瑞典药理学家阿尔维德·卡尔松发现了多巴胺是神经系统的一种递质。接着他进一步发现，当兔子体内的多巴胺浓度降低时，它会出现类似帕金森病的症状。当格林加德开始探索脑中的代谢型受体时，他从一个多巴胺的受体入手，发现它刺激的一个酶增加了脑中的环腺苷酸并激活了蛋白激酶A！

基于这些指引，吉米·施瓦茨和我发现环腺苷酸第二信使信号传导同样是在敏感化时由血清素开启的。我们已经知道，电击海兔尾部会激活调节性中间神经元释放血清素。接着，血清素将会增加感觉神经元突触前终端中环腺苷酸的产生并持续几分钟（图16-3）。于是，这些事情都联系到了一起：环腺苷酸的增加持续的时间和慢突触电位持续的时间、感觉与运动神经元之间的突触强度的增加持续的时间和动物对电击做出的加剧行为反应持续的时间都是一样长的。

环腺苷酸参与形成短时记忆的第一个直接证据出现在1976年，当意大利籍博士后研究员马尔塞洛·布鲁内利加入我们实

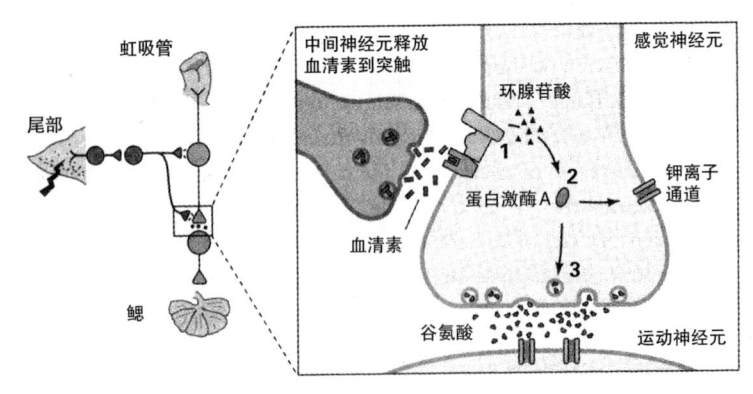

图16-3 短时记忆的生化步骤。 电击海兔尾部会激活中间神经元释放化学信使血清素到突触。在穿过突触间隙后，血清素与感觉神经元的受体结合，导致环腺苷酸的产生（步骤1）。环腺苷酸让蛋白激酶A的催化单元得到自由（步骤2）。蛋白激酶A的催化单元增强了神经递质谷氨酸的释放（步骤3）。

验室的时候。布鲁内利检验了一个想法，即当血清素发送信号给感觉神经元增加环腺苷酸的浓度时，该细胞会提升从其终端释放的谷氨酸的量。我们直接注射环腺苷酸到海兔的感觉细胞，发现谷氨酸的释放量出现了大幅度增加，于是，感觉细胞与运动神经元之间的突触强度增加了。事实上，注射环腺苷酸完美地模拟了通过给感觉神经元施加血清素或电击海兔尾部所引发的突触强度的增加。这一令人瞩目的实验不仅将环腺苷酸与短时记忆联系了起来，而且给我们提供了关于学习的分子机制的第一手洞见。从捕捉短时记忆的基本分子成分起步，现在我们已经能够利用它们来模拟记忆的形成了。

1978年，吉米和我开始与格林加德合作。我们仨想知道环腺苷酸是不是通过蛋白激酶A来对短时记忆产生效应的。我们将这个蛋白质拆开，并只把通常会造成磷酸化的催化单元直接注入感觉神经元。我们发现，这个单元完成的正是环腺苷酸的功能——它通过促进谷氨酸的释放而增强了突触连接。接着，为了确定我们的方向是正确的，我们将蛋白激酶A的一种抑制剂注入了感觉神经元，发现它确实阻断了血清素促进谷氨酸释放的能力。发现环腺苷酸和蛋白激酶A是增强感觉与运动神经元之间连接的充分必要条件后，我们就能够确定导致短时记忆存储的第一条生化反应链了（图16-4）。

然而，这并没有告诉我们血清素和环腺苷酸如何引发慢突触电位，或这一突触电位如何与促进谷氨酸的释放相关。1980年，我在巴黎遇见了史蒂文·西格尔鲍姆，当时我正在法兰西公学院开展一系列研讨会。史蒂夫[①]是一个具有技术天赋的年轻

[①] 即对史蒂文的昵称。

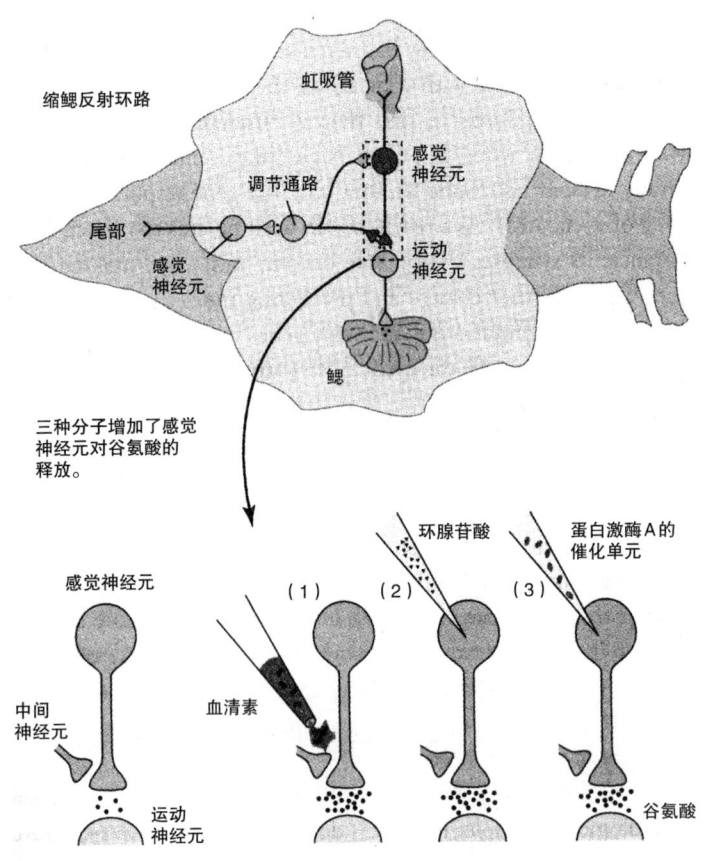

图16-4 参与短时记忆的分子。施加血清素到感觉神经元的终端（1）、注射环腺苷酸到神经元内（2）以及注入蛋白激酶A的催化单元（3）都导致了神经递质谷氨酸释放的增加。这表明上述三种物质分别参与了形成短时记忆的通路。

生物物理学家，专长是研究单个离子通道的性质。我们简直是一拍即合，而且或许是命中注定，他刚刚接受了哥大药理学系的一个职位。于是我们决定待他来到纽约后开始合作探索慢突触电位的生物物理学性质。

史蒂夫发现了环腺苷酸和蛋白激酶A的一个靶点：对血清素做出反应的感觉神经元上的一个钾离子通道。我们把它称作S通道，因为它对血清素做出反应，而且它是史蒂夫·西格尔鲍姆发现的。[1] 当神经元处于静息态时通道是开放的，并对静息态时的膜电位有贡献。史蒂夫发现这个通道出现在突触前终端，他能够通过向细胞膜外施加血清素（第一信使）或者向细胞内部施加环腺苷酸（第二信使）或蛋白激酶A来让通道关闭。关闭钾离子通道会引发慢突触电位，这又把我们的注意力首先放到了环腺苷酸上。

关闭这一通道还有助于谷氨酸的释放。当这个通道开放时，它和其他钾离子通道一起对静息态膜电位以及在动作电位的下行阶段对钾离子的外流做出贡献。但当它被血清素关闭时，离子外流变慢，通过减缓下行阶段而稍微增加了动作电位的持续时间。史蒂夫发现动作电位的延长使得钙离子有更多时间流向突触前终端——正如卡茨在枪乌贼的巨大突触中显示过的，钙离子对谷氨酸的释放很关键。此外，环腺苷酸和蛋白激酶A直接作用于释放突触囊泡的装置，因此进一步刺激了谷氨酸的释放。

这些令人兴奋的有关环腺苷酸的研究结果很快得到了来自果蝇学习的重要遗传学研究的补充，这是一项在之前的半个多世纪中一直很热门的研究。1907年，哥大的托马斯·亨特·摩尔根[2]开始使用果蝇作为遗传学研究的模式生物，因为它的体型小而且繁殖周期短（12天）。这被证明是一个明智的选择，因为果蝇只有4对染色体（相比之下人类有23对），使得它成为

---

[1] 血清素的英文名、史蒂夫的姓和名的首字母都是S。
[2] 他因阐明了染色体在遗传中的作用而获得1933年诺贝尔生理学或医学奖。

一种相对容易用于遗传学研究的动物。一直以来显而易见的是，动物的许多物理特征——体型、眼睛的颜色以及速度等——都是遗传的。如果外在的物理特征能够遗传，那么大脑产生的心理特征是否也能够遗传呢？基因是否在心理过程——比如记忆——中扮演角色？

加州理工学院的西摩·本泽是运用现代技术研究这个问题的第一人。1967年，他开启了一系列绝妙的实验，用化学物质处理果蝇以造成单个基因随机的突变。接着他检查这些突变对学习与记忆的影响。为了研究果蝇的记忆，本泽的学生奇普·奎因和亚丁·杜戴采用了经典条件作用程式。他们将果蝇置于一间小室内，让它们先后暴露在两种气味中。然后果蝇在第一种气味出现时受到电击，它们学会了避开这种气味。接着，果蝇被置于另一间小室，小室两头分别放有一种气味源。被条件化的果蝇避开了包含第一种气味的一头而飞向包含第二种气味的一头。

奎因和杜戴利用这一训练程式鉴定出一类果蝇，它们缺乏记住伴随电击的第一种气味的能力。到1974年，他们筛选了上千种果蝇，并找到了存在短时记忆缺陷的第一个突变体。本泽把这个突变体称作"傻瓜"。1981年，本泽的学生邓肯·拜尔斯跟进了关于海兔的研究，开始考察"傻瓜"的环腺苷酸通路并发现一个基因上的突变对处理环腺苷酸负责。发生这种突变将造成果蝇体内积累过多的环腺苷酸，它的轴突很可能已经饱和，使得它们对进一步的改变不敏感并阻碍其发挥最佳功能。接下来其他一些有关记忆的基因突变也得到了鉴定。它们同样参与了环腺苷酸通路。

海兔和果蝇研究得到的互相印证的结果——两种截然不同的实验动物，通过不同的方法测试了不同类型的学习——非常令人安心。合到一起，它们清楚地表明，简单形式的内隐记忆的细胞机制很可能在许多物种（包括人类）的许多不同形式的学习中都是相同的，因为这些机制在进化过程中是保守的。生物化学和之后的分子生物学会是揭示不同有机体的生物构造共同特征的强大工具。

海兔和果蝇研究中的发现还加强了一个重要的生物学原理：进化不需要新的特异性分子来产生一个新的适应性机制。环腺苷酸通路并不是记忆存储独有的。正如萨瑟兰德所展示的那样，它甚至不是神经元独有的：肠道、肾脏和肝脏都使用环腺苷酸通路来产生持久的代谢变化。事实上，在已知的全部第二信使中，环腺苷酸系统可能是最原始的一种。它也是最重要的，在某些情况下，如在单细胞生物中，它甚至是唯一的第二信使系统，比如在大肠杆菌中它发送饥饿信号。因此，构成记忆基础的生化反应并非专门用来支持记忆的。神经元仅仅是招募了一个在其他细胞中用于其他目的的有效信号传导系统，并用它来产生记忆存储所需的突触强度的变化。

正如分子遗传学家弗朗索瓦·雅各布曾指出的，进化并不是一个原创设计师，它不会发明一套全新的方案来解决新问题。进化是一个修补匠。它反复地使用相同的基因，只是每次的用途都略有不同。进化通过改变现有条件并筛选出基因结构中的随机突变来发挥作用，被筛选的这些突变会使一个蛋白质变得稍有不同或者改变该蛋白质在细胞中配置的方式。大多数突变是中性的甚至有害的，经不起时间的考验而消失了。只有少量能增加个体存活率和繁殖能力的突变才有可能被保留下来。雅各布这样写道：

> 大家经常把自然选择比作工程师。然而这一比较似乎并不合适。首先……工程师是根据事先制订好的计划来工作的。其次，一个工程师在组装一个新结构时并不必然是在旧结构的基础上进行的。电灯不是源自蜡烛，喷射发动机也不是从内燃发动机发展而来。……最后，一个工程师，至少一个优秀的工程师，是从头开始制作一个物件，并在当时技术允许的条件下尽可能地让这个物件达致完美。
>
> 与工程师不同，进化并不是从头开始进行创造。它在现有的基础上工作，有时调整一个原有的系统让它具有新功能，有时将几个系统合并起来，形成一个更复杂的体系。不过如果谁一定要打比方的话，也许修补匠是个比工程师更好的选择，我们在法语里把这种修修补补的活动称作 bricolage。工程师的工作依赖于他的原材料和适合他的项目的工具，而修补匠打理的是边角料。……他会用上周遭所能找到的任何玩意，旧纸板、几根线、碎木料或金属片，来制造出某种可用之物。修补匠捡起恰好在他仓库里的一个物件，并赋予它意想不到的功用。给他一个老汽车的方向盘，他会做出一台风扇；给他一张破桌子，他能做出一把遮阳伞。

在活着的有机体中，对现有的分子稍加修饰并调整它们与其他分子的交互作用，就可以实现新功能。因为人类的心理过程长期以来都被认为是独一无二的，一些早期的脑研究者期待在我们的灰质中找到许多潜藏的蛋白质新种类。然而令人惊讶的是，科学研究发现几乎没有哪种蛋白质是人脑独有的，即便有，它也不具备独特的信号传导系统。几乎脑中所有的蛋白质，都在身体的其他细胞中存在着执行相似目的的亲戚。这一点即便对执行大脑独有功能的蛋白质，比如作为神经递质受体的那些蛋白质也是成立的。所有的生命，包括构成我们思想和记忆的基质，都是由相同的构件组成。

我在出版于1976年的《行为的细胞基础》一书里首次总结出了关于短时记忆的细胞生物学的贯通性主张。在书中我清楚地说明了我的信念——甚至可以说是发表了我的宣言——要理解行为，就必须把已被证明在生物学其他领域非常有效的激进还原论取向同样运用到行为研究中。大约在同一时间，斯蒂夫·库夫勒和约翰·尼科尔斯出版了《从神经元到脑》，这本书强调了细胞取向的重要性。他们用细胞生物学来解释神经细胞如何工作以及它们如何在脑中形成环路，我则用细胞生物学将脑与行为连接起来。斯蒂夫也察觉了这种连接的存在，并预见到神经生物学领域正要向前迈出一大步。

1980年8月，我和斯蒂夫被奥地利生理学会授予荣誉会员称号，一同受邀去维也纳访问，能和他同行让我感到非常高兴。斯蒂夫是于1938年逃离维也纳的。威廉·奥尔瓦尔德把我们介绍给维也纳大学医学院的全体教师。这位自命不凡的学者在科研上几无建树，对于我们两个维也纳之子被迫逃离这个国家的经历，他也表现得无动于衷。他高兴地提到库夫勒曾就读于这所医学院，而我曾住在位于这所大学拐角处的塞弗林巷，却对我们在这期间的实际经历避而不谈。他的这一态度伤害了斯蒂夫和我，我们没有对他的言论做出回应。

两天后，我们从维也纳乘船沿着多瑙河来到布达佩斯，参加生理学国际会议。这是斯蒂夫参加的最后一次重要会议，他在会上做了非常精彩的报告。不久后的1980年10月，他在一次长时间的游泳之后，突发心脏病，死在了位于马萨诸塞州伍兹霍尔的周末居所内[①]。

听到这个消息后，整个神经科学界都深感悲痛。我们中大多数人都受惠于他并在某些方面依赖于他。斯蒂夫的得意门生杰克·麦克马汉说出了我们许多人的心声："他怎能就这样丢下我们不管了呢？"

我是那年的神经科学学会主席，与项目委员会一道负责组织11月的年会。斯蒂夫去世仅几个星期后，这次会议在洛杉矶开幕，有大约一万名神经科学家参加。戴维·休伯尔发表了非凡的悼词。他用幻灯片图文并茂地展示了斯蒂夫的预见性、洞察力和慷慨，以及他对我们所有人的意义。我认为从那以后，美国社会再也没有哪个人能像斯蒂夫·库夫勒这样有影响力并深受爱戴了。杰克·麦克马汉主编了一本纪念他的文集，我在其中写道："写下这些文字时，我仍然深深地感觉到他的存在。继奥尔登·斯宾塞之后，还没有哪位同事的离开能让我感到如此悲伤和怀念。"

[①] 收入较高的美国家庭一般会有多处房产，一处在市区用作日常起居，一处在郊区用作周末休闲（weekend home），还有一处在夏季凉爽或冬季温暖的远方，用作消夏或过冬，第10章作者曾提到自己的夏季居所（summer home）。

斯蒂夫·库夫勒的去世标志着一个时代的结束。在过去的这个时代里，神经科学界规模相对还比较小、科学家们所关注的还只是作为脑组织单元的脑细胞而已。斯蒂夫去世时恰逢分子生物学和神经科学融合的时代，这一融合极大地扩展了这一领域的范围和参与其中的科学家的数量。我本人的工作也反映了这一变化：我在1980年停止了大部分对学习与记忆的细胞和生化研究。那时我已经清楚地认识到，对单个学习试次做出反应的环腺苷酸的增加和血清素引发的递质释放的增加只持续几分钟。持续几天到几星期的长时程易化必须有别的什么东西参与，可能是基因表达的变化以及解剖学变化。因此我转向了基因研究。

我已经为走出这一步做好了准备。长时记忆开始点燃我的想象力。一个人怎么能够把小时候发生的事记一辈子？丹尼丝的母亲萨拉·贝斯特林，用她对装饰艺术——新艺术运动[①]的家具、花瓶和灯饰——的品味感染了丹尼丝和她的弟弟让-克劳德以及他们的配偶和孩子。虽然她极少跟我谈起我的科研，但她一定已经感觉到我准备去研究基因和长时记忆了。

在1979年11月7日我50岁生日那天，她送给我一个泰普利斯特制作的漂亮维也纳花瓶（图16-5），并附上了下面这张便笺：

亲爱的埃里克：

泰普利斯特制作的这个花瓶

画的是维也纳森林

那些树

[①] 19世纪末20世纪初流行于欧美的一种涉及建筑、家具和装饰的艺术运动及思潮。

那些花

那光线

那夕阳

散发着乡愁

牵引着你

回忆往昔

回想童年

而当你沿着

里弗代尔森林的树丛慢跑时

源自维也纳森林的乡愁

将会萦绕着你

让你有那么片刻

忘掉日常生活中的作息

爱你的萨拉

图16-5 泰普利斯特花瓶。（来自埃里克·坎德尔的个人收藏）

萨拉·贝斯特林已经明确了我的任务。

17

长时记忆

在回顾自己对细菌的遗传学研究时，弗朗索瓦·雅各布曾将科学研究分成两类：日科学与夜科学。日科学是理性、逻辑和务实的，通过精确设计的实验向前推进。"日科学使用的推理就像一串咬合紧密的齿轮，其运转必然会带来确定的结果，"雅各布写道，而夜科学则是"一个充满各种可能性的作坊，即将构成科学大厦的建筑材料在此得到打磨。假说以模糊朦胧的预感形式在此呈现"。

到了20世纪80年代中期，我感到我们对海兔短时记忆的研究正在迈向日科学的门槛。我们已经成功地将海兔的一个简单习得反应追踪到了介导它的神经元和突触水平，并发现学习是通过暂时改变感觉与运动神经元之间现有突触连接的强度来产生短时记忆的。这些短时改变由突触中已有的蛋白质和其他分子介导。我们发现环腺苷酸和蛋白激酶A增强了感觉神经元终端谷氨酸的释放，而且这一增强的释放是短时记忆形成的一个关键因素。简而言之，我们在海兔中建立的这个实验系统已经能够遵循逻辑对其分子成分进行实验操纵。

但记忆存储的分子生物学的中心谜团依然还未解开：短时记忆是如何转化成持久的长时记忆的？对我来说，这一谜团属于夜科学：对此我有着各种漫无边际的遐思和零碎的想法，以及累月的考量，我们应该怎样设计日科学的实验来解决这一问题呢？

吉米·施瓦茨和我已经发现长时记忆的形成依赖新蛋白质的合成。我有一个预感，涉及突触强度持久改变的长时记忆，能够在感觉神经元的遗传装置的变化中找到痕迹。要着手处理这个模糊的想法，意味着我们对记忆形成的分析得深入神经元的分子迷宫内部，进入包含基因并控制基因活动的细胞核。

我曾多少次陷入深夜的遐思之中，梦想着运用新开发的分子生物学技术再向前迈出一步，去聆听感觉神经元的基因与其突触之间的对话。这一步来得恰逢其时。到1980年，分子生物学已经成为生物学的主心骨，一统各分支学科。它很快会把影响拓展到神经科学领域，帮着开创一门新心智科学。

分子生物学，特别是分子遗传学，怎么会变得如此重要呢？分子生物学的诞生及其最初的影响可以上溯到19世纪50年代，当时格雷戈尔·孟德尔最先认识到遗传信息是通过分离的生物单元（现在我们称作基因）从亲代传给子代的。大约在1915年，托马斯·亨特·摩尔根在研究果蝇时发现，每个基因在染色体上占据一个特定的位点。在果蝇及其他高等生物中，染色体是成对的：一条来自母方，另一条来自父方。因此子代从其两个亲本中分别接收每个基因的一份拷贝。1942年，生于奥地利的理论物理学家埃尔温·薛定谔在都柏林做了一系列讲座，这些讲座的内容后来被集结成一本题为《生命是什么》的小册子出版。在这本书中，他指出把一种动物与另一种动物，以及把人类与其他动物区分开来的，是各自基因中存在的差异。薛定谔写道，基因赋予生物与众不同的特征，它们以稳定的形式编码生物信息，使得这些信息能够被可靠地复制并代代相传。因此，当一对染色体分离时，比如在细胞分裂时发生的情况，每条染色体上的基因都必须被精确地复制到新染色体上。生命的关键进程——从上一代向下一代存储和传递生物信息——是通过染色体的复制和基因的表达来完成的。

薛定谔的观点引起了物理学家的关注，并使得一些人转向了生物学研究。此外，他的观点还促成了生物化学的转型：作为生物学的核心领域之一，生物化学从一门关注酶和能量转换（即能量在细胞内如何产生和利用）的学科转变为一门关注信息转换（即信息在细胞内如何被复制、传递及修饰）的学科。从这个新视角出发，染色体和基因的重要性在于它们携带了生物信息。到1949年，学界已经很清楚，一些神经疾病，比如亨廷顿病和帕金森病，以及包括精神分裂症和抑郁症在内的一些精神疾病，都是有着遗传成分的。由此，基因的本质成了包括脑生物学在内的一切生物学的核心问题。

基因的本质是什么？它由什么组成？1944年，洛克菲勒研究所的奥斯瓦尔德·艾弗里、麦克林·麦卡蒂和科林·麦克劳德取得了突破性进展，他们发现基因并非如很多生理学家认为的那样由蛋白质组成，而是由脱氧核糖核酸（DNA）组成。

9年后的1953年4月25日，詹姆斯·沃森和弗朗西斯·克里克在发表于《自然》期刊上的一篇论文中描述了DNA结构模型，这一发现是划时代的。在结构生物学家罗莎琳·富兰克林和莫里斯·威尔金斯拍摄的X光照片的帮助下，沃森和克里克得以推断出DNA是由两条呈螺旋状相互缠绕的长链组成。因为已知这一双螺旋结构中的每条链都是由称作核苷酸碱基的4种很小的重复单元——腺嘌呤、胸腺嘧啶、鸟嘌呤和胞嘧啶——组成，沃森和克里克假定这4种核苷酸是基因的信息携带单元。他们后来又做出了一个惊人的发现，即DNA的两条链是互补的，其中一条链上的核苷酸碱基会与另一条链上的特异性核苷酸碱基配对：一条链上的腺嘌呤（A）只与另一条链上的胸腺嘧啶（T）配对并结合，而一条链上的鸟嘌呤（G）只与另一条链上的胞嘧啶（C）配对并结合。核苷酸碱基在许多位点上形成的众多配对，将两条链结合在一起。

沃森和克里克的发现将薛定谔的思想纳入了分子水平的框架内，分子生物学由此诞生。正如薛定谔指出的，基因的基本运作就是复制。沃森和克里克的经典论文以如今已成为名言的一句话收尾："我们显然注意到了，我们刚刚推断出的特异性配对方式提示了遗传物质的一种可能复制机制。"[①]

双螺旋模型向我们展示了基因的复制方式。复制期间，双链DNA要先解开成为两条链，然后以已有的两条母链为模板，各自形成与之互补的子链。由于母链上包含信息的核苷酸顺序是给定的，因此子链上的核苷酸顺序也是给定的：A与T结合、G与C结合。接下来这条子链又可以充当模板，形成另一条互补链。细胞分裂时，DNA就以这样的方式进行复制，形成很多个忠实于母本的拷贝，这些拷贝将分布于子代细胞中。这种模式存在于一个有机体的所有细胞中，包括精子和卵子，以确保这个有机体作为一个整体代代相传。

根据基因复制中提供的线索，沃森和克里克进一步推测出

[①] 根据克里克的说法，由于沃森当时还担心他们的模型有可能是错误的，因此没有对其遗传机制展开讨论。但为了表明科学上的优先权，他们最终加上了这一句含蓄但分量十足的结语。

了蛋白质的合成机制。由于每个基因指导着一个特定蛋白质的制造，他们推断每个基因的核苷酸碱基序列都携带着制造蛋白质的密码。与基因复制类似，蛋白质的遗传密码也是通过生成DNA一条链上的核苷酸碱基的互补性拷贝来"解码"的。不过后来的研究表明，在蛋白质合成中，密码是由一种称作信使RNA（核糖核酸）的中介分子携带的。和DNA一样，信使RNA是一种由4种核苷酸组成的核酸。其中三种——腺嘌呤、鸟嘌呤和胞嘧啶——与DNA的核苷酸相同，但第四种，取代胸腺嘧啶的尿嘧啶是RNA独有的。当DNA的两条链分离时，其中一条被复制到信使RNA。信使RNA上的核苷酸序列随后被翻译成蛋白质。沃森和克里克由此确立了分子生物学的中心法则：DNA产生RNA，RNA产生蛋白质。

接下来，科学家们希望能够破解遗传密码，也就是说，信使RNA中的核苷酸是怎样被翻译成氨基酸以组成蛋白质的，其中也包括对记忆存储很重要的蛋白质。1956年，克里克和西德尼·布伦纳开始全力投入到这项研究中，试图解答DNA的4种核苷酸如何能够编码组成蛋白质的20种氨基酸。每种核苷酸编码一种氨基酸的一对一系统，只能产生4种氨基酸。4种核苷酸两两配对也只能够编码16种氨基酸。布伦纳认为，要生产20种不同的氨基酸，这个系统必须基于三联体，也即三个核苷酸的组合。不过，核苷酸的三联体能产生的不止是20种，而是64种组合。于是布伦纳认为基于三联体的编码系统是冗余的，存在着不止一个核苷酸三联体编码同一种氨基酸的情况。

1961年，布伦纳和克里克证明了遗传密码由一系列核苷酸三联体组成，其中每一个三联体都包含了形成一种独特氨基酸的指令。但是他们没有找出哪一个三联体密码形成哪一种氨基酸。同年晚些时候，NIH的马歇尔·尼伦伯格和威斯康星大学的哈尔·葛宾·科拉纳[1]做到了这一点。他们运用生物化学的方法检验了布伦纳和克里克的想法，通过阐明编码每一种氨基酸的特异性核苷酸组合而破解了遗传密码。

20世纪70年代后期，哈佛的沃尔特·吉尔伯特和英国剑桥的弗雷德里克·桑格开发了一项新的生化技术，使得快速测定DNA序列成为可能。他们通过相对简便的方式读取DNA核苷酸序列的片段，以确定某个给定的基因所编码的蛋白质，这是一个令人瞩目的进展。它使得科学家可以观察存在于不同基因中的相同DNA片段，它们编码各种蛋白质中相同或相似的部分。这些可识别的部分称作域，不论在哪种蛋白质中，它们都介导相同的生物功能。因此，仅仅通过查看组成一个基因的一些核苷酸序列，科学家就能够确定由该基因编码的蛋白质（比如激酶、离子通道或受体）所行使功能的重要方面。不仅如此，通过比较不同蛋白质的氨基酸序列，他们还能够在非常不同的环境中识别出蛋白质之间的相似性，比如在身体的不同细胞中，甚至是在差异极大的生物中。

通过这些序列以及对它们的比较，我们绘制了细胞如何运作以及它们相互如何传导信号的蓝图，这为理解许多生命过程建立了概念框架。尤为重要的是，这些研究再一次揭示出不同生物的不同细胞是由相同的材料组成。一切多细胞生物都具有合成环腺苷酸的酶，以及激酶、离子通道，等等。事实上，人类基因组中表达的一半基因，在简单得多的无脊椎动物比如秀丽隐杆线虫、果蝇和海兔中都可以找到。老鼠有超过90%、高

---

[1] 他们两人因破解遗传密码与测定转运RNA结构的罗伯特·霍利（Robert Holley）分享了1968年诺贝尔生理学或医学奖。尼伦伯格还是第一位获得诺贝尔奖的NIH科学家。

等猿类有98%的编码序列与人类基因组相同。

分子生物学继DNA测序之后的又一重大进展是重组DNA和基因克隆的诞生，正是这些技术引领我进入这一领域，它们使得鉴定基因（包括在脑中表达的基因）和确定基因功能成为可能。第一步是从一个人、一只老鼠或者一只蜗牛身上分离出某个想要研究的基因，即编码特定蛋白质的DNA片段。做到这一步，需要定位染色体上的基因然后用分子剪刀——一种在合适位点剪切DNA的酶——把它剪下来。

下一步是制造出这个基因的许多拷贝，这一过程称作克隆。在克隆时，这个基因的末端被剪接到另一种生物（比如某种细菌）的DNA中，创造出重组DNA——重组指的是从一种生物体的DNA剪下的基因与另一种生物体的基因组重新组合。细菌的基因组每20分钟左右扩增一次，这样就能制造出大量初始基因的拷贝。最后一步是解码这个基因所编码的蛋白质，通过解读该基因的核苷酸序列或分子构件来实现。

1972年，斯坦福大学的保罗·伯格成功创造了首个重组DNA分子；1973年，加州大学旧金山分校的赫伯特·博耶和斯坦福大学的斯坦利·科恩合作，在伯格技术的基础上开发出基因克隆。到1980年，博耶已将人类的胰岛素基因接合到了细菌中，这一壮举使得人类胰岛素的产量不再受到限制，进而开创了生物技术产业。DNA结构的共同发现者吉姆·沃森是这样描述这些成就的：

我们想做的正是一个文字处理器现在能够做到的：在我们破解了遗传密码之后……实现DNA的剪切、粘贴和复制。……然而，在60年代后期和70年代做出的若干发现，意想不到地于1973年走到一起，带给了我们称作"重组DNA"的技术——编辑DNA的能力。这可不是实验室技术方面的普通进展。突然间，科学家能够裁剪DNA分子，创造出自然界中前所未见的新东西。我们能通过一切生命具有的分子基础来"扮演上帝"。

不久之后，这些用于在细菌、酵母和非神经细胞中分析基因和蛋白质功能的非凡工具和分子洞见，就急切地被神经科学家们——特别是被我——拿来用于大脑研究。我对这些方法全都一窍不通——对我而言它们是夜科学。但即便是在夜里，我也感觉到了分子生物学的威力。

18

记忆的基因

有三件事共同促成了我运用分子生物学研究基因的计划，使其从夜科学转为日科学。第一件是1974年我离开纽约大学，到哥伦比亚大学医学院接替即将退休的恩师哈里·格伦德费斯特的教职。哥大对我的吸引力源自它是一所有着医学科研优良传统且在神经病学和精神病学方面实力雄厚的名校。它的前身国王学院成立于1754年，是美国第五古老的大学，也是第一所授予医学学位的大学。决定性的因素则是因为丹尼丝已经在医学院任教，为了交通方便我们在里弗代尔买了房子。于是，从纽大转到哥大将显著缩短我的通勤时间，还让我俩能在同一个学院里开展各自的研究工作。

第二件事发生在我来到哥大之后：我开始与理查德·阿克塞尔（图18-1）合作。正如在我生物学生涯的第一阶段，格伦德费斯特成为我的导师，鼓励我在细胞水平研究大脑功能，以及吉米·施瓦茨在第二阶段引领我探索短时记忆的生物化学那样，理查德·阿克塞尔成了引领我进入第三阶段的合作者，这一阶段的核心是研究在长时记忆的形成中，神经元基因与其突触之间的对话。

理查德和我是在1977年的一次终身教职评定委员会会议上

图18-1 理查德·阿克塞尔（生于1946年）和我在进入哥伦比亚大学的头几年里成了朋友。在我们的科学互动中，我学到了分子生物学而理查德开始研究神经系统。2004年，理查德和之前做过他博士后的合作者琳达·巴克（生于1947）因在嗅觉方面的经典研究获得了诺贝尔生理学或医学奖。（来自埃里克·坎德尔的个人收藏）

认识的。会议结束时，他走过来对我说："我已经厌倦了基因克隆，想在神经系统方面做点什么。我们应该交流一下，或许可以研究研究行走的分子生物学基础。"这个提议听上去比当年我向哈里·格伦德费斯特提出研究自我、超我与本我的生物学基础的想法还要幼稚和不着调。不过，我觉得有责任告诉理查德，当时的分子生物学可能没法研究行走。或许海兔的简单行为，比如鳃收缩、喷墨或产卵，会是一个更靠谱的选项。

随着我对理查德的了解日益加深，我发现他是个极其风趣、聪慧和慷慨的人。罗伯特·韦恩伯格在其关于癌症起源的书里，对理查德的好奇心和睿智作了一个极好的描述：

阿克塞尔个子高瘦还带点驼背，他有一张紧致且棱角分明的脸庞，总是戴着一副镶钢边的闪亮眼镜，这让他愈发显得紧致。阿克塞尔……是造成"阿克塞尔综合征"的元凶，这是我通过仔细观察发现的，后来还偶尔向实验室成员描述过。我最早意识到它的存在是在有阿克塞尔参加的几次科学会议上。

阿克塞尔会坐在讲座听众席的第一排，认真听着台上传来的每一个字。后来他会以缓慢的语速、掂量过的用词、每一个音节都仔细清晰的发音提出一针见血的问题。他的问题总是直击报告的要害，揭开报告人在数据或论证方面的弱点。阿克塞尔提出的这些尖锐的问题，会让那些还没有在自己的科研中做到得心应手的人极其心烦意乱。

其实理查德的眼镜一直镶着金边，除此之外以上描述都切中了要害。理查德不仅为学术毛病的编年史贡献了"阿克塞尔综合征"，他还对DNA重组技术做出了重要贡献。他开发了一种能够将任何基因转入组织培养的任何细胞的常规方法。这一称作共转染的方法，在科学研究中和制药业生产中都得到了广泛使用。

理查德也是一位歌剧癖，我们成为朋友后不久，曾一起去看过几次歌剧，每次都没买票。我们第一次去时，上演的是瓦格纳的《女武神》。理查德执意要从连着车库的底层入口进入歌剧院，在这个入口检票的引座员立刻认出了他，便让我们进去了。我们走进管弦乐团的乐池并站在后面，直到灯光全暗下来。然后另一个引座员也认出了理查德，他走过来给我们指了两个空座。理查德塞给他一些钱，却不肯告诉我具体数额。这场演出棒极了，但我会时不时地冒出阵阵冷汗，担心第二天《纽约时报》上会出现这样的头条:《两名哥大教授溜进大都会歌剧院被抓现行》。

我们开始合作后不久，理查德询问了他实验室的成员:"有人想学习神经生物学吗?"只有理查德·舍勒站了出来,于是他成了我们联合培养的博士后。事实证明舍勒的加入对我们来说是件幸事——他大胆而富有创造力,这从他自告奋勇研究大脑这个举动就能看出来。舍勒还有着遗传工程学方面的背景,他在读研究生时就做出了重要的技术创新,而且他还慷慨地帮助我学习分子生物学。

欧文·库普费尔曼和我探索海兔中不同细胞及细胞簇的行为功能时,已经发现了两个对称的神经元簇,每个包含大约两百个可鉴定的细胞,我们将其称作口袋细胞。欧文发现这些口袋细胞释放一种促进产卵的激素,产卵是一种本能且固定的复杂行为模式。海兔的卵聚集在凝胶状的长链中,每条链包含100万或更多个卵。在产卵激素的作用下,海兔从它的生殖系统位于头部附近的一个开口挤出一条链。这期间它的心率增加,呼吸变得更快。然后它用嘴咬住伸出来的这条链,并前后摇动它的头,从生殖管中将这条链拉出,揉成一个球,然后把它放在岩石或水藻上。

舍勒成功分离出控制产卵的基因并发现它编码一种在口袋细胞中表达的肽激素,即短链氨基酸。他合成出这种肽激素,把它注入海兔体内,观察它引发的整个产卵过程。这在当时是一个巨大的成就,因为它表明一种氨基酸短链能够引发一种过程复杂的行为。我与阿克塞尔及舍勒对一种复杂行为——产卵——的分子生物学研究激发了大家对神经生物学的长期兴趣,以及我对进一步探索分子生物学的渴望。

我们在20世纪70年代早期做的有关学习与记忆的研究已经将简单行为的学习与细胞神经生物学连接在了一起。我与阿克塞尔及舍勒始于20世纪70年代后期的研究，让我们确信，分子生物学、脑生物学和心理学能够融合并创造出一门新的行为分子科学。我们在关于产卵的分子生物学的第一篇论文的引言里阐述了这一信念："我们描述了海兔体内一个有用的实验系统，它可以用于检测编码一种已知其行为功能的肽激素的基因的结构、表达和调节作用。"

这一合作项目将我推向了DNA重组技术，它在我接下来对长时记忆的研究中变得至关重要。此外，在合作期间，我与阿克塞尔建立起了良好的工作关系和个人友谊。因此，在我获得诺贝尔奖4年后的2004年10月10日，当听到理查德和他以前的博士后琳达·巴克[①]因他们在分子神经生物学领域的杰出工作而获得诺贝尔生理学或医学奖时，我非常高兴，而且一点也不惊讶。理查德和琳达一起做出的惊人发现是，小鼠鼻子里大约有一千种不同的气味感受器。这些感受器的数量之多，完全超出人们的意料，它解释了为什么我们能够探测出数以千计的特定气味，并表明大脑对气味的分析很大程度上是由鼻子里的这些感受器实施的。理查德和琳达此后在各自的研究中运用这些感受器证明了嗅觉系统中神经元之间连接的精确性。

第三件也是最后一件促进我研究学习的分子生物学并用它来研究记忆的事情发生在1983年，霍华德·休斯医学研究所的新任所长唐纳德·弗雷德里克森邀请施瓦茨、阿克塞尔和我组建致力于这门新心智科学——分子认知——的核心团队。这

[①] 值得一提的是，琳达在加入阿克塞尔实验室后，也曾到坎德尔实验室学习并研究过海兔。另外，此处时间有误，根据第29章的作者叙述，应为10月4日。

个医学研究所在全国各个大学及其他研究机构资助的科学家团队均以其所在地命名。于是我们这个就成了哥伦比亚大学霍华德·休斯医学研究所。

霍华德·休斯是一个性情怪僻、富有创造力的实业家，他还制作电影、设计并驾驶飞机。他继承了他父亲在休斯工具公司的主要份额，并用它打造了一个大型商业王国。他还在工具公司内部建立了一个研发飞行器的分部休斯飞行器公司，后来它成了美国国防部的一家主要供货商。1953年，他把这家飞行器公司整体移交给他刚成立的霍华德·休斯医学研究所。到1984年，休斯去世8年后，该研究所已经成为美国最大的生物医学研究私人资助机构。到2004年，该研究所的资助额度已经超过110亿美元，用于支持分布在全美各个大学里的350位研究员。这些科学家中有大约100位国家科学院院士，10位获得过诺贝尔奖。

霍华德·休斯医学研究所的口号是"从人，而非项目出发"。它相信只有当杰出研究者能同时拥有资源和智识上的灵活性来做出大胆前沿的工作时，科学才会兴旺。1983年，该研究所开启了三个新项目——神经科学、遗传学和代谢调控。我受邀成为神经科学新项目的资深研究员，这个机会对我的事业产生了重大影响，对阿克塞尔亦然。

这一新成立的研究所给了我们机会招聘到哈佛的汤姆·杰塞尔和盖瑞·斯特鲁尔，并挽留了正打算离开哥大的史蒂文·西格尔鲍姆。他们让哥大休斯团队和神经生物学与行为研究中心如虎添翼。杰塞尔很快在脊椎动物的神经系统发育方面的工作中成了主要科学家。在一系列精彩的研究中，他找出了赋予脊髓中不同神经细胞（正是谢林顿和埃克尔斯研究过的那些细胞）

特性的基因。他进一步发现这些基因还控制轴突的生长和突触的形成。西格尔鲍姆将他的非凡洞见带入了对离子通道的研究，研究通道如何控制神经细胞的兴奋性和突触连接的强度，以及上述过程如何受到活动和各种调节性神经递质的调节。斯特鲁尔则开发了一套富有想象力的遗传学方法，用于探索果蝇的体型发育。

既然分子生物学的工具和霍华德·休斯医学研究所的支持都已到位，现在我们就可以处理有关基因与记忆的问题了。自1961年起，我的实验策略一直都是，在可能是最小的神经元群里捕捉记忆的一种简单形式，并使用多个微电极追踪参与其中的细胞的活动。我们能够在无损动物身上持续数小时地记录单个感觉与运动细胞的信号，这对于研究短时记忆来说绰绰有余。但是要研究长时记忆，我们需要持续几天进行记录。这就需要一个新方法，因此我转向了感觉与运动细胞的组织培养。

我们无法直接把感觉与运动细胞从成年动物体内转移到培养基中让它们生长，因为成体细胞在培养基中不易存活。相反，细胞必须取自非常幼小的动物的神经系统，并提供给它们一个能够成长为成体细胞的环境。达成这一目标的关键进展是由医学和哲学双学位博士生阿诺德·克雷格斯坦做出的。我们实验室搬到哥大前夕，克雷格斯坦成功地在实验室中将海兔从胚胎期饲养到了成体期，这是生物学家花了差不多一个世纪才做到的壮举。

随着海兔的成长，它从一个透明、自由游动、以单细胞藻类为食的幼体变成了一个缓慢蠕动、以海藻为食的亚成体蛞蝓，即小号成体海兔。为了完成这一体态上的重大转变，幼体必须栖息在一种特定的海藻上,以接触到其特有的化学物质。没有人曾在自然界中观察到过这一变态过程,因此没有人知道这一过程需要什么。克雷格斯坦在野外观察过未成熟海兔,他注意到它们频繁地在一种特定的海藻上栖息。当他把海兔幼体放在这种海藻上时,他发现幼体转变成为亚成体蛞蝓(图18-2)。克雷格斯坦在1973年12月的研讨会上描述了海兔幼体如何寻找一种名为Laurencia pacifica的红色海藻,并在它上面栖息,从它体内提取引发变态所需的化学物质。参加过这一非凡研讨会的大部分人都不会轻易忘记他的描述。当克雷格斯坦展示这种小型亚成体蜗牛的第一幅图片时,我不禁自言自语道:"婴儿总是如此美丽!"

继克雷格斯坦的发现之后,我们开始种植这种海藻,很快就培育出了培养神经系统细胞所需的全部亚成体海兔。接下来

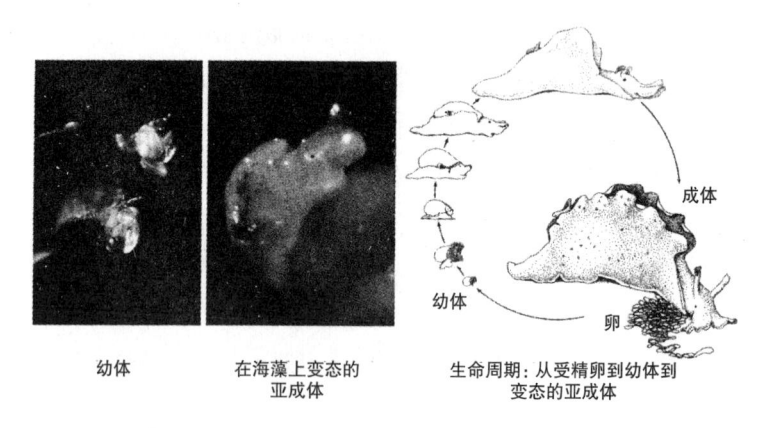

幼体　　在海藻上变态的　　生命周期:从受精卵到幼体到
　　　　亚成体　　　　　　变态的亚成体

图18-2 海兔的生命周期。海兔幼体在一种特定的红色海藻(*Laurencia pacifica*)上休息并从它体内提取引发变态成为亚成体所需的化学物质。(插图翻印自坎德尔的《行为的细胞基础》,W.H.弗里曼出版公司1976年版)

的主要任务——在培养基中培养单个神经细胞并让它们形成突触——是由我以前的一个学生、细胞生物学家塞缪尔·沙克承担的。在两位博士后研究员的帮助下，沙克很快成功培养出了参与缩鳃反射的单个感觉神经元、运动神经元和中间神经元（图18-3）。

现在我们可以通过组织培养一个学习环路的全部组成元素。这一环路使得我们可以通过关注单个的感觉神经元和单个的运动神经元来研究记忆存储的一部分。我们的实验显示，这些在

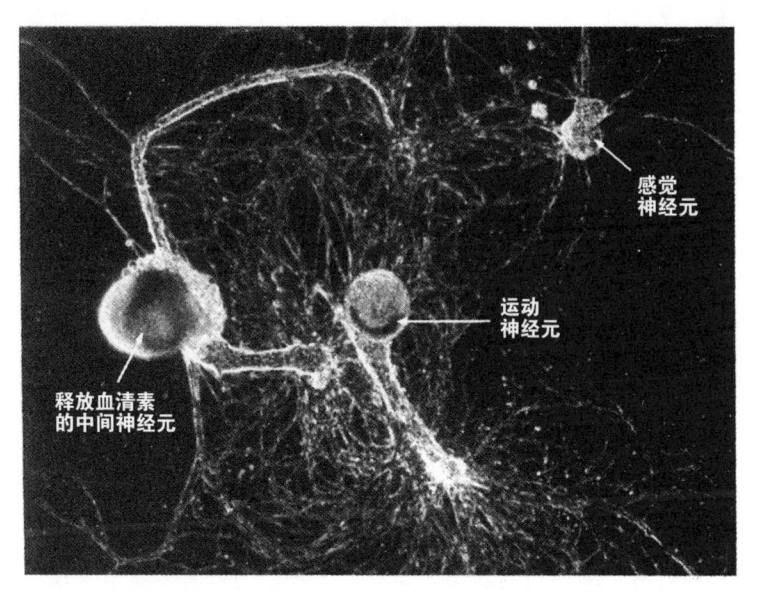

图18-3 使用实验室培养的单个神经细胞来研究长时记忆。在培养基中生长的单个感觉神经元、运动神经元和释放血清素的调节性中间神经元形成突触，复制了介导和调节缩鳃反射环路的最简单形式。这一首次在组织培养中实现的简单学习环路，使得研究长时记忆的分子生物学成为可能。（承蒙山姆·沙克[①]惠允）

---

① 即对塞缪尔·沙克的昵称。

培养基中被隔离的感觉与运动神经元也形成了突触连接，其连接方式和生理功能都与无损动物体内的突触连接毫无二致。在自然状态下，电击尾部会激发调节性中间神经元释放血清素，进而增强了感觉神经元与运动神经元之间的连接。由于我们已经知道这些调节性中间神经元释放血清素，在做了几次实验之后我们发现甚至不需要培养它们。我们只需要在感觉神经元和运动神经元之间的突触附近——无损动物体内的调节性中间神经元接受来自感觉神经元的信号并释放血清素的位点——注入血清素即可。在一个生物学系统中工作很长一段时间后，最让人感到高兴的事情之一，就是看到今日之科学发现成了明日之实验工具。我们对这一神经环路的长期研究，以及成功地分离出在细胞间和细胞内传递的关键化学信号，使得我们可以用这些信号来操纵这一系统并进行更深入的探索。

我们发现血清素的一个短暂脉冲通过促进感觉细胞谷氨酸的释放，增强了感觉与运动神经元之间的突触连接，这一过程持续几分钟。和在无损动物中一样，这一突触强度的短时增加是一个功能性变化：它不需要合成新蛋白质。相比之下，旨在模仿5次尾部电击的血清素的5次独立脉冲，其增强的突触连接持续数天并导致了新突触连接的生长，这是一个涉及新蛋白质合成的解剖学变化（图18-4）。这表明我们能够在组织培养中人为开启感觉神经元的新突触生长，但我们仍然需要找出究竟哪些蛋白质才是形成长时记忆的关键。

现在，我的神经生物学研究生涯与现代生物学最伟大的智识探险之旅相交了：阐明基因调控的分子机制，它编码的遗传信息位于地球上一切生命形式的核心。

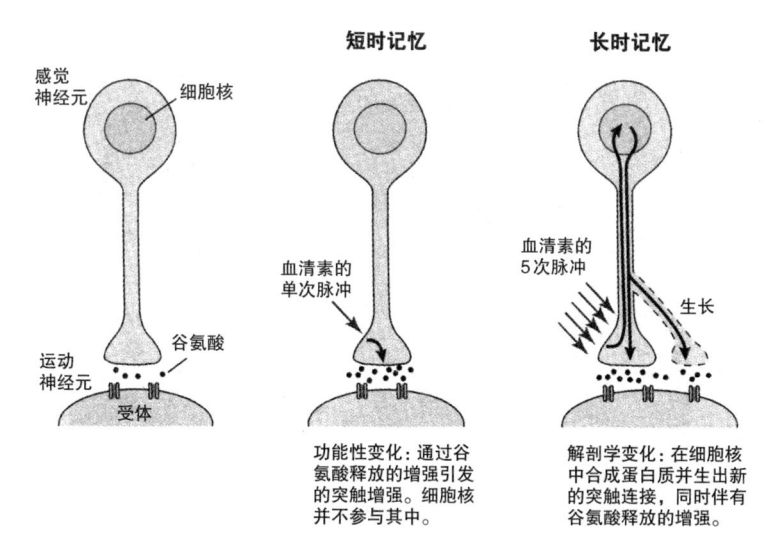

图 18-4 单个感觉与运动神经元中短时与长时记忆过程的变化。

这一探险之旅始于 1961 年，巴黎巴斯德研究院的弗朗索瓦·雅各布和雅克·莫诺①发表了一篇题为《蛋白质合成的基因调控机制》的重要论文。他们使用细菌作为模式系统，发现基因能够受到调控——即它们像一个水龙头那样能够被打开和关上。

雅各布和莫诺推断出了一个现在已经成为事实的观点：即便是在像人类这样的复杂生物体中，其基因组的几乎每一个基因都存在于身体的每一个细胞中。每一个细胞的细胞核中都拥有该生物体的全部染色体，因而也就拥有形成整个生物体所必需的全部基因。这一推断引出了一个生物学的重要问题：为什

---

① 他们因本章所讲的贡献与阐明病毒感染细菌机制的安德列·利沃夫（André Lwoff）分享了 1965 年诺贝尔生理学或医学奖。

么全部基因没有在身体的每个细胞中都以同样的方式运作？对此，雅各布和莫诺提出了一个后来得到证实的观点：之所以肝细胞是肝细胞而脑细胞是脑细胞，是因为在每一类细胞中，都只有部分基因被打开了，或者说得到了表达；而所有其他基因都是关闭的，或者说受到了抑制。因此，每一类细胞包含一个独特的蛋白质组合，它是该细胞可用的全部蛋白质的一个子群。这一蛋白质组合使得该细胞行使它的特定生物学功能。

基因根据需要打开和关闭，以实现细胞最佳的功能运作。有些基因在该有机体一生的大部分时间都受到抑制；另外一些基因，比如参与产生能量的基因，则总是在表达，因为它们编码的蛋白质是生存所必需的。但在每一类细胞中，都会有些基因只在特定时间表达，而另外一些基因则在对来自身体内部或环境的信号做出反应时被打开或者关闭。有一天晚上，我突然灵光一现：学习不就是一组来自环境的感觉信号么！是感觉信号的不同类型或模式导致了不同形式的学习。

哪一类信号调控基因的活动？基因是如何被打开和关闭的？雅各布和莫诺在细菌中发现，一些基因是通过其他基因来开关的。这使得他们对效应基因与调控基因做出了区分。效应基因编码介导特定细胞功能的效应蛋白，比如酶和离子通道。调控基因编码被称作基因调控蛋白的蛋白质，它们控制效应基因的开关。雅各布和莫诺进而问道：调控基因编码的蛋白质如何作用于效应基因呢？他们假定每个效应基因的 DNA 中除了编码特定蛋白质的编码区，还有控制区，这一特异性位点现在称作启动子。调控蛋白与效应位点的启动子结合，决定效应基因接下来是被打开还是关闭。

在一个效应基因能够被打开之前，调控蛋白必须结合到它的启动子上，使DNA的两条链分开。接下来，暴露在外的一条链在转录过程中被复制成信使RNA，信使RNA携带着有关蛋白质合成的基因指令从细胞核转移到细胞质中，在这里核糖体将信使RNA的信息翻译成蛋白质。一旦基因得到了表达，DNA的两条链就会再次合上，这个基因就关闭了，直到下一次调控蛋白开启转录过程。

雅各布和莫诺不仅提出了基因调控的理论，他们还发现了首个基因转录的调控子。这些调控子有两种形式——阻遏子和后来发现的激活子[1]，前者编码的调控蛋白用于关闭基因，而后者编码的调控蛋白用于打开基因。通过绝妙的推理和富有洞见的遗传学实验，雅各布和莫诺发现，当大肠杆菌的食物（乳糖）供给充足时，这种细菌会打开一个基因，生成酶来分解消耗乳糖。当没有乳糖存在时，生成这种消化酶的基因会被关闭。这是怎么发生的？

这两位科学家发现，在缺乏乳糖时，阻遏基因编码的蛋白质会结合到生成这种消化酶的基因的启动子上，阻止该基因的DNA转录。当他们重新向细菌生长的培养基中输入乳糖后，乳糖进入细胞并绑到阻遏蛋白上，使它们从启动子上脱落。然后启动子自由地与激活基因编码的蛋白质结合。激活蛋白打开效应基因，生成代谢乳糖的酶。

这些研究表明，大肠杆菌通过调整特定基因的转录速率来对环境线索做出反应。后续研究揭示出，当细菌发现自身处于低浓度葡萄糖中时，它通过合成环腺苷酸来做出反应，环腺苷

---

[1] 在基因调控研究中，调控子、阻遏子和激活子通常是指基因编码的蛋白质（下文统称"某某蛋白"），而不是指编码相应蛋白质的基因（下文统称"某某基因"），作者此处使用有误。

酸会启动一个进程，促使细菌去消化一种替代性的糖类。

基因功能能够受到细胞外（比如不同糖类）和细胞内（第二信使信号比如环腺苷酸）的信号传导分子调控以响应环境需要，这一发现对我而言是革命性的。它使得我从分子水平重新表述了短时记忆如何转化为长时记忆的问题。现在我要问：对特定形式的学习，也就是说，对来自环境的线索做出反应的调控基因的本质是什么？这些调控基因如何把对特定短时记忆至关重要的短时突触变化转为对特定长时记忆至关重要的长时突触变化？

我们对无脊椎动物的研究，以及一些对脊椎动物的研究，已经证明了长时记忆需要合成新蛋白质，这表明记忆存储的机制很可能在所有动物中都非常相似。此外，克雷格·贝利已经做出了一个非凡的发现，即海兔长时记忆的持续是由于感觉神经元长出新的轴突终端，增强了它们与运动神经元的突触连接。然而，到底是什么引起了向长时记忆的转换，这一点仍然是个谜。是不是引起长时敏感化的学习模式激活了某种调控基因，并通过这些基因编码的蛋白质促进了效应基因指挥新轴突终端的形成呢？

通过研究培养基中的活体感觉与运动细胞，我们已经对行为系统做出了充分的简化，有条件解决上述问题了。我们已经在仅仅两个细胞之间的突触连接中定位到了长时记忆的一个关键成分。现在我们能够运用DNA重组技术来探讨：是不是调控基因开启并保持了这一连接的长时增强[①]？

[①] 长时增强（long-term strengthening）与从第20章起提出的长时程增强（long-term potentiation）字面意思相同，但后者是针对哺乳动物的专用术语，含义也有差异，故在翻译上略作区分。

大约就在这个时候，我的工作开始得到正式的认可。1983年，我与弗农·蒙特卡斯尔分享了美国最重要的科学成就奖——拉斯克基础医学研究奖[①]。我还从纽约的犹太教神学院获得了我的第一个荣誉学位。他们竟然也知道我的工作，这让我感到激动万分。我猜想他们是从我的同事莫蒂默·奥斯托那里听说的，他是当年让我对精神分析和大脑产生兴趣的那几位精神分析师中的一员。

那时我的父亲已经去世，但我的母亲前来参加了学位典礼。神学院校监格尔森·D.科恩介绍我时，特别提到我曾在弗莱布许犹太小学接受了良好的希伯来语教育，这一赞许让我妈妈的犹太心充满了自豪。我想对她而言，她的父亲、我的外公认真教我希伯来语一事所得到的认可，可能要比几个月后的拉斯克奖分量重得多。

[①] 拉斯克奖被誉为美国的诺贝尔奖，但只针对医学领域，包括基础、临床、公共服务和特别成就奖4项。有大约一半的基础医学研究奖得主随后（个别是在之前）获得了诺贝尔奖。

19

基因与突触的对话

1985年,在对调控基因表达的蛋白质进行了几个月的思索之后,我终于开始把自己从这一夜科学中获得的洞见运用到了研究基因表达和长时记忆的日科学中。这一想法在菲利普·戈莱特来到哥大后变得更加清晰了。戈莱特是跟随西德尼·布伦纳在英国剑桥的医学研究委员会实验室接受训练的博士后学生。我们共同做出了如下推理:要形成长时记忆,新信息需要得到编码,进而巩固成更持久的存储。长时记忆需要生成新的突触连接这一发现,让我们对这一更持久的存储形式产生了一些洞见。但我们仍然不知道这中间的分子遗传学步骤——记忆巩固的本质。一个稍纵即逝的短时记忆是如何转化为经年累月的长时记忆的?

在雅各布-莫诺模型中,来自细胞外部环境的信号激活基因调控蛋白,后者打开编码特定蛋白质的基因。这让戈莱特和我想到,在敏感化形成长时记忆的关键步骤中,是否有类似的信号和基因调控蛋白的参与。我们在想,形成敏感化所需的重复学习序列之所以重要,可能在于它们发送信号到细胞核,告知细胞核激活调控基因,后者编码调控蛋白进而打开新突触连接生长所需的效应基因。如果是这样,那么记忆的巩固阶段可能就是中间步骤,在此期间调控蛋白打开了效应基因。我们的想法为一个发现提供了遗传学解释,这一发现是,在学习期间及随后,也即在关键期阻断新蛋白质的合成会阻断新突触连接的生长以及短时记忆向长时记忆的转化。我们推测,在阻断蛋白质合成时,我们实际上阻止了开启蛋白质合成的基因的表达,而蛋白质合成正是突触生长和长时记忆存储所必需的。

我们在1986年发表于《自然》的概念性综述《长时记忆的长与短》中总结了我们的观点。在这篇论文中我们提出,如果基因表达是一个突触上的短时记忆转化为长时记忆所必需的,那么被学习所刺激的突触必须以某种方式发送信号到细胞核,来告诉细胞核打开某种调控基因。在短时记忆中,突触使用细胞内的环腺苷酸和蛋白激酶A来增强神经递质的释放。戈莱特和我假设在长时记忆中,这种激酶从突触转移到了细胞核,在那里它以某种方式激活了对基因表达进行调控的蛋白质。

为了检验我们的假设,我们需要鉴定出突触发送给细胞核的信号,找出该信号激活的调控基因,然后鉴定出调控蛋白打开的效应基因,也就是导致长时记忆存储中的新突触生长的基因。

我们已经在组织培养中创建的简化神经环路——单个感觉神经元与单个运动神经元相连——给我们提供了一个可以用来检验这些想法的完整生物系统。在我们的培养皿中,血清素扮演了敏感化引发的警觉信号。一次脉冲——等价于一次电击、一个训练试次——让细胞警觉到这个刺激是短暂的影响,而五次脉冲——等价于五个训练试次——意味着一个影响持久的刺激。我们发现,向感觉神经元注入高浓度的环腺苷酸,导致的不仅是突触强度的短时增加,还会导致长时增加。现在我们与加州大学圣迭戈分校的钱永健[①]合作，他开发的一种方法使得神经元中的环腺苷酸和蛋白激酶A的位置可视化。我们发现，血清素的单次脉冲主要增加了突触中的环腺苷酸和蛋白激酶A，而血清素的重复脉冲则产生了更高浓度的环腺苷酸，导致蛋白激酶A移动到细胞核并在那里激活基因。后续研究发现，蛋白激酶A招募了另外一种激酶（称作MAP激酶），后者也与突触生长有关，同样会移动到细胞核。因此我们确证了之前的想法，即"熟能生巧"的重复敏感化训练的功能之一，是让适当的信号以激酶形式移动到细胞核。

一旦进入了细胞核，这些激酶会做什么？我们从最近发表的关于非神经元细胞的研究中知道，蛋白激酶A能够激活一种称作CREB（环腺苷酸反应元件结合蛋白）的调控蛋白，它会与一个启动子（即环腺苷酸反应元件）结合。这表明CREB可能是将突触连接的短时程易化转成长时程易化并生出新连接的开关的关键成分。

1990年，另外两位博士后学生普拉莫德·戴什和本杰明·霍奇纳也加入了我们的团队，我们在海兔的感觉神经元中发现了CREB，它确实是敏感化中突触连接的长时增强所必需的。通过在培养基中阻断感觉神经元细胞核内的CREB发挥作用，我们就阻止了这些突触连接的长时增强，但并没有阻止它们的短时增强。这是一个惊人的发现：阻断这一个调控蛋白就阻止了长时突触变化的全过程！富有创造力且技术过硬的优秀博士后研究员杜尚·巴奇后来发现，仅仅是向感觉神经元的细胞核注入被蛋白激酶A磷酸化的CREB，就足以打开导致突触连接长时程

[①] 他与另外两名科学家因在发现并研究绿色荧光蛋白方面做出的贡献分享了2008年诺贝尔化学奖。

易化的基因。

于是，即便长期以来我受到的教育都在说大脑的基因是行为的统帅、我们命运的唯一主宰，但我们的工作表明，脑中的基因和细菌中的一样，都是环境的仆人，受到外部世界的事件引导。一个环境刺激——对动物尾部的电击——激活调节性中间神经元释放血清素。血清素作用于感觉神经元，增加环腺苷酸并使得蛋白激酶A和MAP激酶移动到细胞核激活CREB。CREB的激活又导致了基因表达，改变了细胞的功能和结构。

1995年，巴奇发现实际上存在两种形式的CREB蛋白，正如雅各布和莫诺的模型所预测的：一种激活基因表达（CREB-1），另一种抑制基因表达（CREB-2）。重复的刺激使得蛋白激酶A和MAP激酶移动到细胞核，在这里蛋白激酶A激活CREB-1、MAP激酶使CREB-2失活。因此，突触连接的长时程易化不仅需要打开一些基因，还需要关闭另外一些基因（图19-1）。

在实验室做出了这些令人兴奋的发现后，有两点让我震撼。第一，我们看到基因调控的雅各布－莫诺模型适用于记忆存储过程。第二，我们看到谢林顿发现的神经元的整合活动在细胞核水平发生了。我对下述平行过程感到惊讶：在细胞水平，兴奋性和抑制性突触信号在神经细胞中聚集；在分子水平，一种CREB调控蛋白促进了基因表达而另一种抑制了它。两种CREB调控蛋白将相反的作用整合在一起。

实际上，两种CREB彼此对抗的调控作用为记忆存储提供了一个阈限，确保只有重要的、对生活有帮助的经验得到学习。对海兔而言，对尾部的重复电击是一个重要的学习经验，正如对我们而言，练习弹钢琴或法语的动词变位很重要一样：熟能生巧，重复是长时记忆所必需的。不过原则上说，一个高度情

短时
单次刺激增强突触。

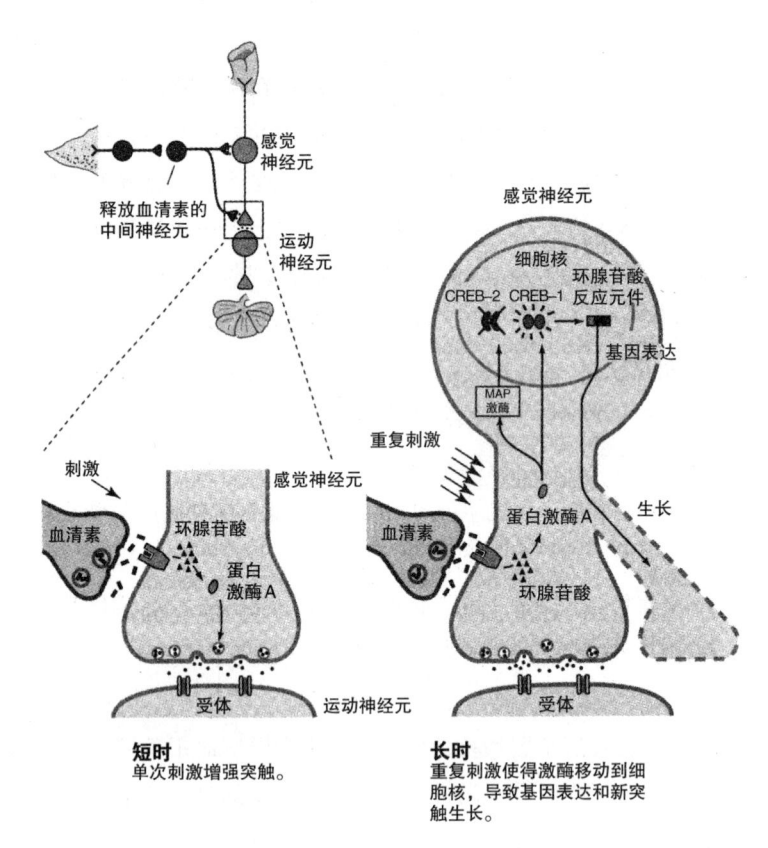

长时
重复刺激使得激酶移动到细胞核，导致基因表达和新突触生长。

图 19-1 短时和长时程易化的分子机制。

绪化的状态，比如车祸引发的状态，也能够绕开常规限制进入长时记忆。在这种情况下，大量的 MAP 激酶分子会被足够快速地运送到细胞核，让所有的 CREB-2 分子失活，使得蛋白激酶 A 更容易激活 CREB-1 并将这一经验直接转入长时记忆。这可能是所谓闪光灯记忆的原理，它让人栩栩如生地回忆起充满情绪性记忆的事件——比如我与米琪的性体验——就像一幅完整的画面迅速且强力地刻入了脑海中。

类似地，有些人展现出的超人记忆力可能源于CREB-2的基因差异，这种差异限制了与CREB-1相关的CREB-2阻遏蛋白的活力。虽然长时记忆通常需要重复，需要在训练间隔中插入休息，但有时它只需要一次训练就会发生，而且不是由于情绪所致。著名俄国记忆师S.V.舍雷舍夫斯基就非常擅长单试次学习，他似乎从来不会忘记他通过仅仅一次训练习得的任何事情，即便是在10年之后。通常，记忆师拥有的能力限制颇多：他们可能只对某几种知识具有超人的记忆力。有些人对视觉表象、乐谱、国际象棋、诗歌或面孔有着惊人的记忆力。一些来自波兰的《塔木德》记忆师能通过视觉记忆回忆出12卷的巴比伦版《塔木德》每一页上的每一个单词，犹如（从数千页中）翻出的那一页就摆在他们眼前。

相反，年龄增长带来的失忆（良性老年性健忘）的特征则是无法巩固长时记忆。老化带来的这一缺陷，可能不仅反映了激活CREB-1能力的下降，还反映了没有足够的信号来消除记忆巩固时CREB-2所起的抑制作用。

和短时记忆的细胞机制一样，作为长时记忆开关的CREB，被证明在若干种动物中都一样，这表明它在进化过程中是保守的。1993年，位于纽约长岛的冷泉港实验室的行为遗传学家蒂姆·塔利设计了一种优雅的实验方法，用来测试果蝇习得性恐惧的长时记忆。1995年，塔利与分子遗传学家殷起平联手，他们发现CREB蛋白是果蝇的长时记忆所必需的。和在海兔中一样，CREB激活蛋白和阻遏蛋白扮演了关键角色。CREB阻遏蛋白阻断短时记忆转化为长时记忆。更引人注意的是，他们用基因突变技术培养出了一种果蝇，能生成更多CREB激活蛋白的拷贝，形成类似闪光灯记忆的效果。在正常果蝇中，一种特殊气味与电击配对几次只会产生对这种气味的短时恐惧记忆,但在对突变体果蝇进行实验时,同样次数的配对导致了长时恐惧记忆。后来我们逐渐意识到,同样的CREB开关对从蜜蜂到小鼠到人类等其他物种的多种形式的内隐记忆都很重要。

由此,通过将行为学分析先是与细胞神经科学、接着又与分子生物学结合,我们共同奠定了基本心理过程的分子生物学基础。

将短时记忆转化为长时记忆的开关在各种学习简单任务的简单动物中都是一样的,这一事实令人振奋,确证了我们认为记忆存储的核心机制在不同物种中是保守的这一信念。但它给神经元的细胞生物学提出了一个值得注意的问题。单个感觉神经元有1200个突触终端并与25个靶细胞进行联系:鳃运动神经元、虹吸管运动神经元、喷墨运动神经元以及兴奋性和抑制性中间神经元。我们已经发现,短时变化只发生于其中的部分突触。这是有意义的,因为一次尾部电击或一次血清素脉冲只在局部特定的一些突触增加了环腺苷酸的量。但长时突触变化需要基因转录,这发生在细胞核并导致了新蛋白质的合成。有人会期待新合成的蛋白质被运送到所有的神经元突触终端。那么,除非细胞中存在一些特殊机制来限制特定突触的变化,不然所有的神经元突触终端都会受到长时程易化的影响。如果真的是这样,则每个长时变化都会存储在神经元的所有突触中。这就造成了一个悖论:长时学习和记忆过程怎样才能局限在特定突触中呢?

戈莱特和我认真思考了这一问题,并在我们1986年发表于《自然》的综述中提出了一个方案,这个方案后来被称作"突触标记"。我们假设短时记忆引起的一个给定突触的短暂修饰会以某种方式在那个突触上做出标记。这些标记使得突触可以识别蛋白质并将其留在这里。

细胞如何把蛋白质运送到特定突触？这个问题由凯尔西·马丁来解决再合适不过，她是一个极具天赋的细胞生物学家，在耶鲁获得了医学和哲学双博士学位。她曾就读于哈佛学院，毕业后和丈夫一起加入了和平队并赴非洲工作。当他们来到哥大时，已经有了一个儿子，名叫本。她在我们实验室时，又添了一个女儿，名叫玛雅。凯尔西在我们实验室是一个特别的存在，她不仅具备一流的科研能力和技术，而且她每天下午4点到6点都会把我们小小的会议室兼午餐间变成天才儿童的欢乐幼儿园，振奋我们所有人的精神。

将蛋白激酶A追踪到细胞核和发现细胞核中的CREB调控蛋白这两项成就，使我们的关注点沿着一条分子通路，从突触来到了细胞核。现在我们必须再沿着原路走回去。凯尔西和我需要探索的是，在单个感觉细胞中受到刺激因而正在发生长时结构性变化的突触与未受到刺激的突触有何区别。我们开发了一个优雅的新细胞培养系统来进行此项研究。

我们培养了一个具有分枝轴突的感觉神经元，它与两个独立运动神经元分别形成突触连接。像以前那样，我们通过施加血清素脉冲来模拟行为训练，只不过现在我们会选择性地把它们施加到其中一个或者另外一个突触连接上。正如我们所料，向一个突触施加单次血清素脉冲只会在这个突触中引发短时程易化。然而向一个突触中施加五次血清素脉冲则会引发受刺激突触的长时程易化和新突触终端的生长。这个结果令人惊讶，因为长时程易化和生长需要CREB激活基因，这一过程发生在细胞核内，理论上应该会影响这个细胞的所有突触。当凯尔西阻断细胞核中CREB的活动后，受刺激突触的易化和生长就都受到了抑制（图19-2）。

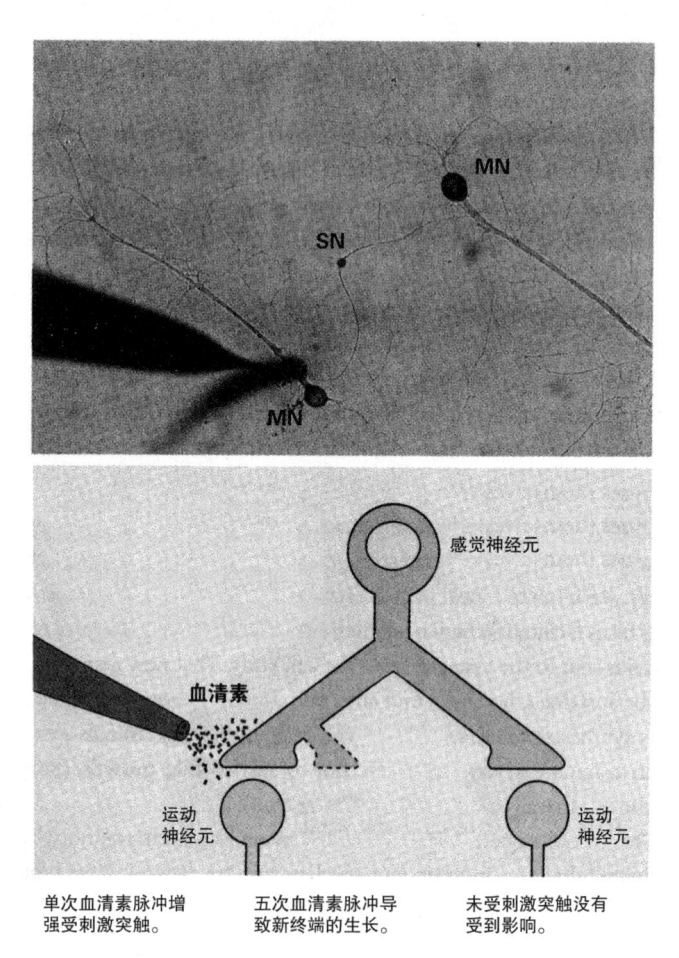

图19-2 研究血清素在突触变化中的作用的系统。一个具有分枝轴突的感觉神经元（上图中的SN）与两个运动神经元（MN）形成突触连接。只施加血清素到其中一个突触。只有这个突触发生了短时和长时变化。（承蒙凯尔西·马丁惠允）

这一发现让我们对脑的计算能力刮目相看。它表明即使一个神经元会与不同靶细胞形成上千个突触连接，单个突触还是能够在长时记忆及短时记忆中独立受到修饰。突触长时作用的独立性赋予了神经元非凡的计算灵活性。

这一惊人的选择性背后的原理是什么呢？我们考虑了两种可能：是神经元只向被标记了用于长时记忆存储的突触运送信使RNA和蛋白质？还是信使RNA和蛋白质被运送到了神经元的所有突触，但只有被标记的突触能够利用它们进行生长？我们首先开始检验第二个假设，因为它很容易探索。

"标记生长"这一过程是怎么实现的呢？凯尔西发现有两个事件必然会在被标记的突触中发生。第一件事是蛋白激酶A的激活。如果蛋白激酶A没有在这个突触中激活，就不会有易化发生。第二件事是调控局部蛋白质合成的装置的激活。这是一个非常令人惊讶的发现，它使我们把目光重新投向了神经细胞生物学中一个迷人的领域，在此之前该领域尚未得到充分重视，因而在很大程度上被忽略了。20世纪80年代早期，现在任教于加州大学尔湾分校的奥斯瓦德·斯图尔德发现，虽然大部分蛋白质合成发生在神经元的胞体中，但突触本身也会在局部合成一些蛋白质。

现在我们的研究发现，局部蛋白质合成的一个功能是维持突触连接的长时增强。当我们抑制了一个突触的局部蛋白质合成后，借助从胞体运送到突触的蛋白质，长时程易化过程仍会开启，也会长出新的终端。不过这一新生长只能维持一天左右。因此，胞体合成并运送到终端的蛋白质足以开启突触生长，但要想维持这一生长，局部的蛋白质合成是必需的（图19-3）。

这些发现增进了我们对长时记忆的认识。它们表明有两种

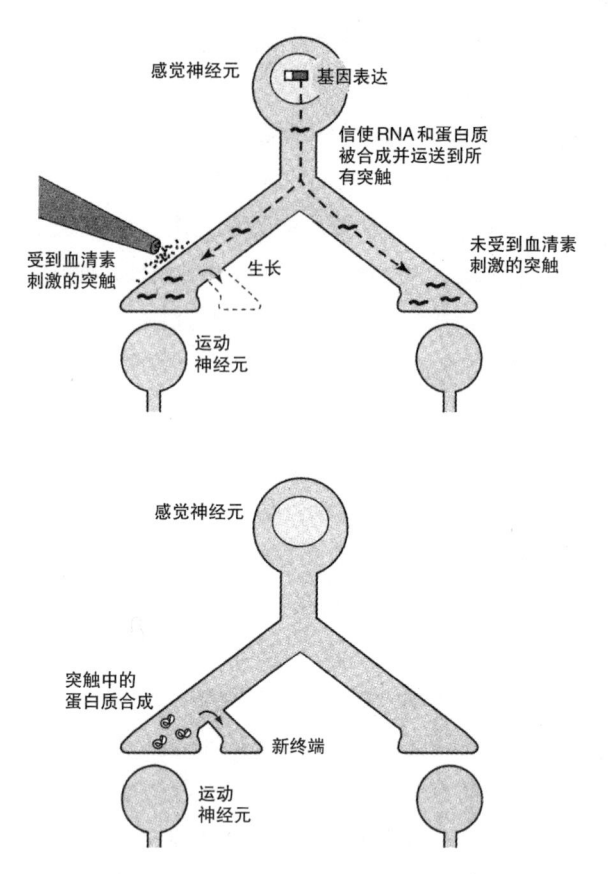

图 19-3 长时变化的两种机制。新蛋白质运送到所有的突触（上图），但只有受到血清素刺激的突触利用它们来开启新轴突终端的生长。维持这一通过基因表达开启的生长则需要局部的蛋白质合成（下图）。

独立的机制在运作。一种机制通过运送蛋白激酶 A 到细胞核中激活 CREB，打开效应基因，编码新突触连接生长所需的蛋白质，从而开启长时程突触易化。另一种机制通过维持新生成的突触终端来让记忆永久存储，它需要局部的蛋白质合成。由此我们认识到，开启和维持是两个独立的过程。那第二个机制是如何运作的呢？

就在这个时候，1999年，一位极具原创性、做事有效率的科学家考斯克·司加入了我们的实验室。考斯克来自印度的一个小城，他的父亲是当地的高中老师。当考斯克的父亲意识到考斯克对生物学感兴趣时，他请了一位同事、当地的生物老师来指导他的孩子。这位生物老师教给考斯克很多知识并让他对遗传机制产生了兴趣。这位老师还鼓励考斯克去美国读生物学研究生，这使得他最终来到哥大，成了我的博士后。

考斯克读博士时研究的是酵母的蛋白质合成，来到哥大后，他开始思考海兔的局部蛋白质合成这一问题。我们知道信使RNA分子在细胞核中被合成，并在特定突触被翻译成蛋白质。于是问题是这样的：信使RNA被运送到终端时是处于激活状态吗？还是说它是以休眠态运送的，像睡美人那样，在被标记的突触中等待白马王子（某种分子）的亲吻？

考斯克青睐睡美人假说。他认为休眠的信使RNA分子只有在到达一个合适的被标记突触并遇到一个特定信号后才会激活。他指出在青蛙的发育中存在着与此类似的调控现象。当蛙卵受精并成熟后，休眠的信使RNA分子被一种调控局部蛋白质合成的新蛋白质唤醒并激活。这种蛋白质叫作CPEB（胞质型多聚腺苷酸化原件结合蛋白）。

随着我们在记忆分子机制的迷宫中探索的深入，考斯克发现海兔体内的一种新型CPEB正是我们寻找的白马王子。这个分子只在神经系统中出现，存在于神经元的所有突触中，能被血清素激活，是被激活的突触维持蛋白质合成和新突触终端的生长所必需的。但考斯克的发现仅仅把问题向前推了一步。大部分蛋白质在数小时内都会降解消失。靠什么来维持更长时间的突触生长呢？是什么让我对米琪的记忆保持了一生？

当考斯克仔细检查这种新CPEB的氨基酸序列时，他注意到一种很不寻常的情况。这种蛋白质的一个末端具有朊病毒的全部特征。

朊病毒可能是现代生物学中已知最怪异的蛋白质，最初是由加州大学旧金山分校的斯坦利·普鲁西纳发现的。它们是若干谜团未解的神经退行性疾病的致病因子，比如家畜的疯牛病（牛海绵状脑病）和人类的克-雅病（这种病在2002年夺走了欧文·库普费尔曼的宝贵生命，当时正值其科学事业的全盛时期）。朊病毒与其他蛋白质的不同之处是，它们能够折叠成两种不同的功能性形状，或曰构象。其中一种是显性的，另一种是隐性的。编码朊病毒的基因产生并不致病的隐性构象，但隐性构象能够转化为显性构象：这一过程可能是随机发生的，欧文的情况似乎就是这种；也可能是因为吃的食物里含有这种蛋白质的显性构象。在显性构象时，朊病毒能够导致其他细胞死亡。朊病毒不同于其他蛋白质的第二点在于其显性构象可以不断自行复制，它还使得隐性构象改变其形状，变成可以不断自行复制的显性构象（图19-4）。

我记得那是2001年春天，纽约的一个美妙午后，我办公室窗外的哈德逊河上波光粼粼，这时考斯克走进来问道："如果我告诉你CPEB的性质和朊病毒很类似，你会怎么说？"

这是一个疯狂的想法！但如果它是真的，就解释了长时记忆如何得以在突触中无限期地保持，即便蛋白质在不断降解和更替。显然，一个自行复制的分子能够在突触中无限期地持续，

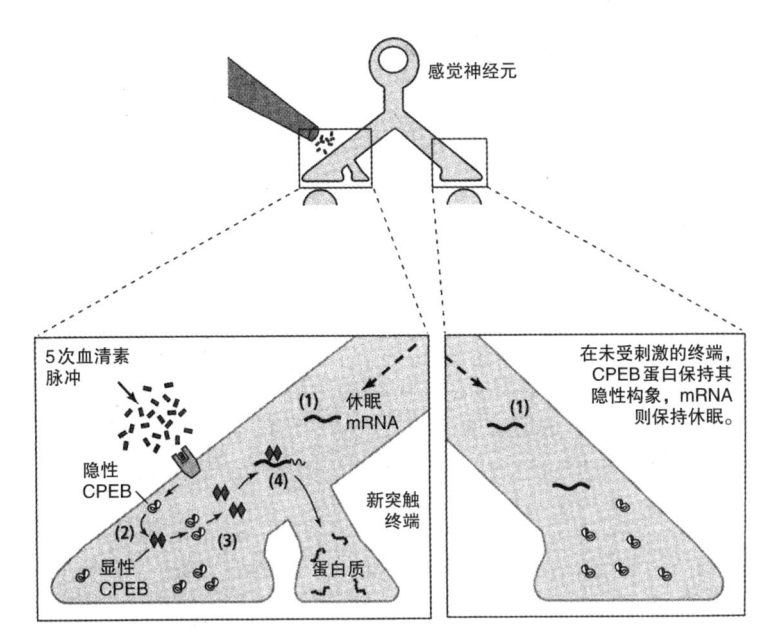

图 19-4 长时记忆和类似朊病毒的 CPEB 蛋白。 作为之前刺激的结果,感觉神经元的细胞核把休眠的信使 RNA(mRNA)运送到所有的轴突终端(1)。血清素的 5 次脉冲将所有终端中都存在的类似朊病毒的一种蛋白质(CPEB)在受刺激终端转化为不断自行复制的显性构象(2)。显性 CPEB 能够把隐性 CPEB 转为显性构象(3)。显性 CPEB 激活休眠的信使 RNA(4)。激活的信使 RNA 调控新突触终端的蛋白质合成,使新突触稳固,让记忆永存。

调控局部蛋白质的合成以维持新突触终端的生长。

在那些反复思考长时记忆的深夜里,朊病毒可能以某种方式参与长时记忆存储这一念头曾在我的脑海中一闪而过。而且我对普鲁西纳有关朊病毒及其疾病的突破性工作是熟悉的,他因这些贡献获得了 1997 年的诺贝尔生理学或医学奖。因此,尽管我从未预料到这种新型 CPEB 可能是朊病毒,当考斯克提出这一想法时，我立刻就觉得这是个很值得探索的思路。

朊病毒是酵母研究中的一个主要领域，但之前还没有人鉴定出它们的正常功能，直到考斯克在神经元中发现了这种新型CPEB。因此，他的发现不仅为学习与记忆提供了深入的新洞见，而且还开辟了生物学的新天地。很快我们发现在缩鳃反射的感觉神经元中，CPEB从无活性、不繁殖状态向活性、繁殖状态的转化，是由血清素控制的，而这种递质正是短时记忆转化为长时记忆所必需的（图19-4）。通过它的不断自行复制，CPEB维持了局部蛋白质的合成。而且，这一自行复制状态很难逆转。

以上两个特征让这一新发现的朊病毒变种成为记忆存储的理想工具。考斯克发现，蛋白质的不断自行复制对局部蛋白质的合成至关重要，它使得信息被选择性和永久性地存储在某个突触，而不会存储在神经元与其靶细胞形成的许多其他突触中。

除了发现这种朊病毒与记忆保持甚至与脑功能相关，考斯克和我还新发现了朊病毒的两个生物学特征。第一，血清素这一常规的生理信号对CPEB从一种构象转为另一种构象至关重要。第二，CPEB的显性构象是已知的首个服务于一项生理功能的朊病毒，具体来说是维持突触易化和记忆存储。而在之前研究过的所有其他情况中，这一不断自我复制的构象要么通过杀死神经细胞导致疾病和死亡，要么没有活性（这种情况较为少见）。

我们相信考斯克的发现可能只是一个新的生物学领域的冰山一角。原则上说，这一机制——激活一个蛋白质的非遗传性、不断自行复制的功能——应该在许多其他生物学环境中也起作用，包括发育和基因转录。

我们实验室这一激动人心的发现表明，基础科学也能够像一本优秀的悬疑小说那样充满出人意料的曲折情节：一些惊人的新机制潜藏在生命的某个未知角落，直到后来才被发现具有广泛的重要性。这一特殊发现的不寻常之处在于，构成一组奇怪的脑疾病基础的分子机制同时也是长时记忆的基础，而后者是健康大脑的一个基本功能。通常而言，是基础生物学增进了我们对疾病的认识，而不是反过来。[1]

总结起来，关于长时敏感化的研究和类朊病毒机制的发现，让我们得出了三个新原理，它们不只适用于海兔，也适用于包括人类在内的所有动物的记忆存储。第一，激活长时记忆需要基因的打开。第二，什么经验能被存储到记忆中是受到生物学限制的。要想打开激活长时记忆的基因，CREB-1蛋白必须被激活而CREB-2蛋白必须失去活性，因为后者会抑制增强记忆的基因。由于人们不会记得他们学过的所有事情——也没有人想全都记得——因此编码阻遏蛋白的基因为短时记忆向长时记忆的转化设定了一个高阈值。这样一来我们就只会长期记得某些事件和经验。大部分事情我们很快就忘记了。去除这一生物学限制会导致向长时记忆的转化。CREB-1激活的基因是新突触生长所必需的。要想形成长时记忆，相关基因必须被打开，这一事实清楚地表明，不能简单地认为基因是行为的决定者，它还受到环境刺激（比如学习）的影响。

---

[1] 2020年3月，考斯克·司实验室发表于《科学》的一篇重要论文，首次以原子级分辨率描绘了从果蝇脑中提取纯化的一种CPEB蛋白Orb2，确认其在脑中能以单体、低聚体和淀粉样这三种构象存在。其中，单体构象抑制记忆相关蛋白质合成而低聚体和淀粉样构象激活记忆相关蛋白质合成。与致病淀粉样蛋白具有的疏水性核心不同，Orb2的淀粉样构象具有亲水性核心，这可能是它能够调控和维持记忆的原因。论文链接：http://doi.org/10.1126/science.aba3526

第三，新突触终端的生长和维持让记忆得以持续。因此，如果你能记得本书中的任何内容，那是因为在读过之后你的大脑变得有点不同了。借由经验生成新突触连接这一能力，似乎在进化过程中是保守的。举个例子，在人类中，和在更简单的动物中一样，由于来自感觉通路的输入信息在持续变化，皮层中表征身体表面的图谱也会相应地不断受到修饰。

第四部

> 这些场景……它们为什么在年复一年中完好无损地保存了下来,难道它们是由一些更为永恒的材料做成的吗?
>
> ——弗吉尼亚·伍尔夫,《往事素描》(1953)

20

回到复杂记忆

当我第一次开始研究记忆的生物学基础时,我关注的是学习的三种最简单形式——习惯化、敏感化和经典条件作用——所产生的记忆存储。我发现当一个简单运动行为通过学习得到修饰时,这些修饰直接影响了作为行为基础的神经环路,改变了原有连接的强度。一旦记忆被存储进了神经环路,就能够被立即提取出来。

这些发现向我们提供了有关内隐记忆生物学的初步洞见。这种记忆不需要有意识地回忆,它所负责的不仅仅是简单的知觉及运动技能,原则上说,它还负责玛戈特·芳婷的竖趾旋转、温顿·马萨利斯的小号演奏、安德烈·阿加西的精准击球[1]以及每个年轻人骑自行车时的腿部运动。内隐记忆通过不由意识控制的固有程式来指导我们。

最初激发我兴趣的是更复杂的记忆——对人、物和位置的外显记忆,它需要有意识地回忆,通常是以表象或文字形式表达。外显记忆比我在海兔中研究过的简单反射要复杂得多。它依赖于海马体和内侧颞叶的精细神经环路,而且它有更多的可

---

[1] 这三位分别是殿堂级的芭蕾舞者、古典及爵士音乐家和网球运动员。

能存储位置。

外显记忆是高度个人化的。有些人每时每刻都与这类记忆为伴,弗吉尼亚·伍尔夫就是其中之一。她的童年记忆总是处于她意识的边缘,随时准备涌起。她能够精致地描述她回忆起的往事细节。因此,在母亲去世多年之后,伍尔夫对她的记忆依然鲜活:

……她就在那里,位于我的"童年"这个庄严教堂空间的正中央;从一开始她就在那里。我最初的记忆是倚着她的膝部。……然后我看到她穿着白色睡袍站在阳台上。……尽管她在我13岁的时候就去世了,可是关于她的记忆,直到我44岁时还一直萦绕着我。

……这些场景……它们为什么在年复一年中完好无损地保存了下来,难道它们是由一些更为永恒的材料做成的吗?

其他人只会偶尔想起他们的过往。我会定期回想在水晶之夜那天两个警察进入我家公寓并命令我们离开的一幕。当这段记忆进入我的意识时,我能重新看见并感受到他们的存在。我眼前浮现出母亲脸上忧虑的表情,感受到我身体中的焦虑,并察觉到我哥哥带上他的硬币和邮票收藏时的果断。一旦我把这些记忆置于我家公寓的空间布局之中,其余的细节就会无比清晰地进入我的脑海。

记起一件事中的此类细节就像回忆一个梦境或看一部我们自己参演的电影。我们甚至能够回忆起过去的情绪状态,虽然常常只是以一种简化得多的形式。直至今日,我还记得我与管家米琪亲密接触时的一些情绪感受。

田纳西·威廉斯在《牛奶车不再在此停留》中所描述的正是我们现在说的外显记忆:"你可曾意识到……除了那如白驹过隙稍纵即逝的每一个此刻,人生都是记忆?人生除了每一个逝去的瞬间……实际上都是记忆。"

对我们所有人而言,外显记忆让空间和时间的飞跃成为可能,它唤起那些似乎已经消失在过去、实际上却以某种方式继续存在于我们脑海中的事件和情绪状态。但回忆一个情景——不论这段记忆如何重要——并不仅仅是像翻开相册里的一张照片那样。回忆是一个创造性过程。我们认为大脑存储的只是一个核心记忆。在回忆中,这个核心记忆得到详尽的描绘和重建,伴随着缝补、删改、细化和扭曲。是什么生物学过程使得我们能够如此情绪化和生动地回顾个人历史?

在我60岁生日到来之际,我终于鼓起勇气重返海马体和外显记忆的研究。我们已经从海兔的简单反射环路中获知的基本分子原理是否部分适用于哺乳动物脑的复杂神经环路,我一直对这个问题感到好奇。到了1989年,科学界的三个主要突破使得在实验室探索这一问题变得可行。

第一个突破在于,科学家发现了海马体锥体细胞在动物对其空间环境的知觉中扮演了关键角色。第二个突破则是发现了海马体中一个引人注目的突触增强机制,称作长时程增强。许多研究者认为这一机制可能是外显记忆的基础。第三个突破,也是与我自己研究学习的分子取向最直接相关的突破,就是科学家已经发明了强有力的新方法来对小鼠进行基因修饰。我和同事们将改造此方法以适用于脑,尝试在海马体中通过同样的分子细节探索外显记忆,就像我们在海兔的内隐记忆研究中做过的那样。

海马体研究的新纪元始于1971年,当时伦敦大学学院的约翰·奥基夫做出了一个关于海马体如何加工感觉信息的惊人发现。[1] 他发现大鼠海马体中的神经元登记的不是关于各种单一感觉形态——视觉、听觉、触觉或痛觉——的信息,而是关于动物周围空间的,这一模式依赖于来自多种感觉通道的信息。他进一步发现大鼠海马体包含外部空间的表征,即一幅地图,这幅地图的组成单元就是海马体的锥体细胞,它们加工位置信息。事实上,这些神经元的动作电位模式非常明确地对应空间的特定区域,奥基夫将它们称作"位置细胞"。在奥基夫做出这一发现之后,对一些啮齿类动物的实验研究也显示,损毁海马体会严重损害动物学习那些依赖空间信息的任务的能力。这一发现表明,空间地图在空间认知,也即我们对周围环境的觉知中扮演了核心角色。

由于空间包含的信息是通过若干感觉模式获取的,这就引出了下述问题:这些模式如何汇到一起?空间地图是如何建立的?建立之后,空间地图又如何保持?

解决问题的第一个线索出现在1973年,奥斯陆的佩尔·安德森实验室的两位博士后学生泰耶·勒莫和蒂姆·布利斯发现,通向兔子海马体的神经元通路能够被神经活动的短暂脉冲增强。勒莫和布利斯没有注意到奥基夫的研究,他们没有像我们在海

---

[1] 奥基夫因这一发现与他人分享了2014年诺贝尔生理学或医学奖,在此之前几个月,他还与布伦达·米尔纳及马库斯·赖希勒(Marcus Raichle)分享了2014年科维理神经科学奖。

兔的缩鳃反射中所做的那样，尝试检查海马体在记忆或特定行为中的功能。相反，他们采取了类似于拉迪斯拉夫·托克和我在1962年首先用过的那种方法，开发了一种学习的神经性模拟。他们没有把神经性模拟建立在传统行为学范式，比如习惯化、敏感化或经典条件作用的基础上，而是基于神经元自身的活动。他们给通向海马体的神经元通路施加极快的电刺激序列（每秒100次脉冲），发现该通路的突触连接的增强持续了几小时到几天。勒莫和布利斯将这种形式的突触易化称作长时程增强。

接着，科学家很快就发现了海马体中的全部三条通路都会发生长时程增强，它不是一个单一的过程。相反，长时程增强指的是一族有细微差异的机制，它们对不同频率和模式的刺激做出反应，增强突触强度。长时程增强类似于海兔体内的感觉与运动神经元之间连接的长时程易化，后者也增强了突触连接的强度。不同的是，海兔体内的长时程易化增强的是异突触，依赖于调节性递质对同突触通路发挥作用，而许多长时程增强只能够依赖同突触活动来开启。不过，正如我们及其他人后来发现的，神经调质常常被招募用于将短时同突触可塑性转换为长时异突触可塑性。

20世纪80年代早期，安德森大大简化了勒莫和布利斯的研究方法，他从大鼠脑中取出海马体，将其切成薄片，并将这些切片置于实验皿中。这使得他能够在海马体的特定片段中观察神经通路。令人惊奇的是，只要处理得当，这些脑切片能够正常运作数小时。有了这一进展，研究者能够分析长时程增强的生物化学特征，并观察阻断各种信号传导成分的药物的效果。

这些实验让科学家陆续发现了参与长时程增强的一些关键分子。20世纪60年代，戴维·柯蒂斯与杰弗里·沃特金斯合作发现，谷氨酸这种常见的氨基酸是脊椎动物脑中的主要兴奋性递质（后来我们发现在无脊椎动物脑中也是如此）。接着沃特金斯和格雷厄姆·科林格里奇发现谷氨酸作用于海马体中两种不同类型的离子通道型受体，AMPA受体和NMDA受体。AMPA受体介导正常的突触传递并对突触前神经元中的动作电位做出反应。而NMDA受体则只对极快的刺激序列做出反应，它是长时程增强所必需的。

当一个突触后神经元受到反复刺激，就像在勒莫和布利斯的实验中那样，AMPA受体会产生高达20或30毫伏的强大突触电位，使得细胞膜去极化。这一去极化造成了NMDA受体中的离子通道开启，允许钙离子流入细胞。加州大学旧金山分校的罗杰·尼科尔和加州大学尔湾分校的盖瑞·林奇各自独立地发现，流入突触后细胞的钙离子起到了第二信使的作用（与环腺苷酸的作用很像），触发了长时程增强。因此，NMDA受体能够把突触电位的电信号翻译成生化信号。

这些生化反应很重要，因为它们触发的分子信号能够传导到整个细胞，进而对长时突触修饰发挥作用。特别是钙离子激活的一种激酶（称作钙/钙调素依赖性蛋白激酶）使得突触强度的增加持续约一小时。尼科尔进一步发现，钙离子内流和这种激酶的激活，引发了额外的AMPA受体被装配并插入突触后细胞的细胞膜，导致突触连接的增强。

对NMDA受体功能的分析在神经科学家中引起了轰动，因为它表明受体起到了同时性探测器的作用。当且仅当它探测到两个神经事件（一个位于突触前而另一个位于突触后）同时发生，才会允许钙离子从它的通路流入。突触前神经元必须被激活并释放谷氨酸，且突触后细胞中的AMPA受体必须与谷氨酸结合并使细胞去极化。只有这样，NMDA受体才会被激活并允许钙离子流入细胞，触发长时程增强。有趣的是，心理学家D.O.赫布在1949年已经预言了在学习时脑中会出现某种神经同时性探测器："当细胞A的轴突……使细胞B兴奋并反复或持续地参与到它的放电时，一些生长过程或代谢变化会在其中一个或两个细胞中发生，于是A的效能也增强了。"

亚里士多德和后来的英国经验主义哲学家以及很多其他思想家已经提出，在两个观念或刺激之间进行联结并形成一些持久的心理连接是一种心智能力，而学习和记忆正是这一能力的产物。随着NMDA受体和长时程增强的发现，神经科学家们已经揭示了一种分子和细胞过程，它能够很好地执行上述联结过程。

21

突触保留了我们最美好的记忆

海马体中的新发现——位置细胞、NMDA受体和长时程增强——使神经科学的前景更加令人振奋了。然而，对于空间地图和长时记忆两者之间的关系或者它们与外显记忆存储的关系，我们还一无所知。首先，虽然海马体中的长时程增强是一个迷人且普遍的现象，但它引起的突触强度的变化完全是人为的，这一人为的产物甚至让莫诺和布利斯怀疑"由于这一性质是通过同时的重复发放揭示的，无损动物在真实生活中是否会用到它……"。确实，同样的放电模式看上去不太可能发生在学习过程中。许多科学家怀疑长时程增强产生的突触强度的变化是否在空间记忆或空间地图的形成及保持方面起到作用。

我逐渐意识到探索上述关系的理想途径是通过遗传学，西摩·本泽就曾运用遗传学在果蝇中研究过学习。20世纪80年代，生物学家们开始将选择性繁育与DNA重组工具结合来培育基因修饰小鼠。这些技术使得操纵作为长时程增强基础的基因成为可能，因而能用来探讨一些我感兴趣并亟待解决的问题。长时程增强是否像海兔的长时程易化一样，具有不同阶段？这些阶段是否对应着空间记忆的短时和长时存储？如果答案是肯定的，我们就能够干扰长时程增强的其中一个或另一个阶段，由此来确定当动物在学习和记忆一个新环境时，其海马体的空间地图会发生什么改变。

重返对海马体的研究令我感到愉快，就像与旧爱再续前缘一样。我一直关注着相关研究进展，因此虽然时间过去了30年，但我对它还是比较了解的。在这方面，佩尔·安德森和罗杰·尼科尔都是我的好向导，但最能激励我的还是与奥尔登·斯宾塞一起在NIH做实验的回忆。我又一次感受到那种即将踏入一个新领域的兴奋劲——不过这一次配备的是威力和特异性十足的分子遗传学技术，这是奥尔登和我在我们最狂野的梦里也未曾想象过的。

这些分子遗传学进展的知识基础来自对小鼠的选择性繁育。进入20世纪以来的实验表明，各种品系小鼠之间的差异不仅在于它们的基因组成，还表现在它们的行为。有些品系在学习各种任务时表现得非常聪明，其他一些品系则特别愚蠢。观察到的这些现象表明基因对学习的影响。类似地，各种动物的恐惧感受、社交能力和养育能力也存在着很大差异。通过同系繁殖，行为遗传学家创造出了一些极易感到恐惧和不易感到恐惧的品系，从而突破了自然选择的随机性。因此，选择性繁育是分离出对特定行为负责的基因的第一步。现在的DNA重组技术不仅可以鉴定研究所需的特定基因，还能够检测这些基因在构成各种行为、情绪状态或学习能力基础的突触变化中起到的作用。

直到1980年，小鼠的分子遗传学依赖的还是一种称作正向遗传学的经典分析法，本泽在果蝇研究中用的就是这种技术。首先把小鼠暴露在一种化学物质中，这通常只会损伤小鼠基因组的1.5万个基因中的一个。不过这一损伤是随机发生的，所以哪个基因会受到影响谁都说不准。接着小鼠完成各种任务以观察其在哪种任务中（如果有的话）受到了那个随机突变基因的影响。由于小鼠必须被繁育若干代，正向遗传学非常费时费力，但它的突出优点是没有偏向性。这种方法不需要事先提出任何假设，因而在筛选基因时也就不存在偏向。

DNA重组革命使得分子生物学家能够开发一种不那么费时费力的策略，即反向遗传学。在反向遗传学中，一个特定基因要么从小鼠基因组中移除，要么被导入基因组，然后检测它对突触变化和学习的影响。反向遗传学是有偏向的——它被用于检验某个特定的假设，比如一个特定基因及其编码的蛋白质是否参与了一种特定行为。

两种修饰个体基因的方法使得小鼠的反向遗传学成为可能。第一种是转基因技术，将称作转基因的外源基因导入小鼠卵子的DNA中。卵子受精后，该转基因就成了子代小鼠基因组的一部分。然后再将成年的转基因小鼠进行繁育，以获得遗传学上的纯系小鼠，它们都会表达转基因。基因修饰小鼠的第二种方法是从小鼠基因组中"敲除"一个基因。它的实现手段是将遗传物质的一个片段插入小鼠的DNA，导致被选中的基因失去功能，进而消除了小鼠体内由该基因编码的蛋白质。

我逐渐意识到，基因工程的这些技术，使得小鼠成为一种绝佳的实验动物，用于鉴定对各种形式的长时程增强负责的基因和蛋白质。然后我们可以把这些基因和蛋白质与空间记忆的存储关联起来。虽然小鼠是相对简单的哺乳动物，但它们的脑在解剖学构造上与人脑相似，和人类一样，它们的海马体也参与对位置和物体的记忆存储。此外，小鼠的繁殖速度比更大型的哺乳动物比如猫、狗、猴子和人类要快得多。这样一来，包含特定转基因或敲除基因的种群，就能够在数月内得到大量繁殖。

这些革命性的新实验技术在生物医学方面也有广泛应用。几乎人类基因组的每一个基因都存在若干不同版本，称作等位基因，分别存在于全体人类的不同成员中。人类神经和精神疾病的遗传学研究使得鉴定造成正常人群行为差异的等位基因和导致许多神经疾病的等位基因成为可能。这些疾病包括肌萎缩侧索硬化、早发型阿尔茨海默病、帕金森病、亨廷顿病以及多种形式的癫痫等。通过把致病的等位基因插入小鼠基因组，研究它们如何对大脑和行为造成严重破坏，这一方法革新了神经病学。

最终促使我转向基因工程小鼠研究的，是我们实验室出现了几位天才的博士后研究员，其中包括赛斯·格兰特和马克·梅福特。格兰特和梅福特对小鼠遗传学的认识远胜过我，他们极大地影响了我们的研究方向。格兰特给了我研究基因修饰小鼠的初始驱动力，梅福特的批判性思维则在后期发挥了重要作用，帮助我们改进我们和其他人在第一代小鼠的行为研究中所使用的方法。

我们最初使用的那种制造转基因小鼠的方法会影响小鼠体内的每一个细胞。我们需要找到一种方法将我们的基因操纵限定于脑部，特别是形成外显记忆神经环路的区域。梅福特开发了限制新移植的基因在大脑特定区域表达的方法。他还开发了控制脑中基因表达的时间点的方法，因而让基因的打开和关闭成为可能。这两项成就开启了我们研究的新阶段，并被其他研究者广泛采用。它们构成了当前对基因修饰小鼠进行行为分析的基石。

将长时程增强与空间记忆关联起来的首次尝试发生在20世纪80年代后期。爱丁堡大学的生理学家理查德·莫里斯发现,通过药理学方法阻断NMDA受体,可以阻断长时程增强并干扰空间记忆。此后,格兰特和我在哥大,利根川进和他的博士后研究员阿尔西诺·席尔瓦在麻省理工学院,通过各自独立进行的实验,将上述研究向前推进了重要一步。我们分别创造了一个不同的基因修饰小鼠品系,使其缺少一种被认为是参与到长时程增强的关键蛋白质。然后我们观察基因修饰小鼠与正常小鼠相比,其学习和记忆过程受到了怎样的影响。

我们测试小鼠在若干精心设置的空间任务中的表现。比如,我们把小鼠放在一个光照充足的大型白色圆形平台上,平台周围有40个洞。其中只有一个洞是逃生出口。平台在一个小房间里,房间的每一面墙上装饰着不同的区别性标记。小鼠不喜欢开阔的空间,特别是明亮的地方。它们会感到危险无助并试着逃跑。能够逃离平台的唯一方法是找到唯一的逃生出口。最终,小鼠通过学习那个洞和墙上标记之间的空间关系找到了它。

在尝试逃跑时,小鼠依次采用三种策略:随机法、序列法和空间法。每种策略都能让小鼠找到逃生出口,但其效率截然不同。小鼠首先随机地去试某个洞,很快它学到这一策略是没有效率的。接着,它从一个洞开始挨个尝试,直到找出正确的那个洞。这是一个更好的策略但仍然不是最好的。上述策略都不依赖空间——都不需要小鼠在脑中存储环境的空间结构的内部地图——而且都不需要海马体参与。最终,小鼠采用了确实需要海马体的空间策略。它学会去看哪面被标记的墙与目标洞匹配，然后以墙上的标记为向导，径直奔向那个洞。大部分小鼠会很快放弃前两个策略而学会采用空间策略。

接下来我们关注海马体中一个称作谢弗侧支通路的区域的长时程增强。加州大学圣迭戈分校的拉里·斯奎尔已经发现这一通路的损伤会造成类似布伦达·米尔纳的病人H.M.经历的那种记忆缺陷。我们发现通过敲除一个特定基因——它编码对长时程增强很重要的一种蛋白质——能够破坏掉谢弗侧支通路中的突触增强。而且，这一基因缺陷与小鼠空间记忆的缺陷相关。

每年冷泉港实验室会举办一次针对生物学某个单一主题的会议。1992年的主题是"细胞表面"，由于大家认为利根川进和我们关于小鼠记忆基因的工作非常有趣，于是大会为我们新增了一段与细胞表面不相干的议程，让我们先后做了报告。利根川和我介绍了各自独立的实验，关于敲除一个基因如何抑制海马体一条通路中的长时程增强，同时还抑制了空间记忆。在那个时候，这是已知研究中长时程增强和空间记忆之间最直接的相关。此后不久，我们两个又都往前进了一步，考察长时程增强与在海马体中表征外部环境的空间地图如何关联。

到那次会议举行时，利根川和我都已经对彼此有了一点了解。在20世纪70年代，他已经发现了抗体多样性的遗传学基础，这对免疫学是一个非凡的贡献，他因此而获得了1987年诺贝尔生理学或医学奖。获得这项成就之后，他想要转向脑研究来征服一个新的科学天地。他是理查德·阿克塞尔的好朋友，理查德建议他找我谈谈。

当利根川1987年与我会面时，他最感兴趣的问题是意识。我则在试着激发他对脑研究的热情的同时也劝阻他研究意识，因为那时用分子取向来研究意识太困难，而且意识本身也缺乏合适的科学定义。既然他已经开始采用基因修饰小鼠研究免疫系统，因此转向学习和记忆对他而言既自然也很现实，当席尔瓦加入他的实验室时，他就开始了这方面的研究。

从1992年起，许多其他研究组也已经获得了与我们相似的结果，除了偶尔出现的重要例外情形，绝大多数实验都支持长时程增强的中断和空间记忆的损伤之间存在联系。于是，海马体成了开启考察长时程增强的分子机制以及这些分子在记忆存储中的角色的理想位置。

我知道小鼠的空间记忆，与之前研究过的海兔和果蝇的内隐记忆一样，包含两个部分：一个不需要蛋白质合成的短时记忆和一个需要蛋白质合成的长时记忆。现在我想找出外显短时和长时记忆的存储是否也有独特的突触和分子机制。海兔的短时记忆仅依赖于第二信使信号传导的短时突触变化，而长时记忆则需要基于基因表达改变所产生的更持久的突触变化。

我和同事们检查了取自基因修饰小鼠的海马体切片，发现在海马体的三条主要通路中，长时程增强都包含两个阶段，类似于海兔的长时程易化。单次电刺激产生一个短暂的处于早期阶段的长时程增强，只持续一到三小时且不需要合成新蛋白质。神经元对这些刺激的反应就如罗杰·尼科尔描述过的那样：突触后细胞中的NMDA受体被激活，导致钙离子流入突触后细胞。这里钙离子起到了第二信使的作用，它通过增强已有AMPA受体对谷氨酸的反应和刺激新生AMPA受体插入突触后细胞的细胞膜来触发长时程增强。为了对特定模式的刺激做出反应，突触后细胞还发回信号到突触前细胞，召唤更多的谷氨酸。

重复电刺激会产生一个处于后期阶段的长时程增强，其持续时间超过一天。我们发现这一阶段的性质与海兔中突触强度的长时程易化非常相似。在海兔和小鼠中，长时程增强的后期阶段都受到调节性中间神经元的强烈影响，调节性中间神经元在小鼠中被招募来把短时同突触变化转为长时异突触变化，它们还释放多巴胺，这是哺乳动物脑中一种常见的作用于注意和强化的神经递质。类似海兔中的血清素，多巴胺促进海马体中的受体去激活一种增加环腺苷酸数量的酶。不过，小鼠海马体中环腺苷酸的增加，其中很重要的一部分发生于突触后细胞，而在海兔中则是发生于突触前感觉神经元。这两种情况下，环腺苷酸招募蛋白激酶A和其他蛋白激酶，导致CREB的激活并打开效应基因。

我们在海兔记忆研究中最惊人的发现之一是记忆抑制基因的存在，由它产生了CREB-2蛋白。阻断海兔体内该基因的表达会导致与长时程易化有关的突触的强度增强和数量增加。在小鼠中，我们发现阻断该基因以及类似的记忆抑制基因会促进海马体中的长时程增强并强化空间记忆。

在这些研究中，我又一次与史蒂文·西格尔鲍姆进行了愉快的合作。我们对一个特定离子通道感兴趣，它抑制突触增强，特别是某些树突中的突触增强。奥尔登·斯宾塞和我在1959年研究过这些树突，并推断它们产生的动作电位会对从内嗅皮层到海马体的穿质通路中的活动做出反应。史蒂夫和我培育的小鼠缺失了作用于这一离子通道的基因。我们发现这些小鼠对穿质通路的刺激做出反应的长时程增强被加强了许多，这部分得益于树突产生的动作电位。这样一来，这些小鼠表现优异，它们比正常小鼠的空间记忆强得多！

我和同事们还发现，哺乳动物的外显记忆和海兔或果蝇的内隐记忆不同，前者除了CREB外还需要若干基因调控蛋白。尽管证据还不完整，但看上去在小鼠中，基因的表达也引起了解剖学变化——特别是新突触连接的生长。

尽管内隐记忆与外显记忆之间存在显著的行为学差异，但无脊椎动物内隐记忆存储的一些机制在几十亿年的进化中一直是保守的，脊椎动物的外显记忆存储用的也是这些机制。虽然伟大的神经生理学家约翰·埃克尔斯在我科研生涯的早期曾叮嘱我不要为了研究黏糊无脑的海生蜗牛而放弃前途光明的哺乳动物脑的研究，但现在我们很清楚的一点是，记忆的一些关键分子机制是所有动物共享的。

22

外部世界的大脑图景

对小鼠空间外显记忆的研究不可避免地把我引向了一个更大的问题,在我科研生涯的开始阶段,正是这个问题吸引着我进入精神分析。我开始思考注意和意识的本质,这些心理状态与简单反射动作不相干,而与复杂心理过程有关联。我想要关注的是,空间——小鼠穿行其中的内部环境——如何在脑中表征以及这一表征如何受到注意修饰。为了研究这些问题,我的关注点从海兔中已经得到充分理解的那个系统,转到了只产生过(且在一定程度上继续产生着)少许迷人结果并有许多问题留待解决的哺乳动物脑。不过好在认知分子生物学在过去几十年里已经取得了一定进展。

考察海兔的内隐记忆时,我在巴甫洛夫和行为主义研究的基础上,建立了一个分子和神经生物学取向来研究基本心理过程。行为主义虽然有着严格的研究方法,但他们对行为的定义狭隘又局限,主要关注的是动作。相较之下,我们对外显记忆和海马体的研究面临着巨大的智力挑战,这很大程度上是因为空间记忆的编码和提取需要有意识注意的参与。

作为思考空间复杂记忆和它在海马体中的内部表征的第一步,我把目光从行为主义学派转向了认知心理学家,后者是精神分析学家在科学上的继承者，也是第一批系统思考外部世界如何在我们的大脑中重构和表征的科学家。

作为对行为主义局限性的回应，认知心理学兴起于20世纪60年代早期。在试图保持行为主义的实验严谨性的同时，认知心理学家关注更复杂的心理过程，其研究对象与精神分析更为接近。正如之前的精神分析学家一样，新生的认知心理学家并不满足于对感觉刺激引发的动作反应的简单描述。他们感兴趣的是刺激与其反应之间的脑机制，即感觉刺激是如何引发动作的。认知心理学家通过其设计的行为学实验推断来自眼睛和耳朵的感觉信息如何在脑中被转换成表象、词语或动作。

认知心理学家的思考是由两个假定驱动的。第一个来自康德的观念，认为大脑生来具有先验的知识，"知识……是独立于经验的"。这一观点后来被欧洲的格式塔心理学家进一步发展，他们和精神分析学家一起，都是现代认知心理学的先行者。格式塔心理学家认为我们连贯的知觉是大脑内置能力的最终产物，目的是从只有有限的特征能够被外周感觉器官探测到的这个世界中获取意义。因为视觉系统不是像照相机那样被动地简单记录一幅场景，所以大脑才能够从对一幅视觉场景的有限分析中获取意义。知觉具有创造性：视觉系统把视网膜上二维模式的光转换成一个从逻辑上可以连贯稳定理解的三维感官世界。内置于大脑神经通路中的是基于猜测的复杂规则，这些规则允许大脑从传入的神经信号相对贫乏的模式中提取信息，将之转换成一个富有意义的表象。因此，大脑是出类拔萃的解决模糊问题的机器！

认知心理学家通过研究"错觉"，证实了这一能力。错觉就是大脑对视觉信息的误读。比如，一个图像并不含有一个三角形的三条边，却仍然会被看成一个三角形，因为大脑期待将事物辨认成特定的图像（图22-1）。大脑的期待是内置于视觉通路的解剖学和功能性结构中的。这种期待部分源自经验，但更大部分是源自视觉固有的神经环路。

为了解这些进化出来的知觉技能，将大脑的计算能力与人工计算机或信息处理器的计算能力进行比较是很有帮助的。当你坐在一个街边咖啡馆看着过往的行人，你能够通过极少的线索轻易区分出男人和女人、友人和路人。知觉并识别物体和人似乎毫不费力。然而，计算机科学家在构建智能机器的过程中发现，这些知觉性辨别所需的计算还没有计算机可以做到。仅仅是识别出一个人对计算机来说就非常了不起了。我们的全

图22-1 大脑对感觉信息的重构。大脑通过给不完整的信息创造形状来解决模糊性——比如给这些三角形补上缺失的线条。如果你遮住这些图片的一部分，你的大脑被剥夺了一些它用来形成结论的线索，三角形就消失了。

部知觉——视觉、听觉、嗅觉和触觉——都是经分析而取得的成果。

认知心理学家提出的第二个假定是，大脑中的这些分析性成果是通过建立外部世界的内部表征——一幅认知地图——并使用它整合来自外部的所见所闻，生成一幅有意义的表象而取得的。然后，这幅认知地图与过去发生的事结合到一起，并受到注意的调节。最后，这些感觉表征被用于组织并协调有目的的行为。

认知地图这一想法被证明是行为研究的一个重要进展，它使认知心理学与精神分析更加紧密地联系在一起。它还提供了一个比行为主义者所持有的更开阔且更有趣的心智观。但这一概念并非没有问题。最大的问题在于认知心理学家推断出的内部表征事实上只是精致的猜测，它们无法得到直接检验，因而不易进行客观分析。要想看见这些内部表征——窥视心智的黑箱——认知心理学家必须与生物学家联手。

幸运的是，在20世纪60年代认知心理学兴起的同时，高级脑功能的生物学也正在成熟。到了70年代和80年代，行为主义者和认知心理学家开始与脑科学家合作。这样一来，关注大脑过程的生物科学——神经科学——就开始与关注心智过程的行为主义和认知心理学融合，形成了一个新的学科领域即认知神经科学，这一学科关注内部表征的生物学并倚重两种研究方法：用电生理学方法研究感觉信息在动物脑中如何表征，以及用成像方法研究无损且正常活动的人类的大脑中的感觉和其他复杂的内部表征。

这两种取向之前都被用于考察我想要研究的空间内部表征，

它们揭示出空间确实是感觉表征中最复杂的。要想理解它，我首先需要搞清楚在对更简单表征的研究中已经获得了哪些成果。我很幸运，这一领域的主要贡献者是韦德·马歇尔、弗农·蒙特卡斯尔、戴维·休伯尔和托尔斯滕·维泽尔，这四个人我都很了解，他们的工作我也很熟悉。

感觉表征的电生理学研究是由我的导师韦德·马歇尔开创的，他是研究触觉、视觉和听觉如何在大脑皮层中表征的第一人。马歇尔从研究触觉表征入手。1936年，他发现猫的躯体感觉皮层包含一幅身体表面的图谱。接着他与菲利普·巴德和克林顿·伍尔西合作，极其详细地绘制了猴子大脑中整个身体表面的表征。几年后，怀尔德·彭菲尔德绘制了人类躯体感觉皮层的图谱。

这些生理学研究揭示了关于感觉图谱的两个原理。第一，在人类和猴子中，身体的各个部位都是以一种系统化的方式表征于皮层中的。第二，大脑中的感觉图谱不是身体表面形态的直接复制，而是对身体形态的大幅扭曲。身体的各个部位是根据它在感知觉中的重要性而非其大小按比例来表征的。因此，比起尽管面积大得多却对触觉不太敏感的背部皮肤，指尖和嘴这些对触碰极其敏感的区域的表征不成比例地大。这一变形反映了身体不同区域感觉神经分布的密度。伍尔西后来在其他实验动物中发现了类似的变形。比如在兔子脑中，脸和鼻子有着最大的表征，因为它们是兔子探索周遭环境的主要工具。正如我们已经知道的，这些图谱能够受到经验修饰。

20世纪50年代早期，约翰·霍普金斯大学的弗农·蒙特卡斯尔运用单细胞记录扩展了对感觉表征的分析。蒙特卡斯尔发现躯体感觉皮层的各个神经元只对来自皮肤一块有限区域的信号做出反应,他把这样的区域称作神经元的感受野。比如,左脑躯体感觉皮层手部区域的一个细胞可能只对来自右手中指指尖的刺激做出反应。

蒙特卡斯尔还发现,触觉是由几种不同的亚感觉组成的。比如,触摸包括了对皮肤造成压力的感觉和在皮肤表面轻轻扫过产生的感觉。他发现每种亚感觉都与大脑有着单独的通路连接,这些亚感觉在脑干和丘脑中的每个中继站中一直保持着分离状态。这种分离最迷人的例证出现在躯体感觉皮层,从它的上表面到下表面由多个神经细胞柱组成。每一个功能柱表征一种亚感觉及皮肤的一块区域。因此,其中某个功能柱中的所有细胞可能接收的都是来自食指末端的表面触觉信息,另一个功能柱中的细胞则接收食指的深度压力信息。蒙特卡斯尔的工作揭示出触觉信息是被拆解的,每一种亚感觉都会被独立分析,只有在信息加工的后期阶段才会被重建并整合。蒙特卡斯尔还提出了一个现在已被普遍接受的观点,即这些功能柱形成了皮层信息加工的基本模块。

其他感觉也是通过类似的方式组织而成。在对知觉的分析中,视觉比其他感觉取得的进展更大。从中我们看到,通过从视网膜到大脑皮层的通路中继传播的视觉信息,也是以精确的方式进行转换的,先被拆解然后被重建——这些都是以我们觉察不到的方式进行的。

20世纪50年代早期,斯蒂芬·库夫勒从对视网膜上单个细胞的记录中做出了令人惊讶的发现,他发现这些细胞传导的信号并非光线的绝对水平,而是明暗对比。使得视网膜细胞兴奋的最有效刺激不是漫射光，而是小光点。戴维·休伯尔和托尔斯滕·维泽尔在位于丘脑的下一个中继站中发现了类似的情况。不过，他们获得的惊人发现是，一旦信号到达皮层，它就发生了转换。皮层中的大多数细胞很少对小光点做出反应。相反，它们对线性轮廓和明暗区域之间的狭长边缘这些可以勾勒出环境中物体轮廓的特征做出反应。

最奇妙的是，初级视觉皮层中的每个细胞只对明暗轮廓的一个特定朝向做出反应。因此，如果我们眼前有一个缓慢旋转的正方体，慢慢改变着每一边的角度，那么不同的细胞会接连放电来对这些不同的角度做出反应。有些细胞在线性边缘朝向是垂直时反应最强，其他细胞则对水平朝向反应最强，还有一些细胞对倾斜角度的朝向反应最强。把看到的物体拆解成不同朝向的线条片段似乎是编码我们周围物体形状的第一步。休伯尔和维泽尔接下来发现，视觉系统中的细胞和躯体感觉系统中的细胞一样，具有相似属性的（此处指的是响应相同朝向的细胞）会以功能柱的形式组织在一起。

我觉得这项工作很激动人心。作为对脑科学的一项科学贡献，它是自世纪之交卡哈尔的工作以来，我们在理解大脑皮层组织方面取得的最为基础的进展。卡哈尔揭示了神经细胞群体之间相互连接的精确性。蒙特卡斯尔、休伯尔和维泽尔则揭示了相互连接的这些模式的功能性意义。他们的研究表明，这些连接在通往皮层的过程中以及皮层内过滤并转换感觉信息，皮层则是由功能性的区隔或模块组织而成。[1]

---

[1] 休伯尔和维泽尔因上述贡献获得了1981年诺贝尔生理学或医学奖。休伯尔在他的诺贝尔奖受奖词中指出，蒙特卡斯尔的研究"无疑是自卡哈尔以来对理解大脑皮层做出的唯一最重要的贡献"。

有了蒙特卡斯尔、休伯尔和维泽尔的研究成果，我们才得以开始在细胞水平理解认知心理学原理。这些科学家的研究证实了格式塔心理学的推断，即我们的知觉是精确且直接的这一信念其实只是一种认知错觉。大脑并不是简单地通过感觉接收原始数据并忠实地复制出来，相反，各个感觉系统首先分析并拆解这些原始输入信息，然后根据其内置连接和规则来重建它们——这些都符合伊曼努尔·康德的洞见！

感觉系统是一个基于假设的发生器。我们既不是直接地也不是精确地面对着这个世界，但就如蒙特卡斯尔指出的：

……通过数百万脆弱的感觉神经纤维把大脑与存在于"外部世界"的事物连接起来，这是我们唯一的信息通道，我们通往现实的生命线。它们还行使着对生命自身至关重要的功能：保持自我觉知的意识状态的兴奋性输入。

感觉是由感觉神经末端的编码功能和中枢神经系统的神经整合机制设定的。输入神经纤维并不是高保真的记录员，它们强调特定的刺激特征而忽略其他特征。中枢神经元对于神经纤维来说扮演着说书人的角色，它从不是完全忠实的，允许质量和度量上的失真。……**感觉是真实世界的摘要而非复本。**

对视觉系统的后续研究表明，除了把物体分解成线条片段，视知觉的其他方面——运动、深度、形状和色彩——相互之间都是分离的，由不同的通路传导到大脑，只有在脑中它们才聚到一起整合成统一的知觉。这一分离过程很重要的一部分发生在初级视觉皮层,它在这里形成了两条平行通路。一条是"什么"通路,携带物体的外形信息:这个物体看上去什么样。另一条是"哪里"通路,携带物体的空间运动信息:这个物体位于哪里。这两条神经通路终止于关注更复杂加工的皮层高级区域。

视知觉的不同方面可能是由大脑不同区域加工的这一想法,弗洛伊德在19世纪末已经预言过。他提出有些患者无法识别视觉世界的某些特征不是因为(由视网膜或视神经的损伤造成的)感觉障碍,而是皮层缺陷影响了他们把视觉的各个方面整合成一个有意义模式的能力。这些被弗洛伊德称作失认症的缺陷可以是非常特异性的。比如,损毁"哪里"或"什么"通路会导致不同的特定缺陷。因"哪里"系统缺陷而患有深度失认症的人,无法知觉到深度,但他视觉的其他方面都是完好的。这样的人不能"分辨所看到物体的深度或厚度。……肥硕的人可能会被看成移动的硬纸板状物,每一样东西都完全是平的"。类似地,患有运动失认症的人不能知觉运动,而其他的知觉能力都是正常的。

引人注目的证据显示"什么"通路的一个独立区域是专门用于面孔识别的。有些人在脑卒中之后能够将一张面孔识别为一张面孔,也能分清面孔的各个部位甚至特定的表情,但却识别不出这张面孔属于谁。患有这种障碍(面孔失认症)的人常常认不出自己的近亲,甚至不能认出镜子中自己的脸。他们丧失的不是识别一个人身份的能力,而是把面孔和身份进行关联的能力。要想识别一个密友或近亲,这些患者必须借助这个人的嗓音或其他非视觉线索。天才的神经学家兼神经心理学家奥利弗·萨克斯在他的经典作品《错把妻子当帽子的人》中，描述了一个面孔失认症患者在离开萨克斯的办公室时，无法识别坐在他身旁的妻子，而认为她是他的帽子，试图拿起她戴在头上。①

由不同神经通路携带的运动、深度、色彩和形状信息是如何被组织成统一的知觉的？这一问题被称为"捆绑"问题，与有意识经验的统一性相关：即我们看到一个骑自行车的男孩时，看到的为什么不是没有图像的运动或者静止的图像，而是看到充满各种颜色的一个连续的、三维的、运动中的男孩。这一捆绑问题被认为要通过同时将若干独立的神经通路以及其各自不同的功能联结在一起来解决。这一捆绑是如何以及在哪里发生的？伦敦大学学院知名的视知觉研究者萨米尔·泽基简洁地提出：

乍一看，整合问题似乎很简单。从逻辑上来说，有人可能会认为，它不过是需要来自不同视觉区域的所有信号聚集到一起，向一个作为主管的皮层区域"报告"它们加工的结果。这一主管区域接着会综合所有这些不同来源的信息并给我们提供最终的图像。但大脑有其自身的逻辑。……如果所有的视觉区域向一个主管皮层区域报告，那么这一区域又向谁或者什么报告？更形象地说，就是谁在"看"这些由主管区域提供的视觉图像？这个问题并不是视觉图像或视觉皮层所特有的。比如，谁在听主管听觉

---

① 萨克斯也患有面孔失认症，他的作家身份甚至比他的科学家身份更出名，其多部畅销作品都已翻译成中文，有些还改编成了电影、电视纪录片和歌剧。

区域提供的音乐，或者谁在闻主管嗅觉皮层提供的气味？事实上追踪这一宏大设计是没有意义的。在此我们遇到了一个重要的解剖学事实，这一事实最终也许不那么宏大但更具启发性：**不论是在视觉还是其他任何系统中，都不存在一个所有其他皮层区域只对它报告的皮层区域。总之，皮层必须采用一种不同的策略来生成整合的视觉图像。**

———

当一位认知神经科学家低头观察一个实验动物的大脑时，他能看到哪个细胞在放电，并能解读大脑正在感知什么信息。但这个大脑采用了什么策略来解读自身？这一问题作为有意识经验的统一性的核心，仍然是新心智科学的一个未解之谜。

关于这一问题最早的研究取向是由NIH的爱德·埃瓦茨、罗伯特·伍尔兹和迈克尔·戈德伯格提出的。他们开创了一种方法，用于记录无损且正常活动的猴子在执行需要动作和注意参与的认知任务时，其大脑中单个神经细胞的活动。他们开发的新研究技术使得纽大的安东尼·莫夫肖和斯坦福的威廉·纽瑟姆等研究者能将单个脑细胞的活动与复杂行为——知觉和动作——联系起来，以观察促进或减少一小群细胞的活动对知觉和动作会有什么影响。

这些研究还使得考察参与知觉和运动信息加工的单个神经细胞的放电如何受到注意和决策的修饰成为可能。因此，不像行为主义只关注动物对刺激的反应而产生的行为，也不像认知心理学那样关注内部表征的抽象概念，认知心理学与细胞神经科学的融合揭示出引发一种行为相对应的真实生理表征——大脑中的信息加工能力。这一工作证明了亥姆霍兹在1860年描述过的无意识推断，即刺激与反应之间的无意识信息加工过程也能够在细胞水平进行研究。

到了20世纪80年代，随着脑成像技术的引入，感觉与运动在大脑皮层的内部表征的细胞学研究得到了扩展。这些技术，比如正电子发射体层成像（PET）和功能性磁共振成像（fMRI），通过揭示各种复杂行为功能在脑中的定位，把保罗·布罗卡、卡尔·韦尼克、西格蒙德·弗洛伊德、英国神经学家约翰·休林斯·杰克逊和奥利弗·萨克斯等人的工作向前推进了一大步。利用这些新技术，研究者可以窥视大脑，他们看到的不仅是单个细胞，而且是正在活动的神经环路。

我逐渐确信理解空间记忆分子机制的关键是理解空间在海马体中如何表征。正如有人期望的那样，由于对环境的空间记忆在外显记忆中很重要，这种空间记忆在海马体中会具有突出的内部表征。这甚至在解剖学上也是显而易见的。空间记忆对鸟类尤为重要，比如有些鸟类需要在许多不同地点存储食物，于是它们的海马体比其他鸟类要大。

伦敦出租车司机是另外一个恰当的例子。与别处的出租车司机不同，伦敦的司机必须通过一个严格的考试来获得执照。在测试中，他们必须证明自己知道伦敦每一条街道的名称以及往来两个地点的最佳路线。功能性磁共振成像揭示，在这座城市街道中经过了两年的严格定向后，伦敦出租车司机的海马体会变得比其他同龄人的要大。而且，随着从业时间的增加，他们的海马体会继续增大。此外，脑成像研究显示，当出租车司机被要求回忆如何到达一个特定目的地时，在想象开车的过程中，他们的海马体就会被激活。那么，空间是如何在海马体的细胞水平进行表征的呢？

为了解决这些问题，我又带着分子生物学的工具和洞见，回到了已有的对小鼠空间内部表征的研究之中。我们已经使用基因修饰小鼠研究了特定基因对海马体长时程增强和空间外显记忆的影响。现在我们准备好研究长时程增强如何帮助固化空间内部表征，以及注意（这是外显记忆存储的一个定义性特征）如何调节空间表征。这一复合的取向——从分子扩展到心智——开启了在分子水平研究认知和注意的可能性，并完成了对之前研究成果的综合，由此开启了一门新的心智科学。

23

必须付出注意力！

　　从蜗牛到人类的所有生物，都是以空间知识作为其行为的核心。正如约翰·奥基夫指出的："我们所有的行为都有空间的参与。我们住在其中、穿行其间、探索它、保卫它。"空间不仅是一种至关重要的感觉，而且是一种迷人的感觉，因为它和其他感觉不同，它不是由某个特定的感觉器官来加工的。那么，空间是如何在大脑中表征的呢？

　　认知心理学的先驱之一康德认为，表征空间的能力内置于我们心智之中。他觉得人类生来就具有建立空间和时间秩序的规则，于是当其他感觉被激发时——无论是被物体、旋律或触摸体验——它们会以特定的方式自发地交织在空间和时间之中。奥基夫把这一康德式的空间逻辑运用到了外显记忆上。他认为很多形式的外显记忆（比如对人或物的记忆）都用到了空间坐标——我们通常记住的是在某个空间情境中的人和事。这并不是个新想法，公元前55年，伟大的罗马诗人兼雄辩家西塞罗就描述过一种希腊式的记单词技巧（直到今天还被一些演员使用）：想象一栋房子里按顺序排布的房间，将需要记忆的词语与每个房间关联起来，然后在心里按照正确的顺序把这些房间走一遍。

由于我们没有专门针对空间的感觉器官，因此空间表征本质上是一种认知性的感受：它是加强版的捆绑问题。大脑必须把来自不同感觉通道的输入合在一起，然后产生一个完整的内部表征，它不能仅仅依赖任何一个单独的输入。通常，大脑在不同区域以不同方式表征空间信息，每种表征的性质取决于它的目的。比如，大脑的有些空间表征通常使用**自我中心的坐标**（以信息接收者为中心），编码一束光相对于视野中央凹的位置或者一种气味或触碰相对于身体的位置。自我中心的表征有很多用处，人类或猴子通过它把目光投向特定位置来定位一个突如其来的噪声，果蝇用它来躲避与不愉快反应相联结的气味，海兔靠它来产生缩鳃反射。对于其他行为，比如小鼠或人类的空间记忆，把生物体的位置相对于外部世界来进行编码以及对外部物体之间的关系进行编码是很有必要的。针对此类目的，大脑使用**异我中心的坐标**（以世界为中心）。

对大脑中触觉和视觉这些较为简单的、基于自我中心坐标的感觉图谱的研究，为更复杂的异我中心的空间表征研究提供了一个跳板。但是1971年奥基夫发现的空间地图与韦德·马歇尔、弗农·蒙特卡斯尔、戴维·休伯尔和托尔斯滕·维泽尔发现的触觉和视觉的自我中心图谱截然不同，因为前者不依赖于任何一种感觉通道。[①] 实际上，1959年，当奥尔登·斯宾塞和我试着解释感觉信息如何进入海马体时，我们刺激不同的感觉通道并对单个神经细胞进行记录，但我们没能获得敏锐的反应。我们并未认识到海马体关注的是环境知觉，因而表征的是多感觉经验。

---

① 感觉"图谱"与空间"地图"对应的英文都是map，指的都是一种相对应的表征。

约翰·奥基夫是认识到大鼠海马体包含外部空间的多感觉表征的第一人。奥基夫发现，当一只动物在围栏里走来走去，只有在它运动到一个特定位置时，某些位置细胞才会发出动作电位，而其他细胞则会在它移动到其他位置时放电。大脑将它的周遭环境拆分成许多相互重叠的小区域，类似一幅马赛克，每一个区域由海马体中特定细胞的活动来表征。在大鼠进入一个新环境后数分钟内，这幅内部地图就形成了。

我于1992年开始思考空间地图的问题，好奇它是如何形成又是如何保持的，以及注意如何指导它的形成和保持。我对奥基夫和其他人发现的一个事实感到震惊：即使是一个简单场所的空间地图也不是立刻形成的，而是在大鼠进入新环境之后的10到15分钟内形成。这表明地图的形成是一个学习过程，空间认知也遵循熟能生巧的原理。最理想的情况下，这幅地图能保持几星期甚至几个月，这很像一个记忆过程。

与基于康德式先验知识并预置于脑内的视觉、触觉或嗅觉不同，空间地图带给我们的是一种新型表征，它基于先验知识与学习的结合。形成空间地图的一般能力是内置于心智中的，但形成特定地图的能力则不是这样。不同于感觉系统中的神经元，位置细胞不是通过感觉刺激来开启的。它们的集体活动表征的是动物认为它所处在的位置。

现在我想知道的是，在我们实验中引发海马体的长时程增强和空间记忆所需的分子通路是否同样用于空间地图的形成和保持。尽管奥基夫已于1971年发现了位置细胞，而布利斯和勒莫已于1973年发现了海马体的长时程增强，却还没有人尝试过将这两个发现联系起来。当我们于1992年开始研究空间地图时，科学界对其分子机制还一无所知。这一情形再次说明了为什么在两个学科之间的边缘上进行研究——本例中是在位置细胞的生物学与细胞内信号传导的分子生物学之间——能够取得大量成果。一个科学家在实验中能探索到什么，很大程度上取决于他所处的知识情境。很少有比将一种新思维方式带入另一个学科更令人兴奋的事情了。1965年，吉米·施瓦茨、奥尔登·斯宾塞和我，选择把我们在纽大的新研究室冠上"神经生物学与行为"这个名称时，我们心里想的正是这样一种跨学科的尝试。

在与位置细胞研究的先驱之一罗伯特·米勒的合作过程中，我们发现导致长时程增强的一些分子作用确实是长时间保持一幅空间地图所必需的。我们知道蛋白激酶A会打开基因进而开启长时程增强后期所必需的蛋白质合成。类似地，我们发现虽然一幅地图原始信息的形成并不需要蛋白激酶A或蛋白质合成，但它们对这幅地图的长期"固定"是不可或缺的，这样小鼠才能在每次进入同一个空间时回忆起同一幅地图。

蛋白激酶A和蛋白质合成对空间地图的固化是必需的，这一发现引出了进一步的问题：我们在海马体中记录的空间地图能够让动物产生外显记忆吗？也就是说，能让它们表现得像已经熟悉了这一环境一样吗？这些地图就是实际的内部表征、是空间外显记忆的神经性相关物吗？在他的初步构想中，奥基夫把这一认知地图看作动物用于导航的空间内部表征。因此他除了把这幅地图当成记忆自身的表征，更倾向于把它当成类似指南针的导航性表征。我们探索了这个问题，发现确实如此，当我们阻断蛋白激酶A或抑制蛋白质合成时，我们不仅干扰了空间地图的长时固化，还干扰了长时空间记忆保持的能力。于是我们就得到了这幅地图与空间记忆相关联的直接遗传学证据。

此外，我们发现空间记忆与海兔缩鳃反射的简单内隐记忆一样，存在获取地图（并保持数小时）和长期稳定地保持地图这两个相区别的过程。

尽管存在一些相似性，人类的空间外显记忆还是与内隐记忆有着明显差别。具体来说，外显记忆在编码和回忆时需要选择性注意。因此，为了考察神经活动与外显记忆之间的关系，现在我们需要考虑注意这一问题。

选择性注意被普遍认为是知觉、行动和记忆——有意识经验的统一体——中的一个重要因素。在任一给定时刻，动物都被大量感觉刺激包围着，但它们只会注意其中一个或几个刺激，而忽略或压制其余的。大脑加工感觉信息的能力比它的感受器探测环境的能力要有限得多。因此注意扮演了过滤器的角色：选择一些对象来做进一步加工。很大程度上由于选择性注意的存在，内部表征不会复制外部世界的全部细节，而且人们无法只根据感觉刺激来预测每一个行动反应。在我们每时每刻的体验中，我们聚焦于特定的感觉信息并（或多或少）排斥其余的。如果现在有个人走进房间，你把目光从这本书上移开去看向他，你就不再注意这一页上的文字了。同时，你也没有在注意这间房的布置，或是房内的其他人。如果待会儿有人要求你回忆这段场景，你更可能记得走进房间的那个人，而不记得其他一些事物，比如房间的墙上有道划痕。感觉器官的这种专注性是所有知觉都具备的本质特征，正如威廉·詹姆斯在他出版于1890年的开创性著作《心理学原理》中所指出的：

数以百万计的信息都呈现给我的感官……但它们从未

进入到我的体验中。为什么？因为我对它们没有**兴趣**。**我体验到的是我愿意注意的那些**。……每个人都知道什么是注意。它在若干同时发生的可能对象或一连串的思维中，选择其中一个以清晰生动的形式占据我们的心智。它的本质是集中焦点、聚精会神。它意味着为了有效地处理一些对象而撇开另外一些对象。

注意还允许我们把一幅空间图像的各种成分合而为一。我和我的博士后克利夫·肯特罗斯选择通过探索注意是否为空间地图所必需的来考察注意与空间记忆之间的联系。如果是必需的，那么注意影响的是这幅地图的形成还是固化？为了检验这些想法，我们将小鼠置于所需注意程度依次增加的四种条件中。第一种只需要基础或环境注意——即便没有进一步刺激时仍然存在的注意。本实验中是指动物在围栏里走来走去且没有分心刺激。第二种，我们需要动物搜寻食物，这个任务需要更多的一些注意。第三种，我们要求动物对两种环境进行区分。第四种，我们需要动物切实地学会一个空间任务。我们精心设计实验，以确保在小鼠走来走去时，它所讨厌的光照和声响会周期性出现。小鼠关掉它们的唯一方法是找到一小块没有标记的目标区域并在那里停留一会儿。小鼠能够很好地掌握这个任务。

我们发现，即便环境注意已经足以使它们形成一幅空间地图并保持数小时，但这样一幅地图在3到6小时后就会变得不稳定。长时稳定性与小鼠在其环境中需要投入特定注意的程度呈强烈且系统性的相关。因此，当一只小鼠被迫对一个新环境投入大量注意，一边探索新空间一边还必须学习一个空间任务时，这一空间地图会保持数天，而且小鼠很容易记住基于这个空间信息的新任务。

　　大脑中的注意机制是什么样的？它如何对空间信息的强编码做出贡献，而且使我们过了很长时间还能迅速回忆起该信息？我已经知道，注意不是脑中的一股神秘力量而是一个调节过程。NIH的迈克尔·戈德伯格和罗伯特·伍尔兹早前发现在视觉系统中，注意增强了神经元对刺激的反应。深度牵涉进注意相关现象的一条调节通路是由多巴胺介导的。产生多巴胺的细胞聚集于中脑，它们的轴突投射到海马体。实际上，我们发现阻断多巴胺在海马体中的作用会阻止动物正投入注意的空间地图的固化。相反，激活海马体中的多巴胺受体会让动物没有投入注意的空间地图得到固化。中脑产生多巴胺的神经元的轴突发送信号到包括海马体和前额皮层在内的多个位置。前额皮层（随意动作需要它的参与）发回信号到中脑，调整那些神经元的放电。我们发现参与随意行为的那些脑区也同样参与了注意过程，这确证了选择性注意对意识的统一性至关重要这一观点。

　　在《心理学原理》中，威廉·詹姆斯认为存在不止一种形式的注意。注意至少分为两种类型：不随意的和随意的。不随意注意由自主神经过程支持，它在内隐记忆中表现得尤为明显。比如在经典条件作用中，当且仅当条件性刺激是凸显的或惊异的时，动物才会学到将两个刺激联结起来。不随意注意的激活由外部世界刺激的性质而定，按照詹姆斯的说法，它会被"大个的东西、光亮的东西、运动的东西或者鲜血"吸引。另一方面，随意注意，比如在开车时注意道路和交通，是外显记忆的一个特征，它源自内部需求，目的是处理那些并非自动凸显的刺激。

詹姆斯认为人类的随意注意显然是一个有意识的过程，因此它可能是在大脑皮层中发起的。从还原论的视角来看，这两种注意都需要与凸显性相关的生物信号，比如调节性神经递质的参与，来调控神经网络的功能或结构。

我们对海兔和小鼠的分子水平研究支持了詹姆斯的观点，不随意和随意这两种注意是存在的。它们之间的关键差异之一不是凸显性的存在与否，而是凸显性信号是否被有意识地感知到了。因此，当我需要学习如何从我在里弗代尔的家驾车前往我儿子保罗位于韦斯切斯特的家时，我会有意识地投入注意。但是，如果我开车时有辆车突然从前面窜出来，我会自动地用脚去踩刹车。这些研究还表明，就像詹姆斯指出的那样，一种记忆是内隐的还是外显的，其决定因素是凸显性注意信号参与记忆的方式。

正如我们已经看到的，在这两种类型的记忆中，短时记忆向长时记忆的转化都需要基因的激活。而且在每一种类型里，调节性递质似乎都携带了注意信号来标记刺激的重要性。有机体要对这个信号做出反应，会打开基因、制造蛋白质并发送到所有突触。比如，在海兔中血清素触发蛋白激酶A，而在小鼠中多巴胺触发蛋白激酶A。不过，这些凸显性信号是以根本不同的方式起作用：在海兔中，信号用于构成敏感化基础的内隐记忆；在小鼠中，信号用于形成空间地图所需的外显记忆。

在内隐记忆存储方面，注意信号是不随意地（反射性地）参与进来的，这是一个自下而上的过程：尾部的感觉神经元被电击激活，它直接作用于释放血清素的那些细胞。在空间记忆方面，多巴胺似乎是随意地参与进来，这是一个自上而下的过程：大脑皮层激活释放多巴胺的那些细胞，接着多巴胺在海马体中调节活动（图23-1）。

内隐记忆

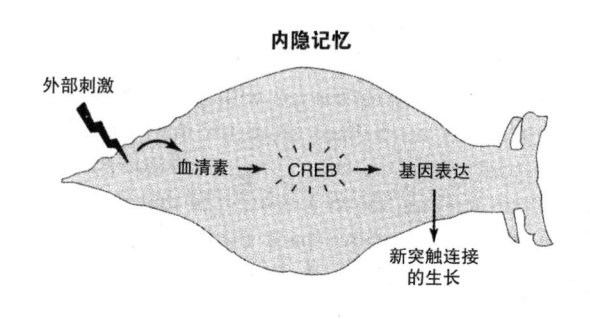

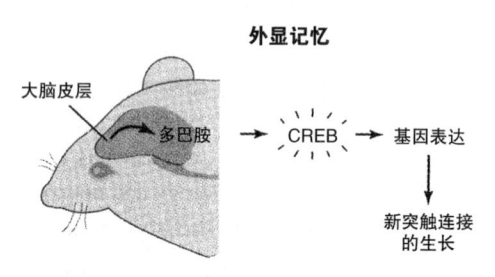

外部刺激 → 血清素 → CREB → 基因表达 → 新突触连接的生长

外显记忆

大脑皮层 → 多巴胺 → CREB → 基因表达 → 新突触连接的生长

图 23-1 长时内隐与外显记忆的凸显性信号。在内隐（无意识）记忆中，一个外部刺激自动触发了动物体内的凸显性信号（血清素）。它激活基因并导致长时记忆存储。在外显（有意识）记忆中，大脑皮层随意招募了凸显性信号（多巴胺），它引起动物投入注意。这调节了海马体中的活动，导致长时记忆存储。

自上而下和自下而上两个注意过程的分子机制是相似的，与这一观点相一致的是，我们发现了一个可能在两个过程中都参与记忆固化的机制。与考斯克·司在海兔中发现的情况相似，小鼠海马体中包含至少一种类似朊病毒的蛋白质。来自德国的博士后马丁·泰斯和我发现，和海兔中血清素调节 CPEB 蛋白的数量和状态的方式一样，多巴胺在小鼠海马体中也调节类似朊病毒的 CPEB 蛋白（CPEB-3）的数量。这一发现引出了一个有趣的可能性——也是到目前为止唯一的可能性——当动物的注意触发海马体中多巴胺的释放，进而引起一种由 CPEB 介导的不断自行复制的状态时，空间地图就会逐渐得到固化。[1][2]

注意在空间地图的固化过程中的重要性将我们导向了另一个问题：通过学习形成的这幅空间地图对于每个人都是一样的吗？具体来说，男人和女人在寻找路径的时候，是否会采用相同的策略？这是一个迷人的问题，而生物学家对它的探索才刚刚开始。

第一个发现海马体位置细胞的奥基夫将他的空间定位研究扩展到了性别差异。他发现女人和男人在空间认知以及在空间中定位自己的方式上存在明显差异。女人使用临近的线索或地标来定位。因此，在给人指路时，一个女人可能会说："在沃尔格林药店处右转，然后一直开，直到你看到马路左侧有一栋带绿色百叶窗的殖民地风格的白色房子。"男人则更多依赖于内化于脑中的几何地图。他们可能会说："向北行驶5英里，然后右转向东再行驶半英里。"脑成像结果显示，男人和女人在思考空间时激活的脑区不同：男人激活的是左侧海马体而女人激活的是右侧顶叶和右侧前额叶皮层。这些研究指出了同时优化两种策略对群体效率具有潜在的益处。

放在一个更大的情境下考虑，形成空间地图时的性别差异就有了额外的重要性：男人和女人的脑结构和认知风格在多大

---

[1] 2015年6月，坎德尔实验室发表于著名科学期刊《神经元》(*Neuron*) 的论文首次证实了CPEB-3能够介导小鼠基于海马体的空间记忆的巩固和持续，这表明CPEB介导的类似朊病毒的机制在哺乳动物中是保守的。论文链接：http://doi.org/10.1016/j.neuron.2015.05.021

[2] 2019年9月，坎德尔实验室发表于《美国国家科学院院刊》的一篇里程碑式论文，结合多种研究手段，精ään揭示了由小泛素样修饰蛋白（SUMO）调控的CPEB-3维持长时记忆的分子机制，证实了本书提出的猜想，也为人类记忆相关疾病的治疗带来了新曙光。论文链接：http://doi.org/10.1073/pnas.1815275116

程度上是有差异的?这些差异是天生的,还是源于学习和社会化?面对诸如此类的问题,生物学和神经科学能够给我们提供基本的指导,以便做出影响深远的社会决策。

第五部

由于尚无有用的模型,人性的诸多方面仍然有待我们去理解。或许我们应该假装只有神才知道什么是道德,而如果我们把人类视为代表着神的一种模式生物,那么通过研究我们自身,我们可能也会渐渐理解神。

——西德尼·布伦纳,诺贝尔讲座(2002)

24

红色小药丸

每一个研究记忆的人都强烈地意识到，大众对能够改善受到疾病损害或随年龄减弱的记忆的药物有着迫切需求。但在任何新药能够投放市场之前，必须通过动物模型进行检验。显然，有了我们建立的内隐或外显记忆存储的动物模型，我们能够开始思考治疗记忆障碍的新方法。时机在此又一次被证明是非常关键的。就在20世纪90年代早期，基因修饰小鼠被创造出来用于分析记忆及其障碍的本质时，一个寻找新的开发药物方法的新产业出现了。

直到1976年，新的科学洞见还不能很快转化为更好的治疗模式，在美国像我这样的学术型科学家也对与制药业合作开发新药没有太大兴趣。不过在那一年，上述情况有了戏剧性的变化。28岁的风险投资人罗伯特·斯旺森认识到基因工程在开发新药方面的潜力，他说服该领域的先驱、加州大学旧金山分校的赫伯特·博耶教授同他一道成立了基因泰克（基因工程技术的简称）公司。这是首家专注用于医学目的的商业化基因工程蛋白质的生物技术公司。斯旺森和博耶双方握了握手，随即各投入500美元。之后斯旺森又筹集了几十万美元作为公司的启动资金。现在它的市值是200亿美元。①

分子生物学家最近找到了快速测序DNA的方法并开发了用于基因工程的强大技术：从染色体中剪切特定序列的DNA，将其与载体缝合，然后把这一重组DNA插入大肠杆菌的基因组，从而产生新基因的许多拷贝并表达该基因编码的蛋白质。博耶是最早想到可以利用细菌表达来自高等动物甚至人类基因的分子生物学家之一。他也确实在开发其中一些关键技术上起了作用。

基因泰克计划运用DNA重组技术来大量合成两种在医学上很重要的人体激素——胰岛素和生长激素。胰岛素由胰腺释放到血流中，调控身体的血糖。生长激素由脑垂体释放，调控发育和生长。为了证明其有能力合成这两种相当复杂的蛋白质，该公司首先专注于一种更简单的称作生长激素抑制素的蛋白质，这种激素由胰腺释放到血流中，用于关闭胰岛素的释放。

1976年之前，医用生长激素抑制素、胰岛素和生长激素的供给都是受限的。胰岛素和生长激素抑制素的供不应求是因为它们必须从猪或牛体内提纯。由于这些动物激素的氨基酸序列与人体激素的序列略有差异，它们偶尔会造成人体过敏反应。生长激素则是从人类尸体的脑垂体中提取。除了供给受限，这一来源偶尔还会受到朊病毒感染，让欧文·库普费尔曼倒下的克-雅病正是由这种感染蛋白引起的。DNA重组开启了从人类基因合成并生产更廉价的蛋白质的可能性，而且它的产量没有限制，也不用担心安全问题。博耶和斯旺森很清楚，通过克隆人类基因，他们能够制造这些以及其他有着医用重要性的蛋

---

① 瑞士药业巨头罗氏（Roche）于2009年以约468亿美元收购了基因泰克，后者成为罗氏的子公司。

白质，最终通过用克隆基因取代病人有缺陷的基因来治愈这些遗传性疾病。

在与斯旺森联手一年后的1977年，博耶开发出了基因克隆方法，这使他能够大量合成生长激素抑制素，从而确立了DNA重组可以生产具有医用意义和商业价值的药物这一原则。三年后，基因泰克成功克隆出胰岛素。

第二家生物技术公司渤健在基因泰克成立两年之后诞生。但是这两年之隔却有着天差地别。渤健不是由一个年轻企业家自己发起的，而是由两位成熟的投资者C.凯文·兰德瑞和丹尼尔·亚当斯创立的，他们背后各自有一家成熟的投资集团。他们带到谈判桌上的不是1000美元和一次握手，而是75万美元和一揽子合同，旨在打造一个生物技术梦之队。他们找到了世界上顶尖聪明的科学家：首先是哈佛的沃尔特·吉尔伯特，然后是MIT的菲利普·夏普、苏黎世大学的查尔斯·魏斯曼、慕尼黑马克斯·普朗克生物化学研究所的彼得·汉斯·霍夫施奈德和爱丁堡大学的肯尼思·默里。经过一番讨论后，他们都同意加入公司，而且吉尔伯特同意出任科学咨询委员会的主席。

很快，整个产业就发动起来了。生物技术产业不仅生产它自有的新产品，还改变了制药业。1976年时，多数大型制药公司尚没有足够的勇气或灵活性来自行开展DNA重组研究，但通过投资一些生物技术公司并收购另一些公司，它们很快就能够独当一面了。

生物技术公司也改变了学术界，尤其是改变了它对科学商业化的态度。与大多数欧洲国家的学者不同，美国学者对参与产业界的活动抱有负面态度。伟大的法国生物学家路易·巴斯德在19世纪奠定了微生物引起传染病这一认识的基础,他和产业界就有很多联系。他发现了葡萄酒和啤酒发酵的生物学机制。他所发明的方法用于鉴定和消灭那些感染蚕、污染葡萄酒和牛奶的细菌,拯救了蚕丝业和酿酒业,巴氏消毒法则防止了牛奶污染变质。他还发明了第一种预防狂犬病的疫苗,直到今天,当年以他的名义在巴黎建立的巴斯德研究院,还有很大一部分收入来自疫苗制造业的分红。参与发现突触传递的化学机制的英国科学家亨利·戴尔,自由地从他在剑桥大学的学术职位上转到惠康生理学研究实验室(一家制药公司)[①],后来他又重返学术界,担任伦敦国立医学研究所的一个学术职位。

在美国,情形就不一样了。吉尔伯特很快认识到需要三个条件才会让他和其他学术型生物学家改变他们对科学与商业结合的看法。第一,他们需要商业公司能够做出一些有用的东西的证据。第二,他们需要得到公司事务不会过多影响他们的基础科研工作的保证。第三,他们需要确保自己的科学独立性——这是大学教授非常看重的——不被侵蚀。

到1980年,当基因泰克成功生产出了人类胰岛素时,第一个条件——有用性——达到了。持续有零零星星的生物学家开始与生物技术产业建立联系。一旦这些生物学家初尝"罪恶"滋味,他们就惊讶地发现自己喜欢这种感觉。他们喜欢科学可以带来有用药物的开发这一事实,他们还喜欢自己能够通过造福大众——开发需求量很大的药物——来获得可观的财富这个念头。尽管大多数学者曾经避免与产业界产生瓜葛,并鄙视那

[①] 此处说法不确。根据剑桥校友数据库信息,戴尔先后在剑桥获得本硕博学位(其中博士学位是在他任职于惠康期间获得的),但他从未在剑桥担任过学术职位。不过他确实是自愿加入惠康的。

些为制药公司当顾问的同事，但这一切在1980年之后都改变了。此外，学者们发现在存在一系列适当保障措施的前提下，他们能够自主决定投入多少时间并保持自己的独立性。不仅如此，大多数学者发现，在他们贡献自己知识的同时，还能够从产业界的工作中学到做科研的新方法。

这样一来，各个大学也开始鼓励其教师的创业才能。哥大就是一个先驱者。1982年，理查德·阿克塞尔与几个同事一道开发了一种在组织培养的单个细胞中表达包括人类基因在内的任何基因的方法。由于阿克塞尔是哥大的教员，学校为这种方法申请了专利。它立即就被几家大型制药公司采纳，用来制造有重要治疗价值的新药。在接下来的20年（这项专利的有效期）里，哥大单靠这一项专利就赚了5亿美元。这笔资金使得学校能够招募新教师并增强其研究实力。阿克塞尔和其他发明者也分享了一些奖金。

差不多在同一时候，英国剑桥的医学研究委员会实验室的切萨雷·米尔斯坦发现了制造单克隆抗体的方法，这种高度特异性抗体只针对单个蛋白质的一个区域。很快他的技术也被制药业抢购，用来开发新药。但是医学研究委员会[1]和剑桥大学的思维模式还停留在过去。它们没有为这种方法申请专利，从而失去了获得一笔本应属于它们，并能支持很多优质科研的收入。其他大学把这一切都看在眼里，于是大部分尚未成立知识产权部门的大学也开始组建相关部门。

没过多久，大多数有自尊心的分子生物学家就都被招募进

---

[1] 它是英国一个半官方非政府部门公共机构，负责协调和资助医学研究。位于剑桥大学的实验室只是它的一个组成部分。

了这家或者那家新生物技术公司的咨询委员会。一开始，各公司主要关注的是激素和抗病毒制剂，但是到了20世纪80年代中期，财力雄厚的企业家们开始考虑神经科学是否能够用来开发针对神经和精神疾病的新药。1985年，理查德·阿克塞尔邀请我到纽约他做顾问的大众生物技术公司（总部在以色列）董事会的一次会议上讲讲阿尔茨海默病。我给他们做了这种疾病的简要概述，并强调由于65岁以上人口的大幅增加，阿尔茨海默病会变得越来越流行。找到一种治疗方法将会极大地有益于公众健康。

我宣讲的这些事实对神经科学界来说是显而易见的，但风险投资界之前对此知之寥寥。那次会议之后，大众生物技术公司的董事会主席弗雷德·阿德勒邀请阿克塞尔和我第二天共进午餐。在那里，他提议我们成立一家完全专注于大脑的新生物技术公司，这家公司将运用分子科学的洞见，致力于攻克神经系统疾病。

一开始，我并不情愿参与到生物技术的研发，因为我觉得这样的尝试会很无趣。之前很多学术界人士都持有这样的看法，他们认为生物技术和制药公司所做的科研十分单调，参与商业活动无法提供智识上的满足感，我那时也同意这一看法。不过理查德却鼓励我参加，他指出这样的工作也可以是非常有趣的。1987年，我们成立了神经基因公司，后来改名为突触制药公司。理查德和阿德勒邀请我担任科学咨询委员会主席。

我邀请沃尔特·吉尔伯特加入委员会。我第一次见到沃利[①]是在1984年，他可以算得上是20世纪下半叶最智慧、最天才且

---

① 即对沃尔特的昵称。

最博学的生物学家之一。他在雅各布-莫诺的基因调控理论基础上继续探索，成功分离出了第一个基因调控蛋白，正如之前预测的那样，它是一种束缚在DNA上的蛋白质。做出这项非凡的成就之后，沃利接着又开发了一种DNA测序的方法，这让他获得了1980年的诺贝尔化学奖[①]。作为渤健的创始人之一，沃利对商业运作也很有见地。我觉得他对科学成就与商业技能的结合会是一笔宝贵的财富。

沃利于1984年离开渤健，回到哈佛，并逐渐把他的注意力和兴趣转向了神经生物学。由于他对大脑还所知甚少，我想他会乐于加入我们并学习更多关于这个领域的知识。他同意了，这对我们的团队真是一个极有价值的补充。丹尼丝和我养成了一个持续至今的习惯——与沃利共进晚餐，通常是科学咨询委员会开会的前一天晚上，去一家上好的餐馆。

理查德和我邀请加入咨询委员会的其他科学家包括我们在哥大的同事、天才的发育神经生物学家汤姆·杰塞尔；研究大脑第二信使信号传导的先驱、已从耶鲁转到洛克菲勒大学的保罗·格林加德；哥大神经病学系主任刘易斯·罗兰；以及哥大医学院前院长、随后出任纪念斯隆-凯特琳癌症中心院长的保罗·马克斯。这是一个极其强大的团队。我们花了几个月来研究公司应该走什么方向。

我们首先考虑专攻肌萎缩侧索硬化，奥尔登·斯宾塞就是死于这种病。接着考虑了多发性硬化、脑部肿瘤或脑卒中，但是最终我们决定可能最合适的是围绕与神经递质血清素相关的受体做文章。许多重要药物——比如几乎所有的抗抑郁药——

[①] 与他一同获奖的还有第17章提到的弗雷德里克·桑格和保罗·伯格。

都是通过血清素起作用的，而理查德刚刚分离并克隆出了第一个血清素受体。揭示这些受体的分子生物学机制可以开启多种疾病的研究。此外，理查德克隆的受体只是一大类代谢型受体中的一个，因此它可以用来试着克隆其他递质的具有相似结构、通过第二信使起作用的受体。

凯思琳·穆利奈克斯强烈鼓励我们按照上述想法工作，她是哥大的副教务长，被聘请来做我们公司的首席执行官。虽然穆利奈克斯对神经生物学一无所知，但她认为受体对于筛选新药会很有价值。委员会进一步打磨了这个想法。我们会克隆血清素和多巴胺的受体，观察它们如何发挥作用，然后设计新的化合物来控制它们。保罗·格林加德和我把这些都清楚地写进文件，而且我们把理查德·阿克塞尔成功克隆的第一个血清素受体作为我们的首个样板。

这家公司开了个好头。我们招募了一批优秀的科研人员，他们都很擅长克隆新受体。我们还与礼来公司和默克公司形成了有效的伙伴关系。这家公司于1992年上市，解散了它非凡的科学咨询委员会。我继续作为科学顾问待了一段时间，三年之后我自己另开了一家专注于我个人研究领域的公司。

开新公司的想法诞生于1995年的一天晚上，丹尼丝和我与沃尔特·吉尔伯特共进晚餐的时候。沃利和我正在讨论我的一个新发现：研究结果表明年老小鼠的失忆能够得到逆转。这时丹尼丝提议我们开家公司来研发"红色小药丸"，治疗年龄增长带来的失忆。带着这个想法，沃利和我与乔纳森·弗莱明开展了合作，他是来自牛津合伙人公司的一个风险投资人，曾投资过突触制药。乔纳森帮我们聘请了来自拜耳制药的阿克塞尔·安特尔贝克。1996年,我们四人成立了一家新公司:记忆制药。

开一家如此直接基于我的记忆研究的公司令人兴奋,但运作一家公司,即便它源于自己的研究,也要花相当多的时间。一些学者为了能专心运营公司,甚至会从大学离职。我并不打算离开哥大或霍华德·休斯医学研究所。我想先协助公司的初创工作,一旦建起来之后,就只做一个兼职的顾问。哥大和休斯研究所都有资深律师来帮助我处理顾问协议——起先是跟突触制药然后是跟记忆制药——这些协议兼顾了机构的方针和我自己的考量。

参与这两家生物技术公司的活动拓宽了我的视野。记忆制药让我能够将自己的基础研究转化为潜在的治疗药物。此外,它还让我了解到一家公司是如何运作的。在一个典型的学术院系里,年轻教师是独立的,在他们事业的早期阶段,他们被鼓励不与资深教师合作,而是发展自己的研究项目。在商业领域,人们为了公司利益必须合作,充分运用智慧和财力资源来推动每一个潜在产品朝着有希望的方向发展。虽然通常在大学里看不到产业中的合作特性,但也有重要的例外,比如人类基因组计划,同样是为了公众利益,聚集了很多个人的努力。

这家新公司是基于以下理念建立的:记忆研究将会发展成一门应用科学,有朝一日,我们不断增长的对记忆功能机制的认识会使得我们有能力治疗各种认知障碍。正如我在大众生物技术公司董事会上已经指出的,与50年前我开始行医时相比,今天的记忆障碍要普遍得多,因为现在人们的寿命更长了。即便是在一个正常、健康的70岁人群中,也只有大约40%的人的记忆力还和他们35岁左右时一样好。剩下60%的人则经历着轻度的记忆力减退。在其早期阶段,这一减退并不影响其他认知功能——比如它不影响语言能力或解决大多数问题的能力。这60%中的一半有着轻微的记忆障碍，有时称作良性老年性健忘，病程只是随时间和年龄缓慢发展。然而剩下的一半（也就是整个70岁人群的30%）会患上阿尔茨海默病，大脑的一种进行性退化。

在其早期阶段，阿尔茨海默病只表现为轻度的认知障碍，无法与良性老年性健忘相区别。但在其稍后阶段，记忆及其他认知功能的障碍就会出现剧烈的、进行性的发展。到了病入膏肓的最后阶段，其绝大部分症状都源自突触连接的消失和神经细胞的死亡。这种组织退化很大程度上是由一种称作β-淀粉样蛋白的异常物质以不溶性斑块的形式在脑细胞之间的空隙中积累造成的。

我第一次把注意力转向良性老年性健忘是在1993年。这个术语有点儿委婉，因为这种障碍既不始于老年也不是完全良性的。有些人最早在40来岁时就会出现这种障碍，它通常会随时间推移而略微加重。我希望正在不断扩展的对海兔和小鼠记忆存储机制的认识，会使我们理解老龄化令人痛苦的这一面背后所存在的缺陷，进而开发出阻止失忆的治疗方法。

我在查阅关于良性老年性健忘的文献时，逐渐清楚地认识到这种障碍与海马体损伤带来的一种记忆缺陷具有相似的特征，只是严重程度不一样。这种缺陷即无法形成新的长时记忆。像H.M.一样，患有良性老年性健忘的人能够开展正常的交流并保持短时记忆，但他们很难把新的短时记忆转化为长时记忆。比方说，一个老年人去参加晚宴时，他能在短时间里记住刚刚介绍给他认识的新朋友叫什么名字，但第二天早上就完全忘记了。

这一相似性给我提供了第一条线索，年龄增长带来的失忆可能与海马体有关。后来对人类和实验动物的考察揭示出事实正是如此。海马体中释放多巴胺的突触会随着年龄增长消失这一发现则提供了一条额外的线索。早前我们已经发现多巴胺对保持长时程易化和调节空间记忆的注意都很重要。

为了更好地理解这种形式的失忆，我和同事们用小鼠开发了一个自然发生的模型。实验室小鼠的寿命是两年。因此，当它们3到6个月大时还年轻。到12个月步入中年，到18个月步入老年。我们采用了一个平台迷宫，它和我们早前在考察空间记忆中基因的角色时用到的迷宫类似。把小鼠置于一个边缘环绕着40个洞的大圆形平台的中央，小鼠学习通过发现洞与墙上标记的空间关系来找到其中唯一一个通向逃脱室的洞。我们发现最年轻的小鼠很快跳过随机及序列逃跑策略并马上学会采用最有效的空间策略。然而很多高龄小鼠却很难学习空间策略（图24-1）。

我们还发现不是所有的高龄小鼠都有障碍：其中一些小鼠的记忆和年轻小鼠一样好。此外，有障碍的小鼠的记忆缺陷只存在于外显记忆，一系列行为测试的结果显示，它们涉及简单认知和运动技能的内隐记忆没有受到影响。最后，这种记忆缺陷并不是老年小鼠独有的，有些从中年时就开始了。所有这些发现表明，发生在人类身上的情况也发生在了小鼠身上。

如果一只小鼠在空间记忆上存在缺陷，这意味着它的海马体出了毛病。我们探索了伴有年龄增长带来的记忆缺陷的年老小鼠海马体的谢弗侧支通路，发现其长时程增强的后期阶段存在缺陷，而这一阶段正是和长时外显记忆强相关的。此外，记忆良好的年老小鼠和年轻小鼠一样，有着正常的长时程增强和

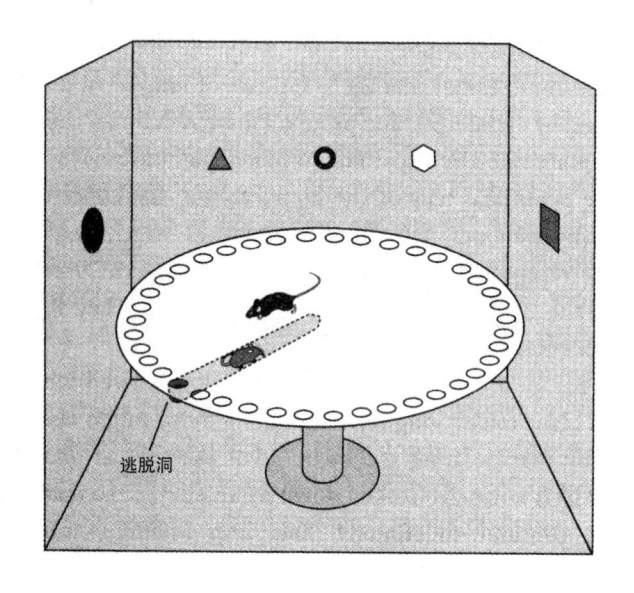

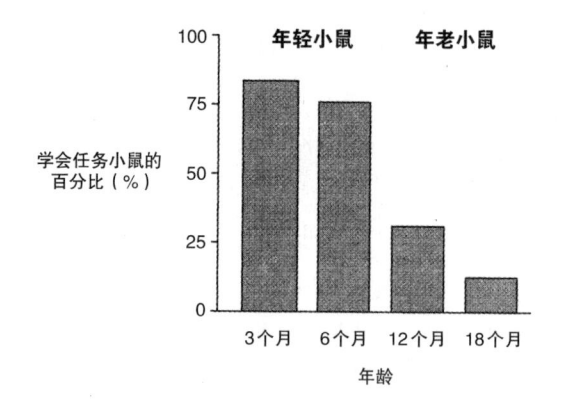

图 24-1 小鼠在空间任务中表现出年龄增长带来的失忆。巴恩斯迷宫[1]（上图）提供了一个逃脱洞和若干视觉线索来给小鼠定位。高龄小鼠很难学习这些线索和逃脱洞之间的空间关系（下图）。这与海马体的功能缺陷相关。

---

[1] 因其发明者为神经科学家卡洛尔·巴恩斯（Carol Barnes）而得此名。

正常的空间记忆。

我们早前已经发现长时程增强的后期阶段由环腺苷酸和蛋白激酶A介导，而且这一信号传导通路是由多巴胺激活的。当多巴胺与海马体锥体细胞中的受体结合时，环腺苷酸的浓度会增加。我们发现能够激活这些多巴胺受体进而增加环腺苷酸的药物，会克服长时程增强后期阶段的缺陷。它们还会逆转依赖海马体的记忆缺陷。

我和我的博士后马克·巴拉德想知道，以别的方式操纵环腺苷酸通路是否也能改善年老小鼠的长时空间记忆缺陷。环腺苷酸通常被一种酶破坏，以至于信号传导会无限期停止。咯利普兰能抑制这种酶，延长环腺苷酸的生命并增强信号传导。在年老小鼠中，巴拉德和我发现，咯利普兰显著改善了海马体参与的学习过程，被给予咯利普兰的年老小鼠在记忆任务中表现得甚至和年轻小鼠一样好。咯利普兰还促进了年轻小鼠中的长时程增强，以及依赖海马体的那部分记忆。

这些结果支持了以下见解：年老动物中依赖海马体的学习的退化，至少部分是由长时程增强后期阶段中与年龄相关的缺陷导致的。或许更重要的是，它们表明良性老年性健忘应该是可逆的。如果确实如此，基于这些小鼠研究开发而成的药物，在不久的将来就能用来治疗老年人。

得知良性老年性健忘是可以治疗的这一前景后，记忆制药的领导层开始进一步考虑，随着我们对记忆形成的分子机制获得更多的了解，还可能有哪些记忆障碍能够得到治疗。带着这个想法，记忆制药把它的注意力转向了阿尔茨海默病的早期阶段。

阿尔茨海默病最有意思的特征之一是先于海马体中β-淀粉样蛋白斑块沉淀出现的轻度记忆缺陷。由于阿尔茨海默病早期的认知缺陷症状与年龄增长带来的失忆非常相似,哥大的迈克尔·谢兰斯基想搞清楚两种情况下受到干扰的是否为相同的通路。为了解决这个问题,他研究了小鼠的海马体。

他把小鼠海马体暴露在β-淀粉样蛋白斑块最具毒性的成分Aβ多肽中,发现在任何神经元开始死亡或斑块形成之前,长时程增强已经减弱了。此外,早期阿尔茨海默病的动物模型在任何可探测到的斑块积累或细胞死亡迹象出现之前,就已经表现出记忆缺陷。在检测暴露于Aβ多肽的海马体细胞的基因表达时,谢兰斯基发现这种多肽降低了环腺苷酸和蛋白激酶A的活性。这一发现表明,这种多肽可能损害了环腺苷酸-蛋白激酶A系统。实际上,他发现咯利普兰带来的环腺苷酸增加,阻断了小鼠神经元中Aβ多肽的毒性。

能治疗小鼠年龄增长带来的失忆的药物同样也能治疗小鼠阿尔茨海默病早期阶段的记忆缺陷。来自哥伦比亚大学的奥塔维奥·阿兰西奥的进一步研究显示,咯利普兰保护了阿尔茨海默病小鼠脑中的神经元,使其免遭一些伤害,这表明环腺苷酸不仅增强了效能已经退化的通路的功能,而且帮助保护了神经细胞免遭伤害,甚至还可能使得阿尔茨海默病小鼠模型中已经消失的连接重新生成。

记忆制药和其他正在开发对抗失忆的药物的公司都在同时针对上述两种障碍进行研发。实际上,大多数公司都逐渐拓宽了它们的业务范围,现在开发的药物不仅能治疗年龄增长带来的失忆和阿尔茨海默病,还能治疗其他神经和精神疾病伴有的各种记忆问题。其中一种就是抑郁症,比较严重的抑郁症会伴随戏剧性的失忆。另一种是精神分裂症,其特征是工作记忆和执行功能存在缺陷,比如无法安排事项的顺序或处理优先级。

记忆制药的总部目前位于新泽西的蒙特维尔。这家公司于2004年上市。[①] 它开发了4个系列的新药以治疗年龄增长带来的失忆,效果比我和同事们之前在哥大用于实验的现成化合物要好得多。其中有些药物能改善大鼠在一个新任务中的记忆达数月之久!

生物技术的时代给开发新药治疗心理疾病提供了无限期许。再过10年我们将会发现,我们对记忆形成分子机制的理解能够为临床治疗带来的进展如此之大,这在20世纪90年代是几乎不可想象的。这些药物的治疗价值显而易见。不那么明显的则是,生物技术产业的作用是建立在新心智科学和学术成果之上的。不仅有很多学者供职于咨询委员会,有些最优秀的科学家还辞去了大学里的上好工作,而选择了生物技术产业中他们认为更好的工作。当理查德·阿克塞尔和我开始努力把分子生物学应用到神经系统时,理查德·舍勒作为博士后研究员同我们一道工作。他是一名非凡的分子生物学家,后来离开了斯坦福大学和霍华德·休斯医学研究所,成为基因泰克的研发副总裁。很快,来自斯坦福的杰出发育生物学家马克·泰西耶-拉维妮加入了他的团队。公认在研究果蝇神经系统发育领域的领军人物科里·古德曼,也离开加州大学伯克利分校,成立了自己的公司瑞诺维斯。以上只是其中的几个例子。

[①] 罗氏于2008年以约5000万美元收购了记忆制药。

生物技术产业现在成了年轻和成熟科学家在大学任职之外的另一个职业选择。由于那些优秀公司的科研质量非常高，科学家自由游走于学术型科学和生物技术产业之间将不足为奇。

记忆制药和其他生物技术公司的涌现，在燃起人们减轻失忆的希望并为脑科学家开创了新的职业路径的同时，也带来了与认知增强相关的伦理议题。应该允许正常人也通过这种手段改善其记忆力吗？年轻人在参加大学入学考试之前自行购买增强记忆药物的做法是可取的吗？在这些议题上存在各种观点，而我的观点是健康的年轻人有能力进行自学和接受学校教育，他们不需要化学合成的记忆增强剂的帮助（存在学习障碍的学生则应该另外对待）。毫无疑问的是，对那些有学习能力的人来说，好好学习就是最好的认知增强剂。

从更大的层面来看，这些议题引发的伦理问题与基因克隆和干细胞生物学引发的伦理问题毫无二致。那些诚实且博学的人们，并不认同生物学界正在研究的这些领域所产出成果的伦理意义。

我们如何把科学进展与对科学伦理意义的合理讨论关联起来？这里存在两个相互交叉的议题。第一个是关于科学研究。做研究的自由就像言论自由，在一个民主社会里，我们应该在一个相当宽泛的限度内保护科学家选择自己研究课题的自由。如果我们在美国禁止某个特定科学领域的研究，那么它必定会在别的地方开展，甚至很可能是在一个人的生命并不像在美国一样受到珍视或被慎重考虑的地方开展。第二个议题是对如何应用一项科学发现做出评估。这个评估不应该只由科学家自己来做，因为它影响的是整个社会。科学家能够在关于如何应用科学成果的讨论中提出看法，但最终的决定需要伦理学家、律师、病人权利团体和神职人员的共同参与。

伦理学是哲学的一个子学科，它从古至今都在关注人类的道德议题。生物技术的发展使得生物伦理学中出现了一个专门领域，来关注生物学和医学研究的社会及道德意义。针对新心智科学带来的这一特定议题，《纽约时报》的专栏作家、德纳基金会（一个致力于向大众普及脑科学重要性的公共利益团体）的主席威廉·萨菲尔支持该基金会从2002年起促进神经伦理学领域的研究。为了启动这个举措，萨菲尔发起了一个名为"神经伦理学：划定疆界"的研讨会。这个研讨会把科学家、哲学家、律师和神职人员聚到一起，讨论心智的新观念将如何影响个体责任和自由意志、受审的心理疾病患者的作证能力，以及新的药理学治疗模式对个人和社会会产生何种影响等一系列议题。

为了阐明围绕认知增强剂的一系列议题，2004年，我与来自宾夕法尼亚大学的玛莎·法拉赫、斯坦福生物医学伦理中心的朱迪·艾尔斯、杜克大学基因组伦理法律与政策中心的罗宾·库克–迪根以及其他一些学者进行了讨论。我们在《自然·神经科学综述》上以一篇题为《神经认知增强：我们能做什么和我们该做什么？》的综述发表了我们的见解。

德纳基金会还在继续围绕神经伦理学议题进行公开讨论。正如哈佛大学教务长史蒂文·海曼在近期发表于德纳出版物[①]的一篇文章中指出的："从大脑隐私到情绪和记忆增强的一系列议题都应该被充分地探讨，这些讨论最好在后续的科学进展迫使社会做出回应之前就形成成熟的意见。"

---

① 具体是指德纳基金会主办的科普刊物《大脑》（*Cerebrum*），旨在面向公众介绍神经科学领域的最新进展。

25

小鼠、人类与精神疾病

就像我在20世纪90年代关于外显记忆的研究把我拉回到读大学时让我对精神分析产生兴趣的那些议题一样，在新千年伊始，研究小鼠中年龄增长带来的记忆障碍又难以抗拒地把我拉回到我做精神科住院医师时着迷的那些议题。我重新燃起对心理障碍的兴趣，是由若干因素导致的。

第一，我所做的记忆的生物学研究已经发展到了相当程度，以至于我能够开始解决与复杂记忆形式及记忆中选择性注意的作用相关的问题，这也鼓励我试着开发心理疾病的其他动物模型。有些心理疾病，比如创伤后应激障碍、精神分裂症和抑郁症，都伴有这样或那样的记忆受损，这一现象进一步吸引了我。随着我对记忆的分子生物学认识的深入，认识到年龄增长带来的失忆这一小鼠模型非常有价值，这让研究记忆功能紊乱在其他心理疾病中甚至是在心理健康的生物学中扮演的角色成为可能。

第二，在我的职业生涯中，精神病学也经历了一次朝向生物学的重大转型。20世纪60年代，当我在马萨诸塞州精神卫生中心做住院医师时，大部分精神病学家还认为行为的社会性决定因素是完全独立于其生物性决定因素的，两者分别在心智的不同方面起作用。他们假定精神疾病有两种不同的起源，而将其分为两大类——器质性疾病和功能性疾病。这一分类方式可以追溯到19世纪，根据病人死后对其进行大脑检查的结果做出划分。

那时检查大脑的方法有很大的局限性，难以检测到精细的解剖学变化。这样一来，只有那些造成了明显的神经细胞和脑组织损伤的心理障碍，比如阿尔茨海默病、亨廷顿病和慢性酒精中毒，会被划分为具有生物学基础的器质性疾病。而精神分裂症、多种形式的抑郁症和焦虑状态不会造成神经细胞的损伤或脑解剖学上的其他明显变化，于是就被划分成了没有生物学基础的功能性疾病。通常，这些所谓的功能性心理疾病会被当成"全是病人想出来的"而被社会污名化。伴随这一看法的还包括这样一种暗示：这些疾病是由病人的家长灌输到他或她的脑子里的。

我们已经不再认为只有特定疾病是通过脑中的生物性变化来影响心理状态的。事实上，新心智科学的根本信条就是所有的心理过程都是生物性的——它们都依赖发生于"我们脑袋里"（按字面意义）的有机分子和细胞过程。因此，这些过程的任何障碍或变化都必定有着生物学基础。

最后，2001年，《美国医学会期刊》邀请我和马克斯·考文合写一篇关于分子生物学对神经病学与精神病学的贡献的文章。考文是我的老朋友，霍华德·休斯医学研究所的副主席和资深科学主任。在撰写这篇综述时，我惊讶地发现，分子遗传学和疾病的动物模型极大地改变了神经病学，却完全没有改变精神病学。我想知道，为什么分子生物学未能在精神病学领域造成相似的变革。

根本原因是神经疾病和精神疾病在若干方面存在重要差异。神经病学长期以来都以特定疾病位于脑中何处的知识作为基础。神经病学最为关注的疾病——脑卒中、脑部肿瘤和脑退行性疾病——都造成了清晰可辨的结构性损伤。对这些疾病的研究告诉我们，在神经病学中，定位是关键。我们在差不多一个世纪前就已经知道亨廷顿病是脑中尾状核出了问题，帕金森病是黑质出了问题，而肌萎缩侧索硬化（ALS）是运动神经元出了问题。我们知道是因为运动系统的不同成分出了问题，从而造成了这些疾病各自不同的运动失调。

此外，一些常见的神经疾病，比如亨廷顿病、脆性X染色体所致的智力迟钝、某些形式的ALS以及早发型阿尔茨海默病，都有着相对明确的遗传性，这意味着这些疾病都是由单个缺陷基因所致。找到造成这些疾病的基因相对而言很容易。一旦突变得到鉴定，在小鼠和果蝇中表达这一突变基因进而发现该基因如何造成疾病就成为可能。

由于掌握了解剖学位置、鉴定方法和特定基因的作用机制，医生们再也不用仅仅基于行为症状来诊断神经障碍了。20世纪90年代以来，除了在办公室检查患者，医生们还能够对特定基因、蛋白质和神经细胞成分的功能紊乱进行检测，并扫描大脑来观察特定脑区如何受到某种疾病的影响。

追寻心理疾病的病因比在脑中定位结构性损伤要困难得多。几个世纪以来，对心理疾病患者大脑的尸检研究都未能揭示出像神经疾病那样清晰可定位的损伤。此外，精神疾病是高级心理功能的紊乱。焦虑状态和多种形式的抑郁症都属于情绪紊乱，而精神分裂症则是思维紊乱。情绪和思维是由复杂神经环路介导的复杂心理过程。直到最近，我们对于参与正常思维和情绪的神经环路还所知甚少。

不仅如此，尽管大多数心理疾病都有着重要的遗传成分，但它们没有明确的遗传模式，因为它们不是由单个基因的突变所致。精神分裂症、焦虑症、抑郁症和其他大多数心理疾病都不是单个基因造成的。相反，这些疾病的遗传成分是由若干基因与环境的交互作用引起。每个基因产生的影响相对很小，但它们合在一起形成了导致某种疾病的一种遗传易感性——一种潜在可能。大多数精神障碍是由这些遗传易感性与一些额外的环境因素的结合所致。比如，同卵双胞胎具有相同的基因。如果其中一个患有亨廷顿病，另一个也一定会得。但如果其中一个患有精神分裂症，另一个得病的几率只有50%。诱发精神分裂症需要生命早期的一些非遗传因素——比如子宫内的感染、营养不良、压力或来自高龄父亲的精子。由于遗传模式的复杂性，我们尚未鉴定出参与这些主要心理疾病的大多数基因。

在从海兔内隐记忆转向小鼠的空间外显记忆和内部表征的过程中，我从相对简单的领域转向了一个复杂得多的领域，这个领域存在很多对人类行为非常重要的问题，却只有很少的可靠洞见。在试着探索心理障碍的动物模型的过程中，我又向着未知的领域迈出了更大的一步。此外，尽管我很早就开始了海兔内隐记忆的研究，并在中途加入了对小鼠外显记忆的研究，但我进入心理障碍的生物学领域时已经很晚了。在我之前已经有很多人在研究心理障碍的动物模型。

因为我们对心理障碍所涉及的解剖学、遗传学和神经环路了解很少，所以很难在动物中建立它们的模型。一个明显的例外是焦虑状态，这也是我最初的关注点。我们很难知道一只小鼠是否遭受着精神分裂症，是否产生了幻觉。同样也很难知道一只小鼠是否在精神上是抑郁的。但每个有着发育良好的中枢神经系统的动物——无论是蜗牛、小鼠、猴子还是人类——都能感到害怕或焦虑。此外，在以上每种动物中，恐惧都有着与众不同、容易识别的特征。因此，不仅动物会体验到恐惧，而且我们能够知道它们是否感到焦虑。也就是说，我们能够解读它们的想法。这一洞见最早是由查尔斯·达尔文在他1872年的经典研究《人类和动物的表情》中提出的。

达尔文认识到这样一个关键的生物性事实：焦虑——也就是恐惧——是动物在其身体或社会地位受到威胁时做出的普适的本能反应，因而它对生存至关重要。这一点也促进了焦虑状态的动物模型的开发。焦虑意味着存在潜在威胁，需要做出一个适应性的反应。正如弗洛伊德指出的，正常的焦虑有助于对艰难情境的掌控，因而能促进个体成长。正常的焦虑有两种主要形式：本能性焦虑（本能的或天生的恐惧），它内置于有机体并受到更严格的遗传控制；习得性焦虑（习得性恐惧），它对有机体而言可能具有遗传易感性，但主要是通过经验获得。正如我们已经看到的，本能性焦虑很容易通过学习而与一个中性刺激形成联结。由于任何能够增强生存几率的能力在进化过程中都是倾向于保守的，因此本能性和习得性恐惧在整个动物界都是保守的（图25-1）。

这两种形式的恐惧都可能变得病态。如果本能性焦虑程度过大并持续过久，以至于导致了行动瘫痪，这时它就是病态的。当习得性焦虑被并未构成实际威胁的事件激发，比如一个中性刺激在脑中与本能性焦虑形成了联结时，它也是病态的。我对焦虑状态有着特别的兴趣，因为它们是所有心理疾病中最

恐惧反应

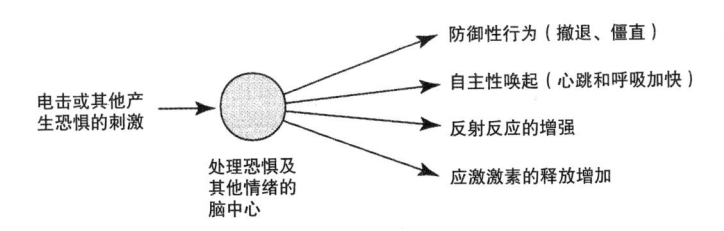

```
电击或其他产        →  防御性行为（撤退、僵直）
生恐惧的刺激    ○   →  自主性唤起（心跳和呼吸加快）
              处理恐惧及  →  反射反应的增强
              其他情绪的  →  应激激素的释放增加
              脑中心
```

图 25-1 对恐惧的防御性反应在进化过程中是保守的。

常见的，10%~30%的人都会在一生中的某些时候患上某种焦虑障碍！

通过在人类和实验动物中研究本能性和习得性恐惧，我们已经获得了很多关于人类本能性和习得性恐惧的行为学和生物学机制的洞见。最早的行为学洞见之一是受到弗洛伊德和美国哲学家威廉·詹姆斯的影响提出的，他们认识到恐惧既有有意识成分也有无意识成分。但这两种成分如何相互作用尚不清楚。

传统上，人类的恐惧被认为是源自对一件重要事情的有意识知觉，比如看到房子着火了。这一知觉在大脑皮层中产生的一种情绪性体验——恐惧——触发信号并传到心脏、血管、肾上腺和汗腺，来动员身体为防御或逃避做好准备。于是，根据这一观点，一件有意识的情绪性事件引发了身体随后无意识的反射性和自主性防御反应。

詹姆斯拒绝了这一观点。在发表于1884年、影响深远的一篇题为《情绪是什么》的文章中，他提出情绪的生理表现是先于认知性体验的。他认为当我们面临一个潜在的危险情境时——比如一只熊横在我们的去路上——我们对这只熊的凶猛的评估并不会产生一种有意识的情绪体验。直到我们逃跑之后，我们才会体验到恐惧。我们首先做出本能行为然后才通过认知来解释伴随这一行为的身体变化。

基于这一观点，詹姆斯和丹麦心理学家卡尔·兰格提出，只有在皮层接收到关于一个人的生理状态变化的信号之后，有意识的情绪体验才会发生。换句话说，无意识的生理变化——血压、心率和肌肉张力的增加或减少——先于有意识的感受。因此，当你看到一团火，你感到害怕是由于你的皮层刚刚收到了关于你加速的心跳、打颤的膝盖和汗湿的手掌的信号。詹姆斯写道："我们感到悲伤是因为我们哭泣，感到生气是因为震惊，感到害怕是因为颤抖，而非我们哭泣、震惊或颤抖是因为我们感到了悲伤、生气或害怕。"根据这一观点，情绪是对来自身体状态的信息做出的认知反应，这些身体状态在很大程度上则是由自主神经系统介导的。我们的日常体验也确证了来自身体的信息对情绪体验有贡献。

很快，就有实验证据支持了詹姆斯-兰格理论的某些方面。比如，各种不同的情绪客观上与特定的自主、内分泌和随意反应的模式相关。不仅如此，脊髓意外受到重创的人，不能收到来自受损部位以下身体区域的自主神经系统的反馈，他们体验到的情绪就没那么强烈。

不过，随着时间推移，我们逐渐认识到，詹姆斯-兰格理论只解释了情绪性行为的一个方面。如果生理性反馈是唯一的控制因素，那么情绪就不应该比生理变化更持久。然而感受——思维和活动对情绪做出的反应——能够在危险消退之后还持续很长时间。与此相反，有些感受的出现比身体的变化要快得多。因此，情绪应该不止是对来自身体的生理变化的反馈。

对詹姆斯-兰格理论的一个重要修正来自神经学家安东尼

奥·达马西奥，他认为情绪体验本质上是身体反应的高级表征，这一表征稳定且持续。达马西奥的工作使得学界对于情绪如何产生这个问题达成了共识：首先是对刺激的无意识内隐评估，接着是生理反应，最后出现有意识体验，它可能会持续，也可能不会持续。

为了直接确定初始的情绪体验在多大程度上依赖于有意识或无意识过程，科学家必须运用与研究有意识和无意识认知过程时用到的相同的细胞和分子生物学工具来研究情绪的内部表征。他们通过结合动物模型研究与人体研究来实现这一点。这样一来，在过去20年里，情绪的神经通路以一定程度的精确性得到鉴定。情绪的无意识成分主要是通过动物模型得到鉴定，它参与自主神经系统的运作并受到下丘脑的调控。情绪的有意识成分是通过对人脑的研究发现的，它参与由扣带回执行的大脑皮层的评估功能。对这两种成分都至关重要的结构是杏仁核，它位于大脑两半球的深处，由一群聚集在一起的核团组成。科学家认为杏仁核对感受的有意识体验和情绪（尤其是恐惧）的身体表现起到了协调作用。

对人和啮齿类动物的研究表明，存储无意识、内隐、情绪性记忆的神经系统与产生有意识、外显感受状态记忆的神经系统不同。参与加工恐惧记忆的杏仁核出现损伤，会破坏有机体对情绪性的刺激产生情绪性反应的能力。相反，参与加工有意识记忆的海马体出现损伤，会干扰有机体记住刺激发生时的情境的能力。因此，有意识的认知系统让我们对行动做出选择，但无意识的情绪评估机制会把选项限制在适合当时情境的那几个之中。上述观点的一个有吸引力之处是，它使得情绪研究与记忆存储研究接轨。现已发现对情绪性记忆的无意识回忆涉及内隐记忆存储，而对感受状态的有意识回想涉及外显记忆存储，因此后者需要海马体的参与。

恐惧的一个突出特征是它很容易通过学习与中性刺激形成联结。一旦联结发生，这一中性刺激就能够强有力地触发人的长时情绪性记忆。这种习得性恐惧是创伤后应激障碍以及社交恐惧症、广场恐惧症（对开放空间的恐惧）和舞台恐惧症的一个关键成分。在舞台恐惧症和其他形式的预期性焦虑中，一个未来事件（比如即将登台）与对出错的预期（忘记台词）形成了联结。创伤性应激障碍发生在一个压力极大的事件比如生死攸关的战斗、身体折磨、强奸、虐待或自然灾害之后。它表现为反复发作的恐惧，通常是由初始创伤事件的提示物触发的。这种障碍与所有的习得性恐惧一样，都具有一个突出特征：对创伤经历的记忆会在数十年里一直被牢固保持着，并容易因为各种压力环境而复发。实际上，在仅仅暴露于一个威胁中一次之后，杏仁核就能够终身保持这一威胁记忆。这是怎么发生的？

我开始小鼠习得性恐惧的研究所用的方法是对我的海兔研究的一个自然扩展。在海兔中，恐惧的经典条件作用教会动物把两个刺激联结起来：一个是中性的（对虹吸管的轻触），一个强到足以产生本能恐惧（对尾部的电击）。和电击海兔尾部一样，电击小鼠足部会诱发本能恐惧反应——撤退、蜷缩和僵直。而对小鼠的中性刺激，一个简单的铃声，不会诱发这一反应。然而当铃声和电击反复配对之后，动物就学会将两者联结起来。它学到铃声意味着将会有电击。这样一来，只需要铃声就会诱发恐惧反应（图25-2）。

25 小鼠、人类与精神疾病 365

中性刺激	有害＋中性刺激	中性刺激
一个中性刺激（铃声）不会改变小鼠探索它所处空间边界的自然倾向。	当一个中性刺激和一个有害刺激（电击）配对时，小鼠会僵直——本能恐惧反应的一部分。	在两个刺激反复配对后，只需要铃声就会引起小鼠在恐惧时僵直。

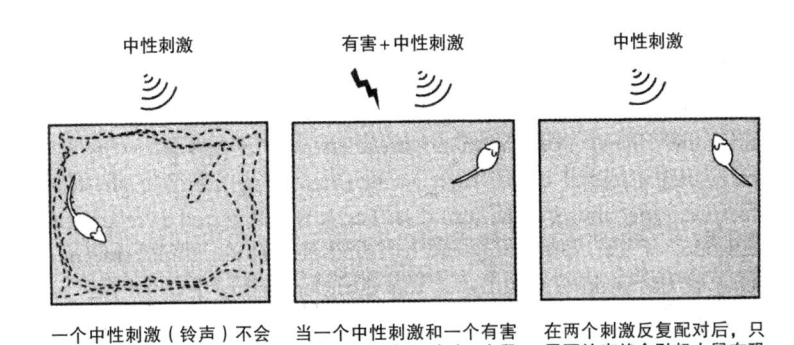

图 25-2 制造小鼠的习得性恐惧。

　　虽然小鼠习得性恐惧的神经环路比海兔复杂得多，通过纽大的约瑟夫·勒杜和现在在埃默里大学的迈克尔·戴维斯的研究，我们已经对其有了不少了解。他们发现啮齿类动物和人类一样，其天生的和习得的恐惧都用到一条聚焦于杏仁核的神经环路。此外，他们描绘了来自条件和非条件刺激的信息如何到达杏仁核，以及杏仁核如何引发恐惧反应。

　　当铃声与足部电击配对时，关于铃声和电击的信息从一开始就由不同通路传导。铃声作为条件刺激激活了耳蜗（耳中接收声音的器官）的感觉神经元。这些感觉神经元通过它们的轴突发送信息到丘脑的一簇参与听觉的神经元。丘脑的神经元形成两条通路：一条直接通路，不与皮层联系而径直通往杏仁核的外侧核；一条间接通路，先去听觉皮层再到外侧核（图 25-3）。两条通路都携带着铃声的信息，它们终止于外侧核中的一类主要神经细胞——锥体神经元，并与这些神经元形成突触连接。

　　疼痛的信息来自非条件刺激，足部电击激活的通路终止于丘脑中的另一簇加工疼痛刺激的神经元。丘脑中的这些神经元

图 25-3 习得性恐惧的神经通路。

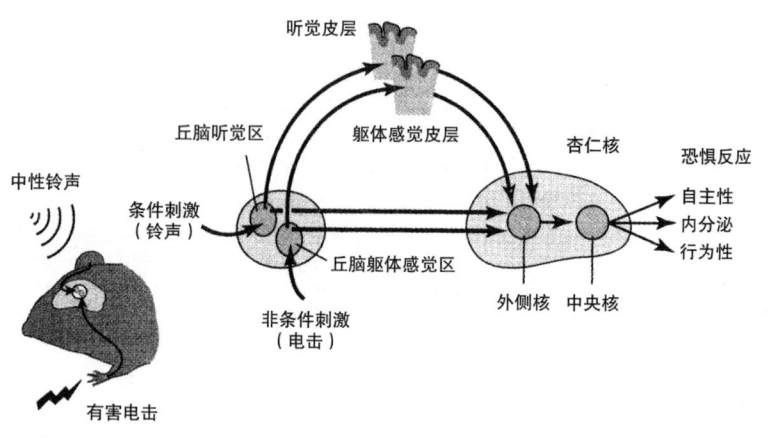

动物听到铃声，接着立即感受到足部电击。

来自耳部和足部的脉冲在丘脑（分别在听觉区和躯体感觉区）汇合。

来自丘脑的脉冲分别经过一条直接通路和一条间接通路到达杏仁核，在此引发恐惧反应。

也形成通往外侧核锥体细胞的直接和间接通路。在这种情况下，间接通路经过的是躯体感觉皮层。

不同通路的存在——一条经过皮层而另一条完全绕开皮层——为我们提供了直接证据，证明对恐惧性刺激的无意识评估先于对恐惧的有意识皮层评估，这与詹姆斯-兰格理论所预测的情况相符。通过激活这一绕开皮层的快速直接通路，恐惧性刺激能够造成我们心跳加速、手掌发汗，这先于我们通过慢速通路有意识地认识到在我们附近响起了枪声。

除了起到汇合条件刺激（铃声）和非条件刺激（电击）信息的作用，杏仁核的外侧核还能通过它与下丘脑和扣带回形成的连接来动员适当的反应。下丘脑对恐惧引发的身体表现至关重要，它触发"战或逃"反应（心率增加、出汗、口干及肌肉紧张）。扣带回则参与对恐惧的有意识评估。

那么，小鼠的习得性恐惧是如何运作的？它是否像在海兔中那样，导致了受条件刺激影响的通路中突触强度的变化？为了解决这一问题，包括我的同事和我本人在内的很多科学家研究了小鼠杏仁核的切片。早前的研究已经显示，当电刺激的速率与布利斯和勒莫用于海马体的相似时，直接和间接通路都通过一种不同的长时程增强得到了促进。我们对这种长时程增强进行生化分析，发现它与海马体中的长时程增强有些差异，而与作用于海兔敏感化和经典条件作用（习得性恐惧的两种形式）的长时程易化很相似。它们都有一个包括环腺苷酸、蛋白激酶A和调控基因的CREB的分子信号传导通路。这些发现再次表明，长时程易化和多种形式的长时程增强都是一族分子过程的一部分，这些分子过程能够长时间增强突触连接。

2002年，之前与勒杜一起工作过的迈克尔·罗根加入了我们实验室，我们从研究小鼠脑切片转向了研究无损动物。我们考察了杏仁核中的神经元对铃声的反应，发现跟罗根和勒杜之前在大鼠中发现的一样，习得性恐惧增强了这一反应（图25-4）。这一现象与我们已经在杏仁核切片中看到的长时程增强类似。接着，我们的合作者、哈佛的瓦迪姆·博利沙科夫推理道，如果习得性恐惧增强了无损小鼠杏仁核的突触，那么对同一只小鼠杏仁核切片的电刺激应该不能进一步产生突触增强。这与我们在实验中所发现的相符。因此，学习在活体动物的杏仁核中作用的位点和方式与电刺激在杏仁核切片中所做的相同。

然后我们采用了一个精心设置的行为测试来研究习得性恐惧。我们将小鼠置于一个明亮的大箱子中。小鼠是害怕亮光的夜行性动物，于是它通常沿着箱子边缘移动，只会偶尔窜到中

训练之前

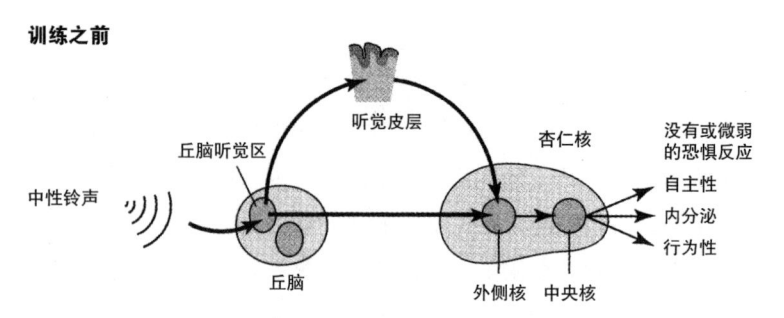

从丘脑听觉区到杏仁核的输入是正常的。

习得性恐惧

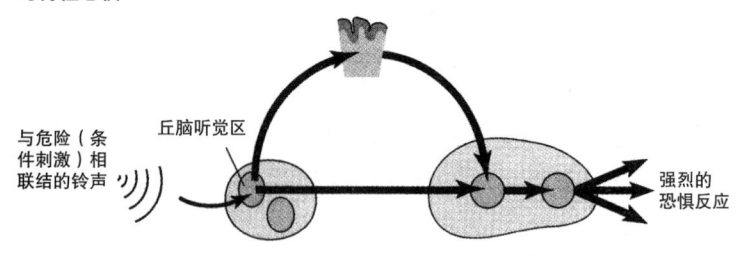

来自丘脑听觉区的输入被增强了。

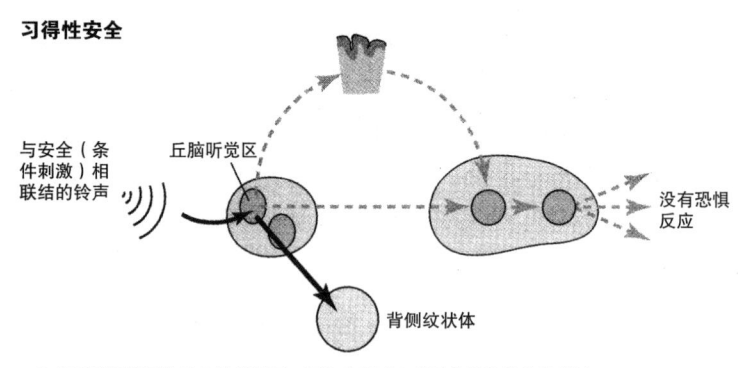

习得性安全

来自丘脑听觉区的输入被抑制了,而与幸福感有关的背侧纹状体被激活了。

图25-4 通过学习修饰恐惧通路。

央。这一保护性行为是动物在躲避捕食者的需求与探索环境的需求之间做出的折中选择。当我们发出一个铃声，如果没有什么事情发生，小鼠会继续沿着箱子边缘移动。但是如果我们反复在铃声之后施加电击，小鼠会学到把铃声和电击进行联结。现在当它听到铃声时，就不再沿着边缘移动或进入箱子中央，而是在一个角落保持蜷伏，通常是以僵直的姿势（图25-2）。

有了对习得性恐惧的解剖学和生理学认识，我们就更有信心开始探索其分子机制了。博士后研究员格列布·舒米亚茨基和我寻找起可能只在杏仁核外侧核中表达的基因。我们发现锥体细胞表达的一个基因编码一种称作促胃液素释放肽的肽类神经递质。锥体细胞使用这种肽作为谷氨酸之外的兴奋性递质，与谷氨酸协同作用。这种肽从锥体细胞的突触前终端释放到外侧核中的靶细胞。接着我们发现这些靶细胞是一群特异性的抑制性中间神经元，它们包含促胃液素释放肽的受体。和外侧核中的所有抑制性中间神经元一样，这些靶细胞释放递质GABA。然后这些靶细胞再往回与锥体细胞连接，当它们受到激活时，会释放GABA来抑制锥体细胞。

我们追踪的这条环路称作负反馈环路：一个神经元激发了一个抑制性中间神经元，接着这个中间神经元又抑制了最初激发它的那个神经元。这样一个抑制性反馈环路是否能够用来控制有机体的恐惧？为了解决这个问题，我们用一种促胃液素释放肽受体被删除的基因修饰小鼠进行测试，发现它们的抑制性反馈环路受到了干扰。我们推测，失去抑制性作用后，神经环路的兴奋性增加，可能导致剧烈且失控的恐惧反应。

与我们的预测一致，我们发现外侧核中的长时程增强极大地加强了，恐惧记忆也显著地增强并持续了很久。这一效应是仅限于习得性恐惧的：同样的突变小鼠在各种其他测试中都表现出正常、天生的恐惧。这一发现与习得性恐惧和天生的恐惧之间的基本差异相一致。因此，细胞和遗传学方法的结合允许我们鉴定出一条对控制习得性恐惧很重要的神经环路。这一发现有助于我们开发抑制习得性恐惧（创伤后应激障碍和恐惧症都伴有这种症状）的药物。

恐惧的反面是什么？感受到安全、确信和快乐又是怎么一回事？此刻我禁不住想起了列夫·托尔斯泰那本讲述一桩为世俗所不容的风流韵事的悲剧性后果的小说《安娜·卡列尼娜》开篇第一句："幸福的家庭都是相似的，不幸的家庭各有各的不幸。"托尔斯泰这句文学性的陈述蕴含了这样一个科学道理：焦虑和抑郁可以有许多形式而积极情绪——安全感和幸福感——则具有共同的特征。

带着这个想法，罗根和我探索了习得性安全（我们假定存在这样一种幸福感）的神经生物学特征。我们的论证如下：当铃声与电击配对时，动物学会了铃声预示着电击。因此，如果铃声总是和电击分开出现，动物会学到铃声之后永远不会有电击，相反，铃声预示的是安全。实验证明，情况的确如我们所料：当一只被分开呈现了电击和铃声的小鼠在一个新环境中听到铃声时，它会停止防御性表现。它以一地之主的姿态走到一片旷场的中央，没有显示出任何恐惧（图25-5）。当我们检查经历过安全训练的小鼠的外侧核时，我们发现了与长时程增强相反的效应：也即，铃声诱发的神经反应出现长时程抑制，这表明通往杏仁核的信号已经极大地缩减了（图25-4）。

旷场测试

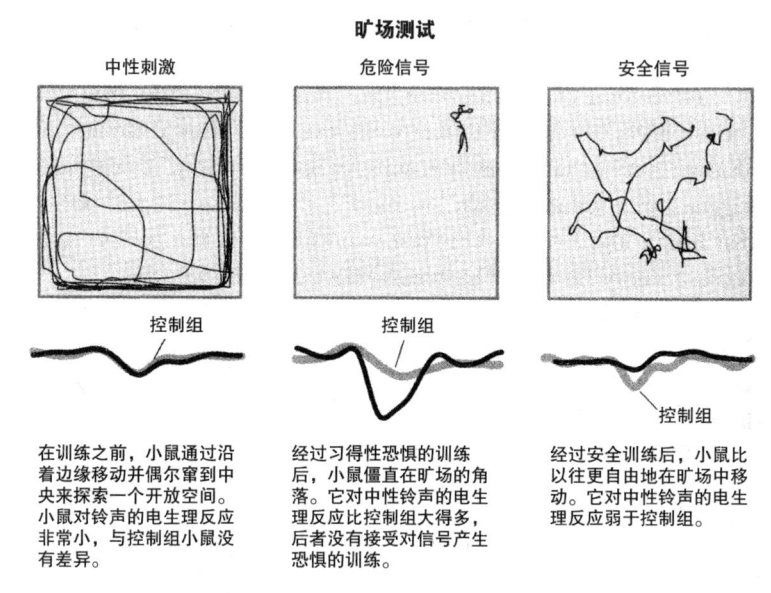

中性刺激	危险信号	安全信号
控制组	控制组	控制组
在训练之前，小鼠通过沿着边缘移动并偶尔窜到中央来探索一个开放空间。小鼠对铃声的电生理反应非常小，与控制组小鼠没有差异。	经过习得性恐惧的训练后，小鼠僵直在旷场的角落。它对中性铃声的电生理反应比控制组大得多，后者没有接受对信号产生恐惧的训练。	经过安全训练后，小鼠比以往更自由地在旷场中移动。它对中性铃声的电生理反应弱于控制组。

图25-5 产生习得性恐惧和习得性安全的信号所造成的效应。

接下来我们想知道的是，安全训练是否产生了真正的安全感和自信，抑或它只是降低了我们日常感受到的恐惧的基线。为了区分这两种可能性，我们记录了纹状体，它是大脑中通常涉及正强化和良好感受的区域。（纹状体也可被可卡因和其他成瘾性药物激活，这些药物劫持了正强化神经系统从而诱使人更频繁地吸食。）我们发现习得了恐惧（也就是学会把铃声与电击进行联结）的动物在铃声响起之后，其纹状体中的神经活动没有发生变化。但是当动物学会把铃声与安全进行联结后，纹状体的反应显著增加，这与感受到安全时的表现相一致。

我们对习得性安全的研究为理解积极的幸福感和安全感以及消极的焦虑和恐惧感都开辟了新的视角。这些研究指出了大脑深处有一个与积极情绪相关的第二系统。实际上，丘脑中响应铃声的神经元和杏仁核外侧核中的神经元都发送连接到纹状体，以传递关于满意和安全的信息。纹状体与许多区域相连，包括抑制杏仁核的前额叶皮层。因此，可以想见的是，通过增强纹状体中的信号，习得性安全不仅可以增强安全感，还可以通过抑制杏仁核来减少恐惧。①

正如这些研究所暗示的，我们可能进入了一个认知与情绪的分子生物学能够提供方法来增强人的安全感和提升自我价值的时代。比如，某些焦虑状态可能源自其原本传递安全感的神经信号出现了问题？自从20世纪60年代以来，我们已经开发了一些减轻特定焦虑状态的药物，但这些药物并不是对所有焦虑障碍都有效，而且它们中的一些，比如利眠宁和安定，还具有成瘾性，因此需要非常小心地监控剂量。增强安全感和幸福感神经环路活动的治疗方法可能提供了一个更有效的治疗焦虑障碍的手段。

---

① 2014年9月，利根川进实验室在《自然》发表了一项"操纵记忆"的重要研究，他们运用光遗传学技术，通过在不同条件下分别控制海马体和杏仁核中被标记的参与恐惧记忆的神经元，更改了小鼠恐惧记忆的情绪效价，使得小鼠的恐惧反应降低。这对于心理治疗具有潜在应用价值。这一系列研究的重要贡献者刘旭博士于2015年2月不幸去世。论文链接：http://doi.org/10.1038/nature13725

26

治疗精神疾病的新路子

小鼠模型能够用于研究比焦虑状态更复杂、更严重的障碍吗？它们能够用于研究精神分裂症这一人类最为持久且最具毁灭性，同时也最需要新疗法的心理障碍吗？

令人惊讶的是，精神分裂症是一种相当常见的障碍。全世界约有1%的人口罹患此病，男性患病的可能性似乎比女性略高且病情更严重。此外一般人群中还有2%~3%患有分裂型人格障碍，通常被看作这种疾病的温和形式，因为患者不表现出精神病行为。

精神分裂症的特征是具有三类症状：阳性、阴性和认知性。阳性症状至少持续6个月，表现为行为怪异和心理功能受到干扰。它们在精神病发作期间尤为明显，这期间患者无法正确地理解现实。接下来，患者无法确定他们的信念和知觉是否真实，也无法把这些信念和知觉与他们周遭发生的真实情况进行比较。失去理解现实的能力的标志性表现是妄想（完全与事实不符的异常信念，而且这些信念在被证明为不合理时也不会改变）、幻觉（并没有外来刺激却产生了知觉，比如听到有声音在评价自己的行为）和不合逻辑的思维（无法在想法间建立关联，思维散漫脱节，严重时会导致胡思乱想和胡言乱语）。

精神分裂症的阴性症状表现为缺乏特定的正常社会和人际交往行为，伴随社交回避、言语贫乏，以及丧失感受和表达情绪的能力，即情感冷漠。其认知性症状包括很难集中注意力，以及一种称作工作记忆的外显短时记忆存在缺陷，而工作记忆对于安排自己的日程、计划并实施一系列活动等执行功能至关重要。认知性症状是慢性的，在精神病没有发作的时候也依然持续存在，是这种疾病最棘手的部分。

在精神病没有发作的时候，患者主要表现出阴性和认知性症状：他们行为反常，与社会隔离，情绪唤起的水平很低，缺乏社会性驱力，言语贫乏，注意力难以集中并缺乏动机。

许多研究精神分裂症的科学家早就认识到，不可能建立一个模拟全部这些症状的小鼠模型。阳性症状很难造模，因为我们不知道如何鉴定小鼠的妄想和幻觉。阴性症状同样很难造模。不过，有了耶鲁大学的帕特里夏·戈德曼-拉基奇用猴子做出的开创性工作后，我的同事埃莉诺·辛普森、克里斯托夫·凯伦东克和乔纳森·伯兰想知道是否能用小鼠模型来研究精神分裂症的认知性症状的某些分子机制。我们认为我们能够为认知性症状的一个关键成分——工作记忆的缺陷——建立模型。工作记忆已经得到了很好的描述，而且我们知道它非常依赖前额叶皮层，这个位于额叶的区域介导着我们最复杂的心理过程。我们还相信，理解认知缺陷可以增进我们对前额叶皮层在正常的精神状态下如何运作的理解。

对前额叶皮层的研究可以追溯到1848年，约翰·哈洛描述了现在广为人知的铁路工头菲尼亚斯·盖奇的案例。一次意外爆炸导致一根铁棍穿透了盖奇的前额叶皮层。他从那场事故中幸存了下来，而且他的一般智力、知觉和长时记忆都完好无损，但他的性格变了。事故发生前，他是一个责任心强、辛勤工作的人；之后，他开始酗酒，最终成了一名靠不住的"混子"。对前额叶皮层受损者的后续研究证实了这个脑区在判断和长时计划中扮演关键角色。

20世纪30年代，耶鲁的心理学家卡莱尔·雅各布森开始研究猴子前额叶皮层的功能，并提供了它参与短时记忆的最早证据。40年后，英国认知心理学家艾伦·巴德利描述了一种短时记忆，他称其为工作记忆，因为它在一个相对很短的时间里把即时的知觉整合起来并将这些知觉与过往经验已经形成的记忆进行关联，这是在计划和执行复杂行为时的一个基本要素。此后不久，戈德曼-拉基奇和加州大学洛杉矶分校的杰奎因·弗斯特把雅各布森对前额叶皮层的研究与巴德利对工作记忆的研究关联起来。他们发现移除猴子的前额叶皮层不会造成短时记忆的普遍性缺陷，而是造成被巴德利称作工作记忆的这一功能的缺陷。

前额叶皮层参与复杂行为的计划和执行——精神分裂症中受到干扰的正是这些功能——这一发现使得研究者去探索精神分裂症患者的前额叶皮层。脑成像结果显示这些患者前额叶皮层的代谢活动低于正常水平，即便是在他们没有参与任何特定心理活动的时候。当正常人在挑战一个需要工作记忆参与的任务时，他们前额叶区域的代谢功能显著增强。而精神分裂症患者的增强水平要小得多。

由于精神分裂症具有遗传性成分，那么精神分裂症患者的一级亲属（父母、孩子和兄弟姐妹）中有40%~50%的人的工作记忆也存在适度的缺损就不足为奇了，即便这些亲属并没有表现出这种疾病的临床症状。此外，这些亲属表现出的前额叶皮层的功能异常，凸显了这一区域在精神分裂症基因表达中的重要性。

精神分裂症的认知性症状与通过手术将额叶与其他脑区分离的实验动物表现出的行为缺陷相似，这一事实引发我们问道：前额叶皮层工作记忆缺陷的分子机制是什么？

我们关于精神分裂症的生物学知识大多来自对改善这种疾病的药物的研究。20世纪50年代，法国神经外科医生亨利·拉博里认为许多病人在手术前感到焦虑，可能是身体释放大量组胺所致。组胺是人体在应对压力时释放的一种类似激素的物质，它引起血管扩张和血压降低。拉博里认为过多的组胺会导致麻醉的一些不良副作用，比如激动、休克和猝死。在寻找能够阻断组胺的作用并让病人镇定的药物时，他无意中找到了氯丙嗪，这种药物刚刚被法国罗尼-布朗克制药公司开发出来。拉博里对氯丙嗪的镇静作用印象深刻，他进而想知道它是否也能让激动的精神疾病患者镇定。两位法国精神病学家让·德莱和皮埃尔·德尼克跟进了这一想法，他们发现高剂量的氯丙嗪确实能让表现出精神分裂症症状、激动好斗的病人镇定下来。

很快，人们就发现氯丙嗪及相关药物不仅是镇静剂，可以起到让病人适度镇定的作用，而且还是抗精神病药，能够极大地减轻精神分裂症的症状。这些首批能够有效对抗一种主要心理障碍的药物引发了精神病学的革命。它们也使得精神病学界将兴趣集中到一种抗精神病药如何产生效应这个问题上。

关于氯丙嗪作用机制的第一条线索来自对它的一种副作用的分析，这种副作用类似帕金森病的症状。1960年，后来与我分享了诺贝尔奖的瑞典哥德堡大学药理学教授阿尔维德·卡尔松做出了三个重要发现，为帕金森病和精神分裂症都提供了关键洞见。第一，他发现了多巴胺并证明它是脑中的一种神经递质。第二，他发现当他将实验动物脑中多巴胺的浓度降低到一个临界值时，会产生帕金森病的模型。由此，他认为帕金森病是参与运动控制的脑区多巴胺浓度降低的结果。他和其他人检验了这一想法，发现他们能够通过给病人补充多巴胺来逆转帕金森病的症状。

在上述研究过程中，卡尔松注意到，当给病人注入超大剂量的多巴胺时，他们会产生类似精神分裂症的症状。这一观察使得他提出精神分裂症是源自过量的多巴胺传递这一观点。他推理道，抗精神病药是通过阻断多巴胺受体来产生治疗效应的。这一作用减少了若干关键性神经通路的多巴胺传递，进而减轻了多巴胺过量造成的后果。卡尔松的观点后来得到了实验的证实。对其观点的进一步支持来自下述发现：这些抗精神病药在治疗病人时常会出现的一些副作用与帕金森病的症状类似。这表明这些药物还在其他一些通路中阻断了多巴胺的作用。

在卡尔松看来，产生多巴胺的神经元的过度活动，是精神分裂症所有症状（阳性、阴性和认知性）的原因。他提出在通往海马体、杏仁核及相关结构的通路中存在过量的多巴胺可能导致了阳性症状；而在通往皮层的通路，特别是与前额叶皮层有着大量突触连接的通路中存在过量的多巴胺可能导致了阴性和认知性症状。后来学界发现，所有减轻精神分裂症症状的药物都主要作用于一种特定类型的多巴胺受体，名为D2受体。约翰·霍普金斯大学的所罗门·斯奈德和多伦多大学的菲利普·塞曼都发现，抗精神病药的效力与它们阻断D2受体的能力之间存在强相关。不过与此同时，学界也发现抗精神病药只对精神分裂症的阳性症状有改善。它们减轻甚至消除了妄想、幻觉和某些类型的混乱思维，却没有对阴性或认知性症状产生明显影响。这种不一致很难解释。

2004年，一些研究者发现精神分裂症的一种遗传易感性在于，纹状体中的D2受体异常地多。我们已经提到过这个脑区与良好感受相关。存在异常多的D2受体可与多巴胺结合，这导致了多巴胺传递的增强。辛普森、凯伦东克、伯兰和我想探索，在精神分裂症认知缺陷的形成过程中，这种遗传易感性所扮演的角色，于是我们制造了一种小鼠，它有一个基因会在纹状体中表达过量的D2受体。我们发现这种小鼠确实存在工作记忆缺陷，这与卡尔松的假设一致。

我们想知道为什么阻断D2受体的药物无法改善精神分裂症的认知性症状，于是我们用我们10年前开发的遗传学工具做了另一个实验。一旦小鼠长到成年，我们就关闭产生过量多巴胺受体的转基因，发现工作记忆的缺陷没有随之改善。换句话说，修正成年脑中的分子缺陷不能修正其认知缺陷。

这一结果表明，在发育过程中过量的D2受体导致小鼠脑中形成持续到成年的变化。这些变化可能是抗精神病药不能改善精神分裂症的认知性症状的原因。纹状体中过量的D2受体在发育初期就发挥了影响——远早于精神分裂症状显现之前，这可能是通过在其他脑区的多巴胺系统中产生稳定且不可逆的变化而造成的。一旦这个过程发生，前额叶皮层的功能缺陷和纹状体中参与认知性症状的结构可能就再也无法通过把D2受体的数量减到正常来得到逆转。

现在我们已经找到了发生在前额叶皮层、由D2受体过量导致的至少一种变化：名为D1受体的另一种多巴胺受体的激活减少。戈德曼-拉基奇早前的实验已经指出，D1受体激活的减少也会导致环腺苷酸的减少，从而引发工作记忆缺陷。

这些实验证明，通过把复杂精神疾病拆解为更简单、更易分析的分子成分，我们就可以让基因修饰小鼠在这些疾病的研究中充当有价值的模型。我们不仅能够在突变小鼠中探索精神分裂症的遗传性因素，而且还能操纵小鼠在母体子宫中和早期发育阶段的环境，以考察怎样的基因-环境交互作用会触发这种疾病。

抑郁症是另一种破坏心理幸福感的常见疾病，最早由古希腊医生希波克拉底在公元前5世纪予以描述。他认为情绪依赖于4种体液的平衡：血液、黏液、黄胆汁和黑胆汁。黑胆汁的过量被认为会导致抑郁症。事实上，表示抑郁症的古希腊术语melancholia就是"黑胆汁"的意思。虽然希波克拉底对抑郁症的解释今天看来显得很离谱，但其背后的观点——心理障碍是生理过程的反映——已经被广泛接受了。

抑郁症的临床特征很容易总结。用哈姆雷特的话来说，就是"这世界上的事情，由我看来何以如此的厌倦、陈旧、淡薄、无益！"[①]在未经治疗的情况下，抑郁症的一次发作通常会持续四个月到一年。它的特征是在大部分时间里持续地感到心情低落、强烈的心理痛苦、无法体验到快乐，以及对世间万物普遍失去兴趣。抑郁症常常伴有睡眠紊乱、食欲减少、体重下降、

---

① 此句译文出自梁实秋翻译的《哈姆雷特》。

没精打采、性欲减退和思维迟缓等表现。

全世界有5%的人口在一生中的某些时候会受到抑郁症影响。在美国，任何时候都有约800万人正在遭受抑郁症的影响。重度抑郁会让人身心极度衰弱：在最严重的情况下，患者会停止进食或不再保持最基本的个人卫生。虽然有些患者只会出现单次发作，但这种疾病通常是反复发作的。有过一次抑郁发作的患者，大约70%会至少再发作一次。开始发病的平均年龄是28岁，但第一次发作在几乎任何年龄都有可能发生。实际上，抑郁症能够影响幼儿，只不过发生在他们身上时我们常常看不出来。老年人也会患抑郁症，老年抑郁通常没有更早期的发作，而他们的抑郁症也更难治疗。女性受到影响的比例是男性的两到三倍。

已经开发了一些有效的药物来对抗抑郁症。第一种——单胺氧化酶抑制剂（MAOI）——最初是被开发用于对抗结核病的。MAOI通过减少血清素和去甲肾上腺素的分解，使得突触能够释放更多的这些神经递质来起作用。医生们很快注意到接受MAOI治疗的病人变得明显更乐观向上了，尽管他们的结核病情仍然还很严重。不久之后，医生们认识到MAOI治疗抑郁症比治疗结核病更有效。这一洞见引发了一组药物的开发，它们现在对70%的抑郁症患者有效。

紧跟抗精神病药的发现，抗抑郁药的发现将精神病学推向了一个新时代。精神病学不再是一个对严重疾病缺乏有效治疗的领域，现在它有了可与其他医学领域相提并论的有效治疗设备和方法。

能有效对抗抑郁症的药物主要作用于脑中两个调节性递质

系统，一个是血清素系统，另一个是去甲肾上腺素系统。关于血清素的证据非常清晰，它与人类情绪状态强相关：高浓度的血清素与幸福感相关，低浓度则与抑郁症症状相关。实际上，自杀者的血清素浓度往往极低。

最有效的抗抑郁药是选择性血清素重摄取抑制剂。神经环路中的分子传输系统会移除突触间隙中由突触前神经元释放的血清素，这些药物则通过对这个系统进行抑制来提高血清素的浓度。基于这一发现，研究者提出了一个假说，认为抑郁症反映了脑中可利用的血清素，或去甲肾上腺素，或两者兼而有之的减少。

尽管这一假说解释了患者对抗抑郁药的反应的某些方面，但它无法解释一些重要现象。特别是它无法解释，为什么抗抑郁药只需要数小时就能抑制神经元中血清素的重摄取，却需要至少三个星期来改善抑郁症的症状。如果抗抑郁药确实通过抑制重摄取发挥了它们全部的作用，从而促进了突触中血清素的累积，那么如何解释这一反应的延迟？或许增加的血清素至少需要三个星期才能影响贯穿全脑的关键神经通路——让大脑"学习"如何重新变得快乐。此外，现在我们知道，抗抑郁药在血清素的重摄取和累积之外，还影响其他过程。

耶鲁的罗纳德·杜曼和哥大的雷内·昂的研究指出了一条关于抑郁症的重要线索。他们发现抗抑郁药还增强了海马体中称作齿状回的一小块区域产生新神经细胞的能力。虽然绝大部分神经细胞不会分化，但这一小群干细胞确实分化并形成了不同的神经细胞。在两到三个星期的时间里——正是抗抑郁药发挥作用所需的时间——这些细胞中的一小部分融入了齿状回的神经网络。这些干细胞的功能尚不清楚。为了探索这一问题，昂采用辐射手段破坏了经由应激造模的抑郁症模型小鼠的齿状回。他发现抗抑郁药再也不能逆转缺乏这种干细胞的小鼠的抑郁样行为。

这些引人注目的新发现提出了一个可能性，即抗抑郁药部分是通过刺激海马体中神经元的生成来发挥作用的。这一想法与抑郁症常常严重损害记忆的发现相一致。或许抑郁症对大脑的损害能够通过重塑海马体生成新神经细胞的能力来对抗。一个非凡的想法！这一想法将在接下来数十年里对新一代精神病研究者的想象力和技能提出挑战。

显而易见的是，分子生物学准备好了在精神病学中实现它在神经病学中已经取得的成就。因此，主要心理疾病的小鼠遗传学模型至少会在两方面是有用的。第一，正如对病人的研究导致了使人易感心理疾病的变体基因的发现（比如 D2 受体基因的变体是精神分裂症的风险因素），这些基因可以植入小鼠用于检验关于特定疾病起源和发展的特定假说。第二，小鼠的遗传学研究将使我们能在详细和精确的水平上探索疾病背后的复杂分子通路，这是在病人身上无法做到的。这样的基础神经生物学研究将会增强我们诊断和分类心理疾病的能力，并将为新分子疗法的开发提供理性基础。

从更大的意义上讲，我们正在从关注探索脑功能之谜的十年转向探索脑功能紊乱的疗法的十年。自从我进入医学界以来这 50 年里，基础科学和临床科学已经不再是两个互不相干的领域。今天神经科学中一些最有趣的问题直接与神经病学和精神病学中的紧要问题相关。这样一来，转化型研究不再是一小拨穿着白大褂的人进行的有限努力，相反，潜在的治疗用途使得这类研究在神经科学中遍地开花。

整个20世纪90年代被称作"脑的十年",在此期间我们都成了转化型研究者。随着我们的不断探索,21世纪的第一个十年也正在成为"脑疗法的十年"。这样一来,精神病学和神经病学在知识体系上互相走得更近了。我们可以预见,在并不遥远的未来,这两个学科的住院医师在培训期间将接受同样的训练,正如专业领域迥然不同(比如心脏病和胃肠疾病)的内科医生都在一起参加住院培训那样。

27

生物学与精神分析思想的复兴

当精神分析在20世纪头一个十年从维也纳诞生时,它代表了思考心智及其障碍的一种革命性思路。在德奥流亡者把精神分析带到美国后,这一无意识心理过程理论所引发的兴奋于20世纪中叶进一步升温。

那时我还是哈佛的一名本科生,这种热情也感染了我,不仅因为精神分析呈现了一种看上去极具解释力的心智观点,而且因为它能使人领略到20世纪初维也纳的智识氛围,这一氛围是我倾慕却错过的。实际上,我之所以对环绕安娜·克里斯和她父母的智识生活如此喜爱,最主要的原因就是它为我理解30年代的维也纳生活提供了洞见和视角。比如根据克里斯夫妇的看法,维也纳最重要的报纸《新自由报》既不很新也不很自由。克里斯夫妇还回忆起卡尔·克劳斯极具戏剧性的演讲,他是我非常钦佩的文化批评家,擅长文辞。克劳斯猛烈抨击维也纳人的虚伪,在他的伟大剧作《人类的末日》中预言了接下来发生的第二次世界大战和大屠杀。

但是到了1960年,当我在精神科开始临床训练时,我的热情已经减退了。我与实证社会学家丹尼丝的结合,以及我的研究经历——先是在哥大哈里·格伦德费斯特的实验室,接着是在国立精神卫生研究所韦德·马歇尔的实验室——冲淡了我对精神分析的热情。尽管我仍然欣赏精神分析带来的对心智丰富细微的见解，但在临床训练期间却失望地发现，精神分析在使自己变成一门可检验的经验科学这一方向上进步甚微。我还对我在哈佛的许多老师感到失望，和我一样，他们从人文关怀的动机出发，进入做精神分析的精神科成为医生，但是他们却对科学几无兴趣。我感到精神分析正在回到一个非科学的阶段，而且在此过程中它还将精神病学也拉回了那个阶段。

在精神分析的影响下，精神病学在第二次世界大战之后的数十年里，从一门与神经病学关系紧密的实验医学转为了一门专注于心理治疗技艺的非经验性专业。20世纪50年代，学术性精神病学抛弃了它的一些生物学和实验医学根基，逐渐变成了一门基于精神分析理论的治疗学科。这样一来，它就不可思议地不再关心经验性证据或作为心理活动器官的大脑了。相反，基于首先源自生物化学后来源自分子生物学的还原论取向，医学在这一时期从一门治疗技艺演变成了一门治疗科学。在念医学院期间，我目睹了这一演变并受到其影响。因此我禁不住会注意到精神病学在医学中的奇怪位置。

精神分析引入了基于自由联想和解释的新方法来考察患者的精神生活。弗洛伊德教精神病医生去仔细聆听患者，并且是用新的方式来聆听。他强调要对患者交流的潜在和表面含义都保持敏感。他还创造了一种解释那些看上去不相干且语无伦次的报告的临时模式。

这种方法是如此新颖而有力，以至于许多年里，不仅弗洛伊德，还有其他智慧且具创造性的精神分析学家都断言，在患者与分析师之间进行的心理治疗过程为通往心智，特别是通往无意识心理过程的科学研究提供了最佳情景。实际上，早期精神分析师仅仅通过仔细聆听他们的患者和在对正常儿童发展的观察研究中检验源自精神分析的想法——比如童年期性欲，就得到了许多有用的原创性观察，对我们理解心智做出了贡献。其他原创性的贡献还包括类型不同的无意识和前意识心理过程的发现、动机的复杂性、移情（将过往的人际关系置于患者现时的生活）和抵抗（对治疗师为改变患者行为所做出的努力的无意识抗拒倾向）。

然而，在精神分析诞生60年之后，它已将自己大部分的新颖探究能力消耗殆尽。到1960年时，甚至连我都清楚的一点是，通过观察个体患者和仔细聆听他们已经学不到什么新的知识或洞见了。虽然在历史上，精神分析曾有过成为一门科学的雄心壮志——它一直想发展成为一门经验性、可检验的心智科学，但它的方法却几乎不具备科学性。许多年来，通过可重复性实验检验其假说的尝试都失败了。实际上，一直以来它产生想法的能力要远胜过它检验想法的能力。因此，精神分析没能取得与心理学和医学中其他一些领域同样的进步。在我看来，精神分析正在迷失方向。精神分析没有专注于那些能够接受经验性检验的领域，反而扩展了它的范围，治疗起那些它不太适合治疗的心理和生理障碍来。

最初，精神分析被用来治疗那些称作神经官能症的病症：恐惧症、强迫症、癔病和焦虑状态。然而，精神分析治疗逐步扩展到几乎所有心理疾病，包括精神分裂症和抑郁症。到了20世纪40年代后期，许多精神病学家受到他们成功治疗在战争中出现精神问题的士兵的影响，开始相信精神分析的洞见应该对那些无法被药物治愈的生理疾病有治疗价值。诸如高血压、哮喘、胃溃疡和溃疡性结肠炎这样的疾病被认为是心理躯体性的——即由无意识冲突引起的。因此，到了1960年，精神分析理论成了许多精神病学家，尤其是美国东海岸和西海岸的精神病学家用以理解所有心理疾病和部分生理疾病的主流模型。

这一扩展了的治疗范围表面上增强了精神分析的解释力和临床洞察力，但实际上它削弱了精神病学的效力并阻碍了它成为与生物学相结合的经验性学科的尝试。当弗洛伊德于1894年首次探索无意识心理过程在行为中扮演的角色时，他同时也致力于发展一门经验性的心理学。他试图探究行为的神经模型，但由于彼时脑科学尚未成熟，他放弃了使用基于主观经验的言语报告来建立生物学模型。到我进入哈佛接受精神科培训时，生物学已经开始在理解高级心理过程方面开辟了重要路径。尽管存在这些进展，一些精神分析学家仍然表现出非常顽固的姿态——他们断言生物学与精神分析没有关系。

这种对生物学的漠视——如果还不至于是蔑视的话——是我在住院医师培训期间遇到的两个问题之一。另一个甚至更严重的问题是精神分析学家对于开展客观研究，或者哪怕只是控制研究者的偏见漠不关心。医学的其他分支通过盲实验的方法来控制偏见，在这种方法中，研究者不知道哪些病人接受了被用于检验的治疗而哪些病人没有。然而，精神分析疗程中收集的数据几乎总是私密的。患者的评论、联想、沉默、姿势、运动和其他行为都是保密的。当然，私密性对于分析师必须赢得患者的信任这一点来说很关键，而这就是问题所在。几乎在每一个案例中，唯一的记录都是分析师对他或她相信发生过的事情做出的主观描述。正如研究型精神分析师哈特维格·达尔长期认为的，这样的解释在大多数科学语境中不能作为证据来接受。然而，对治疗过程的描述总是主观的这一事实，极少得到精神分析师的关心。

当我开始做精神科住院医师时，我感到精神分析能够通过与生物学结合得到无限的充实。我还在想，如果20世纪的生物学要回答有关人类心智的一些经典问题，在它与精神分析合作之后，这些答案会变得更丰富、更有意义。这样的合作也会为精神分析提供一个更坚实的科学基础。那时我就相信，而且现在我愈发相信，生物学也许能够描绘作为精神分析核心的若干心理过程的生理基础，这个核心包括无意识心理过程、心理决定论（一切行动或行为、一切口误都不是完全随机或任意产生的）、无意识在心理病理学中的角色（即哪怕是迥然相异的心理事件也能通过无意识进行联系）和精神分析本身的疗效。由于我对记忆的生物学的兴趣而让我尤为着迷的是，心理治疗部分通过创造一种环境让人在其中学会改变，进而导致脑结构变化的可能性，而且现在或许到了能直接评估这些变化的时候。

幸运的是，在精神分析界，不是所有人都认为经验研究与这个学科的未来没有关系。自从我完成临床训练以来的40年里出现了两个强劲的趋势，它们正开始对精神分析理论产生显著影响。第一个趋势是对基于证据的心理治疗的坚持。第二个，也是更艰难的趋势，是将精神分析与新生的心智生物学进行结合的尝试。

对于第一个趋势，可能最重要的驱动力是来自宾夕法尼亚大学的精神分析学家亚伦·贝克，贝克受到现代认知心理学的影响，他发现一个患者的主要认知风格——这个人知觉、表征和思考这个世界的方式——是抑郁症、焦虑障碍和强迫症等障碍中的关键元素。通过强调认知风格和自我功能，贝克延续了由海因茨·哈特曼、恩斯特·克里斯和鲁道夫·鲁文斯坦开创的思路。

贝克对有意识思维过程在心理障碍中的角色的强调是新颖的。传统上，精神分析学家被教导心理问题来自无意识冲突。比如，20世纪50年代后期，当贝克开始他的研究时，抑郁症还普遍被视为"向内投射的愤怒"。弗洛伊德认为抑郁症患者对他们所爱的某个人感到敌意和愤怒。由于患者不能处理其对某个重要他人的负面感受，他们会压抑这些感受并无意识地引导这些感受来对抗自己。这种自我导向的愤怒和敌意导致了低自尊和无价值感。

贝克通过比较抑郁症患者和非抑郁症患者的梦来检验弗洛伊德的观点。他发现抑郁症患者和其他患者相比，展现出的敌意更少而不是更多。在实施这一研究和仔细聆听他的患者的过程中，贝克发现抑郁症患者不是表现出敌意，而是在他们思考人生的方式上表现出系统性的消极偏见。他们几乎都对自己有着不切实际的高度期望，对任何失望都强烈地反应过度，一有可能就贬低自己，并且对未来感到悲观。贝克认识到这一扭曲的思维模式不仅是一个症状、一种内心深处冲突的反映，而且是抑郁障碍实际发展和持续背后的关键推手。贝克得出一个激进的观点，通过确定和处理这些消极信念、思维过程和行为，我们应该能够帮助患者重拾健康积极的信念。而且，我们能够独立于它们背后的人格因素和无意识冲突来做到这一点。

为了从临床上检验这个观点，贝克向患者展示那些他们自己对抗、挑战和修正其消极观念的经历、行动和成果。他发现他们常常以惊人的速度好转，很少几个疗程之后，他们的感受和机能都有了很大的改善。这一积极结果使得贝克开发了一个针对抑郁症的系统性短程心理疗法，不关注患者的无意识冲突，而是关注他或她的有意识认知风格和扭曲的思维方式。

贝克和他的同事开始进行对照临床试验，以评估这种治疗模式较之于安慰剂和抗抑郁药物治疗的效力。他们发现在轻度和中度抑郁症患者中，认知行为疗法通常和抗抑郁药治疗一样有效；有些研究中，它在防止复发方面还要更胜一筹。在后续的对照临床试验中，认知行为疗法被成功地扩展到了对各种焦虑障碍，特别是对惊恐发作、创伤后应激障碍、社交恐惧症、进食障碍和强迫症的治疗。

贝克所做的远不止引入一种新型心理疗法并经验性地检验它。他还开发了量表和调查问卷来评估抑郁症及其他精神疾病的症状和程度，这些测量为基于心理治疗的研究注入了新的科学严谨性。此外，他和同事还为如何实施这些治疗撰写指南。由此，贝克向心智的精神分析疗法中引入了一种批判性态度、一种对经验性数据的追求和一种想弄清某种疗法是否有效的渴望。

受到贝克研究取向的影响，杰拉尔德·克勒曼和默娜·魏斯曼创造了第二种在科学上有效的短程心理疗法，称作人际关系心理疗法。该疗法专注于修正患者的错误信念、改变他们在与他人的各种互动中的交流方式。和认知行为疗法一样，在对照试验中它被证明对轻度和中度抑郁有效，并编写成了培训指南。人际关系疗法对于情境性危机，比如失去配偶或孩子，似乎特别有效，而认知疗法则似乎对于慢性障碍特别有效。类似地，虽然尚未得到广泛研究，彼得·西弗尼奥斯和哈比卜·达凡卢开发了第三种短程疗法，名为短程动力疗法，专门针对患者的防御和抵抗心理。此外，奥托·克恩伯格也引入了一种关注移情的心理疗法。

与传统的精神分析不同，这4种短程心理治疗都试图收集经验性数据并用它来评价疗法的效力。这样一来，他们就为短程（乃至长程）治疗的实施方式带来了很大改变，将这门学科推向了基于证据的对过程与结果的研究。

然而这些新疗法的长时效应仍不确定。虽然在5~15个疗程内，它们常常能产生疗效，治疗师也能从中增进对抑郁症的认识，但这种改善并不总是能够持久。实际上，有些患者要达到持续的改善，必须进行一两年的治疗，或许是因为在不了解背后冲突的情况下治疗疾病的症状并不总是有效。从一个科学视角来看，更重要的事实是贝克和大多数其他基于证据的疗法的支持者来自精神分析的观察法传统，而非生物学的实验法传统。除了个别例外，心理治疗这一变革趋势的领导者都还没有转向生物学来尝试理解他们所观察到的行为背后的机制。

心理治疗所需的正是生物学取向。直到最近都极少有具备说服力的生物学方法来检验心理动力学观点，或评估一种治疗取向较之于另一种的效力。现在，将短程心理疗法和脑成像技术进行有效结合可能正好给我们提供了一种同时揭示心理动力学和活体大脑运作的方法。事实上，如果心理治疗带来的改变能在很长一段时间内保持，那么就有理由得出结论，不同形式的心理疗法引起了大脑不同的结构性变化，正如其他形式的学习所为。

运用脑成像技术来评估不同形式的心理疗法的结果，这个想法不是白日做梦，强迫症的研究已经向我们证明了这一点。这种障碍一直以来被认为是基底节紊乱的反映，基底节是位于大脑深处的一组结构，在调节行为方面扮演关键角色。基底节的其中一个结构，称作尾状核，是来自大脑皮层及其他脑区的信息的主要接收者。脑成像研究发现强迫症与尾状核的代谢增强相关。加州大学洛杉矶分校的小刘易斯·R.巴克斯特和他的同事已经发现强迫症能够通过认知行为疗法逆转。它还能通过药物抑制血清素的重摄取而得到逆转。药物和心理疗法逆转的都是尾状核增强的代谢。

抑郁症患者的脑成像研究通常揭示出前额叶皮层背侧的活动降低而腹侧的活动增加。研究者又一次地发现，心理疗法和药物都能逆转这些异常情况。若是在1895年，弗洛伊德撰写《科学心理学大纲》时就能使用脑成像技术，他可能会引导精神分析沿着非常不同的路径前进，让它与生物学保持密切关系，正如他在此文中概述的。从这个意义上说，脑成像与心理治疗的结合代表了自上而下的心智研究，延续了弗洛伊德最初的科学研究规划。

正如我们已经看到的，短程心理疗法现在有至少4种不同的形式，而脑成像技术应该可以提供科学手段来对它们进行区分。如果是这样，它可能会揭示出所有有效的心理疗法都是通过相同的解剖学和分子机制在起作用。另外一种更可能的情况是，脑成像会显示出不同心理疗法是通过明显不同的脑机制来实现其目标的。和药物一样，心理疗法也可能有不良副作用。对心理疗法的经验性检验能帮助我们将这些重要疗法的安全性和效力最大化，正如对药物的检验所做到的那样。脑成像还能帮助预测特定类型的心理治疗的结果并为每位患者选用最适合其情况的那种疗法。

短程心理疗法和脑成像技术的结合很可能最终会让精神分析为新心智科学做出独有的贡献。这一刻不会很快就到来。公共卫生对各种轻度至中度心理疾病的有效疗法存在大量需求。哈佛的罗纳德·凯斯勒的研究指出，总人口中有接近50%在其人生某个时候有过一种精神问题。过去，这些人中的很多都会接受药物治疗。药物是精神病学带来的一项重大进步，但它们会有副作用。此外，只用药物常常是无效的。当某种心理疗法与药物结合使用时，许多患者可以恢复得更好，而且有数量惊人的患者只接受心理治疗就获得了很好的治疗效果。

在她的著作《躁郁之心》中，凯·杰米森描述了这两种治疗模式对一种严重疾病——她患有双相障碍——的益处。对这种障碍的锂盐治疗遏制了她灾难性的躁狂，让她摆脱医院，通过阻止她自杀而救了她的命，并使得长程心理治疗成为可能。"不过，难以言喻地，"她写道，"是心理治疗治愈了我。它能解释我的混乱，节制可怕的思维和感受，让我重拾一些控制感和希望，并从中学到点什么。药物不能也不会让人轻轻松松地回到现实。"

杰米森的洞见让我觉得非常迷人之处在于，她把心理治疗视为一次学习的经历，让她可以把她的经验——她的人生故事——拧成一股绳。当然，是记忆把人的一生编织成了一个连贯的整体。随着心理治疗被置于更严格的效力检验之下，并且人们对其效应进行更多的生物学研究，我们将能够考察记忆与心智的运作方式。比如，我们将能够探索不同的思维风格，看它们如何影响我们感知这个世界的方式以及我们在其中的行为。

精神分析的还原论取向也将使得我们对人类行为获得更深入的理解。这一方向上最重要的进展是在儿童发展研究领域做出的,这个领域曾激发了恩斯特·克里斯的想象力。弗洛伊德的天才女儿安娜在研究第二次世界大战期间破碎的家庭造成的创伤性影响时,首次发现了有力证据证明在受到压力时家长与孩子的亲密关系的重要性。纽约精神分析学家勒内·斯皮茨对家庭破碎造成的影响做了进一步研究,他比较了两组与其母亲分离的婴儿。一组在弃婴之家成长并由护士照顾,每个护士要照顾7个婴儿;另一组在一个女子监狱附属的看护之家,这里的婴儿白天会得到他们母亲的短暂照顾。到第一年年末,孤儿院儿童的运动和智力表现远低于监狱看护之家的儿童:孤儿院儿童表现得孤僻、鲜有好奇心,也很少感到高兴。这些经典研究发表在《儿童的精神分析研究》,这套多卷本由儿童观察性研究的三位开创者安娜·弗洛伊德、海因茨·哈特曼和恩斯特·克里斯主编。

在展示还原论如何能够增进我们理解心理过程的一个范式中,威斯康星大学的哈里·哈洛通过建立母爱剥夺的动物模型拓展了上述研究。他发现新生猴子在与母亲隔离六个月到一年后再回到猴群中时,它们的身体是健康的,行为却有问题。它们蜷伏在笼子角落前后摇动,像是严重受到扰乱或患有孤独症的儿童。它们不与其他猴子互动,也不打斗嬉戏或表现出任何性兴趣。而将一只年龄更大的猴子隔离同样长的时间则是无害的。因此,猴子和人类一样,其社会性发展存在一个关键期。

哈洛接下来发现,通过给予这只被隔离的猴子一个用布包在木头上扮成的代理母亲,上述症状能够得到部分逆转。这个代理母亲引发了猴子的依附行为,但不足以使其发展出全部的正常社会性行为。只有在拥有代理母亲之外,每天还与一只来自猴群的正常幼猴有数小时的接触,猴子的正常社会性发展才能恢复。

安娜·弗洛伊德、斯皮茨和哈洛的工作得到了约翰·鲍尔比的扩展,他形成了一个想法,认为无力防御的婴儿通过一个情感和行为反应模式系统来维持与其照顾者的亲密,这个系统他称之为"依恋系统"。鲍尔比把这个依恋系统设想成一个天生的本能或动机系统,与饥饿和口渴很像,由它组织婴儿的记忆过程并引导婴儿寻找与其母亲的亲近和交流方式。从进化的视角来看,通过允许婴儿不成熟的大脑运用父母的成熟功能来组织其自身的生命过程,依恋系统显然增加了婴儿的存活率。婴儿的依恋机制与父母对婴儿发出的信号所做出的情绪敏感性反应互为镜像。父母的反应起到放大和强化婴儿的积极情绪状态,同时减弱婴儿的消极情绪状态的作用。这些重复性经验作为一种有助于婴儿感受到安全的期待,被编码成了程序性记忆。

儿童发展研究的这些取向,现在正通过基因修饰小鼠得到探索,以获取对亲子关系本质更深的洞见。

如今,对精神分析有关心智功能的想法进行探索的其他实验方法也是可行的。比如,把通过我们的知觉及运动技能记忆反映出的程序性(内隐)心理过程,与两种其他类型的无意识心理过程进行区分的方法。后两种无意识心理过程分别是:动力无意识,它代表我们的冲突、性冲动以及压抑的思维和行为;前意识无意识,它与组织和计划相关,已经准备好了通向意识。

精神分析理论的生物学取向大体上能够探索全部三种类型的无意识过程。实现的方法之一——我将在下一章阐述——是比较由无意识和有意识知觉状态产生的脑激活成像，并鉴定出两种状态各自涉及的脑区。我们认知过程的大多数方面是基于无意识推断，这一过程不需要我们的觉知就能发生。我们毫不费力地把这个世界看成一个统一的整体——一片风景中的前景及其背后的地平线——是因为视知觉将视觉图像中的各种元素捆绑在一起，不需要我们意识到就会发生。这样一来，大多数脑科学家和弗洛伊德一样，相信我们对大部分认知过程都是没有意识的，而只是对这些过程的结果有意识。这一原理似乎也适用于我们对自由意志的有意识感受。

引入生物学来解释精神分析观点，有可能加强精神病学在现代医学中扮演的角色，同时鼓励基于实证的精神分析思想参与到塑造现代心智科学的过程中。这一融合的目标是将驱动基础生物学的激进还原论与驱动精神病学和精神分析的理解人类心智的人文主义努力相结合。最后，脑科学的终极目标是：把对自然世界及其居民的物质层面研究和生物学研究，与对人类心智和人类经验之亲密关系的理解结合起来。

28

意 识

精神分析让我们了解了无意识的若干形式。与很多其他的脑科学研究者一样,我一直着迷于关于大脑的最大难题:意识的本质以及各种无意识心理过程与有意识思维的关系。当我第一次与哈里·格伦德费斯特谈起弗洛伊德的心智结构理论——自我、本我与超我——的时候,我所思考的核心问题是:意识和无意识过程在大脑中的表征有何不同?但直到最近,新心智科学才开发出了通过实验来探索这一问题的工具。

为了给意识研究注入有益的洞见,新心智科学首先得将意识可操作性地定义为知觉性觉知的一种状态或显而易见的选择性注意。意识的核心,则是人对自我的觉知,以及觉知到自己正在觉知。因此,意识是我们的一种能力,它不单单用来体验快乐与痛苦,更可以用来留意和思忖这些体验,这种能力适用于即刻的生活并贯穿整个人生。有意识注意使得我们可以忽略不相干的经验而专注于我们面对的重要事物:快乐或痛苦,天空的蔚蓝,维米尔画作中窗外透进的冷光[1],抑或海滨的美丽与宁静。

---

[1] 维米尔是17世纪荷兰著名画家,他的画室面向北方,这是他的偏好,因为从北边窗户透进来的光线更冷,且在白天保持得更稳定。

到目前为止，科学面临的最具挑战性的任务就是理解意识。这一论断的真相可以经由弗朗西斯·克里克的科研生涯得到绝佳诠释，他也许是20世纪后半叶最具创造性和影响力的生物学家。当克里克在第二次世界大战后首次进入生物学领域时，有两大谜题被认为是科学无力解答的：生命世界和非生命世界的区别是什么？意识的生物学本质是什么？克里克首先转向生命和非生命的区别这个相对容易的问题，开始探索基因的本质。在他和詹姆斯·沃森合作仅仅两年之后的1953年，他们参与解决了这一谜题。正如沃森后来在《双螺旋》中描述道："弗朗西斯在午餐时冲进老鹰（酒吧），向在场所有人宣告我们发现了生命的奥秘。"在接下来的20年里，克里克参与解开了DNA如何产生RNA、RNA又如何产生蛋白质的遗传密码。

1976年，60岁的克里克转向了剩下的那个科学谜题：意识的生物学本质。他与年轻的计算神经科学家克里斯托夫·科赫合作，将余生投入了对这一问题的研究。克里克将他特有的智识和乐观带入了对这个问题的探讨，而且他让先前被忽视的意识研究成了科学界关注的焦点。但是经过了近30年持续的努力，克里克也只能将这个问题往前推进一小步。实际上，有些研究心智的科学家和哲学家仍然觉得意识是如此高深莫测，以至于他们认为意识恐怕永远不能从物质层面来解释。他们问道，一个生物系统、一台生物机器，如何能感受大千世界？更令人疑惑的是，它又如何能思考自身？

这些问题并不新鲜。早在公元前5世纪，希波克拉底和雅典学园的创始人、哲学家柏拉图就提出过同样的问题。希波克拉底是第一个摒弃迷信的影响、将自己的思考建立在临床观察之上的医生，他认为所有的心理过程都源自大脑。柏拉图则排斥观察与实验，他觉得我们能够思考自身的唯一原因是我们拥有非物质的不朽灵魂。这个不朽灵魂的观念后来被整合进了基督教思想并由13世纪的圣托马斯·阿奎那加以详尽阐述。阿奎那和之后的宗教思想家认为灵魂作为意识的生成者，不仅与身体是分离的，而且是神创的。

在17世纪，勒内·笛卡尔发展了人类具有二重性的观点：他们有一个由物质构成的身体和一个源自灵魂的精神实质的心灵。灵魂接收来自身体的信号并能影响身体的行为，但它自身却是由人类特有的非物质构成。笛卡尔的思想引发了如下观点，认为诸如吃饭、走路等活动，以及感知觉、食欲、激情甚至简单形式的学习，都由大脑介导并能够得到科学地研究。而心灵是神圣的，因此不是科学的研究对象。

值得注意的是，这些17世纪的观点在20世纪80年代仍然流行。生于维也纳的科学哲学家卡尔·波普尔和诺贝尔奖得主、神经生物学家约翰·埃克尔斯都终身信奉二元论。他们同意阿奎那有关灵魂不朽并且独立于大脑的观点。英国科学哲学家吉尔伯特·赖尔将灵魂的概念称作"机器中的幽灵"。

今天，大多数心灵哲学家同意我们称作意识的东西源自物质性大脑，但就意识是否能够得到科学地研究这一点，他们又有些不同意克里克。像科林·麦吉恩这样的少数人，相信意识就是不能被研究，因为大脑的构造对人类认知能力造成了限制。在麦吉恩看来，人类的心智就是无法解决某些问题的。在另一个极端，如丹尼尔·丹内特这样的哲学家则否认存在任何问题。和一个世纪之前的神经学家约翰·休林斯·杰克逊一样，丹内特认为意识不是大脑中的一种独特的运作方式,而是参与信息加工后期阶段的高级脑区计算加工的综合结果。

最后,还有约翰·塞尔和托马斯·内格尔等哲学家持折中立场,认为意识是一套独立的生物学过程。这些过程能够得到分析,但我们对它们的理解进展甚缓,因为它们非常复杂而且它们表征的信息大于它们的简单相加。意识比我们所理解的大脑的任何性质都要复杂得多。

塞尔和内格尔认为意识状态具有两个特征:统一性和主观性。意识的统一性是指我们感受到的经验是一个统一的整体。各种感觉模块都被融为了一个单一、连贯、有意识的经验。因此,我在里弗代尔家附近的波丘植物园走进一个玫瑰丛,闻到浓烈花香的同时看到花朵美艳的红色,而且我知觉到这个玫瑰丛是以哈德逊河及其背后的帕利塞德山脊的峭壁作为背景的。我的知觉不仅在我体验到它的这一时刻是完整的,而且在我两个星期后通过心理时间旅行重温这一时刻时也是完整的。尽管事实上感受嗅觉和视觉的器官不同,用到的通路也不同,但是当它们聚集在大脑中时,我形成了统一的知觉。

意识的统一性的确是个难题,但应该不是不可解决的。统一性可以分解。那些两个大脑半球被手术切断分开的病人,具有两个有意识的心智,每个都自有其统一的知觉。[①]

有意识觉知的第二个特征——主观性——为科学带来了更艰巨的挑战。对我们每个人来说,自己所体验的私密和独特的感觉比起他人体验的要更加真实。我们能直接体验自己的想法、心境和感觉,却不能通过观察或聆听来间接领会另一个人的体

[①] 这里提到的是罗杰·斯佩里(Roger Sperry)的科学贡献,他因裂脑人研究与第22章提到的休伯尔和维泽尔分享了1981年诺贝尔生理学或医学奖。

验。于是我们不禁要问，你对你所看到的蓝色和你所闻到的茉莉花香做出的反应——它对于你的意义——与我对我所看到的蓝色和我所闻到的茉莉花香做出的反应及其对于我的意义是一样的吗？

这个问题不在于知觉本身。它不在于我们各自看到的是否是明暗非常相似的相同蓝色，这一点通过记录不同个体视觉系统中的单个神经细胞就比较容易做到。虽然大脑确实重建了我们对一个对象的知觉，但是知觉到的对象——蓝色或钢琴的中央C——却显示出与反射光波长或所发乐音的频率的物理属性相一致。因此问题不在于此，问题在于那个蓝色或音符对我们每个人的意义。我们尚未理解的是，神经元的电活动如何带来我们对那个颜色或乐音的波长的理解。每个人的有意识体验都是独一无二的这一事实导致了一个问题：是否有可能客观地确定出一项适用于所有人意识的特征？如果感觉最终产生的体验具有完全个人化的主观性，根据这一论证，我们将无法基于个人体验来给出意识的一般性定义。

内格尔和塞尔以如下方式阐述了从物质层面解释意识主观性的难处：假定我们让受试者在进行需要有意识注意的任务时，在一个已知与意识密切相关的脑区成功记录了神经元的电活动。比如，假设我们鉴定出了当我观看并觉知到一幅来自波丘玫瑰丛的红花图像时放电的细胞。现在我们完成了意识研究的第一步，即发现了克里克和科赫所指的这一知觉的意识神经性相关物。对我们大多数人而言，这会是一个巨大的进展，因为它找到了有意识知觉的一个物质伴随体。从这里出发我们能继续开展实验来确定这些相关是否融入了作为背景的哈德逊河及帕利塞德山这样一个连贯的整体。但对内格尔和塞尔而言，这是意识的简单问题。意识的困难问题是第二个谜团,即主观体验。

红色玫瑰的图像让我产生一种独一无二的感受,这是怎么一回事?换个例子来说,我们有什么理由去相信,当一位母亲看着她的孩子时,其参与面孔识别的皮层区域中的细胞放电能够对她感受到的情绪、她唤起这些情绪记忆的能力以及她眼中的孩子这一意象做出解释?

到目前为止,即便是在最简单的情况下,我们也不知道特定神经元的放电如何引起了有意识知觉的主观成分。事实上,根据塞尔和内格尔的观点,我们缺乏一个关于客观现象(比如脑中的电信号)如何能够引起主观体验(比如疼痛)的合适理论。又因为我们目前从事的科学研究对复杂事件持有还原论、分析性的视角,而意识却具有不可简化的主观性,构建这样一个理论超出了我们现在的能力范围。

按照内格尔的观点,如果没有方法论上的重大转变,我们就不能科学地研究意识。这一转变应该使得科学家能够鉴定并分析构成主观体验的元素。正如原子和分子是物质的基本成分一样,这些元素也很可能是脑功能的基本成分,但其存在形式我们尚不能设想。内格尔同意科学中常规采取的还原论方法是没有问题的。生物科学很容易解释一种特定类型的物质的性质如何由构成它的分子的客观性质造成。而关于主观性(意识)如何由客观的物质(相互连接的神经细胞)的性质造成,科学缺乏解释它的规则。

内格尔认为,我们对主观体验成分的一无所知不应该阻止我们继续探索意识的神经性相关物,以及有意识现象与脑中细胞过程相关联的规则。事实上,只有通过积累这样的信息,我们才能思考如何将主观事物还原为物质的、客观的事物。但要找到一个支持上述还原的理论，我们首先必须发现主观意识的元素。内格尔认为这一发现的体量和含义都将非常巨大，需要的是一场生物学革命，甚至很可能是科学思想的全盘转型。

大多数研究意识的神经科学家的目标远没有这么宏大。他们并不致力于或期待一场科学思想的革命。虽然他们必须与实验性地定义有意识现象这一难题进行斗争，但他们并不认为这一难题阻碍了所有基于现有范式的实验研究。神经科学家相信，他们不必对个体体验进行解释，就能够在理解知觉和记忆的神经生物学方面取得相当大的进步，对此塞尔也表示同意。比如，认知神经科学家并未考虑我们每个人如何对相同的蓝色做出反应这一问题，就在理解蓝色知觉的神经基础方面取得了进展。

我们尚不理解的是意识的困难问题——神经活动如何引起主观体验这一谜团。克里克和科赫已经指出，一旦我们解决了意识的简单问题——意识的统一性，我们就将能够通过实验操纵这些神经系统来解决上述难题。

意识的统一性是首先在视知觉研究中提出的捆绑问题的一个变式。我在波丘体验到的那段主观欢愉的一个非常私密的部分是：花园里玫瑰的观感和香气与我视野中的哈德逊河、帕利塞德山以及知觉到的其他影像成捆绑在一起的方式。我的主观体验里的上述每一个成分分别由我的视觉、嗅觉和情绪系统所对应的不同脑区介导。我的有意识体验的统一性意味着这一捆绑过程必定以某种方式连接并整合了所有这些分离的脑区。

作为解决意识简单问题的第一步，我们需要了解意识的统一性——这一性质被认为由介导选择性注意的神经系统达成——是否只位于一个或者少数几个脑区，使得我们能够运用生物学来操纵它们。这一问题的答案尚不清楚。脑和意识方面的主要理论家杰拉尔德·埃德尔曼已经有力地指出，意识统一性的神经装置很可能广泛分布于整个皮层和丘脑。因此，埃德尔曼断言，我们不太可能通过一组简单的神经性相关物来找到意识。然而，克里克和科赫相信，意识的统一性具有直接的神经性相关物，因为它们非常可能涉及一组具有特异性分子或神经解剖学特征的特定神经元。他们认为神经性相关物可能只需要一小组神经元以探照灯——集中注意力的聚光灯——的方式起作用。他们指出初始任务是在脑中定位出一小组神经元，其活动与有意识体验的统一性最相关，然后确定它们归属于哪些神经环路。

我们如何找出介导意识统一性的这一小组神经细胞？它们必须满足什么标准？在克里克和科赫的最后一篇论文（2004年7月28日，在去世前数小时去医院的路上，克里克仍然在修改此文）中，他们重点关注了屏状核，这是位于大脑皮层以下的薄片状脑组织，他们认为它是介导意识统一性的位置。除了它与几乎所有感觉和运动皮层区域以及对情绪很重要的杏仁核进行连接并交换信息之外，我们对屏状核所知甚少。克里克和科赫将屏状核比作管弦乐团的指挥。屏状核的神经解剖学连接也的确符合指挥家的标准，它能够把对有意识觉知的统一性所必需的各种脑区绑在一起进行协调。

在克里克生命的最后让他着迷的观点——屏状核是注意的聚光灯，这个位置将所有知觉的各种成分绑在一起——是他发展的一系列主要观点中的最后一个。克里克对生物学的巨大贡献（DNA的双螺旋结构、遗传密码的本质、信使RNA的发现、信使RNA翻译成蛋白质的氨基酸序列的机制，以及意识生物学的建立）让他跻身哥白尼、牛顿、达尔文和爱因斯坦之列。与科学界的其他许多人一样，他对科学和心智生命怀有强烈并持续终身的关注，这种关注是理想的科学精神的完美诠释。克里克的朋友兼同事、认知心理学家维拉亚努尔·拉马钱德兰这样描述克里克在生命的最后几个星期对屏状核的关注：

> 在他去世前三个星期，我去他位于拉霍亚的家中拜访。他已经88岁，处于癌症晚期，受到疼痛折磨并做着化疗，然而他显然一刻都没有停止对最新课题的研究。他的桌子非常大——占据了半个房间——上面铺满了论文、信件、信封、最近的几期《自然》、一台笔记本电脑（尽管他不喜欢电脑）和近期出版的神经解剖学书籍。在我拜访的整整两个小时里，我们没有提及他的病情——谈的都是关于意识的神经基础的一系列想法。他对称作屏状核的一个微小结构尤其感兴趣，觉得它在很大程度上被主流权威人士忽视了。在我离开时他说道："拉马，我想意识的秘密位于屏状核中——你觉得呢？否则为什么这个微小结构会与那么多脑区相连？"——他冲我狡黠地、同谋般地眨了眨眼。这是我最后一次见到他。

克里克接着还表示，由于对屏状核所知甚少，他想成立一个专注于研究其功能的研究所。特别是他想确定，当人的感觉器官收到的一个刺激从无意识阈下知觉转变成有意识知觉时，屏状核是否被开启了。

激起克里克和科赫兴趣的此类转变的一个例子是双眼竞争。如果将两种不同的图像——比如垂直条纹和水平条纹——以每只眼睛只能看到其中一组条纹的方式同时呈现给某人，这个人可能会把两种图像结合起来并报告看到了格子图案，但更可能出现的情形是，这个人会先看到一种图像，再看到另一种，水平和垂直条纹自动交替出现。

伦敦大学学院的埃里克·卢默和同事运用MRI发现，当一个人的有意识注意从一种图像转向另一种图像时，其皮层的额叶和顶叶区域出现激活。在把有意识注意放在空间中的物体上这一过程中，这两个区域扮演了特殊角色。皮层的前额叶和后顶叶区域似乎将哪种图像被增强的决定接力传递到视觉系统，后者再把该图像带入意识。实际上，前额叶皮层受损的人在双眼竞争的情况下很难从一种图像转为另一种图像。克里克和科赫会认为皮层的额叶和顶叶区域受到屏状核的支配，由它把注意从一只眼睛转到另一只并将每只眼睛向有意识觉知所呈现的图像统一起来。

从这些争论中我们可以看出，意识仍然是一个大问题。但一方面通过埃德尔曼的努力，另一方面通过克里克和科赫的工作，现在我们有了两个值得探索的、具体的、可检验的理论。

因为我对精神分析一直很感兴趣，我想把比较同一刺激的无意识和有意识知觉的克里克–科赫范式往前推进：确定视知觉是如何被赋予情绪的。与简单的视知觉不同，情绪性主导的视知觉很可能在人与人之间存在差异。因此，进一步的问题是，无意识情绪性知觉是如何及在哪里得到加工的？

阿密特·埃特金是一名大胆且具创造性的医学和哲学双学

位博士生,他和我一起,与哥大的脑成像专家乔伊·赫施合作开展了一项研究。我们在研究中试图诱发对情绪性刺激的有意识和无意识知觉。我们用于情绪范畴的研究方法与克里克和科赫用于认知范畴的方法相似。我们探索正常人对脸上有着明显中性或恐惧表情的人像如何做出有意识和无意识的反应。这些照片是由加州大学旧金山分校的保罗·艾克曼[①]提供的。

艾克曼分类归档了超过10万张人类表情照片,和之前查尔斯·达尔文所做的一样,他的研究表明不论哪种性别或文化,7种面部表情——快乐、恐惧、厌恶、轻视、愤怒、惊讶和悲伤——的有意识知觉实际上对每一个人都具有相同的含义(图28-1)。由此我们认为,无论年轻健康的医学研究生志愿者们是有意识地还是无意识地知觉到带有恐惧表情的面孔,这些刺激都会诱发相似的反应。我们通过相对长时间地呈现恐惧表情以便志愿者有时间仔细打量来制造有意识知觉,而通过非常快地呈现相同的面孔,使得志愿者无法报告他们看到了什么表情来制造无意识知觉。他们甚至不确定自己是否看到了一张面孔!

由于即使是正常人对于威胁的敏感性也存在差异,我们给所有志愿者一份问卷来测量他们的背景焦虑水平。与大多数人在一个新环境中感受到的短暂焦虑不同,背景焦虑反映的是一种持久的基线特质。

并不令人惊讶的是,当我们向志愿者呈现带有恐惧表情的面孔照片时,我们发现位于大脑深处介导恐惧的杏仁核有显著

[①] 值得一提的是,艾克曼儿时受到母亲因患精神疾病而自杀的触动,立志从事心理治疗的研究及实践,进入大学学习精神分析。为了找到有效的非言语指标来检验精神分析的疗效,他转向行为主义,并最终专注于表情研究。这与同为犹太人的坎德尔的经历颇为相似。美剧《千谎百计》(*Lie to Me*)的主角莱特曼博士即以他为原型。

恐惧　　　　　愤怒　　　　　快乐　　　　　轻视

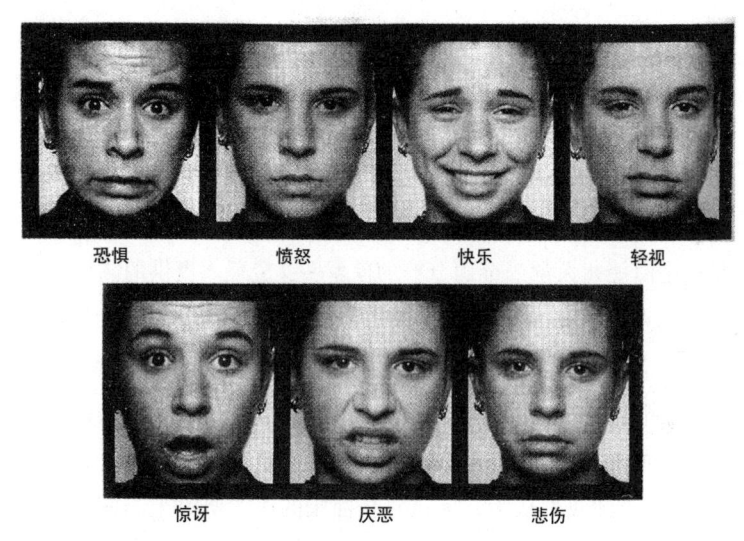

惊讶　　　　　厌恶　　　　　悲伤

图28-1 艾克曼的7种普适性面部表情。（承蒙保罗·艾克曼惠允）

激活。而令人惊讶的是，有意识和无意识刺激影响了杏仁核的不同区域，每个人受影响的程度因其基线焦虑水平而异。

对恐惧面孔的无意识知觉激活了基底外侧核。与小鼠一样，人类杏仁核的这一区域接收大部分输入的感觉信息，是杏仁核与皮层交流的主要渠道。恐惧面孔的无意识知觉对基底外侧核的激活程度与志愿者的背景焦虑水平成正比：测量到的背景焦虑水平越高，志愿者的反应越强。背景焦虑水平低的志愿者完全没有反应。相反，对恐惧面孔的有意识知觉，激活了杏仁核包括中央核在内的背侧区域，且激活程度与志愿者的背景焦虑水平无关。杏仁核的中央核发送信息到自主神经系统中参与警觉和防御反应的那部分脑区。总之，无意识知觉到的威胁不成比例地影响背景焦虑水平高的志愿者，而有意识知觉到的威胁则会激起所有志愿者的"战或逃"反应。

我们还发现恐惧面孔的无意识和有意识知觉激活了杏仁核以外的不同神经网络。而且无意识知觉到的威胁仍然只激活焦虑型志愿者的相应网络。令人惊讶的是，即便是无意识知觉也需要大脑皮层区域的参与。

因此，观看令人恐惧的刺激激活了两个不同的脑系统，一个涉及有意识的、可能是自上而下的注意，另一个则涉及无意识的自下而上注意（即警觉），类似于海兔和小鼠的外显和内隐记忆中凸显性信号所起的作用。

这些结果很有意思。首先，它们显示了在情绪领域，和在知觉领域中一样，刺激既能够被无意识地知觉也能够被有意识地知觉。它们还支持了克里克和科赫的观点，即在知觉中，对刺激的有意识和无意识觉知对应不同脑区。其次，这些研究从生物学角度确证了精神分析的无意识情绪观点的重要性。它们表明，当刺激留在想象中，而不是被有意识地知觉到时，焦虑在脑中产生的影响最为剧烈。一旦他们有意识地感知到一张恐惧面孔的照片，即便是焦虑型的人也能够准确地评估它是否真的是一个威胁。

心理病理学反应是由无意识水平上发生的冲突导致的，如果患者能够有意识地面对冲突来源，那么这些反应就可以得到调控。在弗洛伊德提出上述观点一个世纪之后，我们的成像研究表明这些冲突过程可能受到脑中一些通路的介导。此外，志愿者的背景焦虑水平与他们无意识神经过程之间的相关，也从生物学角度证实了弗洛伊德的观点，他认为无意识心理过程是大脑信息加工系统的组成部分。虽然他早在一百多年前就提出了这些观点，之前的脑成像研究却从未尝试过解释人类行为及其对世界的理解的差异是如何源自他们无意识地加工情绪的差异的。恐惧的无意识知觉对杏仁核基底外侧核的激活程度与人的基线焦虑水平成正比这一发现，提供了一个诊断焦虑状态和评估各种药物及心理治疗效力的生物标记。

在寻找对刺激的无意识和有意识知觉与神经环路活动的相关性时，我们开始描绘恐惧这种情绪的神经性相关物。这一描述将很可能最终使我们得以对有意识知觉到的恐惧做出科学解释。它会为我们提供大致说明，来解释神经事件如何引起了进入我们觉知的心理事件。于是，在我离开精神分析转向心智生物学半个世纪之后，新的心智生物学即将准备好去处理精神分析和意识的一些核心议题。

其中一个议题是自由意志的本质。既然弗洛伊德已经发现了心理决定论——我们的认知和情感生活有很多是无意识的这一事实——我们还能剩下多少个人选择和行动的自由呢？

针对这一问题，加州大学旧金山分校的本杰明·利贝特在1983年做了一组关键性的实验。利贝特以德国神经科学家汉斯·科恩胡贝尔的一个发现作为他的出发点。在科恩胡贝尔的研究中，他要求志愿者运动他们的右手食指。他用应变仪测量了这一随意运动，同时通过头盖骨上的电极来记录脑电活动。在测试了数百次之后，科恩胡贝尔发现，手指的每次运动之前总会出现来自大脑电信号记录的微弱光点，自由意志的火花！他把脑中的这种电位称作"准备电位"，它在随意运动之前一秒出现。

利贝特在科恩胡贝尔研究的基础上又做了一个实验，他要求志愿者在自己感觉到有抬起手指的冲动时就抬起手指。他在志愿者的头盖骨上放了一个电极，证实了大约在抬手指之前一秒存在一个准备电位。接着他比较了志愿者的运动意愿出现的时间和准备电位的时间。令人惊奇的是，利贝特发现准备电位的出现不是晚于而是早于志愿者感到想运动其手指之前200毫秒！于是，仅仅通过观察脑电活动，利贝特就能在一个人实际觉知到决定做某事之前预测到他将要做什么。

这一发现使得心灵哲学家发问：如果在我们决定行动之前，选择已经在脑中做出了，那么我们的自由意志何在？我们有意愿发起运动的感觉是否只是一种错觉，一种对已发生之事的合理化？或者选择是自由但非有意识地做出的？如果是这样，行动中的选择就像知觉中的选择一样，可能反映了无意识推断的重要性。利贝特提出，发起一个随意动作的过程发生于大脑的无意识区域，但是就在动作发出之前，意识参与进来批准或否决这一动作。在一根手指抬起之前200毫秒，意识决定其是否做出运动。

不论决定和觉知之间存在延迟的原因是什么，利贝特的发现还引出了一个道德问题：一个人如何能够对不是由有意识觉知做出的决定负责？心理学家理查德·格里高利和维拉亚努尔·拉马钱德兰对这一论争做出了严格的限定。他们指出："我们的有意识心智也许没有自由意志，但它却具有自由抑制。"①认知神经科学的开创者之一、美国生物伦理委员会成员迈克尔·格扎尼加补充道："大脑是自发的，但人是自由的。"我们不能只看到脑中的少量神经环路，就推断出神经活动的总和。

---

① 由于"will"除了"意志"之义，还可作为表示意愿的情态动词，原文根据这一歧义玩文字游戏，对应 free will 提出了 free won't（指上文的意识可以否决动作），译文运用谐音来体现这种俏皮。

第六部

真正爱着维也纳的人是凭借虚构的记忆生活着。伴随着怀旧中苦乐参半的伤痛，他记起一些自己从不知道的事情。……只存在于想象中的那个维也纳，是一座最伟大的城市。

——奥逊·威尔斯，《维也纳》[①]（1968）

[①] 这是威尔斯的一部未完成电影作品，目前存世的是经过修补的8分钟片段。

29

通过斯德哥尔摩重新发现维也纳

2000年10月9日,那一天是赎罪日,我在早上5点15分被电话铃声叫醒。电话放在丹尼丝那侧的床头,她接了电话,然后戳了戳我的肋骨。

"埃里克,斯德哥尔摩打来的电话。肯定是找你的,不会是找我的!"

电话那头是诺贝尔基金会的秘书长汉斯·乔恩维尔。我静静地听到他告诉我,我因神经系统信号转换方面的工作获得了诺贝尔生理学或医学奖,并将与阿尔维德·卡尔松和我的老朋友保罗·格林加德分享。这段对话让我感到不真实。

斯德哥尔摩的评奖程序一定是世界上保密工作做得最好的事情之一。实际上从未出现过泄密的情况。于是,每年到了10月,人们都几乎不可能知道谁会获奖。不过只有极少数获奖者会对获奖感到无比震惊。大多数有资格获奖的人能感觉到评委会正在考虑他们,因为他们的同事会讨论这种可能性。此外,卡罗林斯卡学院还定期举办研讨会,旨在把世界上最重要的生物学家请到斯德哥尔摩,而我在几个星期前刚刚参加过这样一场研讨会。但是我仍然未曾期待过这通电话。大家谈论过的许多具备资格、极其应该获奖的候选人却从未成为获奖者,于是我想自己不太可能获得这一荣誉。

接电话时我处于一种怀疑的状态中,不知道除了表达感谢还能说些什么。乔恩维尔告诉我早上6点之前不要把这个消息告诉别人,因为媒体到那时才会得到消息。在那之后,他说,我想给谁打电话就可以给谁打。

丹尼丝开始担忧。我一直静静地躺在床上一动不动,电话还搁在耳边。她未曾见过我这般沉默,害怕电话里的消息已经压垮了我的情绪。当我挂上电话,告诉她我刚刚获悉的情况时,她倍感激动和高兴,不仅因为我获得了诺贝尔奖,还因为确定了我还好好地活着。接着她说道:"瞧,现在还早。要不你再睡会儿?"

"你在开玩笑吗?"我回道,"我怎么可能还睡得着?"

我耐心地等了半小时,然后开始给每个人打电话。我打给我的孩子保罗和米娜琪——住在西海岸的米娜琪是在半夜被我叫醒的。接着我打给保罗·格林加德,就我们共享的好运向他表示祝贺。我打给哥大的朋友们,不仅是分享这一消息,而且要让他们准备很可能在下午召开的新闻发布会。我很清楚,即便这通电话是在一年中最肃穆的犹太节日赎罪日打来的,但新闻发布会还是要开[①]。

我第一拨电话还没打完,门铃就响了,让我感到惊讶又高兴的是,我们在里弗代尔的邻居,汤姆·杰塞尔和简·多德夫妇俩,还有他们的三个女儿出现在门口,手上还拿着一瓶酒。虽然现在启开瓶塞为时尚早,但我非常欢迎他们的到访,让我在诺贝尔奖令人目眩神迷的仙境中感受到些许真实。丹尼丝提

---

① 《摩西五经》中明文规定了这一天不许工作。

议我们都坐下来吃早餐，我们照办了，只是电话一直响个不停。

每个人都打来电话——电台、电视台、报社、我们的朋友。我发现来自维也纳的电话最为有趣，因为他们打电话告诉我奥地利是多么高兴，又有一位奥地利人获得了诺贝尔奖。我不得不提醒他们，这位获奖者是个美国人。接着我接到来自哥大新闻办公室的电话，让我参加下午1点半在校友堂举行的新闻发布会。

在去新闻发布会的路上，我在我们的犹太会堂做了短暂停留——既是赎罪也是庆祝，接着我去了实验室，大家欢呼着迎接了我。我简直要被大家的热情淹没了！我告诉每个人我非常感激他们的工作，而且我觉得诺贝尔奖很大程度上是一个颁给整个团队的奖项。

很多教职员工都出席了新闻发布会，他们庄重地向我长时间起立鼓掌。一同出席的还有学校的学术领导。医学院代理院长戴维·赫什向新闻界简要介绍了我，我随即表达了对学校和家人的感激。接着我非常简要地解释了我的研究工作。接下来一些天里，成百上千的电子邮件、信件和电话如潮水般涌来。我收到了数十年未打照面者的消息，高中时约会过的女生们也突然对我重新产生了兴趣。在所有的喧嚣和热闹中，我早先应下的一项活动倒是成了个意外的幸运。几个月前我答应了10月17日在意大利做一场向帕多瓦大学受人尊敬的马西米利亚诺·阿洛伊希教授致敬的讲座。这对丹尼丝和我而言是一个摆脱喧嚣和热闹的绝好机会。帕多瓦之行令人愉快，期间我们拜访了斯克罗维尼礼拜堂，堂内有乔托宏伟的湿壁画[①]。我还顺路访问了

[①] 乔托的这组壁画被誉为文艺复兴早期最重要的杰作，其中最负盛名的一幅作品是《哀悼基督》。

都灵大学，在那里做了一个大会报告并接受了他们的荣誉学位。

在帕多瓦以及随后短暂访问的威尼斯，我们一直在寻觅丹尼丝打算在斯德哥尔摩的诺贝尔典礼上穿的礼服。最终我们在都灵淘到了宝，丹尼丝在这里遇到了女装裁缝阿德里安娜·帕斯特洛奈。丹尼丝喜欢她的设计并买了几套礼服。我对丹尼丝除了深深的爱意之外，还怀有无尽的感激，感激她在我们的共同生活中对我和我的工作的支持。她在哥大的流行病学研究工作做得很出色，但我心里清楚，她牺牲了部分的工作甚至闲暇时间来处理我由于沉迷科学而忽略了的大量事务。

11月29日，就在我们启程前往斯德哥尔摩之前，瑞典驻美国大使邀请7位美国诺贝尔奖得主来到华盛顿，让受奖者及他们的配偶互相认识。克林顿总统在总统办公室里为我们主持了一场招待会。他的领袖气场笼罩了整个房间，他与宏观经济学领域的获奖者讨论相关问题，并在合影前亲切地分别为丹尼丝和我以及其他每个获奖者和他们的配偶摆好姿势。克林顿即将结束他的总统任期，他充满感情地谈到他的工作，强调他已经很擅长在接受媒体拍照时为别人摆好姿势，因此他卸任后可能和白宫摄影师合伙做生意。总统办公室的招待会之后是瑞典大使馆的晚宴，丹尼丝和我在那里与其他领域的获奖者聊天。

诺贝尔奖的存在要归功于阿尔弗雷德·诺贝尔的远见卓识。他1833年出生于斯德哥尔摩，9岁时离开瑞典，之后每次回国都只做短暂停留。他能讲流利的瑞典语、德语、英语、法语、俄语和意大利语，却没有真正的故乡。诺贝尔是一位杰出的发明家，获得了三百多项专利并毕生保持对科学的浓厚兴趣。

给他带来财富的发明是炸药。1866年，他发现液体硝化甘油被硅藻土吸收后会变得稳定。它能够以这种形式做成管状并安全地使用，因为现在它需要导火索来引爆。雷管为采矿业和19世纪空前激增的市政工程铺平了道路。很大程度上由于炸药能够移除大量的土地，铁道线、运河（包括苏伊士运河）、海港、公路和桥梁的建造变得相对轻松了。

诺贝尔终身未婚，当他于1896年12月10日去世时，留下一份3100万瑞典克朗的财产，那时相当于900万美元，在当时是一笔巨资。他的遗嘱声明："我所留下的全部可变换为现金的财产将……成立一个基金，它的利息每年会以奖金的形式，分配给那些在上一年度中曾为人类做出最大贡献的人。"诺贝尔接着列出了这些奖金将会授予的5个领域：物理学、化学、生理学或医学、文学，以及颁发给"曾为促进国家之间的友好做出过最多或最好工作的人"的诺贝尔和平奖。

尽管它表述极为清晰且富有远见，但这份遗嘱带来的问题花了几年时间才得到解决。起初，几股势力都有意获得这笔遗产：诺贝尔的亲戚、一些瑞典学术机构、瑞典政府以及最为重要的法国政府。法国人声称法国是诺贝尔在法律上的居住地。他在9岁之后便甚少访问他的出生地瑞典，他也从未在那里缴过税（在一个国家缴税通常被当作公民身份的证明），而他在法国生活了差不多30年。不过，诺贝尔从未申请过法国公民身份。

作为解决问题的第一步，诺贝尔的行政助理和遗嘱执行人朗纳·索尔曼（他后来被证明是一个有效率和远见的诺贝尔基金会执行理事）与瑞典政府合力证明了诺贝尔是瑞典人。他们辩称，由于诺贝尔是用瑞典语写下的遗嘱，委派了一个瑞典人作为执行人并指定多个瑞典学术机构来实施它的条款，那么他在法律上就应当被视为瑞典人。1897年，瑞典政府正式指定本国司法部长将诺贝尔遗嘱的执行纳入瑞典的司法权管辖范围。

这仅解决了部分问题：瑞典的学术机构仍然怀有疑虑。它们警告道，要想颁发奖金，它们必须聘用知识渊博的提名人、翻译家、顾问和评估人，然而诺贝尔的遗嘱没有提供这部分开支。最后，索尔曼推动政府通过了一项法律，给予每个委员会一部分奖金金额作为其成员和顾问的酬金及开支。每位成员的报酬大约是一位教授年薪的三分之一。

第一届诺贝尔奖在诺贝尔逝世5周年当天，1901年12月10日颁发。索尔曼明智地对诺贝尔持有的财产进行了投资，这笔财富已经增加到了39亿瑞典克朗，或略多于10亿美元。每个奖项的奖金是900万瑞典克朗。科学和文学奖在斯德哥尔摩的一个典礼上颁发[1]，从此该仪式每年都在这一天举行——第一次和第二次世界大战期间除外。

当丹尼丝和我于12月2日到达北欧航空公司的登机手续办理处时，我们受到了隆重接待。抵达斯德哥尔摩后也是如此。我们见到了乔恩维尔教授，他指派了一位司机和一辆豪华轿车供我们在逗留期间使用。瑞典外交部的值勤官员艾琳·卡茨曼作为行政协调员为我们提供服务。在全市最好的斯德哥尔摩大酒店，我们住进了一间漂亮的套房，可以俯瞰海港。第一天我们与艾琳、她的丈夫及孩子共进晚餐。第二天，应我们的要求，艾琳安排了一次到犹太博物馆的私人行程，这家博物馆讲述了瑞典的犹太社群在希特勒占领丹麦期间如何帮助大量丹麦犹太人生存下来的历史。

---

[1] 和平奖颁奖典礼则是在挪威首都奥斯陆举行。

接下来有一系列活动，每一个都办得有声有色。12月7日，阿尔维德·卡尔松、保罗·格林加德和我做了一场新闻发布会。当晚，我们与诺贝尔生理学或医学委员会的成员共进晚餐——我们的奖项是由他们评选的。委员会成员告诉我们，他们对我们的了解可能和我们的配偶不相上下，因为他们已经仔细研究过我们十多年。

我们的孩子和孙辈也来到斯德哥尔摩与我们相聚：米娜琪和她的丈夫瑞克·谢恩菲尔德以及保罗和他的妻子埃米莉；我们的两个孙女、保罗和埃米莉的女儿，时年8岁的艾莉森和5岁的莉比。（米娜琪当时正怀着玛雅；她的儿子、两岁的伊兹与瑞克的父母待在一起。）

丹尼丝和我还邀请了我们在哥大的资深同事：吉米和凯西·施瓦茨、史蒂夫·西格尔鲍姆和艾米·比蒂克、理查德·阿克塞尔、汤姆·杰塞尔和简·多德，以及约翰·凯斯特和凯西·希尔滕[1]。他们都是我的老朋友，我得益于他们之处颇多。将以上两个群体联系起来的是露丝和杰瑞·费施巴赫夫妇。露丝是丹尼丝的二表妹、哥大生物伦理学中心的主任，杰瑞是一位杰出的神经科学家、美国科学界的领袖。在我们前往斯德哥尔摩之前不久，他受邀担任哥伦比亚大学医学院院长和分管健康科学学部的副校长。当他到达这里时，他已经接受了上述职位，成了我的新老板。

这是一个不容错过的好机会。在我们逗留斯德哥尔摩期间的一个自由活动之夜，丹尼丝和我为所有我们请来斯德哥尔摩的亲戚朋友在大酒店的一个漂亮包间里举行了一次晚宴。我们

---

[1] 除阿克塞尔外其他4对均是夫妇，在美国有些女性婚后不随夫姓，这一现象在学术界更普遍。

想感谢每一个来到这里与我们共庆这一盛事的人。除此之外,我们还想庆祝杰瑞成为哥大的院长和副校长。那是一个充满欢乐的夜晚(图29-1)。

12月8日下午,阿尔维德、保罗和我在卡罗林斯卡学院,面对学院全体师生及我们的客人和朋友,进行了诺贝尔讲座。我谈到了我的研究工作,在介绍海兔时,我情不自禁地评价它不仅是一种非常美丽的动物,而且还成就非凡。然后我在屏幕上打出一幅精彩的图像,一只脖子上挂着诺贝尔奖章的自豪海兔,这是我的第一批研究生中的杰克·伯恩发给我的(图29-2)。

图29-1 我的家人在斯德哥尔摩。站者左起:亚历克斯和安妮·贝斯特林(我的内侄和内侄女),让-克劳德·贝斯特林(他们的父亲、丹尼丝的弟弟),露丝和杰瑞·费施巴赫(露丝是丹尼丝的表妹),玛西亚·贝斯特林(让-克劳德的妻子)。坐者左起:莉比,埃米莉和保罗·坎德尔,丹尼丝,我,米娜琪和她的丈夫瑞克,艾莉森。(来自埃里克·坎德尔的个人收藏)

观众席中爆发出了笑声。

每年颁奖晚宴之前的那个星期六，斯德哥尔摩约七千人的犹太社群会邀请犹太裔诺贝尔奖得主到斯德哥尔摩的犹太大会堂以个人名义接受拉比的祝福和一份象征性的礼物。12月9日，我带着众多家人和同事一行人来到会堂。在仪式中我受邀做了一个简要的发言并收下了一座精美的会堂玻璃模型；集会中的一位女士——她在战争期间也躲藏在法国——还送了丹尼丝一支红玫瑰。

第二天，12月10日，瑞典国王卡尔十六世·古斯塔夫向我们颁发了诺贝尔奖。在斯德哥尔摩音乐厅举行的典礼是所有活动中最隆重且令人难忘的。有了一个世纪来积累的经验，此次典礼的每个细节都堪称完美。为了纪念阿尔弗雷德·诺贝尔，音乐厅用意大利圣雷莫空运来的鲜花布置，诺贝尔在那里度过了他人生的最后几年。每个人都穿着正装，男士着白色领结的燕尾服，空气中弥漫着美妙绝伦的节日气氛。斯德哥尔摩交响

图29-2 挂着诺贝尔奖章的海兔。（承蒙杰克·伯恩惠允）

乐团位于舞台后方的包厢，在典礼期间多次进行了演奏。

典礼于下午4点开始。诺奖得主和诺贝尔大会[1]代表在台上甫一坐定，国王便出现了，一同出现的还有王后西尔维亚、他们的三个孩子，以及国王的婶婶莉莲王妃。王室成员就位后，观众席的两千位各界名流起立合唱王室颂歌。见证这一切的是一幅阿尔弗雷德·诺贝尔的巨幅肖像。[2]

授奖仪式以诺贝尔基金会的董事会主席本特·萨穆埃尔松的瑞典语致辞开始。接下来是5个授奖委员会的代表发言，分别描述获奖者被表彰的发现和成就。我们的生理学或医学奖由资深神经生理学家乌尔班·安格斯达特介绍，他是卡罗林斯卡学院诺贝尔委员会的成员。在用瑞典语概括了我们的代表性贡献之后，他转而对我们讲起了英语：

尊敬的阿尔维德·卡尔松、保罗·格林加德和埃里克·坎德尔，你们在"神经系统中的信号转换"方面的发现真正改变了我们对脑功能的认识。

阿尔维德·卡尔松的研究让我们知道了帕金森病是由于突触无法释放多巴胺造成的。我们知道，我们能够用一种简单分子左旋多巴来取代这一丧失的功能，它可以补充耗尽的多巴胺存储，通过这种方式，数以百万计的人过上了更好的生活。

---

[1] 诺贝尔大会与前文提到的诺贝尔委员会的区别是：前者成员更多，拥有对诺奖得主的决定权；后者是前者授权的工作实体，对候选人进行收集和筛选。
[2] 作者的记忆存在一些错误。根据诺贝尔奖官网的典礼录像，诺奖得主是在王室成员落座之后才登台的。而且典礼现场只有诺贝尔的一尊半身塑像，作者所指的肖像画应该是挂在诺贝尔基金会会议室的那幅，每位诺奖得主都要在那里签署相关文件并留名。

29 通过斯德哥尔摩重新发现维也纳

我们从保罗·格林加德的工作中知道了上述过程是如何发生的。第二信使如何激活蛋白激酶,进而引起细胞反应的变化。我们开始看到磷酸化在协调不同递质进入神经细胞的过程中扮演的核心角色。

最后,埃里克·坎德尔的工作向我们展示了这些递质如何通过第二递质和蛋白磷酸化,创造出短时和长时记忆,形成我们存在并与这个世界进行有意义互动的根基。

我谨代表卡罗林斯卡学院的诺贝尔大会送上我们最热烈的祝贺,我请求你们走上前来,从国王陛下手中接过诺贝尔奖。

阿尔维德、保罗和我依次起身上前领奖。我们分别与国王握手并接过一本精心封装的证书和一个包含金质奖章的皮制小盒。这枚奖章的一面是阿尔弗雷德·诺贝尔的头像(图29-3),另一面是两个女性,分别代表医学天才和病弱女孩。医学天才的膝盖上放着一本打开的书,她正在收集从一块岩石中倾泻出的水来给生病的女孩解渴。在响亮的小号声中,我按照规定鞠躬三次:先是向国王,再是向诺贝尔大会,最后是向丹尼丝、保罗、埃米莉、米娜琪、瑞克以及其他显赫的观众们。当我坐下时,斯德哥尔摩交响乐团演奏了莫扎特无与伦比的《A大调单簧管协奏曲》第三乐章。在这样的场合,这些旋律优美、为气质与我相仿的一位维也纳人写成的独奏片段[1],比平常听来愈发可爱。

---

[1] 这首协奏曲是莫扎特为其好友、维也纳单簧管和巴松管演奏家安东·施塔德勒(Anton Stadler)创作的。

图29-3 诺贝尔奖典礼结束后,我的孙女莉比和艾莉森与我站在台上。我们拿着诺贝尔奖章。(来自埃里克·坎德尔的个人收藏)

我们在授奖仪式结束后直接来到市政厅参加盛宴。这座宏伟的建筑完工于1923年,由伟大的瑞典建筑师朗纳·奥斯特伯格设计,其布局模仿意大利北部的一个广场。大厅中央为80人所设的长桌能容纳所有获奖者、王室成员、首相以及其他权贵。周围的26张桌子上坐着获奖者的宾客、颁奖机构的成员、主要大学的代表以及政府和产业界的高级代表。来自每所瑞典大学以及部分学院的少量学生坐在靠墙的位置。

晚餐后,每一位获奖者或者每一组获奖者的代表走到前台发表简短讲话。我代表我们组说道:

德尔斐的阿波罗神庙入口处刻着一句格言:认识你

自己。自从苏格拉底和柏拉图首次思考人类心智的本质以来,各个时代的严肃思想家——从亚里士多德到笛卡尔,从埃斯库罗斯到斯特林堡和英格玛·伯格曼——都认为理解自身及其行为是明智之举。……

今晚接受你们所给予荣耀的阿尔维德·卡尔松、保罗·格林加德和我,以及我们这一代科学家,已经尝试着将抽象的关于心智的哲学问题翻译成生物学的经验性语言。指导我们工作的核心原理是,心智是大脑实施的一组操作,大脑这一无比复杂的计算装置构建我们对外部世界的知觉,集中我们的注意,并控制我们的行动。

我们三位通过确定神经细胞内和细胞间的信号传导的生物化学与心理过程及心理障碍的关系,已经迈出了连接心智与分子的最初几步。我们发现大脑的神经网络不是固定的,神经细胞之间的交流能够受到神经递质分子调控,这一发现正是在瑞典这片土地上,由你们伟大的分子药理学学派做出的。

展望未来,我们这一代科学家开始相信,心智的生物学对于本世纪的科学意义,就如基因的生物学对于20世纪一样重要。在更广泛的意义上,心智的生物学研究不只是一个前程远大的科学探索,它还是一个意义重大的人文努力。心智生物学在关注自然世界的科学与关注人类经历之意义的人文学之间架起了桥梁。这一新的综合带来的洞见,将不仅推进我们对神经和精神疾病的认识,而且会让我们加深对自身的认识。

实际上，甚至我们这一代就已经在通往深入认识自身的道路上获得了初步生物学洞见。我们知道，尽管那句格言已经不再刻在德尔斐的石柱上，但是它刻在了我们的脑海里。多少个世纪以来，这句格言已经借助大脑中的分子过程保存在了人类的记忆中。这些分子过程的发现，今天得到了你们的慷慨认可，而我们对它们的了解才刚刚起步。

晚宴过后是舞会环节。丹尼丝和我之前专门上过课来提高我们有限且极少得到实践的华尔兹舞技，但令人难过的是，我们并没有太多机会跳舞，这让丹尼丝感到非常失望。晚餐一结束，我们就被我们的朋友包围了，我太享受和他们的聊天以至于发现自己很难脱身。

12月11日，国王和王后邀请我们到皇宫共进晚餐。12月13日是圣露西亚节和瑞典长达一个月的圣诞庆典的第一天，早上保罗、阿尔维德和我被一群年轻的大学生叫醒，他们多数是女生，拿着蜡烛唱着颂歌向我们致敬。然后我们离开首都去乌普萨拉大学做了一系列讲座。我们返回时参加了斯德哥尔摩的医学生们组织的一场粗放且娱乐性十足的圣露西亚晚餐。第二天，我们离开瑞典返回纽约。

4年后的2004年10月4日，丹尼丝和我正在德国汉莎航空公司一趟从维也纳到纽约的航班上，这时空姐给我一条消息，说我的同事兼朋友理查德·阿克塞尔和他以前的博士后学生琳达·巴克因他们在哥大开展的嗅觉方面的开创性研究，获得了诺贝尔生理学或医学奖。2004年12月，我们都回到斯德哥尔摩来祝贺理查德和琳达。人生的确是一个圆圈！

在我第一次从斯德哥尔摩获悉我得了诺贝尔奖的几个星期之后，奥地利总统托马斯·克莱斯蒂尔写信向我表示祝贺。他表达了将我作为一个生于维也纳的诺奖得主而引以为荣的意愿。我抓住机会建议组织一场名为"奥地利对国家社会主义的反应：对科学和人文学术的启示"的研讨会。我的目的是比较奥地利和德国对希特勒时代的反应，前者否认自己有任何过错，后者则试着诚实地对待过去。

克莱斯蒂尔总统热情地同意了这一建议并发给我一些他就今日维也纳犹太人的尴尬状况这一议题做过的演讲的文字稿。他让我联系教育部长伊丽莎白·盖勒来协助我组织这场研讨会。我告诉她我希望研讨会具备三个功能：第一，有助于承认第二次世界大战期间奥地利在纳粹消灭犹太人的恶行中所扮演的角色；第二，尝试处理奥地利对它在纳粹统治期间所扮演的角色的含蓄否认；第三，评估维也纳犹太社群的消失对学术的影响。

奥地利在前两个议题上的记录非常清晰。在奥地利并入德国之前的10年内，大量的奥地利人加入了纳粹党。在被吞并之后，奥地利人占大德意志帝国人口的约8%，但他们在参与消灭犹太人的军官中所占的比例却超过30%。奥地利的纳粹党控制着4个波兰死亡集中营并占据着帝国的其他领导岗位：除了希特勒，盖世太保的头子恩斯特·卡尔滕布伦纳和灭绝计划的执行者阿道夫·艾希曼[①]也是奥地利人。据估计，大屠杀期间死去的600万犹

---

① 艾希曼是德国人，8岁时全家搬到奥地利，直到27岁返回德国。

太人中，大约一半是被以艾希曼为首的奥地利公职人员杀死的。

然而，尽管他们积极参与了大屠杀，奥地利人却声称自己是希特勒侵略的受害者——奥地利王位的觊觎者奥托·冯·哈布斯堡设法使同盟国相信奥地利是希特勒战争中第一个沦为受害者的自由国家。在战争结束前的1943年，美国和苏联都愿意接受这一论断，因为此时战争正陷入僵局，而冯·哈布斯堡认为这样能够激励奥地利的公众抵抗纳粹。在后来的年月里，这两个国家仍然坚持这一迷思，以确保奥地利在冷战中继续保持中立。由于不需要对其在1938年到1945年之间的行为负责，奥地利从未开展过像德国在战后所做的那些深刻的反思和清算。

奥地利轻易就接受了无辜受害这块遮羞布，这一态度塑造了奥地利在战后的许多行为，包括它对犹太人经济索赔的处理。这个国家一开始对赔偿犹太人做出的不让步立场正是基于奥地利本身是遭到侵略的受害者这一前提。这样一来，作为欧洲历史上最悠久、最大且最优秀的犹太社群之一，其幸存者实质上在战后再次被剥夺了经济上和道义上的公民权。

同盟国一开始通过免除奥地利支付赔偿确认了这一所谓的无辜。盟军占领部队向奥地利国会施加压力，使其在1945年颁布一项战犯法，但直到1963年，检察机构才被建立，这些措施才得以生效。最后，只有极少数人得到审判，而且其中大多数都被无罪释放。

奥地利学术方面的损失同样清晰且具有戏剧性。希特勒到来后没过几天，维也纳的学术界就已经摇摇欲坠了。维也纳大学医学院所拥有的师资本来属于欧洲最庞大和最出色之列，但其中有大约50%的教师因其犹太人身份遭到解雇。维也纳医学界再也没能从这次"清洗"中恢复过来。尤其令人感到悲伤的是，在第三帝国覆灭后，政府在纠正犹太学者所受到的不公正对待以及重建其学术师资方面做得太少。很少有犹太学者受邀回到维也纳，损失的财产或收入得到赔偿的犹太学者就更少了。在回来的那些人当中，有一些没能恢复他们的大学教职，而且几乎所有人都很难收回他们的房子，甚至难以重获他们曾被剥夺的公民权。

同样令人不安的是，战争期间留在维也纳的许多医学院非犹太教师是纳粹党徒，然而后来他们还保持了自己的学术职务。此外，有些因为犯下反人类罪而被迫离开教师队伍的人后来也恢复了教职。

这里我只举一个例子。爱德华·帕恩卡夫，1938年到1943年任维也纳大学医学院院长，1943年到1945年任维也纳大学校长，他甚至在希特勒进入奥地利之前就已经是一名纳粹党徒。帕恩卡夫从1932年起就成为国家社会主义党的"支持性"成员并从1933年起成为官方成员。奥地利与德国合并后三个星期，他被任命为院长。他穿着纳粹制服出现在医学院全体教师面前，开除了所有犹太裔医生，并且还行"希特勒万岁"的举手礼（图29-4）。战后，帕恩卡夫被盟军投进萨尔茨堡的监狱，但几年之后就获释了，身份从战犯变成了更次要的一个类别。或许最令人震惊的是，他获准完成《解剖学图谱》一书——这本书被认为是基于奥地利集中营被害者的尸体解剖绘制的。

帕恩卡夫只是许多在战后被"恢复名誉"的奥地利人中的一员。他们名誉的恢复加强了奥地利遗忘、压制并否认纳粹时期所发生事情的倾向。奥地利的历史书籍掩饰这个国家卷入的反人类罪，而嚣张的纳粹党徒在战后继续教育着新一代奥地利人。奥地利的主要政治史学家安东·佩林卡把这一现象称作"奥

图29-4 1938年4月，希特勒进入维也纳之后几个星期，维也纳大学医学院院长爱德华·帕恩卡夫与全体教师会面。这位院长和有组织的全体教师以"希特勒万岁！"互致问候。（承蒙奥地利当代史学会惠允）

地利的大禁忌"。正是由于这一道德真空，使得西蒙·维森塔尔在奥地利而非德国建立了纳粹战争罪行史料中心。

某种程度上，包括我在内的奥地利犹太人的胆怯助长了这一禁忌。1960年我第一次回到维也纳，当有人走上前来认出我是赫尔曼·坎德尔的儿子时，我们均没有提及中间那些年。20年后，斯蒂芬·库夫勒和我被接纳为奥地利生理学会的荣誉会员，那位学术显贵介绍我们时却对我们逃离维也纳的经历避而不谈，仿佛它未曾发生过，我们也都没有提出抗议。

但是到了1989年，我的沉默达到了极限。那年春天，卓越的瑞士分子生物学家马克斯·伯恩斯蒂尔邀请我到维也纳参加分子病理学研究所的开幕研讨会。显而易见的是，马克斯想要振兴维也纳的科学界。研讨会在4月举行，差不多是在我离开之后整整50年，我对这一特别的时刻感到兴奋。

我在讲座一开始，就提及了我为什么离开维也纳以及我回来时对这座城市怀有的矛盾心情。我描述了我对维也纳的喜爱之情，在这里我第一次接受了我喜欢的音乐和艺术的熏陶，还有我在这里蒙受的羞辱所带来的巨大愤怒、失望和伤痛。我还补充道，我感到自己能够去美国是件无比幸运的事情。

我说完这些之后，现场没有掌声也没有认同。所有人都保持着沉默。后来，一个娇小的老妇人走到我面前，用典型的维也纳人的方式说道："你知道，不是所有维也纳人都是坏人！"

我向克莱斯蒂尔总统提议开展的研讨会于2003年6月举行。我在哥大的同事兼好友弗里茨·斯特恩协助我进行组织，他和许多其他精通这场研讨会所涉及领域的杰出历史学家都参加了。这些报告描述了德国、瑞士和奥地利在对待它们过去方面的差异以及失去大量学者给维也纳学术界造成的毁灭性后果，这些优秀学者包括波普尔、维特根斯坦和维也纳学派的主要哲学家，世界精神分析运动的领袖弗洛伊德，以及维也纳医学界和数学界的领袖。最后一天，三位维也纳流亡者讲述了美国学术生涯的解放性影响，来自加州大学圣巴巴拉分校的诺贝尔化学奖得主、同样是维也纳流亡者的沃尔特·科恩和我谈了我们在维也纳的经历。

这场研讨会也让我获得了与维也纳的犹太社群建立联系的机会，并借此思索为什么这里的犹太人会有如此独特的遭遇。

我在犹太博物馆做了一个讲座并邀请一些听众在附近的餐馆共进晚餐，席间我们谈论了过去和将来。

与我共进晚餐的维也纳犹太社群的成员让我想起了那些已经失落的东西。现代的奥地利文化和学术史很大程度上等同于奥地利犹太人的历史。与哈布斯堡晚期（1860年到1916年）及此后10年的维也纳犹太社群相比，只有15世纪西班牙的欧洲犹太社群达到过一个更具创造性的高度。汉斯·蒂策曾在1937年指出："没有犹太人，维也纳不会是今天的维也纳，而没有维也纳，犹太人也会失去他们最近几个世纪以来最光明的时代。"

在讲到犹太人对维也纳文化的重要性时，罗伯特·威斯特里奇写道：

> 有人能想象20世纪文化没有弗洛伊德、维特根斯坦、马勒、勋伯格、卡尔·克劳斯、西奥多·赫茨尔所做的贡献吗？……这一世俗化的犹太知识阶层改变了维也纳的面貌，现代世界也随之改变。他们帮助一个除了音乐，其他领域并不处于欧洲知识或艺术创造力前哨的城市转变成为一个现代世界的创造性成就与创伤的实验场。

研讨会之后，我再次和之前与我共进晚餐的一些维也纳犹太人会面，与他们讨论他们认为这场研讨会取得了什么成果。他们同意研讨会有助于让维也纳年轻学者认识到，奥地利曾在大屠杀中与纳粹德国积极合作。它还通过报纸、电视、广播和杂志，让公众注意到国际社会上的一部分人已经开始关注奥地利在希特勒时期所扮演的角色。这让我感到了希望，改变可能还是会逐步发生的。

但一个事件反映出奥地利在处理其对犹太社群的沉重债务和责任方面仍然存在困难。2003年6月，我们在维也纳时，沃尔特·科恩和我获悉，负责维护维也纳的犹太会堂、犹太学校和医院，以及犹太墓地的服务机构——维也纳犹太社群协会，因尝试保护这些实体免遭持续的肆意破坏而面临破产。欧洲各国政府通常会给犹太机构补贴这部分开支，但奥地利政府的补贴并不充足。这样一来，犹太协会就不得不花光自己所有的资产和捐赠。政府拒绝了机构主席阿里埃勒·缪兹肯特关于提高补贴的请求。

回到美国后，沃尔特·科恩和我一同想办法改善这种状况。沃尔特认识奥地利驻洛杉矶总领事彼得·朗斯基－蒂芬索，朗斯基－蒂芬索安排了一次电话会议，出席者包括他本人、缪兹肯特、沃尔夫冈·许塞尔（奥地利总理）、沃尔特和我。

我们以为电话会议已经安排好了，但在最后一刻被许塞尔取消了。他这么做有两个理由。第一，他担心他的出席会被视作奥地利政府对犹太社群做得不够的象征，而他是否认这一看法的。第二，他只愿意同沃尔特·科恩而不愿与我对话，因为我之前批评过奥地利。

幸运的是，当沃尔特和我在维也纳参加研讨会时，我们还遇到了维也纳市长兼维也纳州州长[①]迈克尔·哈尔普。这位前生物学家给我们留下了深刻印象，我们和他一起度过了一个愉快的傍晚。他承认犹太机构得到的补贴不足。在许塞尔拒绝与我们谈话之后，沃尔特写信给哈尔普，他立刻在联邦之下的层面

[①] 维也纳既是一个城市也是一个州，所以其市长同时行使州长的职能。

上展开了行动。让沃尔特和我高兴的是,哈尔普成功说服了奥地利各州州长提供经济帮助。2004年6月,各州的支援使得犹太协会免于破产,至少暂时摆脱了危机。

在这些协商过程中,我感到犹太协会需要我们基于道义原则的支持。据我当时所知,我与这个机构并没有过个人牵连。几个星期之后我发现自己错了。除了原则上的,我个人也有义务去支持犹太协会。

2004年7月,我通过华盛顿大屠杀博物馆收到了来自犹太协会的有关我父亲的文件。在文件里,我父亲请求先资助我和哥哥前往美国,然后再资助我父母的旅费。简单地说:我能生存于美国是多亏了维也纳犹太协会的慷慨。

尽管哈尔普市长的努力有了成效,一些维也纳犹太人仍然感到他们自己或者他们的孩子在奥地利是没有未来的。维也纳的犹太人数量很少。现在,只有大约九千人在犹太协会把自己正式登记为犹太人,还有大约八千人没有登记。这个数字如此之小,是因为从战争中幸存下来的初始社群和战后返回或从东欧移民到维也纳的人数都极少的缘故。它也表明了政府既没能扭转犹太人向外移民的趋势,也没有像德国那样鼓励东欧犹太人移民到本国。

维也纳今天的状况让我想起了雨果·贝托尔写于1922年的讽刺小说《没有犹太人的城市:一部关于后天的小说》。贝托尔将明日之维也纳描述为一个反犹主义政府驱逐了所有犹太公民的城市,连那些转信基督教的犹太人也被驱逐了,因为他们也不能得到信任。没有犹太人,维也纳的学术和社会生活日益恶化,它的经济亦然。书中一个角色这么评价现在这个没有犹太人的城市:

我总是睁着眼睛、竖起耳朵——早上买东西时、在音乐厅、在歌剧院、在电车上。我还听到人们越来越渴望回忆过去、谈论过去，好像那曾是一段很美的时光。……"过去犹太人还在这里的时候"——他们用一切能够想到的语气说着这句话，却从未带着敌意。你要知道，没有了犹太人，人们真的变得寂寞了。

在贝托尔的小说里，城市的长官别无选择，只能恳求犹太人返回维也纳。令人悲伤的是，故事的结局在今天和在80年前一样不真实。

我于2004年9月重返维也纳来庆祝研讨会文集的出版并出席功勋勋章的秋季会议。这一勋章，最早是由普鲁士腓特烈大帝于1748年创设[①]，受勋者包括重要的学者、科学家和艺术家，其中一半是本土德国人而另一半是讲德语的外国人。此外，在我们孩子的催促下，丹尼丝和我决定去维也纳的犹太大会堂过赎罪日。

当我们到达会堂时，它被警卫包围着，以防反犹的奥地利人和阿拉伯人引发暴力事件。我们获准进入会堂后，发现圣会已经在第一排的男士区域和女士区域为我们各自保留了座位。在仪式进行过程中，保罗·哈伊姆·艾森伯格拉比想向我表示

[①] 此处有误，应该是1740年。该勋章最初授予军事方面的突出贡献者（直至1918年废除）。1842年，腓特烈·威廉四世又辟出单独一类授予学术方面的突出贡献者。该勋章于1952年重新设立，受勋者限定在80人，出现空缺后由其余成员选出新的受勋者。坎德尔于1997年受勋。

敬意，请求我上台打开容纳着《托拉》卷轴的约柜的帷幔。我的眼里饱含泪水，仿佛冻结在了座位上，一步都迈不出去。

第二天我参加了勋章会议。我们与颁发奥地利科学与艺术奖章[①]的荣誉协会一起开会，听八十高龄、精力充沛的著名城市地理学家伊丽莎白·利希滕伯格做的一个关于欧洲未来的讲座，她出版了若干部著作，其中包括一项对维也纳环城大道的社会与经济结构所做的重要研究。在我们休会吃午饭时，利希滕伯格向我询问奥地利与美国的生活有什么差异。我告诉她，由我来回答这个问题并不合适：对我而言无从比较。我在1939年逃离了维也纳以保存性命，而我在美国过着一个相当舒适而优越的人生。

接着利希滕伯格俯身对我说道：让我解释一下1938年和1939年发生了什么。维也纳一直到1938年都存在大量的失业人口。我感觉在我家里，人人都贫穷并受到了压迫。犹太人控制了一切——银行、报纸。大多数医生都是犹太人，他们简直要从那些贫困潦倒的人身上榨光每一分钱。这很可怕。这就是为什么接下来发生了那一切。

一开始我以为她是在开玩笑，但当我认识到她是认真的时，我忍不住对她大吼道："我无法相信你竟然会跟我说这种话！你作为一个学者，耳目闭塞、信口开河地散布纳粹的反犹主义宣传！"

短短几分钟里，我们桌子周围的每个人都大惊失色地看着我继续痛斥她。最后，看到她无动于衷，我转过身背向她，跟坐在我另一边的人说起话来。

[①] 这个奖章与德国的功勋勋章类似，于1955年设立（更早可追溯到奥匈帝国时期）。受勋者限定为72人，一半奥地利人，一半外国人。坎德尔于2005年受勋。

我在2004年9月那次访问期间，与不同年龄的奥地利人发生了三次真情流露的交谈，与利希滕伯格的交锋是第一次。第二次是跟一个大约50岁的维也纳女士，她是功勋勋章获得者、奥地利量子物理学家安东·蔡林格的秘书，她对我说道："我很高兴读到你去年在研讨会上的发言。在那之前我对水晶之夜一无所知！"第三次是一个年轻的奥地利商人在饭店大堂认出我并说道："你再次来到维也纳真是太好了。对你来说这么做一定很不容易！"

这些观点可能准确地反映了奥地利人对待犹太人的各种态度，很大程度上，是不同的年龄造就了不同的态度。我希望这三代人态度的差异折射出反犹主义态势在奥地利的减弱。甚至有些维也纳的犹太人也看到了这一点。

另外还有两件事让人更受鼓舞。第一件是在研讨会文集的发布会上，维也纳大学医学院院长格奥尔格·温克勒介绍我时，特别地承认了该校与纳粹的合作并为此道歉。他指出："维也纳大学已经等待了太久才开始自我剖析，并厘清它与国家社会主义的瓜葛。"①

第二件发生在一个社交场合，我去原本由哈布斯堡家族居住的霍夫堡皇宫参加授勋仪式。我在维也纳时已经得知4年前邀请我组织研讨会的克莱斯蒂尔总统最近去世了。在这个场合我见到了新当选的奥地利总统海因茨·菲舍尔。他立即认出了我的名字并以私人名义邀请丹尼丝和我与他和他的妻子在萨赫酒店共进晚餐。总统告诉我们，他妻子的父亲曾于1938年被纳粹

---

① 另外，维也纳大学校址所在的街道（环城大道的一段）一直以第2章提到的反犹主义者吕格尔为名（卡尔·吕格尔博士环路），在坎德尔的推动下，它于2012年更名为大学环路。

投入集中营，由于他获得了赴瑞典的签证才得到释放。菲舍尔总统和他的妻子都做出了很大努力来鼓励卡尔·波普尔及其他前犹太流亡者返回维也纳定居。

这位新总统甚至比前总统更关心维也纳犹太人的生活。此外，想到被迫离开维也纳65年之后，我能够受到奥地利总统邀请，和他在萨赫酒店一边享受佳酿、美食与萨赫蛋糕，一边进行坦诚的私人谈话，这让我感到振奋。[1]

10月4日，我们在维也纳的最后一天，丹尼丝和我在去机场的路上停在了塞弗林巷8号门口。我们没有打算进入公寓楼或访问我65年前离开的那套小房子。我们只是站在门外，看着阳光倾泻在油漆剥落的木门上。我感到出奇地平静：能从那栋公寓楼里走出，在大屠杀中几乎没有受到伤害并得以幸存，这真令人欣慰。

---

[1] 鉴于奥地利官方在改善犹太人处境方面所做的努力，加之坎德尔认为自己应该以"局内人"的身份来批评奥地利的反犹主义，他于近年恢复了奥地利公民身份。2019年11月7日，坎德尔携全家回维也纳庆祝90岁生日，由总统亚历山大·范德贝伦授予带星金质大荣誉勋章，这是奥地利官方能够授予非政治/宗教人物的最高荣誉。

30

从记忆中学习：展望

在50年的教学与研究生涯过后，我仍然觉得在一所大学——就我而言是哥伦比亚大学——做科研，有着无尽的乐趣。我思考记忆如何运作、形成关于记忆如何保持的特定观点、在与学生和同事的讨论中打磨这些观点，以及接着看到当实验完成后它们如何得到修正，在上述过程中我收获了巨大的快乐。我像个孩子一样，怀着天真的快乐、好奇心和惊异继续进行着科学探索。我为可以在心智生物学这一领域进行研究感到非常幸运，与我的初恋精神分析不同，这一领域在过去的50年里一直在飞速地发展。

回顾这些年，让我印象深刻的是，一开始几乎没有什么迹象表明生物学会成为我职业生涯的最爱。要是我没有进入哈里·格伦德费斯特的实验室感受真正做研究和做实验取得新发现所带来的兴奋，我的职业生涯肯定会和现在迥然不同，而那会是一个非常不同的人生。在医学院的头两年，我上了必修的基础科学课程，但在真正开始做研究之前，我一直都将自己受到的科学教育只视作为了从事我真正关心的事情——行医、照顾病人、认识他们的疾病，以及准备成为一名精神分析师——所做的准备。我惊奇地发现，在实验室工作——怀着兴趣和有创造性的人一起做科研——与上课和阅读科学文献有着天差地别。

实际上，我发现做科研、一步一个脚印地探索生物学谜团的过程，不论在智力层面还是在情绪和社会层面都让人感到收获良多。做实验带给我重新发现这个世界之奇妙的兴奋劲。此外，科研是在一个紧张且乐趣无穷的社会语境下进行的。一位美国生物科学家的一生是讨论与争论的一生——这很显然与塔木德传统相一致。但不同于给宗教典籍作注解，我们是给运转了几十亿年的进化过程写成的大书作注解。很少有其他人类事业，不仅能让年轻与年长的同事、学生与导师之间都形成伟大的同志情谊，还能一起做出有意思的科学发现。

美国科学界的平等主义的社会结构鼓励这样的情谊。一个现代生物学实验室中的合作是动态的，它不仅自上而下延伸，而且很重要的是，也会自下而上扩展。在美国大学的生活弥合了年龄和身份的差异，这总是让我感到鼓舞。对我的学术思想影响很大的法国分子遗传学家弗朗索瓦·雅各布告诉我，第一次访问美国时给他留下最深印象的是，研究生竟然直呼世界著名的DNA生物化学家阿瑟·科恩伯格[①]的名字"阿瑟"。这对我而言并不奇怪。格伦德费斯特、普尔普拉和库夫勒总是将我以及他们的所有学生当作与自己平等的人对待。然而这不会，也不可能发生在1955年的奥地利、德国、法国，甚至是英国。在美国，年轻人有了什么想法会畅所欲言，而且人们也会认真聆听他们的意见。因此，我不仅受教于我的导师，而且受益于与非凡的研究生和博士后研究员的日常交往。

[①] 他因发现DNA生物合成的机制而获得1959年诺贝尔生理学或医学奖。

说起我在实验室合作过的学生和博士后研究员，我不禁想到了文艺复兴时期的艺术家安德烈·德·韦罗基奥的绘画作坊。在1470年到1475年间，他的作坊里聚集着一连串天才的年轻艺术家，包括列奥纳多·达·芬奇，他在此做学徒，为韦罗基奥的画作出力良多。至今，人们还会指着挂在佛罗伦萨乌菲齐美术馆的韦罗基奥的《基督受洗》说："左侧那个漂亮的跪姿天使是列奥纳多在1472年画的。"与此相似，当我在讲座中把海兔神经元和它们突触的大型绘图投影到礼堂屏幕上时，我会告诉在场的观众："这个新培养系统是凯尔西·马丁建立的，这些CREB激活蛋白和阻遏蛋白是杜尚·巴奇找到的，还有突触中这些奇妙的类似朊病毒的分子是考斯克·司发现的！"

科学界正处在黄金时代，不止是在美国，整个世界都充满了精诚合作和追求共同目的的强烈意识。我很高兴我的同事和我能够对大脑的记忆存储机制这一新兴的研究领域做出贡献，我更为自己身为缔造新心智科学的国际科学界的一员而感到骄傲。

在我的整个职业生涯中，生物学界几乎总是朝着正确的方向前进，从理解基因和遗传密码的分子本质发展到解码整个人类基因组并揭示许多人类疾病的遗传基础。现在我们即将开始理解心理功能的诸多方面，包括理解心理障碍，或许有朝一日甚至能理解意识的生物学基础。所有这些成就——生物科学在最近50年里所进行的综合——是显著的。它把生物学从一门描述性科学提升到了在精确性、机械论认识和科学吸引力方面能与物理学和化学相提并论的水平。在我进入医学院时，大多数物理学家和化学家把生物学视作"软科学"，而今天，物理学家和化学家正与计算机科学家、数学家以及工程师一道，大举涌入生物学领域。

让我举一个生物科学中综合的例子。在我开始运用细胞生物学研究海兔，把神经元与脑功能和行为联系起来之后不久，西德尼·布伦纳和西摩·本泽开始在其他两种简单动物中寻找遗传学方法来建立神经元与脑功能和行为之间的联系。布伦纳研究了秀丽隐杆线虫的行为，它的中枢神经索只有302个细胞。本泽研究了果蝇的行为。每个实验系统都有各自的优缺点。海兔具有易于插入的大神经细胞，但它不太适合传统遗传学研究；秀丽隐杆线虫和果蝇都非常适合遗传学实验，但它们的神经细胞很小，不太适合细胞生物学研究。

接下来的20年间，这些实验系统在不同传统中沿着非常不同的道路发展。它们内在的相似性并不显而易见。但现代生物学的威力逐渐把它们拉近。对于海兔，先是DNA重组技术，现在又有接近完成的其基因组的DNA图谱，让我们有了在单个细胞中转移和操纵基因的威力。细胞生物学的新进展和更多复杂行为分析方法的引入——以一种互补的方式——使得在细胞水平研究果蝇和线虫的行为成为可能。这样一来，曾经非常强有力地塑造了基因和蛋白质的生物学的分子保守性，如今正在细胞、神经环路、行为和学习的生物学中显现其威力。

科研生涯虽然能带来极大的满足，但做好并不容易。我在这条道路上经历过许多极度快乐的时刻，每天从事的工作在智识上也很令人振奋。但是做科研的乐趣来自探索相对未知的知识领域。和任何在未知世界冒险的人一样，有时我会感到孤独彷徨，没有现成的路可走。每次我着手一个新课题，都会有生活中的好友和科研上的同事善意地建议我别这样做。我必须早早学会对不确定性泰然处之，并在关键议题上相信自己的判断。

我并不是唯一一个有这种感受的人。大多数尝试过在其研究中追逐充满困难和挫折的新征途的科学家，哪怕只是要走一条稍微不寻常的道路，都会收到很多告诫他们不要冒险的建议。不过对于我们中的大多数而言，那些警告只会进一步激起我们的冒险精神。

我一生中做出的最艰难的职业决定是离开前景稳定的临床精神病学，转向充满不确定性的研究工作。尽管事实上我是一个训练有素的精神病医师并喜欢与患者打交道，但在1965年，在丹尼丝的鼓励之下，我还是决定全身心投入研究工作。带着一种乐观的心态，丹尼丝和我把这一决定抛在一边，去度了一个短假。我们接受了我的好友亨利·纳伯格的邀请，去他父母在纽约约克敦海茨的夏季居所里过上几天。亨利当时正在我的医院马萨诸塞州精神卫生中心精神科实习。丹尼丝和我与他的父母也有过来往。

亨利的父亲赫尔曼·纳伯格是一位杰出的精神分析师和有影响力的老师，他编写的教材清晰明了，让我由衷赞叹。他对精神病学的许多方面有着虽然教条却广泛的兴趣。我们第一次共进晚餐时，我热情地概述了打算对海兔进行研究的新职业规划。赫尔曼·纳伯格惊愕地看着我咕哝道："在我看来，似乎你的精神分析治疗并不是很成功，你好像未曾真正彻底解决你的移情。"

我觉得这一评论诙谐幽默却文不对题——和许多20世纪60年代的美国精神分析师一样，他无法理解对大脑研究的兴趣并不意味着对精神分析的拒斥。如果赫尔曼·纳伯格今天还活着，他绝对不会再对一个精神分析取向的精神病医生转向脑科学研究做出同样的评价了。

在我职业生涯的最初20年里，这一主题反复出现。1986年，当耶鲁大学精神病学系系主任莫顿·赖泽退休时，他邀请包括我在内的一些同事在一个向他致敬的研讨会上作报告。受邀者之一是赖泽的亲密伙伴、知名精神病学教授、耶鲁精神病学系教育与医学研究的负责人马歇尔·埃德尔森。在他的讲座中，埃德尔森认为将精神分析理论和神经生物学基础进行关联的努力，或者尝试发展有关不同心理过程如何受到脑中不同系统介导的观点，都是严重逻辑混乱的表现。接着他说，心智和身体必须分开对待，我们无法找到它们之间的因果关系。他认为科学家最终将得出结论，心智和身体之间的区隔，不是一个由我们当前不恰当的思维方式临时造成的方法学上的绊脚石，而是一个将来的任何科学进步都永远无法克服的绝对的、逻辑上和概念上的障碍物。

轮到我发言时，我报告了一篇关于海兔学习和记忆的论文。我指出从最平凡到最崇高的所有心理过程都源自大脑。此外，所有心理疾病，不论其症状如何，必定都与脑中对应的不同变化相关。在讨论环节埃德尔森站起来说道，虽然他同意精神疾病是脑功能的障碍，但是弗洛伊德描述的和精神分析师在实践中所见的那些障碍，比如强迫性神经症和焦虑状态，无法在脑功能的基础上加以解释。

埃德尔森的看法和赫尔曼·纳伯格更为个人化的评价都是个别的极端例子，但是他们代表了就在不久以前数量惊人的精神分析师仍然持有的想法。这种想法的狭隘，特别是对在神经科学更广泛的情境下思考精神分析的意愿的缺乏，阻碍了精神分析在近些年生物学的黄金时代里的发展。回过头来看，恐怕纳伯格和埃德尔森并非真的认为心智和大脑是分开的，只是他们不知道怎么把两者结合起来。

20世纪80年代以来，心智与大脑应该结合在一起的取向愈发明晰。因此，精神病学获得了一个新角色。它不仅是现代生物学思想的促进者，也是其受益者。最近几年我已经看到了精神分析界对心智生物学的强烈兴趣。现在我们明白，每种心理状态都是一种大脑状态，每种心理障碍都是一种脑功能障碍。心理治疗是通过改变大脑的结构和功能来起作用的。

当我从研究哺乳动物脑的海马体转向研究海兔的简单形式的学习时，还遇到了另外一种负面反应。当时在研究哺乳动物脑的科学家中间，很多人都坚信哺乳动物的脑与像鱼和蛙这样的低等脊椎动物的脑有着根本差异，其复杂程度更是无脊椎动物无法企及的。霍奇金、赫胥黎和卡茨通过研究枪乌贼巨大轴突和青蛙神经肌肉间突触打下的神经系统研究基础，在这些哺乳动物沙文主义者看来属于例外。他们让步道，当然所有的神经细胞都是相似的，但是脊椎动物和无脊椎动物在神经环路和行为方面有着很大差异。这种分歧直到分子生物学开始揭示基因和蛋白质在进化过程中的惊人保守性时才得到解决。

最后，关于简单动物的研究所揭示的学习和记忆的细胞或分子机制是否能适用于更复杂的动物，科学界一直存在争议。具体来说，有人质疑敏感化和习惯化是否算得上有效的记忆形式。在动物的自然环境中研究其行为的动物行为学家强调了这两种简单记忆形式的重要性和普遍性。但是行为主义者主要强调联结形式的学习，比如经典和操作性条件作用，它们显然更为复杂。

上述争论最终通过两种方式得到了解决。第一，本泽证明了我们所发现的对海兔短时敏感化很重要的环腺苷酸，同样是更复杂动物的更复杂学习形式——果蝇的经典条件作用——所必需的。第二，也是更戏剧性的一点，首先在海兔中鉴定出的调控蛋白CREB，被发现是从海兔到果蝇到小鼠到人类的各种生物的许多学习形式中，由短时向长时记忆转化的一个重要成分。同样变得清楚的是，学习和记忆以及突触和神经元可塑性，代表了一族过程，它们的分子机制共享同样的逻辑和若干关键成分，只是细节上存在差异。

大多数情况下，到尘埃落定之时，这些纷争都被证明是对科学有益的：它们使问题得到了精炼并推动了科学发展。对我而言最重要的是，我能感觉到我们正走在正确的方向上。

新心智科学未来将去向何方？在记忆存储的研究中，现在我们正处在一条雄伟山脉脚下的丘陵地带。[①]我们对记忆存储的细胞和分子机制已经有了一些了解，但是我们需要从这些机制转入到记忆的系统属性：对不同类型的记忆起重要作用的神经环路是什么？一张面孔、一幅场景、一段旋律或者一次经历在脑中的内部表征是如何编码的？[②]

要想在已有研究的基础上再进一步，实现下一个目标，我们研究大脑的方法必须出现重大概念性转变。其中一个转变将

[①] 2014年4月，《细胞》推出40周年特刊，特邀坎德尔领衔撰写了一篇前沿综述，系统回顾了半个世纪以来对记忆的分子、细胞和神经机制的研究。论文链接：http://doi.org/10.1016/j.cell.2014.03.001

[②] 2019年1月，坎德尔实验室在著名科学期刊《神经科学趋势》(Trends in Neurosciences) 发表了一篇观点文章，详细探讨了记忆的系统属性研究的候选细胞机制以及所需的新型研究工具。论文链接：http://doi.org/10.1016/j.tins.2018.10.005

是从研究基本过程——单个蛋白质、单个基因和单个细胞,转到研究系统属性——由许多蛋白质、神经细胞的复杂系统、整个有机体的功能运作,以及有机体群组之间的相互作用所构成的机制。细胞和分子取向肯定会在未来继续产出重要信息,但是它们仅凭自身无法解开神经环路或环路间交互的内部表征的秘密——把细胞和分子神经科学与认知神经科学相关联的关键步骤。

为了建立一种能够把神经系统关联到复杂认知功能的方法,我们必须进入神经环路水平,而且我们必须搞清楚不同神经环路的活动模式如何聚到一起成为一个连贯的表征。为了研究我们如何知觉和回忆复杂经历,我们需要搞清楚神经网络如何组织,以及注意和有意识觉知如何在这些网络中调控和重新配置神经元的活动。因此,生物学将不得不更多地选择非人灵长类动物和人类作为模式系统。为此,我们需要能够处理个体神经元和神经元网络活动的成像技术[①]。

这些考量促使我思考,如果我现在重新开始科研生涯的话应该着手研究什么问题。在选择科学问题时,我有两个条件。第一是它允许我开启一个能够让我长时间在其中进行研究的新领域。我喜欢长期的承诺而非短暂的浪漫。第二,我喜欢处理位于两个甚至更多学科的边界地带的问题。考虑到这些偏好,我已经找到了三个吸引我的问题。

第一,我想理解感觉系统的无意识加工过程如何发生,以

---

① 2017年,由北京大学程和平团队研制的新一代高速高分辨微型化双光子显微镜,成功记录了自由活动小鼠的神经元及突触水平的动态信号。该技术与光遗传学等技术的结合将带来神经科学的革命性进展。论文链接:http://doi.org/10.1038/nmeth.4305

及有意识注意如何指导记忆固化的脑机制。到那时我们才能通过生物学上有意义的方式来研究弗洛伊德于1900年首次提出的有意识与无意识冲突和记忆的理论。我很同意克里克和科赫的观点，他们认为选择性注意不仅本身至关重要，而且是通往意识的有效途径之一。我想通过关注海马体位置细胞如何仅在有机体注意到周围环境时创造出持久的空间地图这一问题，建立一种研究注意的还原论取向。注意这一聚光灯的本质是什么？它如何使得参与空间记忆的神经环路能够进行记忆的初始编码？当动物付出注意力时，脑中除了多巴胺还有什么调节系统参与了进来？它们又是如何参与进来的？它们是否使用了一种类似朊病毒的机制来固化位置细胞和长时记忆？把这类研究扩展到人类显然会是很好的。注意如何允许我开启心理时间旅行去到我们在维也纳的小公寓？

与第一个问题相关，吸引我的第二个问题是人类的无意识和有意识心理过程的关系。我们对自己精神生活的很大一部分都是没有觉知的，这一最早由赫尔曼·亥姆霍兹提出的观点成了精神分析的核心。弗洛伊德还补充了一个有意思的观点，即虽然我们觉知不到大多数心理过程，但是我们能够通过付出注意力来有意识地进入这些过程。根据这一视角，现在大多数神经科学家都赞成，我们的大部分精神生活是无意识的，它只通过言语和表象的形式进入意识。通过确定这些无意识过程在疾病状态下如何得到改变，以及它们如何通过心理治疗得到重新配置，脑成像技术能够将精神分析与脑解剖学和神经功能进行关联。既然无意识心理过程如此重要，想到现在的生物学能够让我们对这些过程获得许多了解，真是令人欣慰。

最后，我喜欢下述想法：运用分子生物学把我的研究领域心智分子生物学和丹尼丝的研究领域社会学进行关联，由此发展出一门坚实的分子社会生物学。在这方面，一些研究者已经起了个好头。现在在洛克菲勒大学的遗传学家科里·巴格曼研究了秀丽隐杆线虫的两个摄食模式不同的变种。一个变种独居并独自觅食。另一个变种群居并集体觅食。两个变种的唯一区别是原本共享的一个受体蛋白中的一个氨基酸的差异。把一条群居线虫的受体转移到一条独居线虫中，会让那条原来独居的线虫倾向群居。

果蝇的雄性求偶是一种本能行为，需要一种称作"无果"的关键蛋白。无果蛋白在雄蝇和雌蝇中的表达形式略有不同。埃布鲁·德米尔和巴里·迪克逊的非凡发现表明，当这种蛋白的雄性形式在雌性体内表达时，雌性会跨骑在其他雌性或经改造能产生一种特征性雌性气味（信息素）的雄性背上进行求爱。迪克逊接着发现，无果基因是作用于求偶行为和性偏好的神经环路的连接发育所必需的。

意大利神经科学家贾科莫·里佐拉蒂发现，当一只猴子用它的手做出一个特定动作，比如往嘴里放花生时，运动前区皮层的特定神经元会激活。值得注意的是，当一只猴子看另一只猴子（甚至是一个人）把食物放进嘴里时，相同的神经元也会激活。里佐拉蒂把它们称作"镜像神经元"并认为它们为模仿、认同、共情和模拟发声的能力——这些人际互动的内在心理过程——提供了初步洞见。维拉亚努尔·拉马钱德兰在人类的运动前区皮层找到了存在类似神经元的证据。

仅从以上三条研究路径中，我们就能够看到一个全新的生物学领域正在开启，这一领域能够告诉我们是什么让我们成为相互交流的社会性生物。这样一项充满雄心壮志的工作不仅可能找出使得一个紧密群体中的成员能够识别出彼此的因素，而且也可能教给我们有关部落主义形成因素的一些知识，部落主义常常与恐惧、仇恨和对外人的不宽容联系在一起。

常常有人问我："你从精神科的培训中收获了什么？它对你作为一名神经科学家的职业生涯有益处吗？"

诸如此类的问题总是让我感到惊讶，对我而言很显然的是，我在精神科所受的培训和我对精神分析的兴趣，这两者在我的科学思维中处于非常核心的位置。由它们所提供的对行为的看法，影响了我工作的几乎每个方面。如果我放弃住院医师培训，更早去法国并且选择在一个分子生物学实验室工作，我可能会在职业生涯中某个稍早些的时间点上从事大脑基因调控的分子生物学研究。但是影响我的工作和燃起我对有意识和无意识记忆兴趣的支配性观点，源自精神病学和精神分析为我开启的心智图景。因此，我最初的职业规划——做一个有抱负的精神分析师——绝非弯路；相反，那段教育经历是我之后所能获得的一切成就的根基。

想做研究的应届医学毕业生常常问我，他们是应该学习更多基础课程，还是立即投入研究。我总是力劝他们进入一个好的实验室。显然，课程是重要的——我在国立精神卫生研究所期间一直都在继续修课程，直到现在我也一直从学术会议、从我的同事和学生那里得以学习。但是阅读有关你自己在做的实验的科学文献要比泛泛地阅读科学知识有意义和有意思得多。

很少有别的涉及想象力的事情能比做出新发现更令人兴奋和刺激，即使只是一个微不足道的新发现。它使我们能够第一次看到自然的一部分——万事万物如何运转这个谜题的一个小答案。一旦我开始研究一个问题，我发现取得一个完整的图景、学习之前的科学家对这个问题的看法是极其有帮助的。我不只是想看到哪些思路被证明是有成效的，同时也想知道其他那些方向的什么地方是徒劳的以及为什么是徒劳的。因此我受到弗洛伊德的心理学及学习和记忆领域的早期研究者詹姆斯、桑代克、巴甫洛夫、斯金纳和欧里克·奈瑟尔[①]的颇多影响。他们的思想，甚至他们的错误，都为我后来的工作提供了非常丰富的文化背景。

我还认为大胆地去处理难题，特别是那些乍看上去散乱没头绪的难题也很重要。一个人不应该害怕尝试新事物，比如从一个领域转到另一个领域或者在不同学科的边界地带进行研究，因为在边界上有一些最有趣的问题留待解决。工作中的科学家不断学习新事物，不会因为一个新领域陌生就不去碰它。他们本能地跟随他们的兴趣，在工作的过程中自学必要的科学知识。最能够激发自我教育的就是在一个新领域开展研究。在我开始跟格伦德费斯特和普尔普拉学习之前我并没有储备好相关的科学知识；和吉米·施瓦茨开始合作时我对生物化学所知甚少；和理查德·阿克塞尔开始合作时我对分子遗传学一无所知。上述每一种情况下，尝试新事物虽让人焦虑但也让人愉快。耗上几年工夫尝试基础性的新事物，比开展每个人都能做、而且别人做得和你一样好（如果不是更好的话）的常规实验要强得多。

在所有这些中我觉得最重要的是，找准能够进行长期研究的一个或一组相互关联的问题。我很幸运，最开始在对海马体和记忆的研究中就偶然遇到一个有趣问题，然后毅然转到研究

[①] 本书前文没有具体提到这个人，他被誉为认知心理学之父，1967年出版了世界上第一部认知心理学教材。

简单动物的学习。这两个问题的知识广度和深度都够大，足以让我在经历了许多实验的失败和失望后仍能坚持下来。

因此，我没有经历我的一些同事描述过的那种不适，他们在中年时渐渐厌倦了正在做的科研而转向别的事务。我从事了很多非研究型的学术活动，比如编写教材、在哥大及全国性学术委员会任职，以及帮助成立一家生物技术公司。但是我从来都不是由于厌倦了做科研才去做其他这些事的。理查德·阿克塞尔谈到过实验数据的强化效价①——在一个人的脑袋里鼓捣新鲜有趣的发现——是让人上瘾的。当理查德看到新数据出来之后，他反倒会感到惘然若失，这种感受我们很多人也有过。

与丹尼丝共享的对音乐与艺术的热爱也极大丰富了我的科学工作。当我们1964年12月从波士顿搬到纽约时，在布朗克斯区的里弗代尔买了一栋有百年历史的老房子，从那里可以欣赏哈德逊河和帕利塞德山的美景。数十年来，我们在房子里挂满了版画、素描和油画，这些始于20世纪初的装饰艺术有着很强的维也纳及法国根基。我们收藏法国新艺术运动中路易斯·梅杰雷勒、埃米尔·葛莱和多姆兄弟设计的家具、花瓶和灯具。这个兴趣源自丹尼丝。她母亲送给我们的结婚礼物是葛莱为他的首展制作的一张漂亮茶几，由此我们开始了在这个领域的收藏活动。

到了纽约之后，我们开始把兴趣专注于奥地利和德国的表现主义艺术家——奥地利的克里姆特、柯克西卡和席勒，以及德国的马克斯·贝克曼、埃米尔·诺尔德和恩斯特·基施纳——

---

① 强化效价是行为主义心理学的一个术语，它反映的是一种强化物（实验数据）所能够带来的强化效果的大小（让人上瘾）。

的绘画艺术。这个兴趣源自我。几乎在每一个重要的生日——有时我们等不及，也会在两个重要生日之间——丹尼丝和我都会为对方购置我们认为对方会喜欢的作品。多数时候我们一起挑选画作。写到这里，我开始猜想我们的收藏行为很可能是在尝试重拾我们无可挽回地逝去的青春。

回首往事，从维也纳到斯德哥尔摩我仿佛走过了一条很长的路。我及时离开维也纳，成就了在美国引人注目的幸运人生。在美国及其学术机构体验到的自由，让我以及其他许多人获得诺贝尔奖成为可能。在受过历史学和人文学的训练，并从中早早认识到生活可以有多么压抑后，我很高兴自己最终转向了生物学，这片领域仍然充满了虚妄的乐观主义。

偶尔，在精疲力竭又通常令人愉快的漫长一天结束时，我望着窗外暮霭沉沉的哈德逊河，回顾起我的科学岁月，我发现我对自己正在做的工作充满了讶异。我进入哈佛时要成为一名历史学家，离开时要成为一名精神分析师，只有放弃这两条路，我才得以跟随我的直觉，觉得必须穿越大脑的细胞通路才能通往真正理解心智的大路。通过跟随我的本能和无意识思维过程，听从在那时还显得遥远而难以捉摸的科学召唤，我被带入了一个无比惬意的人生。

术语表

字母缩写

AMPA 受体（AMPA receptor）：全称 α-氨基-3-羟基-5-甲基-4-异恶唑丙酸（A-amino-3-hydroxy-5-methylisoxazole-4-pro-prionic acid）受体。谷氨酸的两种突触后受体之一。它在响应正常突触传递时激活。（对照 **NMDA 受体**。）

CPEB：全称胞质型多聚腺苷酸化原件结合蛋白（Cytoplasmic Polyadenlyation Element-binding Protein）。参与突触中蛋白质翻译的一种调控蛋白。CPEB 被认为在长时记忆的固化中起作用。

CREB：全称环腺苷酸反应元件结合蛋白（Cyclic AMP Response Element-binding Protein）。由环腺苷酸和蛋白激酶 A 通路激活的一种基因调控蛋白。CREB 激活负责长时记忆的基因。（参见**环腺苷酸**；**蛋白激酶 A**。）

DNA：全称脱氧核糖核酸（deoxyribonucleic acid）。携带基因的物质。DNA 由称作核苷酸的 4 种亚单元组成，包含了蛋白质合成所需的指令。DNA 中编码的全部遗传信息的很大一部分在脑中表达，比身体其他任何器官都多。（参见**染色体**。）

GABA：全称伽马氨基丁酸（gamma-aminobutyric acid）。脑中主要的抑制性神经递质，能够导致睡眠、肌肉放松和情绪性活动减弱等效应。

MAP激酶（MAP kinase）：全称丝裂原活化蛋白（Mitogen Activated Protein）激酶。这种激酶常常与蛋白激酶A结合来引发长时记忆。在海兔中，它被认为作用于CREB-2（CREB介导的转录过程的阻遏蛋白）。（参见**CREB**；**蛋白激酶A**。）

NMDA受体（NMDA receptor）：全称N-甲基-D-天冬氨酸（N-methyl-D-aspartate）受体。谷氨酸的两种突触后受体之一。NMDA受体在长时程增强中扮演关键角色。（对照**AMPA受体**。）

RNA：全称核糖核酸（ribonucleic acid）。与DNA相关的核苷酸，这类核酸包括信使RNA。

B

苯二氮平类（benzodiazepines）：一类抗焦虑药和肌松药，包括地西泮（安定）和劳拉西泮（阿提凡）。苯二氮平类通过与抑制性神经递质GABA的受体结合来抑制突触传递并增强GABA对神经元的效应。

表达（expression）：参见基因表达。

不随意注意（involuntary attention）：关注于内部或外部某个特定刺激（通常是强烈的、有害的或其他高度新异的刺激）的注意，是对该刺激的某些方面做出反射性反应的结果。

不应期（refractory period）：神经元发出一个动作电位后，它会提高产生下一个动作电位的阈值，阈值被提高期间称作不应期。

布罗卡区（Broca's area）：位于左侧额叶皮层后部的一个区域，对语言的表达至关重要。（对照**韦尼克区**。）

C

操作性条件作用（operant conditioning）：内隐联结性学习的一种形式，人或动物通过其得到的奖赏或惩罚而学会是否采取行动（该行动不是已经存在的反射）来响应一个原本中性的条件刺激。也称工具性条件作用。①

超极化（hyperpolarization）：神经细胞膜电位朝向更负数值的变化。超极化降低了神经元产生动作电位的可能性，因此具有抑制性。（对照去极化。）

程序性记忆（procedural memory）：参见内隐记忆。

齿状回（dentate gyrus）：参见脑回。

重组DNA（recombinant DNA）：由原本不相干的两个DNA分子结合而成的DNA分子。

传导（propagation）：神经脉冲沿着神经元传输的过程。

磁共振成像（magnetic resonance imaging，MRI）：一种使用大型磁体进行活体成像的非入侵技术，用于大脑结构可视化。

刺激（stimulus）：引发反应的任何事件。刺激具有4种属性：形态（通路）、强度、持续时间和位置。

D

大脑半球（cerebral hemisphere）：大脑半球位于脑的两半边，通过一个称作胼胝体的大轴突束相连，以确保意识经验的统一性。大脑半球包括大脑皮层和三个位于深处的结构：基底节、海马体和杏仁核。（参见脑。）

大脑皮层（cerebral cortex）：大脑半球的外部覆盖物。它分为4个脑叶（额叶、顶叶、颞叶和枕叶）。

代谢型受体（metabotropic receptor）：细胞表面的蛋白质，结合

---

① 这个术语解释不甚清晰。举个例子，一只狗无意中因为摇尾巴（中性条件刺激）而获得了一块肉的奖赏，它就会在未来增加摇尾巴的频率；反之，它因为摇尾巴而遭到禁食的惩罚，就会在未来减少摇尾巴的频率。

递质或激素（第一信使），然后激活细胞内的化学物质（第二信使），引发整个细胞的反应。（对照**离子通道型受体**。）

蛋白激酶（protein kinase）：催化其他蛋白质磷酸化，因而修饰其功能的一种酶。

蛋白激酶 A（protein kinase A）：环腺苷酸的靶点，这种酶使得靶蛋白磷酸化。它由4个亚单元组成，两个调控亚单元起抑制催化亚单元的作用，两个催化亚单元使得其他酶磷酸化。

蛋白质（protein）：由一条或多条氨基酸链组成的大分子，聚在一起形成复杂三维结构。蛋白质在有机体中起调控、构造和催化作用。

第二信使（second messenger）：当神经递质与细胞表面特定类型的受体结合时，细胞内产生的一种化学物质。环腺苷酸是神经元中常见的第二信使。（对照第一信使；参见环腺苷酸；代谢型受体。）

第一信使（first messenger）：与细胞表面的受体结合的神经递质或激素，它激活细胞内的化学物质（第二信使）。

递质（transmitter）：参见神经递质。

递质门控通道（transmitter-gated channel）：这种离子通道的开启和关闭受到其结合的化学信使（比如神经递质）的调控。结合的递质能够直接调控离子的运动或导致第二信使的激活。递质门控通道可以是兴奋性的或抑制性的。它们参与神经元之间的交流，而电压门控通道则参与单个神经元的动作电位的产生。（对照电压门控通道。）

电极（electrode）：一种由玻璃或金属制成的针状传感工具。玻璃电极能插入一个神经元，用于记录跨膜电活动。金属电极用于从细胞外部进行记录。

电突触（electrical synapse）：一个神经元与另一个神经元进行连接之处，通过流经两个神经元之间连接处的电流来传递信号。（对照**化学突触**。）

电压门控通道（voltage-gated channel）：这种离子通道的开启和关闭是对细胞膜电位的变化做出的反应。神经元的电压门控通道能够透过钠离子、钾离子或钙离子。比如，根据通道性质和它处在细胞上的位置，电压门控通道能够产生动作电位或让钙离子流入来引发神经递质释放。（对照递质门控通道。）

顶叶（parietal lobe）：大脑皮层的4个脑叶之一。它位于额叶和枕叶之间。顶叶加工触碰、压力和疼痛等感觉，在将多种感觉整合成一种体验时很重要。（对照额叶；枕叶；颞叶。）

定位理论（localization）：该理论认为特定功能由神经系统的特定部位执行。（对照总体活动理论。）

动态极化（dynamic polarization）：该原理指出一个神经元中信息的流动是单向可预测且保持不变的。

动物行为学（ethology）：在动物所处的自然环境中研究其行为的学科。

动作电位（action potential）：一个沿着轴突传导到神经元的突触前终端的大型短暂电信号，振幅是1伏的十分之一，持续时间为1到2毫秒，传导不会失败或衰减。在突触前终端，动作电位引发将神经递质释放到靶神经元的进程。

多巴胺（dopamine）：大脑的一种神经递质，在长时程增强、注意控制、随意运动和认知，以及许多兴奋剂（如可卡因）的作用过程中扮演重要角色。多巴胺缺乏会导致帕金森病，多巴胺过量会导致精神分裂症的阳性症状。

E

额叶（frontal lobe）：大脑皮层的4个脑叶之一。额叶主要参与执行功能、工作记忆、推理、计划、言语和运动。精神分裂症患者的额叶是紊乱的。(对照**枕叶**；**顶叶**；**颞叶**。)

F

翻译（translation）：基于遗传密码从信使RNA产生蛋白质的过程。

繁殖（propagation）：在朊病毒中，繁殖指的是某种形式的朊病毒不断自行复制的过程。

反射（reflex）：对一个刺激做出的不需要学习的不随意反应。以脊髓反射为例，这些反应受到脊髓的介导而不需要发送到大脑的信息参与。(对照**随意注意**。)

反向遗传学（reverse genetics）：一个基因被移出或导入小鼠基因组的基因技术。这一遗传性改变的效应用于测试一个特定假设的正误。

非门控通道（nongated channel）：神经细胞膜上的通道，被动地引导离子（最常见的是钾离子）跨过细胞膜。通过这些通道的离子流对细胞的静息膜电位负责。也称静息通道。(对照**门控通道**。)

非条件刺激（unconditioned stimulus）：总会造成明显反应的奖励性或厌恶性刺激。

分子生物学（molecular biology）：遗传学和生物化学的交叉学科，试图在细胞大分子水平理解生命过程及它们的结构和功能。

复制（replication）：双链DNA的拷贝的形成过程。两条DNA链分开，每条链作为一个模板或称母链，接着被复制。新链或称子链成为互补链。

G

钙离子（calcium，Ca^{2+}）：带正电的钙离子是神经递质释放所必需的。神经细胞膜上的电压门控钙离子通道控制的钙离子内流引发了神经递质的释放。

感觉（sensation）：触觉、痛觉、视觉、听觉、嗅觉、味觉。

感觉神经元（sensory neuron）：三种主要功能类型的神经元之一。感觉神经元把从感受器接收的环境刺激的信息传递到感觉通路上的其他神经元。（对照中间神经元；运动神经元；感受器细胞。）

感受器细胞（receptor cell）：对特定物理性质，比如触碰、光或温度做出特异性反应的感觉细胞。

感受野（receptive field）：感受到的整个世界的一部分，它激活了一个特定的感觉神经元。比如，视网膜上一个感觉神经元的感受野会响应视野中左上部分的一个光点。

高级皮层（higher-order cortex）：大脑皮层中的几个区域，加工来自初级感觉或运动皮层的信息。

高级心理加工过程（higher-order mental processing）：发生在比初级感觉或运动皮层更高一级的神经元加工过程。

格式塔心理学（Gestalt psychology）：该心理学学派尤其关注视知觉，强调知觉的发生是脑中的感觉信息基于对一个客体及其环境之间关系的分析重构而成。

工具性条件作用（instrumental conditioning）：参见操作性条件作用。

工作记忆（working memory）：短时记忆的一种独特类型，部分通过前额叶皮层起作用，它在一个相对短暂的时间里整合即时的知觉并把它们与过往经验的记忆进行结合。工作记忆是日常生活中许多看似简单的行为所必需的，比如开展一次谈话、添加一列数字，或者开车。精神分裂症患者的这种记忆存在缺陷。

功能性磁共振成像（functional magnetic resonance imaging, fMRI）：一种使用大型磁体来探测大脑血流和氧气消耗变化的非入侵生物医学成像技术。比如在进行一项认知任务的过程中，神经元更活跃的区域的血流和耗氧量会增加。

谷氨酸（glutamate）：在大脑和脊髓中常见的一种氨基酸，是主要的兴奋性神经递质。

H

海马体（hippocampus）：海马体是外显记忆的存储所必需的。这是一个位于大脑半球颞叶深处的结构。海马体、齿状回和下托组成了海马结构。

核苷酸碱基（nucleotide base）：DNA 或 RNA 的基本构件。组成基因密码的通常是 4 种。DNA 的 4 种碱基是胸腺嘧啶、腺嘌呤、胞嘧啶和鸟嘌呤。RNA 中尿嘧啶取代胸腺嘧啶。

核团（nucleus，复数 nuclei）：中枢神经系统中一团功能上相关的神经元胞体。在无脊椎动物的外周神经系统或中枢神经系统中，神经元群组形成的是神经节。

化学突触（chemical synapse）：神经元释放化学信号（神经递质）之处，化学信号与相邻神经元上的受体结合，造成接收到信号的细胞兴奋或抑制。（对照电突触。）

还原论分析（reductionist analysis）：即还原论（reductionism）。这种科学方法通过消除研究对象具有的一些对其功能来说不是必需的特征，从而分离出最重要的特征。它涉及为一个更复杂的对象创造出一个简单模型，因为这个更复杂的对象可能过于复杂而难以有效地对其进行研究。

环腺苷酸（cyclic AMP）：全称腺苷-3',5'-环化一磷酸（cyclic adenosine-3',5'-monophosphate）。在细胞中作为第二信使起作用的分子，引发蛋白质结构和功能的改变。环腺苷酸激活一种环腺苷酸依赖性蛋白激酶，后者作用于并修饰许多蛋白质的功能，包括离子通道和调控DNA转录成RNA的蛋白质。（参见磷酸化；蛋白激酶A；第二信使；转录。）

J

基底节（basal ganglia）：位于两个大脑半球深处的一组脑结构，协助调控运动和认知。基底节包括壳核、尾状核、苍白球和黑质。壳核和尾状核合起来称作纹状体。

基因（gene）：DNA的一段特异性序列，位于染色体的特定位点，包含合成一种特定蛋白质的指令。

基因表达（gene expression）：基于有机体DNA编码的特异性遗传信息生成蛋白质的过程。

激素（hormone）：内分泌腺产生的化学物质，起到信使的作用。激素通常是由内分泌腺直接分泌进入血流，它们通过血流移动到靶点。（参见内分泌腺。）

脊髓（spinal cord）：中枢神经系统的一部分，控制四肢和躯干的运动，加工来自四肢和躯干的皮肤、关节及肌肉的感觉信息，还控制自主神经功能。（参见脑。）

脊髓反射（spinal reflex）：一种不随意运动，由感觉输入引起，通过仅限于脊髓的神经环路产生。

记忆（memory）：学习到的信息的存储。记忆至少存在短时（几分钟到几小时）和长时（几天到几星期）两个阶段。它还具有外显和内隐两种形式。（参见外显记忆；内隐记忆。）

钾离子（potassium，K^+）：带正电的钾离子是神经系统功能所必需的。静息神经元内部的钾离子浓度高于外部。

介导环路（mediating circuit）：参与反射动作的主要环路，它由直接参与反射的运动神经元、感觉神经元和中间神经元组成。（对照调节环路。)

经典条件作用(classical conditioning)：伊万·巴甫洛夫发现的一种内隐学习的形式。一个对象学习将一个原先中性的条件刺激与一个通常引起反射动作的非条件刺激进行联结。比如在狗的实验中，食物的呈现（非条件刺激）通常引起唾液分泌。巴甫洛夫发现，如果铃声（原先中性的条件刺激）持续与食物配对，狗就会学到将铃声与食物进行关联，于是，只要它一听到铃声，不论食物是否出现，都会分泌唾液。相反，如果铃声与对腿部的电击（造成狗抬腿）配对，狗很快会在只听到铃声时就抬起腿。

精神病学(psychiatry)：关注正常与异常心理功能的医学领域。临床精神病学处理诸如精神分裂症、抑郁症、焦虑症和药物滥用等疾病。

静息膜电位(resting membrane potential)：神经细胞膜内表面与外表面之间的电荷差，是钠离子、钾离子和氯离子不均匀分布造成的。在大多数哺乳动物的神经细胞中，静息膜电位约为–60~–70毫伏。

K

可塑性(plasticity)：突触、神经元或脑区对其用途或者不同刺激模式做出反应而改变自身性质的能力。又称塑性变化(plastic change)。

空间地图(spatial map)：外部环境的内部表征。存在于海马体中，由许多位置细胞结合而成。认知地图的一种类型。

空间记忆(spatial memory)：外显记忆的一种形式，涉及在空间中寻找路线。

L

离子(ion)：带有净的正电荷或负电荷的原子或分子。在神经细胞膜内部和外部发现的主要离子有钾离子、钠离子、氯离子、钙离子和镁离子，以及有机离子，比如某种氨基酸。

离子假说（ionic hypothesis）：该理论由霍奇金和赫胥黎建立，认为钠离子和钾离子跨过神经细胞膜的运动是分别受到调控的，它们导致了动作电位和静息电位。

离子通道（ion channel）：参见**通道**。

离子通道型受体（ionotropic receptor）：横跨细胞表膜的蛋白质，包含一个递质结合位点和离子能够从中经过的通道。它与合适的递质的结合会直接开启或关闭离子运动的通道。（参见**递质门控通道**；对照**代谢型受体**。）

连接特异性（connection specificity）：卡哈尔根据神经元形成的特异性功能连接而提出的原理，基于三个解剖学观察：第一，神经元和其他细胞一样，各个神经元之间由细胞膜分开；第二，神经元不是不加区分地相互连接或形成随机网络；第三，每个神经元只与特定的突触后细胞在特定位点（突触）进行交流。

联结性学习（associative learning）：一个实验对象（一个人或一只实验动物）学习两个刺激或一个刺激与一个行为反应之间的关系的过程。

量子（quantum，复数 quanta）：一个包含大约五千个神经递质分子的小包，由轴突的突触前终端释放。量子被包在突触囊泡中。（参见**突触传递**；**突触囊泡**。）

磷酸化（phosphorylation）：把一个磷酸基团加到一个蛋白质上，进而改变蛋白质的结构、电荷或活性。磷酸化通过称作蛋白激酶的一类特定的酶实施。

颅相学（phrenology）：流行于19世纪的一种理论，假定人格特质和头盖骨形状之间存在相关。它认为频繁使用头盖骨下的脑结构会导致这些结构增大,并通过头盖骨上的隆起反映出来。

氯离子(chloride,Cl⁻):带负电的氯离子,通过GABA来介导神经元的抑制。

M

门控通道(gated channel):对特定类型的信号做出反应而开启或关闭的离子通道。(参见递质门控通道;电压门控通道。)

敏感化(sensitization):非联结性学习的一种形式,暴露在有害刺激中会对即便是无害的其他刺激产生更强的反射反应。(参见**异突触易化**。)

膜电位(membrane potential):参见静息膜电位。

膜假说(membrane hypothesis):即便在静息状态下,神经细胞膜的两侧仍然存在稳定电位差。

N

钠离子(sodium,Na⁺):带正电的钠离子是神经系统功能所必需的。静息神经元内部的钠离子浓度低于外部。

脑(brain):介导所有心理功能和行为的器官。传统上被划分成若干组成部分:脑干、丘脑和下丘脑、小脑以及两个大脑半球。

脑干(brain stem):三个解剖学结构——延髓、脑桥和中脑——的集合性术语。位于脑的底部、脊髓上方。脑干加工来自皮肤和头部、颈部、面部关节的感觉,以及如听觉、味觉和平衡觉等特定感觉。此外,它介导维持生命的特定功能,比如呼吸、心率和消化。脑干的感觉输入和运动输出要通过颅神经。(参见脑。)

脑回(gyrus,复数gyri):大脑皮层外部卷曲的波峰。许多脑回所在位置是不变的,有助于皮层区域的鉴定。两个脑回之间的凹槽称作脑沟。齿状回是海马结构的一部分，它发送信息到海马体。

内分泌腺（endocrine）：一类直接分泌称作激素的化学物质到血流的腺体。激素移动到靶组织发挥其效应。

内隐记忆（implicit memory）：回忆时不需要有意识注意参与的信息存储，通常表现为习惯、知觉或运动技巧，以及联结性或非联结性条件作用等形式。也称程序性记忆。（对照**外显记忆**。）

颞叶（temporal lobe）：大脑皮层的4个脑叶之一。位于额叶和顶叶的下方。颞叶主要涉及听觉和视觉，以及学习、记忆和情绪的一些方面。（对照**额叶**；**枕叶**；**顶叶**。）

Q

启动子（promoter）：位于DNA的每个基因上的一个特异性位点。调控蛋白与之结合，进而开启或关闭这个基因。

前额叶皮层（prefrontal cortex）：额叶最前部的区域，参与计划、决策、高级认知、注意以及部分运动功能。

穹窿（fornix）：把信息传入和传出海马体的轴突束。

丘脑（thalamus）：脑中的一个主要中继点，它加工从各种感觉系统传到大脑皮层的大部分感觉信息，以及从运动皮层传到肌肉的运动信息。

躯体感觉皮层（somatosensory cortex）：大脑皮层的一部分，位于顶叶，加工触觉、振动觉、压力觉和肢体位置的感觉。（参见**顶叶**。）

躯体感觉系统（somatosensory system）：该感觉系统关注来自身体表面皮肤的感觉（触觉、振动觉、压力觉、痛觉）和肢体位置的感觉。信号由外周神经系统传到脑部。

去极化（depolarization）：细胞膜朝向更正数值的变化，即朝向激发动作电位的阈值变化。去极化增加了神经元产生动作电位的可能性，因此具有兴奋性。（对照超极化。）

R

染色体（chromosome）：包含有机体遗传物质的结构，通常的形态是紧紧盘绕的双链 DNA 分子与各种蛋白质缠绕而成。染色体复制自身，因此使得细胞能够繁殖并把它们的遗传物质传递给下一代。（参见 **DNA**。）

认知地图（cognitive map）：某个特定外部物理空间在大脑中的表征。一个例证是存在于海马体的空间地图。

认知神经科学（cognitive neuroscience）：旨在研究心理过程的认知心理学概念和方法与研究脑的神经科学的结合。这一结合学科涉及的方法包括神经科学、认知心理学、行为神经学和计算机科学。

朊病毒（prion）：全称蛋白质感染因子（**proteinaceous infectious agent**）。一类数量很少的感染蛋白，能够以两种功能不同的形态呈现，隐性构象是不活动的或充当传统的生理性角色，而显性构象是不断自行复制的并对神经细胞有害。在呈现为显性构象时，朊病毒能够导致神经系统的退行性疾病，比如疯牛病（牛海绵状脑病）和人类的克-雅病。

S

神经（nerve）：即轴突束。

神经递质（neurotransmitter）：一个神经元释放的一种化学物质，它与另一个神经元的受体结合，改变后者的电流或内部生化事件。神经递质的特异性作用取决于受体的性质。一种神经递质可能有许多不同种类的受体。

神经环路（neural circuit）：若干神经元形成的相互连接和交流的团体。

神经节（ganglion，复数 ganglia）：脊椎动物的外周神经系统中、海兔及其他无脊椎动物的中枢神经系统中的一团功能相关的神经元胞体。

神经图谱（neural map）：中枢神经系统中神经元按照拓扑结构有序排列，反映主要感觉器官中神经元的空间关系。大脑还包含一个相似的有序运动图谱。

神经细胞（nerve cell）：参见神经元。

神经学/神经病学（neurology）：医学的经典领域，关注正常人和病人的神经系统。临床神经病学涉及神经系统障碍的诊断和治疗，这些障碍通常不太会影响心理过程。有关障碍包括脑卒中、癫痫、亨廷顿病、阿尔茨海默病和帕金森病。神经病学提出了许多认知神经科学尝试解决的关键问题。作为对比，精神病学尝试解决影响心理过程的脑部障碍。

神经元（neuron）：任何神经系统的基本单元。人脑包含大约一千亿个神经元，其中每一个神经元形成大约一千个突触。神经元与其他细胞的相似之处是具有共同的分子装置用于细胞功能，但是它们具有与相距很远的神经元进行非常精确的快速交流的独特能力。

神经元学说（neuron doctrine）：这一理论认为个体神经元是神经系统信号传导的基本组成元素。

生物化学（biochemistry）：生物学的一个领域，尝试通过研究活着的生物体中发生的各种化学通路和反应来理解生命过程。尤其关注蛋白质扮演的角色。

失认症（agnosia）：本义是"丧失知识"。无法通过其他功能都正常的感觉通路来有意识地识别客体，比如深度失认症、运动失认症、颜色失认症和面孔失认症（面孔识别的能力受损）。

失语症（aphasia）：大脑特定结构损伤导致的一类语言障碍。这类障碍能够造成无法理解语言（韦尼克失语症）、无法表达语言（布罗卡失语症），或者两者兼有。

试误学习（trial-and-error learning）：参见操作性条件作用。

视觉系统（visual system）：从视网膜延伸到皮层的一条感觉通路，探测环境中的刺激并产生外部世界的图像。

受体（receptor）：突触后细胞中的一种特异性蛋白质，识别并结合突触前细胞释放的神经递质。结合化学递质的所有受体具有两种功能：它们识别递质并在细胞内起到效应蛋白的功能。比如，它们能够参与控制离子通道或激活第二信使。基于这些控制或激活功能，受体分成两大类：离子型和代谢型。（参见**离子通道型受体**；**代谢型受体**。）

树突（dendrite）：大多数神经细胞具有的分枝结构，神经元通过它从其他神经元接收信息。

随意注意（voluntary attention）：关注内部或外部特定刺激的注意，与一个人的遗传易感性相一致。它由源自内部的大脑加工过程决定。（对照**反射**。）

T

条件刺激（conditioned stimulus）：在训练之前，不产生明显反应的一种中性刺激。它能够通过经典条件作用与一种非条件刺激形成联结。（参见**经典条件作用**。）

条件反应（conditioned response）：在经典条件作用形成之后被条件刺激激发的反应。这一反应与被非条件刺激激发的反应相似。（参见**经典条件作用**。）

调节环路（modulating circuit）：调节性（非反射性）加工过程（比如敏感化和经典条件作用）的环路，它修饰参与行为的主要环路的功能。（对照**介导环路**。）

通道（channel）：一种跨膜蛋白质，介导离子流入和流出细胞。在神经细胞中，一些通道对静息电位负责，另一些引发膜电位的变化而产生动作电位,还有一些改变神经细胞的兴奋性。通过膜电位的变化(电压门控)或与化学信使的结合(递质门控),离子通道会开启或关闭,或者它们会被动地引导离子(非门控或静息)。(对照**非门控通道;递质门控通道;电压门控通道**。)

同突触可塑性(homosynaptic plasticity):通过激活两个细胞中的一个或者另一个或者同时两个,导致两个细胞之间突触连接强度的变化(增强或抑制)。

同突触抑制(homosynaptic depression):习惯化发生时出现的一种神经机制。在同突触抑制中,通过激活两个细胞中的任意一个或者同时两个,两个细胞之间突触连接的强度降低。这一降低反应发生在受到反复刺激的同一条通路中。

突触(synapse):两个神经元之间交流的特异性位点。一个突触由三个成分组成:突触前终端、突触后细胞和两者间的区域——突触间隙。根据两者间区域的性质,突触可以被分为化学突触或电突触,各自使用不同的突触传递机制。

突触标记(synaptic marking):突触受到标记、准备好参与长时增强的过程。

突触传递(synaptic transmission):一个神经元通过化学突触或电突触影响另一个神经元的兴奋性的机制。化学突触传递受到突触前细胞释放的神经递质的介导,递质作用于突触后细胞的受体。电突触传递受到两个神经元之间流经连接处的电流的介导。

突触传递的化学理论(chemical theory of synaptic transmission):该理论表明称作神经递质的特定化学物质是两个神经元之间突触传递的中介。

突触电位(synaptic potential):来自突触前神经元的信号(通常是化学信号)引起的突触后神经元膜电位的逐级变化。突触电位可以是兴奋性或抑制性的。一个兴奋性突触电位如果足够强的话，会引发突触后细胞的动作电位。因此，突触电位是一个连接突触前终端动作电位和突触后细胞动作电位的中间步骤。

突触后受体（postsynaptic receptor）：参见**受体**。

突触后细胞（postsynaptic cell）：又称突触后神经元（postsynaptic neuron）。在突触接收来自另一个神经元的信号的神经元。该信号影响突触后细胞的兴奋性。

突触间隙（synaptic cleft）：一个化学突触中两个神经元之间的空隙。

突触可塑性（synaptic plasticity）：突触强度短期或长期的增强或减弱，形成神经元活动的特异性模式。在学习和记忆中至关重要。

突触囊泡（synaptic vesicle）：一个被膜包围的囊，包含大约五千个神经递质分子，以全或无的方式在突触前终端释放。（参见**量子**；**突触传递**。）

突触前细胞（presynaptic cell）：在突触发送（电或化学）信号到另一个神经元的神经元。

突触前终端（presynaptic terminal）：突触前神经元轴突的终端区域，带有神经递质的突触囊泡在此释放到突触后细胞（化学突触），或者在此通过电连接处连接突触后细胞（电突触）。

突触终端（synaptic terminal）：参见**突触前终端**。

突起（processes）：在神经元中能够或将要生成突触的突出部分。（参见**轴突**；**树突**。）

W

外显记忆（explicit memory）：回忆时需要有意识注意参与的有关人、地点和事情的信息存储。这类记忆可以用文字描述。大多数人提到记忆时所指的是外显记忆。也称陈述性记忆。(对照内隐记忆。)

外显学习(explicit learning):需要意识参与的一类学习,涉及有关人、地点和事情的信息的获取。也称陈述性学习。(对照**内隐学习**[①]。)

外周神经系统(peripheral nervous system):神经系统的一部分,包括自主神经系统,运动或自主活动受到位于脊髓和脑干之外的神经元的介导。外周神经系统与中枢神经系统有着功能连接。(对照**中枢神经系统**。)

韦尼克区(Wernicke's area):位于左侧顶叶,参与语言理解。(对照**布罗卡区**。)

位置细胞(place cells):海马体中的神经元,只在一只动物处于其环境中的一个特定位置时激活,这些细胞一起形成了该环境的一幅认知地图。当动物移动到不同的位置时,不同的位置细胞会激活。

纹状体(striatum):基底节的一部分,在运动和认知中起作用。纹状体由壳核、尾状核和伏隔核组成。帕金森病患者的纹状体功能异常。它是愉快感觉的中介和精神分裂症的一个异常位点。(对照**基底节**。)

X

习惯化(habituation):一种简单、非联结形式的学习,一个对象学习一个无害刺激的性质。这个对象学到忽略该刺激,导致对它的神经元反应降低。

细胞核(nucleus,复数nuclei):细胞的加工中心,包含全部的遗传物质。细胞核被一层膜包围,这使它与细胞质分开。(对照**细胞质**。)

细胞学说(cell theory):该学说由解剖学家雅各布·施莱登和西

[①] 原书中遗漏了这个词条,可参照内隐记忆。

奥多·施旺于19世纪30年代提出，认为所有动物体内所有活着的组织和器官都分享一个共同的结构和功能单元，即细胞，而且所有的细胞都源自其他细胞。

细胞培养（cell culture）：将取自动物的细胞置于实验室受控条件下的一个有盖培养皿中使其生长的过程。

细胞生物学（cell biology）：生物学的一个领域，试图在细胞、亚细胞结构及其生理过程中理解生命过程，比如生长、发育、适应和繁殖。

细胞体/胞体（cell body）：神经元的代谢中心。它包含细胞核及核内的染色体。它生出轴突和树突两类突起，这两者都传导电信号。

细胞质（cytoplasm）：细胞内除细胞核之外的所有物质。制造蛋白质的装置位于其中。

下丘脑（hypothalamus）：脑的组成部分，紧挨丘脑位于其下方，调控自主活动、内分泌和内脏功能。（参见脑。）

纤维（fiber）：即轴突。

小脑（cerebellum）：脑的主要组成部分之一，参与运动控制。它调节动作的力度和幅度，参与运动协调和运动技能的学习。（参见脑。）

谢弗侧支通路（Schaffer collateral pathway）：海马体中的一条通路，对外显记忆存储很重要，因此是记忆所必需的突触变化的一个重要实验模型。

信使RNA（messenger RNA）：携带一个特定蛋白合成指令的核糖核酸（RNA），将来自细胞核中的DNA指令传给细胞质中的蛋白质合成装置。产生信使RNA的过程称作转录。（参见翻译；转录。）

信号（signal）：突触前神经元的输入或感受器的激活引起的突触后神经元膜电位的变化。有两类信号。局部信号是突触电位，它们受到空间限制而且不积极地传导。相反，传导信号是动作电位，它们沿着整条轴突传导到突触终端。动作电位信号在整个神经系统中是一成不变的,一个动作电位传递的"信息"完全取决于这个活跃的神经元所处的通路。

杏仁核(amygdala):脑中与情绪(比如恐惧)最为相关的一个特定区域。它协调情绪状态的自主和内分泌反应,是情绪性记忆的基础。杏仁核本身是若干核团的集合,位于大脑半球颞叶深处。

兴奋(excitation):突触后细胞的去极化,增加接下来产生动作电位的可能性。

兴奋性(excitatory):指神经元或突触使其靶细胞去极化,增加了后者产生动作电位的可能性。(对照**抑制性**。)

兴奋性变化(excitability change):在活动之后神经细胞的阈值变化。

行为主义(behaviorism):在20世纪初期首次提出的一种理论,认为行为研究的唯一合适取向是通过直接观察一个对象的行动。"心理功能"被视为是不可观察的。行为主义在行为研究上与认知取向形成对照,后者在最近数十年主导了心理学研究。

学习的神经性模拟(neural analog of learning):通过在一个分离出的神经节中电刺激终止于靶神经细胞的轴突,来尝试模拟行为水平的学习实验中用到的感觉刺激。

血清素(serotonin):脑中的一种调节性神经递质,参与抑郁、焦虑、摄食和冲动性暴力等情绪状态的调节。

Y

延髓(medulla):脑干的一部分,直接位于脊髓的顶端。延髓是负责多个维持生命所必需的自主神经功能的中心,包括消化、呼吸和控制心率。

乙酰胆碱（acetylcholine）：一种化学神经递质，由运动神经元释放于其与肌肉细胞之间的突触或者神经元之间的突触。

意识的神经性相关物（neural correlate of consciousness）：人在投入一个需要有意识注意参与的活动时，神经元中所发生的过程。

易化（facilitation）：两个细胞之间突触连接的强度受到增强的过程。

异突触可塑性（heterosynaptic plasticity）：通过激活第三个细胞或者一组细胞，导致两个细胞之间突触连接强度的变化（增强或抑制）。

异突触易化（heterosynaptic facilitation）：敏感化发生时出现的一种神经机制。在异突触易化中，通过激活第三个细胞或者一组细胞，两个细胞之间突触连接的强度受到增强。

抑制（inhibition）：细胞膜朝向更负数值的变化，阻止或降低细胞产生动作电位的可能。

抑制性（inhibitory）：指神经元或突触使其靶细胞超极化，降低了后者产生动作电位的可能性。（对照**兴奋性**。）

抑制性反馈（inhibitory feedback）：环路中的一个神经元激发了一个抑制性中间神经元，接着这个中间神经元又抑制了最初激发它的那个神经元。这类环路是自调控的一种形式。

有机离子（organic ions）：包含碳原子并带电荷的分子（包括一些氨基酸和蛋白质），参与生物学过程。

运动神经元（motor neuron）：三种主要功能类型的神经元之一。运动神经元与肌肉细胞形成突触，传递来自中枢神经系统的信息并把它转换成运动。（对照**中间神经元**；**感觉神经元**。）

运动系（motor system）：神经系统的一部分，介导运动及其他活动功能，与接收并加工刺激的感觉系统相对。

Z

增强（potentiation）：一个神经元的活动导致其与靶细胞之间的突触连接强度增强的过程。长时程增强是突触前神经元受到反复刺激后，突触后神经元的突触反应的持续性增强（持续几小时到几天）。

招募（recruitment）：一条特定生化通路的各种必需成分被聚到一起，以便必需的化学反应能够依次发生的过程。

枕叶（occipital lobe）：大脑皮层的4个脑叶之一。位于皮层后部，对视觉很重要。（对照**额叶**；**顶叶**；**颞叶**。）

整合（integration）：一个神经元把所有输入的兴奋性和抑制性信号加起来并决定是否产生动作电位的过程。

正电子发射体层成像（positron-emission tomography，PET）：一种计算机化体层成像技术，用于活体的脑功能成像。这一技术在概念上类似于功能性磁共振成像，通过放射性分子来探测特定脑活动，比如血流和代谢。（参见**功能性磁共振成像**。）

正向遗传学（forward genetics）：一种基因技术，通常采用一种化学物质产生一个基因的随机突变体。接着根据特定表型选择这些突变体。

中间神经元（interneuron）：三种主要功能类型的神经元之一。它们连接或调控其他神经元。许多中间神经元是抑制性的。（对照**运动神经元**；**感觉神经元**。）

中脑（midbrain）：脑干最上方的部分，它控制很多感觉和运动功能，包括眼动、协调视觉及听觉反射。

中枢神经系统（central nervous system）：神经系统的两部分之一，另一部分是**外周神经系统**。中枢神经系统包括脑和脊髓。尽管解剖学上是相区别的，但是中枢和外周神经系统在功能上是连通的。

轴突（axon）：神经元的长传出纤维，终止于突触前终端并发送信息到其他细胞。

转基因（transgene）：被导入另一种生物基因组的一个外源基因。

转基因技术（transgenesis）：把一种生物的基因导入另一种生物的基因组并能传给后代的技术。

转录（transcription）：从一个DNA模板制造RNA的过程。

锥体细胞（pyramidal cells）：在大脑皮层中发现的一种特殊类型的神经元，通常是兴奋性的，形状大致像一个锥体。锥体细胞是海马体中的一类主要神经元，它们在其中编码位置。（参见**位置细胞**。）

自主神经系统（autonomic nervous system）：外周神经系统的两大分支之一。它控制内脏、平滑肌和外分泌腺，并介导心率、血压和呼吸的不随意控制。

总体活动理论（mass action）：皮埃尔·弗劳伦斯和卡尔·拉什利（后者是在20世纪上半叶）主张的一种理论，认为脑功能是整体性的而非划分为位于不同位置的特异性子单元。这些理论家相信脑损伤造成的功能丧失是由于受损脑组织的比例，而非受损的部位所致。也称作聚集场理论。（对照**定位理论**。）

阻遏子（repressor）：一种调控蛋白，与启动子结合以阻止基因开启。

注释及参考文献

下列注释旨在帮助读者查找各章中所摘录内容或其他要点的引用来源，同时还包含一些额外的参考信息。[①]

前言

以下两篇论文揭开了DNA结构和DNA复制的意义：J. D. Watson and F. H. C. Crick, "Molecular structure of nucleic acids; A structure for deoxyribose nucleic acid," *Nature* 171 (1953): 737–38; 和 J. D. Watson and F. H. C. Crick, "Genetical implications of the structure of deoxyribonucleic acid," *Nature* 171 (1953): 964–67.

我们主编的教材第一版为 E. R. Kandel and J. H. Schwartz, *Principles of Neural Science* (New York: Elsevier, 1981).

本书中涉及的一些自传细节曾在我的诺贝尔讲座中以高度简略的方式讲述过，其文字版参见 E. R. Kandel, *The Molecular Biology of Memory Storage: A Dialog Between Genes and Synapses, Les Prix Nobel*

[①] 为了方便读者查找原始文献，注释中涉及的具体文献信息均不翻译，保持其原有格式（并对格式不统一或疏漏之处进行了修正）。一般而言：
引用的论文格式为"作者姓名，文章标题，*期刊名称*，卷号，[期号]，发表年份，论文页码"；
引用的书籍格式为"编/著者姓名，*书名*，[译者]，出版社，出版年份"；
引用书籍中的章节格式为"作者姓名，章节标题，*书名*，编者，章节页码，出版社，出版年份"。

(Stockholm: Almquist & Wiksell International, 2001).

第1章

对于心理时间旅行的探讨，参见 D. Schacter, *Searching for Memory: The Brain, the Mind and the Past* (New York: Basic Books, 1996).

对于遗传学和分子生物学融合的历史，可参见以下两本精彩的科学史著作：H. F. Judson, *The Eighth Day of Creation* (New York: Simon & Schuster, 1979); 和 F. Jacob, *The Logic of Life: A History of Heredity* (New York: Pantheon, 1982).

对于记忆的生物学的探讨，参见 L. Squire and E. R. Kandel, *Memory: From Mind to Molecules* (New York: Scientific American Books, 1999).

以下四本书对于了解生物学发展史极具价值：C. Darwin, *On the Origin of Species* (1859; repr., Cambridge, Mass.: Harvard University Press, 1964); E. Mayr, *The Growth of Biological Thought: Diversity, Evolution and Inheritance* (Cambridge, Mass.: Belknap, 1982); R. Dawkins, *The Ancestor's Tale: A Pilgrimage to the Dawn of Evolution* (New York: Houghton Mifflin, 2004); 和 S. J. Gould, "Evolutionary Theory and Human Origins" in *Medicine, Science, and Society*, ed. K. J. Isselbacher (New York: Wiley, 1984).

对于新心智科学的兴起的技术性探讨，参见 T. D. Albright, T. M. Jessell, E. R. Kandel, and M. I. Posner, "Neural science: A century of progress and the mysteries that remain," *Neuron* (Suppl.) 25(S2) (2000): 1–55; E. R. Kandel, J. H. Schwartz, and T. M. Jessell, *Principles of Neural Science*, 4th ed. (New York: McGraw-Hill, 2000).

本章其他信息参考了 Y. Dudai, *Memory from A to Z* (Oxford: Oxford University Press, 2002).

第2章

对于维也纳犹太人历史的探讨,我深受以下两本书的影响: G. E. Berkley, *Vienna and Its Jews: The Tragedy of Success, 1880s–1980s* (Cambridge, Mass.: Abt Books, 1988) 和 C. E. Schorske, *Fin de Siècle Vienna: Politics and Culture* (New York: Alfred A. Knopf, 1980). 前者是"维也纳人连夜就完成了"这段话(第45页)、威廉·约翰斯顿对维也纳的评论(第75页)、汉斯·卢基伽(第303页)以及《帝国邮报》社论(第307页)等内容的出处。后者对于1900年维也纳文化大爆发的探讨现在已被视为经典,关于中产阶级文化的那段摘录出自该书第298页。

对于希特勒在德奥合并发生前对奥地利民众反应的预期,参见 I. Kershaw, *Hitler, 1936–1945: Nemesis* (New York: W.W. Norton, 2000); 和 E. B. Bukey, *Hitler's Austria: Popular Sentiment in the Nazi Era, 1938–1945* (Chapel Hill: University of North Carolina Press, 2000).

因尼策尔枢机与希特勒的会面这一段参考了 G. Brook-Shepherd, *Anschluss* (London: Macmillan, 1963), 第201–2页。这次会面在 Berkley, *Vienna and Its Jews* 第323页和 Kershaw, *Hitler* 第81–82页亦有探讨。

卡尔·楚克迈耶对1938年的维也纳的那段描述出自他的自传 *Als Wärs ein Stück von Mir* (Frankfurt: Fischer Taschenbuch Verlag, 1966), 第84页;这本自传发行过英文版: *A Part of Myself: Portrait of an Epoch*, trans. Richard and Clara Winston (New York: Carroll & Graf, 1984).

对于希特勒作为一名艺术家的抱负和造诣,参见P. Schjeldahl, "The Hitler show," *The New Yorker*, April 1, 2002, 第87页。

对于拿走邻居的财产,参见T. Walzer and S. Templ, *Unser Wien: "Arisierung" auf Österreichisch* (Berlin: Aufbau-Verlag, 2001), 第110页。

对于天主教会在反犹主义宣传中扮演的角色,参见F. Schweitzer, *Jewish-Christian Encounters over the Centuries: Symbiosis, Prejudice, Holocaust, Dialogue*, ed. M. Perry (New York: P. Lang, 1994), 特别是第136–37页。

本章其他信息参考了我父亲在维也纳犹太社群协会的文件及以下文献:

Applefeld, A. "Always, darkness visible." *New York Times*, January 27, 2005, 第A25版。

Beller, S. *Vienna and the Jews, 1867–1938: A Cultural History*. Cambridge: Cambridge University Press, 1989.

Clare, G. *Last Waltz in Vienna*. New York: Avon, 1983, 特别是第176–77页。

Freud, S. *The Psychopathology of Everyday Life*. Translated by James Strachey. 1901. Reprint, New York: W. W. Norton, 1989.

Gedye, G. E. R. *Betrayal in Central Europe: Austria and Czechoslovakia, The Fallen Bastions*. New York: Harper & Brothers, 1939, 特别是第284页。

Kamper, E. "Der schlechte Ort zu Wien: Zur Situation der Wiener Juden von dem Anschluss zum Novemberprogrom 1938." In *Der Novemberprogrom 1938: Die "Reichkristallnacht" in Wien*. Vienna: Wienkultur, 1988, 特别是第36页。

Lee, A. "La ragazza," *The New Yorker*, February 16–23, 2004, 第174–87页，特别是第176页。

Lesky, E. *The Vienna Medical School of the Nineteenth Century*. Baltimore: Johns Hopkins University Press, 1976.

McCragg, W. O., Jr. *A History of the Hapsburg Jews, 1670–1918*. Bloomington: Indiana University Press, 1992.

Neusner, J. *A Life of Yohanan ben Zaggai: Ca. 1–80 C.E.* 2nd ed. Leiden: Brill, 1970.

Pulzer, P. *The Rise of Political Anti-Semitism in Germany and Austria*. Cambridge, Mass: Harvard University Press, 1988.

Sachar, H. M. *Diaspora: An Inquiry into the Contemporary Jewish World*. New York: Harper & Row, 1985.

Schütz, W. "The medical faculty of the University of Vienna sixty years following Austria's annexation." *Perspectives in Biology and Medicine* 43 (2000): 389–96.

Spitzer, L. *Hotel Bolivia*. New York: Hill & Wang, 1998.

Stern, F. *Einstein's German World*. Princeton, N.J.: Princeton University Press, 1999.

Weiss, D. W. *Reluctant Return: A Survivor's Journey to an Austrian Town*. Bloomington: Indiana University Press, 1999.

Zweig, S. *World of Yesterday*. New York: Viking, 1943.

第3章

对于维也纳流亡者的学术动机的探讨，参见G. Holton and G. Sonnert, "What happened to Austrian refugee children in America?" in *Österreichs Umgang mit dem Nationalsozialismus* (Vienna: Springer

Verlag, 2004).

弗莱布许犹太小学现在是美国最大的犹太日校,也仍然是最好的之一。1927年,学校的创办团体请杰出的教育领袖乔尔·布雷弗曼博士担任校长。他从后来成为巴勒斯坦的地区及欧洲招募了一群杰出的希伯来语教师,进而彻底改变了美国的犹太教育。这一改变有三个方面。第一,除了用当时犹太移民通用的英语或意第绪语进行宗教学习——占到课程表的一半,布雷弗曼还坚持用希伯来语学习这些内容,当时在巴勒斯坦以外已经很少有人讲希伯来语。弗莱布许犹太小学是美国第一所实践"用希伯来语教希伯来语"原则的学校。第二,世俗课程得到同等重视,由一群优秀的教师用英语教授。第三,弗莱布许具有现代性,它招的女生几乎和男生一样多。后来很多其他日校效仿了弗莱布许的做法。关于这所学校的历史,参见 Jodi Bodner DuBow, ed., *The Yeshivah of Flatbush: The First Seventy-five Years* (Brooklyn: Yeshivah of Flatbush, 2002)。

伊拉斯谟堂高中创建于1787年。它首批招收了26名男生,是纽约州教育联盟监管委员会授权建立的第一所中学。常称作"高中之母"的它,推动了纽约州中学体系的发展。其最早的建筑与学校同龄,由约翰·杰伊、亚伦·伯尔和亚历山大·汉密尔顿捐资修建,至今还屹立在校园中央。关于这所学校的历史,参见 Rita Rush, ed., *The Chronicles of Erasmus Hall High School* (New York: Board of Education, 1987)。我的高中班级的1948年度年鉴《拱门》也是本章无比重要的资料来源。

哈佛学院于1636年在马萨诸塞州的剑桥创建。我在哈佛的那几年,它的校长是一流化学家詹姆斯·布莱恩特·科南特。科南特引入四大创新机制,进一步确保了哈佛的卓越学术地位。第一是建立了一个由独立学者构成的专门委员会体系,来评估每一位教师在接受学术任命时是否胜任其教职。这一步确保了教职的授予是基于学术成就而非社会地位或其他不相关因素。第二项创新是国家奖学金计划,它向全国每个州两名有资格的学生提供全额奖学金,这既保证了地理上的多样性,又确保了学生的质量。第三,科南特制定了一个通识教育计划,它要求学生同时在科学和人文课程中选课,确保他们接受博雅教育。第四,他与拉德克利夫学院签订了协议,使得拉德克利夫学院的女生可以自由地在哈佛上课。参见 H. Hawkins, *Between Harvard and America: The Educational Leadership of Charles W. Eliot* (New York: Oxford University Press, 1972); 和 R. A. McCaughey, "The transformation of American academic life: Harvard University 1821–1892," *Perspectives in American History* 8 (1974): 301–5.

对于弗洛伊德的探讨,参见 P. Gay, *Freud: A Life for Our Time* (New York: W. W. Norton, 1988); 和 E. Jones, *The Life and Work of Sigmund Freud*, 3 vols. (New York: Basic Books, 1952–1957).

对于行为主义的探讨,参见 E. Kandel, *Cellular Basis of Behavior: An Introduction to Behavioral Neurobiology* (San Francisco: Freeman, 1976); J. A. Gray, *Ivan Pavlov* (New York: Penguin Books, 1981); 和 G. A. Kimble, *Hilgard and Marquis' Conditioning and Learning*, 2nd ed. (New York: Appleton-Century-Crofts, 1961).

本章其他信息参考了以下文献:

Freud, S. *Beyond the Pleasure Principle*. Translated by James Strachey. 1922. Reprint, New York: Liveright, 1950; 引文摘自第83页。

Kandel, E. "Carl Zuckmayer, Hans Carossa, and Ernst Jünger: A study of their attitude toward National Socialism." Senior thesis, Harvard University, June 1952.

Stern, F. *Dreams and Delusions*. New York: Alfred A. Knopf, 1987.

———. *Einstein's German World*. Princeton, N.J.: Princeton

University Press, 1999.

Vietor, K. *Georg Büchner*. Bern: A. Francke AG Verlag, 1949.

———. *Goethe*. Bern: A. Francke AG Verlag, 1949.

———. *Der Junge Goethe*. Bern: A. Francke AG Verlag, 1950.

第 4 章

对于精神分析和脑功能，参见 L. S. Kubie, "Some implications for psychoanalysis of modern concepts of the organization of the brain," *Psychoanalytic Quarterly* 22 (1953): 21–68; M. Ostow, "A psychoanalytic contribution to the study of brain function. I: The frontal lobes," *Psychoanalytic Quarterly* 23 (1954): 317–38; 和 M. Ostow, "A psychoanalytic contribution to the study of brain function II: The temporal lobes," *Psychoanalytic Quarterly* 24 (1955): 383–423.

对于细胞学说和神经元学说，参见 E. Mayr, *The Growth of Biological Thought: Diversity, Evolution and Inheritance* (Cambridge, Mass.: Belknap, 1982); P. Mazzarello, *The Hidden Structure: The Scientific Biography of Camillo Golgi* (Oxford: Oxford University Press, 1999); 和 G. M. Shepherd, *Foundations of the Neuron Doctrine* (New York: Oxford University Press, 1991).

谢林顿在一篇题为《纪念拉蒙－卡哈尔》的文章中写到了卡哈尔，此文最初收录在 D. F. Cannon, ed., *Explorers of the Human Brain: The Life of Santiago Ramón y Cajal* (New York: Henry Schuman, 1949). 并重印于 J. C. Eccles and W. C. Gibson, *Sherrington: His Life and Thought* (Berlin: Springer Verlag, 1979); "在描述显微镜下观察到的景象时……"摘自第 204 页; "卡哈尔通过观察染色固定的脑切片……"摘自第 204–5 页; "把他称作有史以来神经系统方面……"摘自第 203 页。

卡哈尔的自传 *Recollections of My Life* 于1937年由 E. H. Craigie and J. Cano 翻译，收录于 *Am Philos. Soc. Mem.* 8；在第324-25页，他将细胞类比成"繁茂的森林"；在第553页，他将自己与高尔基类比成"暹罗双胞胎"。高尔基的诺贝尔讲座翻印自他的 *Opera Omnia*, ed. L. Sala, E. Veratti, and G. Sala, vol. 4 (Milan: Hoepl, 1929); 引文摘自第1259页；它被译成英文时题为 "The neuron theory: Theory and facts," in *Nobel Lectures: Physiology or Medicine, 1901-1921*, ed. Nobel Foundation (Amsterdam: Elsevier, 1967)。

霍奇金关于科学嫉妒心的描述出自他的 "Autobiographical essay," in *The History of Neuroscience in Autobiography*, ed. L. R. Squire, vol. 1 (Washington, D.C.: Society for Neuroscience, 1996); 引文摘自第254页。达尔文关于同一主题的评论出自 R. K. Merton, "Priorities in scientific discovery: A chapter in the sociology of science," *Am. Soc. Rev.* 22 (1957): 635-59.

更多关于谢林顿的生活和研究的信息，参见 C. Sherrington, *The Integrative Action of the Nervous System* (New Haven: Yale University Press, 1906); 和 R. Granit, *Charles Scott Sherrington: A Biography of the Neurophysiologist* (Garden City, N.Y.: Doubleday, 1966).

罗伯特·霍尔特关于弗洛伊德的评论出自 F. J. Sulloway, *Freud, Biologist of the Mind* (New York: Basic Books, 1979), 第17页。弗洛伊德自己谈到这段快乐时光出自 W. R. Everdell, *The First Moderns* (Chicago: University of Chicago Press, 1997), 第131页。

本章其他信息参考了以下文献：

Cajal, S. R. "The Croonian Lecture: La fine structure des centres nerveux." *Proc. R. Soc. London Ser. B* 55 (1894): 444-67.

———. *Histologie du Systeme Nerveux de l'Homme et des Vertebres*. 2 vols. Madrid: Consejo Superior de Investigaciones Cientificas, 1909–1911.（英译本是 *Histology of the Nervous System*. Translated by N. Swanson and L. W. Swanson. 2 vols. New York: Oxford University Press, 1995.）

———. *Neuron Theory or Reticular Theory: Objective Evidence of the Anatomical Unity of Nerve Cells*. Translated by M. U. Purkiss and C. A. Fox. Madrid: Consejo Superior de Investigaciones Cientificas, 1954.

———. "History of the synapse as a morphological and functional structure." In *Golgi Centennial Symposium: Perspectives in Neurobiology*, edited by M. Santini, 39–50. New York: Raven Press, 1975.

Freud, S. *New Introductory Lectures on Psychoanalysis*. Translated by James Strachey. 1933. Reprint, New York: W.W. Norton, 1965.

Kandel, E. R., J. H. Schwartz, and T. M. Jessell. *Principles of Neural Science*, 4th ed. New York: McGraw-Hill, 2000.

Katz, B. *Electrical Excitation of Nerve*. London: Oxford University Press, 1939.

Reuben, J. P. "Harry Grundfest—January 10, 1904–October 10, 1983." *Biog. Mem. Natl. Acad. Sci.* 66 (1995): 151–66.

第 5 章

阿德里安关于脉冲的优美描写出自他的 *The Basis of Sensation: The Action of the Sense Organs* (London: Christopher, 1928). 关于运动传导的讨论参见 E. D. Adrian and D. W. Bronk, "The discharge of impulses in motor nerve fibers. Part I: Impulses in single fibers of the phrenic nerve,"

J. Physiol. 66 (1928): 81–101;"运动纤维……"摘自第98页。阿德里安对谢林顿的称赞出自 J. C. Eccles and W. C. Gibson, *Sherrington: His Life and Thought* (Berlin: Springer Verlag, 1979), 第84页。

对于赫尔曼·亥姆霍兹对神经冲动传导、知觉和无意识推断做出的一系列杰出贡献的探讨，参见 E. G. Boring, *A History of Experimental Psychology,* 2nd ed. (New York: Appleton-Century-Crofts, 1950).

对于朱利叶斯·伯恩斯坦所做贡献的探讨，参见 A. L. Hodgkin, *The Conduction of the Nervous Impulse* (Liverpool: Liverpool University Press, 1967); A. Huxley, "Electrical activity in nerve: The background up to 1952," in *The Axon: Structure, Function and Pathophysiology,* ed. S. G. Waxman, J. D. Kocsis, and P. K. Stys, 3–10 (New York: Oxford University Press, 1995); B. Katz, *Nerve, Muscle, Synapse* (New York: McGraw-Hill, 1966); 和 S. M. Schuetze, "The discovery of the action potential," *Trends in Neuroscience* 6 (1983): 164–68.

本章其他信息参考了以下文献：

Adrian, E. D. *The Mechanism of Nervous Action: Electrical Studies of the Neuron.* (London: Oxford University Press, 1932).

Bernstein, J. "Investigations on the thermodynamics of bioelectric currents." *Pflügers Arch* 92 (1902): 521–62. （英译本收入 *Cell Membrane Permeability and Transport,* edited by G. R. Kepner, 184–210. Stroudsburg, Pa.: Dowden, Hutchinson & Ross, 1979.）

Doyle, D. A., J. M. Cabral, R. A. Pfuetzner, A. Kuo, J. M. Gulbis, S. L. Cohen, B. T. Chait, and R. MacKinnon. "The structure of the potassium channel: Molecular basis of K^+ conduction and selectivity." *Science* 280 (1998): 69–77.

Galvani, L. *Commentary on the Effect of Electricity on Muscular Motion.* Translated by Robert Montraville Green. Cambridge, Mass.: E. Licht, 1953.（这是Luigi Galvani写于1933年的著作*De Viribus Electricitatis in Motu Musculari Commentarius*的译本。）

Hodgkin, A. L. *Chance and Design.* Cambridge: Cambridge University Press, 1992.

———. "Autobiographical essay." In *The History of Neuroscience in Autobiography*, edited by L. R. Squire. Vol. 1., 253–92. Washington, D.C.: Society for Neuroscience, 1996.

Hodgkin, A. L., and A. F. Huxley. "Action potentials recorded from inside a nerve fibre." *Nature* 144 (1939): 710–11.

Young, J. Z. "The functioning of the giant nerve fibers of the squid." *J. Exp. Biol.* 15 (1938): 170–85.

第6章

格伦德费斯特在很长一段时间里都保持着电火花派身份，甚至在埃克尔斯和其他大多数神经生理学家都已经确信了突触传递的化学本质之后。直到1954年9月，我进入他实验室之前一年，格伦德费斯特才在一本重要的关于神经冲动的专题论文集中转变了看法。他写道："埃克尔斯最近已经接受了这种（神经细胞到神经细胞的）传递是化学介导的观点。我们中有些人反对这一观点。……我们可能是错误的。"（D. Nachmansohn and H. H. Merrit, eds., *Nerve Impulses; Transactions* [New York: Josiah Macy Jr. Foundation, 1956]，第184页。)

对于突触传递的研究历程，参见W. M. Cowan and E. R. Kandel, "A brief history of synapses and synaptic transmission," in *Synapses*, ed. W. M. Cowan, T. C. Südhof, and C. F. Stevens, 1–87 (Baltimore: Johns

Hopkins University Press, 2000).

伯纳德·卡茨讲述他到达英国的见闻出自"To tell you the truth, sir, we do it because it's amusing!" in *The History of Neuroscience in Autobiography*, ed. L. R. Squire, vol. 1, 348–81 (Washington, D.C.: Society for Neuroscience, 1996); 引文摘自第373页。

有关埃克尔斯对波普尔的描述，参见他的"Under the spell of the synapse," in *The Neurosciences: Paths of Discovery*, ed. F. G. Worden, J. P. Swazey, and G. Adelman, 159–80 (Cambridge, Mass.: MIT Press, 1976); 引文摘自第162–63页。对于其他有关突触研究历程和汤与电火花之争的回忆录，参见 S. R. Cajal, *Recollections of My Life*, trans. E. H. Craigie and J. Cano, *Am. Philos. Soc. Mem.* 8 (1937); H. H. Dale, "The beginnings and the prospects of neurohumoral transmission," *Pharmacol. Rev.* 6 (1954): 7–13; O. Loewi, *From the Workshop of Discoveries* (Lawrence: University of Kansas Press, 1953). 保罗·法特对突触传递的综述是"Biophysics of junctional transmission," *Physiol. Rev.* 34 (1954): 674–710; 引文摘自第704页。

本章其他信息参考了以下文献：

Brown, G. L., H. H. Dale, and W. Feldberg. "Reactions of the normal mammalian muscle to acetylcholine and eserine." *J. Physiol.* 87 (1936): 394–424.

Eccles, J. C. *Physiology of the Synapses*. Berlin: Springer Verlag, 1964.

Furshpan, E. J., and D. D. Potter. "Transmission at the giant motor synapses of the crayfish." *J. Physiol.* 145 (1959): 289–325.

Grundfest, H. "Synaptic and ephaptic transmission." In *Handbook of Physiology*. Section I: *Neurophysiology*, 147–97. Washington, D.C.: American Physiological Society, 1959.

Kandel, E. R., J. H. Schwartz, and T. M. Jessell. *Principles of Neural Science*. 4th ed. New York: McGraw-Hill, 2000.

Katz, B. *Electric Excitation of Nerve*. Oxford: Oxford University Press, 1939.

———. *The Release of Neural Transmitter Substances*. Liverpool: University Press, 1969.

———. "Stephen W. Kuffler." In *Steve: Remembrances of Stephen W. Kuffler*, edited by O. J. McMahan. Sunderland, Mass.: Sinauer Associates, 1990.

Loewi, O., and E. Navratil. "On the humoral propagation of cardiac nerve action. Communication X: The fate of the vagus substance." In *Cellular Neurophysiology: A Source Book*, edited by I. Cooke and M. Lipkin Jr., 478–85. New York: Holt, Rinehart & Winston, 1972.（原始德语版出版于1926年。）

Palay, S. L. "Synapses in the central nervous system." *J. Biophys. Biochem. Cytol.* 2 (Suppl.) (1956): 193–202.

Popper, K. R., and J. C. Eccles. *The Self and Its Brain*. Berlin: Springer Verlag, 1977.

第7章

服用LSD后的视觉体验在以下著作中有描述：A. L. Huxley, *The Doors of Perception* (New York: Harper & Brothers, 1954); J. H. Jaffe, "Drugs of addiction and drug abuse," in *The Pharmacological Basis of Therapeutics*, 7th ed., ed. L. S. Goodman and A. Gilman (New York:

Macmillan, 1985); 和 D. W. Woolley and E. N. Shaw, "Evidence for the participation of serotonin in mental processes." *Annals N. Y. Acad. of Sci.* 66 (1957): 649–65; discussion, 665–67.

为了重现本章中我对韦德·马歇尔的回忆,我在与威廉·兰道、斯坦利·拉帕波特和马歇尔的儿子汤姆·马歇尔的讨论中受益良多。

马歇尔的第一批原创性论文是:R. W. Gerard, W. H. Marshall, and L. J. Saul, "Cerebral action potentials," *Proc. Soc. Exp. Biol. and Med.* 30 (1933): 1123–25; 和 R. W. Gerard, W. H. Marshall, and L. J. Saul, "Electrical activity of the cat's brain," *Arch. Neurol. and Psychiat.* 36 (1936): 675–735. 他后来的经典论文包括:W. H. Marshall, C. N. Woolsey, and P. Bard, "Observations on cortical somatic sensory mechanisms of cat and monkey," *J. Neurophysiol.* 4 (1941): 1–24; 和 W. H. Marshall and S. A. Talbot, "Recent evidence for neural mechanisms in vision leading to a general theory of sensory acuity," in *Visual Mechanisms*, ed. H. Kluver, 117–64 (Lancaster, Pa.: Cattell, 1942).

本章其他信息参考了以下文献:

Eyzaguirre, C., and S. W. Kuffler. "Processes of excitation in the dendrites and in the soma of single isolated sensory nerve cells of the lobster and crayfish." *J. Gen. Physiol.* 39 (1955): 87–119.

———. "Further study of soma, dendrite and axon scitation in single neurons." *J. Gen. Physiol.* 39 (1955): 121–53.

Jackson, J. H. *Selected Writings of John Hughlings Jackson.* Edited by J. Taylor. Vol. 1. London: Hodder & Stoughton, 1931.

Katz, B. "Stephen W. Kuffler." In *Steve: Remembrances of Stephen W. Kuffler*, edited by O. J. McMahan. Sunderland, Mass.: Sinauer

Associates, 1990.

Kuffler, S. W., and C. Eyzaguirre. "Synaptic inhibition in an isolated nerve cell." *J. Gen. Physiol.* 39 (1955): 155–84.

Penfield, W., and E. Boldrey. "Somatic motor and sensory representation in the cerebral cortex of man as studied by electrical stimulation." *Brain* 60 (1937): 389–443.

Penfield, W., and T. Rasmussen. *The Cerebral Cortex of Man: A Clinical Study of Localization of Function.* New York: Macmillan, 1950.

Purpura, D. P., E. R. Kandel, and G. F. Gestrig. "LSD-serotonin interaction on central synaptic activity." Cited in D. P. Purpura. "Experimental analysis of the inhibitory action of lysergic acid diethylamide on cortical dendritic activity in psychopharmacology of psychotomimetic and psychotherapeutic drugs." *Annals N. Y. Acad. of Sci.* 66 (1957): 515–36.

Sulloway, F. J. *Freud: Biologist of the Mind.* New York: Basic Books, 1979.

第8章

对于加尔的探讨，参见A. Harrington, *Medicine, Mind, and the Double Brain: A Study in Nineteenth-Century Thought* (Princeton, N.J.: Princeton University Press, 1987); 和R. M. Young, *Mind, Brain and Adaptation in the 19th Century* (Oxford: Clarendon Press, 1970).

布罗卡1864年发表的左半球支配言语的内容出自"Sur le siège de la faculté du langue articulé," *Bull. Soc. Antropol.* 6 (1868): 337–93; 引文摘自第378页。这篇文章被E. A. Berker, A. H. Berker, and A. Smith翻译成英文："Localization of speech in the third left frontal convolution." *Arch. Neurol.* 43 (1986): 1065–72.

米尔纳谈论 H.M. 出自 P. J. Hills, *Memory's Ghost* (New York: Simon & Schuster, 1995), 第110页。

对于布罗卡和韦尼克的探讨，参见 N. Geschwind, *Selected Papers on Language and the Brain*, Boston Studies in the Philosophy of Science 16 (Norwell, Mass.: Kluwer, 1974); 和 T. F. Feinberg and M. J. Farah, *Behavioral Neurology and Neuropsychology* (New York: McGraw Hill, 1997).

本章其他信息参考了以下文献：

Bruner, J. S. "Modalities of memory." In *The Pathology of Memory*, edited by G. A. Talland and N. C. Waugh. New York: Academic Press, 1969.

Flourens, P. Recherches *Expérimentales sur les Propriétes et les Fonctions du Système Nerveux, dans les Animaux Vertébrés*. Paris: Chez Crevot, 1824.

Gall, F.J., and G. Spurzheim. *Anatomie et Physiologie du Système Nerveux en Général, et du Cerveau en Particulier, avec des Observations sur la Possibilité de Reconnaître Plusiers Dispositions Intellectuelles et Morales de l'Homme et des Animaux, par la Configuration de leurs Têtes*. Paris: Schoell, 1810.

James, W. *The Works of William James: The Principles of Psychology*. Edited by F. Burkhardt and F. Bowers. 3 vols. 1890. Reprint, Cambridge, Mass.: Harvard University Press, 1981.

Lashley, K. S. "In search of the engram." *Soc. Exp. Biol.* 4 (1950): 454–82.

Milner, B, L. R. Squire, and E. R. Kandel. "Cognitive neuroscience and the study of memory." Review. *Neuron* 20 (1998): 445–68.

Ryle, G. *Concept of Mind*. New York: Barnes & Noble, 1949.

Schacter, D. *Searching for Memory: The Brain, the Mind and the Past*. New York: Basic Books, 1996.

Scoville, W. B., and B. Milner. "Loss of recent memory after bilateral hippocampal lesion." *J. Neurol. Neurosurg. Psychiat*. 20 (1957): 411–21.

Searle, J. R. *Mind: A Brief Introduction*. London: Oxford University Press, 2004.

Spurzheim, J. G. *A View of the Philosophical Principles of Phrenology*, 3rd ed. London: Knight, 1825.

Squire, L. R. *Memory and Brain*. New York: Oxford University Press, 1987.

Squire, L. R., and E. R. Kandel. *Memory: From Mind to Molecules*. New York: Scientific American, 1999.

Squire, L. R., P. C. Slater, and P. M. Chace. "Retrograde amnesia: Temporal gradient in very long term memory following electroconvulsive therapy." *Science* 187 (1975): 77–79.

Warren, R. M. *Helmholtz on Perception: Its Physiology and Development*. New York: John Wiley & Sons, 1968.

Wernicke, C. *Der Aphasische Symptomencomplex*. Breslau: Cohn & Weigert, 1874.

第9章

奥尔登·斯宾塞和我共同发表了一些关于海马体的论文，参见 E.

R. Kandel, W. A. Spencer, and F. J. Brinley Jr., "Electrophysiology of hippocampal neurons. I: Sequential invasion and synaptic organization," *J. Neurophysiol.* 24 (1961): 225–42; E. R. Kandel and W. A. Spencer, "Electrophysiology of hippocampal neurons. II: After-potentials and repetitive firing," *J. Neurophysiol.* 24 (1961): 243–59; W. A. Spencer and E. R. Kandel, "Electrophysiology of hippocampal neurons. III: Firing level and time constant," *J. Neurophysiol.* 24 (1961): 260–71; 和 W. A. Spencer and E. R. Kandel, "Electrophysiology of hippocampal neurons. IV: Fast prepotentials." *J. Neurophysiol.* 24 (1961): 272–85; E. R. Kandel and W. A. Spencer, "The pyramidal cell during hippocampal seizure." *Epilepsia* 2 (1961): 63–69; 以及 W. A. Spencer and E. R. Kandel, "Hippocampal neuron responses to selective activation of recurrent collaterals of hippocampofugal axons," *Exptl. Neurol.* 4 (1961): 149–61.

学习记忆和穿质通路的实验完成于2004年，发表信息为：M. F. Nolan, G. Malleret, J. T. Dudman, D. L. Buhl, B. Santoro, E. Gibbs, S. Vronskaya, G. Buzsáki, S. A. Siegelbaum, E. R. Kandel, and A. Morozov, "A behavioral role for dendritic integration: HCN1 channels constrain spatial memory and plasticity at inputs to distal dendrites of CA1 pyramidal neurons." *Cell* 119 (2004): 719–32.

对于海兔的优点及其生物学的描述，参见 E. R. Kandel, *Cellular Basis of Behavior: An Introduction to Behavioral Neurobiology* (San Francisco: Freeman, 1976); 和 *The Behavioral Biology of Aplysia: A Contribution to the Comparative Study of Opisthobranch Molluscs* (San Francisco: Freeman, 1979).

本章其他信息参考了以下文献：

Brenner, S. *My Life in Science*. London: Biomed Central, 2002. "你需要做的是……"摘自第56–60页。

———. "Nature's gift to science." In *Les Prix Nobel/The Nobel Prizes*, edited by Nobel Foundation, 268–83. Stockholm: Almquist & Wiksell International, 2002.

Hilgard, E. *Theories of Learning*. New York: Appleton-Century-Crofts, 1956.

第10章

更早对马萨诸塞州精神卫生中心的探讨，参见E. R. Kandel, "A new intellectual framework for psychiatry," *Am. J. Psych*. 155 (1998): 457–69. 我作为住院医师进行的研究是E. R. Kandel, "Electrical properties of hypothalamic neuroendocrine cells." *J. Gen. Physiol*. 47 (1964): 691–717.

对于行为主义的探讨，参见I. P. Pavlov, *Conditioned Reflexes: An Investigation of the Physiological Activity of the Cerebral Cortex*, trans. G. V. Anrep (London: Oxford University Press, 1927); B. F. Skinner, *The Behavior of Organisms* (New York: Appleton-Century-Crofts, 1938); E. G. Boring, *A History of Experimental Psychology*, 2nd ed. (New York: Appleton-Century Crofts, 1950); G. A. Kimble, *Hilgard and Marquis' Conditioning and Learning*, 2nd ed. (New York: Appleton-Century-Crofts, 1961); 和J. Kornorski, *Conditioned Reflexes and Neuron Organization* (Cambridge: Cambridge University Press, 1948); 引文摘自第79–80页。

马克斯·佩鲁茨关于吉姆·沃森的话出自H. F. Judson, *The Eighth Day of Creation* (New York: Simon & Schuster, 1979), 第21页。

埃克尔斯的话出自 J. C. Eccles, "Conscious experience and memory," in *Brain and Conscious Experience*, ed. J. C. Eccles, 314–44 (New York: Springer, 1966); 引文摘自第330页。

本章其他信息参考了以下文献：

Cajal, S. R. "The Croonian Lecture. La fine structure des centres nerveux." *Proc. R. Soc. London Ser. B* 55 (1894): 444–67. "心理活动促进了……"摘自第466页。

Doty, R. W., and C. Guirgea. "Conditioned reflexes established by coupling electrical excitation to two cortical areas." In *Brain Mechanisms and Learning*, edited by A. Fessard, R. W. Gerard, and J. Kornoski, 133–51. Oxford: Blackwell, 1961.

Kimble, G. A. *Foundations of Conditioning and Learning*. New York: Appleton-Century-Crofts, 1967.

第11章

模拟习惯化和敏感化的研究在R2细胞上开展，这一细胞早前称作海兔的巨细胞。这一研究的发表信息为 E. R. Kandel and L. Tauc, "Mechanism of heterosynaptic facilitation in the giant cell of the abdominal ganglion of *Aplysia depilans*," *J. Physiol.* (London) 181 (1965): 28–47. 经典条件作用的研究在相邻较小的细胞上开展，参见 E. R. Kandel and L. Tauc, "Heterosynaptic facilitation in neurons of the abdominal ganglion of *Aplysia depilans*," *J. Physiol.* (London) 181 (1965): 1–27; 引文（"在一个模仿行为学……"）摘自第24页。

康拉德·洛伦兹关于蚯蚓的描述出自 Y. Dudai, *Memory from A to Z* (Oxford: Oxford University Press, 2002), 第225页。

卡茨对希尔的评论在他的这篇文章中也有过描述："To tell the you truth, sir, we do it because it's amusing!" in *The History of Neuroscience in Autobiography*, ed. L. R. Squire, vol. 1, 348–81 (Washington, D.C.: Society for Neuroscience, 1996).

对于影响了我的学习范式的精彩讨论，参见E. Hilgard, *Theories of Learning* (New York: Appleton-Century-Crofts, 1956); 和G. A. Kimble, *Foundations of Conditioning and Learning* (New York: Appleton-Century-Crofts, 1967).

对于历史上的法国反犹主义，参见I. Y. Zingular and S. W. Bloom, eds., *Inclusion and Exclusion: Perspectives on Jews from the Enlightenment to the Dreyfus Affair* (Leiden and Boston: Brill, 2003).

本章其他信息参考了以下文献：

Kandel, E. R. *Cellular Basis of Behavior: An Introduction to Behavioral Neurobiology.* San Francisco: Freeman, 1976.

Kandel, E. R., and L. Tauc. "Mechanism of prolonged heterosynaptic facilitation." *Nature* 202 (1964): 145–47.

———. "Heterosynaptic facilitation in neurons of the abdominal ganglion of *Aplysia depilans.*" *J. Physiol.* (London) 181 (1965): 1–27.

———. "Mechanism of heterosynaptic facilitation in the giant cell of the abdominal ganglion of *Aplysia depilans.*" *J. Physiol.* (London) 181 (1965): 28–47.

第12章

库夫勒时期的哈佛氛围在以下作品中有很好的描述：O. J. McMahan, ed., *Steve: Remembrances of Stephen W. Kuffler* (Sunderland, Mass.:

Sinauer Associates, 1990); 和 D. H. Hubel and T. N. Wiesel, *Brain and Visual Reception* (Oxford: Oxford University Press, 2005).

对佩尔·安德森的引用出自 P. Andersen, "A prelude to long-term potentiation," in *LTP: Long-Term Potentiation*, ed. T. Bliss, G. Collingridge, and R. Morris (Oxford: Oxford University Press, 2004). 奥尔登·斯宾塞和我合写的综述参见 E. R. Kandel and W. A. Spencer, "Cellular neurophysiological approaches in the study of learning," *Physiol. Rev.* 48 (1968): 65–134.

第13章

对被鉴定出的细胞之间的连接的绘制是基于 W. T. Frazier, E. R. Kandel, I. Kupfermann, R. Waziri, and R. E. Coggeshall, "Morphological and functional properties of identified neurons in the abdominal ganglion of *Aplysia californica*." *J. Neurophysiol.* 30 (1967): 1288–1351; E. R. Kandel, W. T. Frazier, R. Waziri, and R. E. Coggeshall, "Direct and common connections among identified neurons in *Aplysia*," *J. Neurophysiol.* 30 (1967): 1352–76; I. Kupfermann and E. R. Kandel, "Neuronal controls of a behavioral response mediated by the abdominal ganglion of *Aplysia*," *Science* 164 (1969): 847–50. 在最初的实验中，我们常常使用电击头部而非尾部来形成敏感化实验中的非条件作用强刺激。

本章其他信息参考了以下文献：

Arvanitaki, A., and N. Chalazonitis. "Configurations modales de l'activité, propres à différents neurons d'un même centre." *J. Physiol.* (Paris) 50 (1958): 122–25.

Byrne, J., V. Castellucci, and E. R. Kandel. "Receptive fields and response properties of mechanoreceptor neurons innervating siphon skin and mantle shelf of *Aplysia*." *J. Neurophysiol.* 37 (1974): 1041–64.

———. "Contribution of individual mechanoreceptor sensory neurons to defensive gill-withdrawal reflex in *Aplysia*." *J. Neurophysiol.* 41 (1978): 418–31.

Cajal, S. R. "The Croonian Lecture: La fine structure des centres nerveux." *Proc. R. Soc. London Ser. B* 55 (1894): 444–67.

Carew, T. J., R. D. Hawkins, and E. R. Kandel. "Differential classical conditioning of a defensive withdrawal reflex in *Aplysia californica*." *Science* 219 (1983): 397–400.

Goldschmidt, R. "Das nervensystem von Ascaris lumbricoides und megalocephala: Ein versuch in den aufhaus eines einfaches nervensystem enzudringen. Erster Teil. Z. Wiss." *Zool.* 90 (1908): 73–126.

Hawkins, R. D., V. F. Castellucci, and E. R. Kandel. "Interneurons involved in mediation and modulation of the gill-withdrawal reflex in *Aplysia*. II: Identified neurons produce heterosynaptic facilitation contributing to behavioral sensitization." *J. Neurophysiol.* 45 (1981): 315–26.

Kandel, E. R. *Cellular Basis of Behavior: An Introduction to Behavioral Neurobiology*. San Francisco: Freeman, 1976.

———. *The Behavioral Biology of Aplysia: A Contribution to the Comparative Study of Opisthobranch Molluscs*. San Francisco: Freeman, 1979.

Köhler, W. *Gestalt Psychology. An Introduction to New Concepts of Modern Psychology*. Denver: Mentor Books/New American Library,

1947.

Pinsker, H., I. Kupfermann, V. Castellucci, and E. R. Kandel. "Habituation and dishabituation of the gill-withdrawal reflex in *Aplysia.*" *Science* 167 (1970): 1740–42.

Thorpe, W. H. *Learning and Instinct in Animals*. Rev. ed. Cambridge, Mass.: Harvard University Press, 1963.

第14章

对于弗洛伊德的突触可塑性和记忆理论的探讨，参见 S. Freud, "Project for a scientific psychology," in *Standard Edition*, trans. and ed. James Strachey et al., vol. 1, 281–397 (New York: W. W. Norton, 1976); K. H. Pribram and M. M. Gill, *Freud's "Project" Re-assessed: Preface to Contemporary Cognitive Theory and Neuropsychology* (New York: Basic Books, 1976); 和 F. J. Sulloway, *Freud: Biologist of the Mind* (New York: Basic Books, 1979).

我和同事们还分析了经典条件作用的机制。1983年，霍金斯、卡鲁和我描绘了一个突触前成分，它是在敏感化中起作用的机制的增强物。1992年，尼古拉斯·戴尔和我发现感觉神经元使用谷氨酸作为它的递质。1994年，我以前的学生戴维·格兰茨曼以及随后罗伯特·霍金斯和我做出一个重要观察，发现还存在一个重要的突触后成分。参见 X. Y. Lin and D. L. Glanzman, "Long-term potentiation of *Aplysia* sensorimotor synapses in cell culture regulation by postsynaptic voltage," *Biol. Sci.* 255 (1994): 113–18; 和 I. Antonov, I. Antonova, E. R. Kandel, and R. D. Hawkins, "Activity-dependent presynaptic facilitation and Hebbian LTP are both required and interact during classical conditioning in *Aplysia*," *Neuron* 37 (2003): 135–47.

对于学习机制的其他观点，参见 R. Adey, "Electrophysiological patterns and electrical impedance characteristics in orienting and discriminative behavior," *Proc. Int. Physiol. Soc.* (Tokyo) 23 (1965): 324–29; 引文摘自第235页; B. D. Burns, *The Mammalian Cerebral Cortex* (London: Arnold, 1958); 引文摘自第96页; S. R. Cajal, "The Croonian Lecture. La Fine structure des centers nerveux," *Proc. R. Soc. London Ser. B* 55 (1894): 444–67; 和 D. O. Hebb, *The Organization of Behavior: A Neuropsychological Theory* (New York: John Wiley, 1949).

本章其他信息参考了以下文献：

Castellucci, V., H. Pinsker, I. Kupfermann, and E. R. Kandel. "Neuronal mechanisms of habituation and dishabituation of the gill-withdrawal reflex in *Aplysia*." *Science* 167 (1970): 1745–48. "这些数据表明……"摘自第1748页。

Hawkins, R. D., T. W. Abrams, T. J. Carew, and E. R. Kandel. "A cellular mechanism of classical conditioning in *Aplysia*: Activity-dependent amplification of presynaptic facilitation." *Science* 219 (1983): 400–405.

Kandel, E. R. *A Cell-Biological Approach to Learning*. Grass Lecture Monograph I. Bethesda, Md.: Society for Neuroscience, 1978.

Kupfermann, I., V. Castellucci, H. Pinsker, and E. R. Kandel. "Neuronal correlates of habituation and dishabituation of the gill-withdrawal reflex in *Aplysia*." *Science* 167 (1970): 1743–45.

Pinsker, H., I. Kupfermann, V. Castellucci, and E. R. Kandel. "Habituation and dishabituation of the gill-withdrawal reflex in *Aplysia*." *Science* 167 (1970): 1740–43. "对学习的神经机制……"摘自

第1740页。

第15章

对于亥姆霍兹有关无意识推断的研究的探讨,是基于C. Frith, "Disorders of cognition and existence of unconscious mental processes: An introduction," in E. Kandel et al., *Principles of Neural Science*, 5th ed. (New York: McGraw-Hill, forthcoming)[1]; R. M. Warren and R. P. Warren, *Helmholtz on Perception: Its Physiology and Development* (New York: John Wiley & Sons, 1968); R. J. Herrnstein and E. Boring, eds., *A Source Book in the History of Psychology* (Cambridge, Mass.: Harvard University Press, 1965), 特别是第189–93页;和 R. L. Gregory, ed., *The Oxford Companion to the Mind* (Oxford: Oxford University Press, 1987), 第308–9页。

对于艾宾浩斯的探讨,参见H. Ebbinghaus, *Memory: A Contribution to Experimental Psychology*, trans. H. A. Ruger and C. E. Bussenius (New York: Teacher's College/Columbia University, 1913); 原始德语版出版于1885年。

对于海兔的结构性变化,参见C. H. Bailey and M. Chen, "Long-term memory in *Aplysia* modulates the total number of varicosities of single identified sensory neurons," *Proc. Natl. Acad. Sci. USA* 85 (1988): 2373–77; C. H. Bailey and M. Chen, "Time course of structural changes at identified sensory neuron synapses during long-term sensitization in *Aplysia*," *J. Neurosci.* 9 (1989): 1774–80; C. H. Bailey and E. R. Kandel, "Structural changes accompanying memory storage," *Annu. Rev.*

---

[1] 这一章在后来正式出版的《神经科学原理》第五版中的标题为"Disorders of conscious and unconscious mental processes"(第61章)。后文第28章的注释中还会提到。

Physiol. 55 (1993): 397–426.

本章其他信息参考了以下文献：

Cajal, S. R. "The Croonian Lecture: La fine structure des centres nerveux." *Proc. R. Soc. London Ser. B* 55 (1894): 444–67.

Dudai, Y. *Memory from A to Z*. Oxford: Oxford University Press, 2002.

Duncan, C. P. "The retroactive effect of electroshock on learning." *J. Comp. Physiol. Psychol.* 42 (1949): 32–44.

Ebert, T., C. Pantev, C. Wienbruch, B. Rockstroh, and E. Taub. "Increased cortical representation of the fingers of the left hand in string players." *Science* 270 (1995): 305–7.

Flexner, J. B., L. B. Flexner, and E. Stellar. "Memory in mice as affected by intracerebral puromycin." *Science* 141 (1963): 57–59.

Jenkins, W. M., M. M. Merzenich, M. T. Ochs, T. Allard, and E. Guic-Robles. "Functional reorganization of primary somatosensory cortex in adult owl monkeys after behaviorally controlled tactile stimulation." *J. Neurophysiol.* 63 (1990): 83–104.

第16章

对于环腺苷酸的背景材料，参见R. J. DeLange, R. G. Kemp, W. D. Riley, R. A. Cooper, and E. G. Krebs. "Activation of skeletal muscle phosphorylase kinase by adenosine triphosphate and adenosine 3',5'-monophosphate." *J. Biol. Chem.* 243, no. 9 (1968): 2200–2208; E. G. Krebs, "Protein phosphorylation and cellular regulation, I" in *Les Prix Nobel/The Nobel Prizes*, ed. Nobel Foundation (Stockholm:

Almquist & Wiksell International, 1992); T. W. Rall and E. W. Sutherland, "The regulatory role of adenosine 3',5'-phosphate. Cold Spring Harbor Symp.," *Quant. Biol.* 26 (1961): 347–54; A. E. Gilman, "Nobel lecture. G Proteins and regulation of adenylyl cyclase," *Biosci. Reports* 15 (1995): 65–97; P. Greengard, "The neurobiology of dopamine signaling," in *Les Prix Nobel/The Nobel Prizes*, ed. Nobel Foundation, 262–81 (Stockholm: Almquist & Wiksell International, 2000).

对于海兔中的环腺苷酸，参见 J. H. Schwartz, V. F. Castellucci, and E. R. Kandel, "Functioning of identified neurons and synapses in abdominal ganglion of *Aplysia* in absence of protein synthesis," *J. Neurophysiol.* 34 (1971): 939–53; H. Cedar, E. R. Kandel, and J. H. Schwartz, "Cyclic adenosine monophosphate in the nervous system of *Aplysia californica*: Increased synthesis in response to synaptic stimulation." *J. Gen. Physiol.* 60 (1972): 558–69; M. Brunelli, V. Castellucci, and E. R. Kandel, "Synaptic facilitation and behavioral sensitization in *Aplysia*: Possible role of serotonin and cyclic AMP." *Science* 194 (1976): 1178–81; 以及 V. F. Castellucci, E. R. Kandel, J. H. Schwartz, F. D. Wilson, A. C. Nairn, and P. Greengard. "Intracellular injection of the catalytic subunit of cyclic AMP-dependent protein kinase simulates facilitation of transmitter release underlying behavioral sensitization in *Aplysia*." *Proc. Natl. Acad. Sci. USA* 77 (1980): 7492–96.

对于果蝇中的环腺苷酸，参见 S. Benzer, "Behavioral mutants of *Drosophila* isolated by counter current distribution," *Proc. Natl. Acad. Sci.* 58 (1967): 1112–19; D. Byers, R. L. Davis, and J. R. Kiger, Jr., "Defect in cyclic AMP phosphodiesterase due to the dunce mutation of learning in *Drosophila melanogaster*," *Nature* 289 (1981): 79–81; Y. Dudai, Y. N. Jan, D. Byers, W. G. Quinn, and S. Benzer. "Dunce, a mutant of *Drosophila* deficient in learning." *Proc. Natl. Acad. Sci. USA* 73, no. 5 (1976): 1684–88.

本章其他信息参考了以下文献：

Castellucci, V., and E. R. Kandel. "Presynaptic facilitation as a mechanism for behavioral sensitization in *Aplysia*." *Science* 194 (1976): 1176–78.

Dale, N., and E. R. Kandel. "L-glutamate may be the fast excitatory transmitter of *Aplysia* sensory neurons." *Proc. Nat. Acad. Sci. USA* 90 (1993): 7163–67.

Jacob, F. *The Possible and the Actual.* New York: Pantheon, 1982; 引文摘自第33–35页。

———. *The Statue Within.* Translated by F. Philip. New York: Basic Books, 1988.

Kandel, E. R. *Cellular Basis of Behavior: An Introduction to Behavioral Neurobiology.* San Francisco: Freeman, 1976.

Kandel, E. R., M. Klein, B. Hochner, M. Shuster, S. Siegelbaum, R. Hawkins, D. Glanzman, V. F. Castellucci, and T. Abrams. "Synaptic modulation and learning: New insights into synaptic transmission from the study of behavior." In *Synaptic Function*, edited by G. M. Edelman, W. E. Gall, and W. M. Cowan, 471–518. New York: John Wiley & Sons, 1987.

Kistler, H. B., Jr., R. D. Hawkins, J. Koester, H. W. M. Steinbusch, E. R. Kandel, and J. H. Schwartz. "Distribution of serotoninimmunoreactive cell bodies and processes in the abdominal ganglion of mature *Aplysia*." *J. Neurosci.* 5 (1985): 72–80.

Kriegstein, A., V. F. Castellucci, and E. R. Kandel. "Metamorphosis of *Aplysia californica* in laboratory culture." *Proc. Nat. Acad. Sci. USA* 71 (1974): 3654–58.

Kuffler, S., and J. Nicholls. *From Neuron to Brain: A Cellular Approach to the Function of the Nervous System*. Sunderland, Mass.: Sinauer Associates, 1976.

Siegelbaum, S., J. S. Camardo, and E. R. Kandel. "Serotonin and cAMP close single K^+ channels in *Aplysia* sensory neurons." *Nature* 299 (1982): 413–17.

第17章

弗朗索瓦·雅各布对日科学与夜科学的描写参见 *The Statue Within*, trans. F. Philip (New York: Basic Books, 1988), 第296–97页。

对托马斯·亨特·摩尔根的探讨，参见两本传记：G. E. Allen, *Thomas Hunt Morgan: The Man and His Science* (Princeton, N.J.: Princeton University Press, 1978); 和 A. H. Sturtevant, *Thomas Hunt Morgan* (New York: National Academy of Sciences, 1959). 以及 E. R. Kandel, "Thomas Hunt Morgan at Columbia: Genes, chromosomes, and the origins of modern biology," pp. 29–35, 和 E. R. Kandel, "An American century of biology," pp. 36–39, 两文均出自 *Living Legacies: Great Moments in the Life of Columbia for the 250th Anniversary*, fall 1999 issue of *Columbia: The Magazine of Columbia University*.

沃森和克里克首次宣布他们的发现是在 "Molecular structure of nucleic acids: A structure of deoxyribose nucleic acid," *Nature* 171

(1953): 737–38; 引文摘自第738页。参见J. D. Watson and F. H. C. Crick, "Genetical implications of the structure of deoxyribonucleic acid," *Nature* 171 (1953): 964–67; J. D. Watson, *The Double Helix* (1968; reprint, New York: Touchstone/Simon & Schuster, 2001); 和J. D. Watson and A. Berry, *DNA: The Secret of Life* (New York: Alfred A. Knopf, 2003). 后一本书是沃森的反思的出处（第88页）。薛定谔的观点出自E. Schrödinger, *What Is Life? The Physical Aspect of the Living Cell.* 1944. (Reprint, Cambridge: Cambridge University Press, 1947).

本章其他信息参考了以下文献：

Avery, O. T., C. M. MacLeod, and M. McCarty. "Studies on the chemical nature of the substance inducing transformation of pneumococcal types: Induction of transformation by a desoxyribonucleic acid fraction isolated from Pneumococcus Type III." *J. Exp. Med.* 79 (1944): 137–58.

Chimpanzee Genome. Special issue on chimpanzees. *Nature* 437, September 1, 2005.

Cohen, S. N., A. C. Chang, H. W. Boyer, and R. B. Helling. "Construction of biologically functional bacterial plasmids *in vitro*." *Proc. Natl. Acad. Sci. USA* 70, no. 11 (1973): 3240–44.

Crick, F. H., L. Barnett, S. Brenner, and R. J. Watts-Tobin. "General nature of the genetic code for proteins." *Nature* 192 (1961): 1227–32.

Gilbert, W. "DNA sequencing and gene structure." *Science* 214 (1981): 1305–12.

Jackson, D. A., R. H. Symons, and P. Berg. "Biochemical method for inserting new genetic information into DNA Simian Virus 40:

circular SV40 DNA molecules containing lambda phage genes and the galactose operon of *Escherichia coli.*" *Proc. Nat. Acad. Sci. USA* 69 (1972): 2904–9.

Jessell, T. M., and E. R. Kandel. "Synaptic transmission: A bidirectional and a self-modifiable form of cell-cell communication." *Cell* 72/*Neuron* 10 (Suppl.) (1993): 1–30.

Matthaei, H., and M. W. Nirenberg. "The dependence of cell-free protein synthesis in *E. coli* upon RNA prepared from ribosomes." *Biochem. Biophys. Res. Commun.* 4 (1961): 404–8.

Sanger, F. "Determination of nucleotide sequences in DNA." *Science* 214 (1981): 1205–10.

第18章

雅各布和莫诺的经典论文是 F. Jacob and J. Monod, "Genetic regulatory mechanisms in the synthesis of proteins," *J. Molec. Biol.* 3 (1961): 318–56.

本章其他信息参考了以下文献：

Buck, L., and R. Axel. "Novel multigene family may encode odorant receptors: A molecular basis for odor recognition." *Cell* 65, no. 1 (1991): 175–87.

Jacob, F. *The Statue Within.* Translated by F. Philip. New York: Basic Books, 1988.

Kandel, E. R., A. Kriegstein, and S. Schacher. "Development of the central nervous system of *Aplysia* in the terms of the differentiation of its specific identifiable cells." *Neurosci.* 5 (1980): 2033–63.

Scheller, R. H., J. F.Jackson, L. B. McAllister, J. H. Schwartz, E. R. Kandel, and R. Axel. "A family of genes that codes for ELH, a neuropeptide eliciting a stereotyped pattern of behavior in *Aplysia*." *Cell* 28 (1982): 707–19; 引文摘自第707页。

Weinberg, R. A. *Racing to the Beginning of the Road: The Search for the Origin of Cancer*. San Francisco: Freeman, 1998; 引文摘自第162–63页。

第19章

菲利普·戈莱特的两篇综述分别是P. Goelet, V. F. Castellucci, S. Schacher, and E. R. Kandel, "The long and short of long-term memory—a molecular framework," *Nature* 322 (1986): 419–22; 和P. Goelet and E. R. Kandel, "Tracking the flow of learned information from membrane receptors to genome," *Trends Neurosci*. 9 (1986): 472–99.

我们与钱永健合作关于依赖环腺苷酸的蛋白激酶的迁移实验，他是加州大学圣迭戈分校的霍华德·休斯研究员，开发了一种方法可以让依赖环腺苷酸的蛋白激酶移动到细胞核的过程可视化。这项研究的论文信息是B. J. Bacskai, B. Hochner, M. Mahaut-Smith, S. R. Adams, B.-K. Kaang, E. R. Kandel, and R. Y. Tsien, "Spatially resolved dynamics of cAMP and protein kinase A subunits in *Aplysia* sensory neurons," *Science* 260 (1993): 222–26.

用于海兔神经元的组织培养方法是由山姆·沙克与我的学生斯蒂芬·雷波特、皮尔·希奥尔希奥·蒙塔洛罗和埃里克·普罗香斯基合作开发的。

CREB的学习相关可塑性的最初证据参见P. K. Dash, B. Hochner, and E. R. Kandel, "Injection of cAMP-responsive element into the nucleus of *Aplysia* sensory neurons blocks long-term facilitation," *Nature* 345 (1990): 718–21.

海兔体内的阻遏蛋白的发现参见 D. Bartsch, M. Ghirardi, P. A. Skehel, K. A. Karl, S. P. Herder, M. Chen, C. H. Bailey, and E. R. Kandel, "*Aplysia* CREB-2 represses long-term facilitation: Relief of repression converts transient facilitation into long-term functional and structural change," *Cell* 83 (1995): 979–92.

对于果蝇记忆研究的新程式，参见 T. Tully, T. Preat, S. C. Boynton, and M. Del Vecchio, "Genetic dissection of consolidated memory in *Drosophila melanogaster*," *Cell* 79 (1994): 35–47.

一些果蝇研究指出CREB阻遏蛋白在阻断短时记忆中所扮演的角色以及激活蛋白在习得性恐惧的记忆存储的增强过程中过度表达，参见 J. C. P. Yin, J. S. Wallach, M. Del Vecchio, E. L. Wilder, H. Zhuo, W. G. Quinn, and T. Tully, "Induction of a dominant negative CREB transgene specifically blocks long-term memory in *Drosophila*," *Cell* 79 (1994): 49–58; J. C. P. Yin, M. Del Vecchio, H. Zhou, and T. Tully, "CREB as a memory modulator: Induced expression of a *dCREB2* activator isoform enhances long-term memory in *Drosophila*," *Cell* 81 (1995): 107–15.

对于蜜蜂中的CREB的证据，参见 D. Eisenhardt, A. Friedrich, N. Stollhoff, U. Müller, H. Kress, and R. Menzel, "The AmCREB gene is an ortholog of the mammalian CREB/CREM family of transcription factors and encodes several splice variants in the honeybee brain," *Insect Molecular Biol.* 12 (2003): 373–82.

CREB在小鼠习得性恐惧中的证据，参见 P. W. Frankland, S. A. Josselyn, S. G. Anagnostaras et al., "Consolidation of CS and US representations in associative fear conditioning," *Hippocampus* 14

(2004): 557–69; 和 S. Kida, S. A. Josselyn, S. P. de Ortiz et al., "CREB required for the stability of new and reactivated fear memories," *Nature Neurosci.* 5 (2002): 348–55.

对于CREB在人类学习中的证据，参见 J. M. Alarcon, G. Malleret, K. Touzani, S. Vronskaya, S. Ishii, E. R. Kandel, and A. Barco, "Chromatin acetylation, memory, and LTP are impaired in $CBP^{+/-}$ mice: A model for the cognitive deficit in Rubinstein-Taybi Syndrome and its amelioration," *Neuron* 42 (2004): 947–59.

本章其他信息参考了以下文献：

Bailey, C. H., P. Montarolo, M. Chen, E. R. Kandel, and S. Schacher. "Inhibitors of protein and RNA synthesis block structural changes that accompany long-term heterosynaptic plasticity in *Aplysia*." *Neuron* 9 (1992): 749–58.

Bartsch, D., A. Casadio, K. A. Karl, P. Serodio, and E. R. Kandel. "CREB-1 encodes a nuclear activator, a repressor, and a cytoplasmic modulator that form a regulatory unit critical for long-term facilitation." *Cell* 95 (1998): 211–23.

Bartsch, D., M. Ghirardi, A. Casadio, M. Giustetto, K. A. Karl, H. Zhu, and E. R. Kandel. "Enhancement of memory-related long-term facilitation by ApAF, a novel transcription factor that acts downstream from both CREB-1 and CREB-2." *Cell* 103 (2000): 595–608.

Casadio, A., K. C. Martin, M. Giustetto, H. Zhu, M. Chen, D. Bartsch, C. H. Bailey, and E. R. Kandel. "A transient neuron-wide form of CREB-mediated long-term facilitation can be stabilized at specific synapses by local protein synthesis." *Cell* 99 (1999): 221–37.

Chain, D. G., A. Casadio, S. Schacher, A. N. Hegde, M. Valbrun, N. Yamamoto, A. L. Goldberg, D. Bartsch, E. R. Kandel, and J. H. Schwartz. "Mechanisms for generating the autonomous cAMP-dependent protein kinase required for long-term facilitation in *Aplysia*." *Neuron* 22 (1999): 147–56.

Dale, N., and E. R. Kandel. "L-glutamate may be the fast excitatory transmitter of *Aplysia* sensory neurons." *Proc. Natl. Acad. Sci. USA* 90 (1993): 7163–67.

Glanzman, D. L., E. R. Kandel, and S. Schacher. "Target-dependent structural changes accompanying long-term synaptic facilitation in *Aplysia* neurons." *Science* 249 (1990): 799–802.

Kaang, B.-K., E. R. Kandel, and S. G. N. Grant. "Activation of cAMP-responsive genes by stimuli that produce long-term facilitation in *Aplysia* sensory neurons." *Neuron* 10 (1993): 427–35.

Lorenz, K. Z. *The Foundations of Ethology*. New York: Springer Verlag, 1981.

Martin, K. C., D. Michael, J. C. Rose, M. Barad, A. Casadio, H. Zhu, and E. R. Kandel. "MAP kinase translocates into the nucleus of the presynaptic cell and is required for long-term facilitation in *Aplysia*." *Neuron* 18 (1997): 899–912.

Martin, K. C., A. Casadio, H. Zhu, E. Yaping, J. Rose, C. H. Bailey, M. Chen, and E. R. Kandel. "Synapse-specific transcription-dependent long-term facilitation of the sensory to motor neuron connection in *Aplysia*: A function for local protein synthesis in memory storage." *Cell* 91 (1997): 927–38.

Mayford, M., A. Barzilai, F. Keller, S. Schacher, and E. R. Kandel.

"Modulation of an NCAM-related adhesion molecule with long-term synaptic plasticity in *Aplysia*." *Science* 256 (1992): 638–44.

Montarolo, P. G., P. Goelet, V. F. Castellucci, J. Morgan, E. R. Kandel, and S. Schacher. "A critical period for macromolecular synthesis in long-term heterosynaptic facilitation in *Aplysia*." *Science* 234 (1986): 1249–54.

Montminy, M. R., K. A. Sevarino, J. A. Wagner, G. Mandel, and R. H. Goodman. "Identification of a cyclic-AMP-responsive element within the rat somatostatin gene." *Proc. Natl. Acad. Sci. USA* 83, no. 18 (1986): 6682–86.

Prusiner, S. B. "Prions." in *Les Prix Nobel/The Nobel Prizes*, edited by Nobel Foundation. Stockholm: Almquist & Wiksell International, 1997.

Rayport, S. G., and S. Schacher. "Synaptic plasticity *in vitro*: Cell culture of identified *Aplysia* neurons mediating short-term habituation and sensitization." *J. Neurosci.* 6 (1986): 759–63.

Schacher, S., V. F. Castellucci, and E. R. Kandel. "cAMP evokes long-term facilitation in *Aplysia* sensory neurons that requires new protein synthesis." *Science* 240 (1988): 1667–69.

Si, K., M. Giustetto, A. Etkin, R. Hsu, A. M. Janisiewicz, M. C. Miniaci, J.-H. Kim, H. Zhu, and E. R. Kandel. "A neuronal isoform of CPEB regulates local protein synthesis and stabilizes synapse-specific long-term facilitation in *Aplysia*." *Cell* 115 (2003): 893–904.

Si, K., S. Lindquist, and E. R. Kandel. "A neuronal isoform of the *Aplysia* CPEB has prion-like properties." *Cell* 115 (2003): 879–91.

Steward, O., and E. M. Schuman. "Protein synthesis at synaptic sites on dendrites." *Annu. Rev. Neurosci.* 24 (2001): 299–325.

第20章

弗吉尼亚·伍尔夫在《往事素描》中写到了有关她母亲的记忆，此文收录在 J. Schulkind, ed., *Moments of Being* (New York: Harcourt Brace, 1985); 引文摘自第98页; 并被 S. Nalbation, *Memory in Literature: Rousseau to Neuroscience* (New York: Palgrave Macmillan, 2003) 引用过。

克里斯托夫·科赫在 *The Quest for Consciousness: A Neurobiological Approach* (Englewood, Col.: Roberts, 2004) 第187页引用了田纳西·威廉斯的《牛奶车不再在此停留》。

位置细胞的首次描述出现在 J. O'Keefe and J. Dostrovsky. "The hippocampus as a spatial map. Preliminary evidence from unit activity in the freely-moving rat." *Brain Res.* 34, no. 1 (1971): 171–75.

对于长时程增强的精彩综述，参见 T. Bliss, G. Collingridge, and R. Morris, eds., *LTP: Long-Term Potentiation* (Oxford: Oxford University Press, 2003). 在这本书众多富有启发性的文章中包括 P. Andersen, "A prelude to long-term potentiation" R. Malinow, "AMPA receptor trafficking and long-term potentiation" R. G. M. Morris, "Long-term potentiation and memory" 和 R. A. Nicoll, "Expression mechanisms underlying long-term potentiation: a postsynaptic view."

本章其他信息参考了以下文献：

Baudry, M., R. Siman, E. K. Smith, and G. Lynch. "Regulation by calcium ions of glutamate receptor binding in hippocampal slices." *Euro. J. Pharmacol.* 90, no. 2–3 (1983): 161–68.

Bliss, T. V., and T. Lømo. "Long-lasting potentiation of synaptic transmission in the dentate gyrus of the anesthethized rabbit following stimulation of the perforant path." *J. Physiol.* 232 (1973): 331–56.

Collingridge, G. L., S. J. Kehl, and H. McLennan. "Excitatory amino acids in synaptic transmission in the Schaffer collateral-commissural pathway of the rat hippocampus." *J. Physiol.* (London) 334 (1983): 33–46.

Curtis, D. R., J. W. Phillis, and J. C. Watkins. "The chemical excitation of spinal neurons by certain acidic amino acids." *J. Physiol.* 150 (1960): 656–82.

Eccles, J. C. *The Physiology of Synapses*. Berlin: Springer Verlag, 1964.

Hebb, D. O. *The Organization of Behavior: A Neuropsychological Theory*. New York: Wiley, 1949; 引文摘自第62页。

Nowak, L., P. Bregestovski, P. Ascher, A. Herbet, and A. Prochiantz. "Magnesium gates glutamate-activated channels in mouse central neurons." *Nature* 307 (1984): 462–65.

O'Dell, T. J., S. G. N. Grant, K. Karl, P. M. Soriano, and E. R. Kandel. "Pharmacological and genetic approaches to the analysis of tyrosine kinase function in long-term potentiation." Cold Spring Harbor Symp. *Quant. Biol.* 57 (1992): 517–26.

Roberts, P. J., and J. C. Watkins. "Structural requirements for inhibition for L-glutamate uptake by glia and nerve endings." *Brain Res.* 85, no. 1 (1975): 120–25.

Schacter, D. L. *Searching for Memory: The Brain, the Mind and the Past*. New York: Basic Books, 1996.

Spencer, W. A. and E. R. Kandel. "Electrophysiology of hippocampal neurons. IV: Fast prepotentials." *J Neurophysiol.* 24 (1961): 272–85.

Westbrook, G. L., and M. L. Mayer. "Glutamate currents in mammalian spinal neurons resolution of a paradox." *Brain Res.* 301, no. 2 (1984): 375–79.

第21章

基因修饰小鼠方法的发展, 在以下论文中有描述: R. L. Brinster and R. D. Palmiter. "Induction of foreign genes in animals." *Trends Biochem. Sci.* 7 (1982): 438–40; 和 M. R. Capecchi, "High-efficiency transformation by direct microinjection of DNA into cultured mammalian cells." *Cell* 22, no. 2 (1980): 479–88.

基因敲除对长时程增强和空间记忆的影响的首次报道参见 S. G. N. Grant, T. J. O'Dell, K. A. Karl, P. L. Stein, P. Soriano, and E. R. Kandel, "Impaired long-term potentiation, spatial learning, and hippocampal development in fyn mutant mice." *Science* 258 (1992): 1903–10; A. J. Silva, R. Paylor, J. M. Wehner, and S. Tonegawa, "Impaired spatial learning in alpha-calcium-calmodulin kinase II mutant mice." *Science* 257 (1992): 206–11.

与史蒂文·西格尔鲍姆合作的实验在第9章也提到过, 是由马特·诺兰和乔什·杜德曼实施的。对实验的描述参见 M. F. Nolan, G. Malleret, J. T. Dudman, D. Buhl, B. Santoro, E. Gibbs, S. Vronskaya, G. Buzsáki, S. A. Siegelbaum, E. R. Kandel, and A. Morozov, "A behavioral role for dendritic integration: HCN1 channels constrain spatial memory and plasticity at inputs to distal dendrites of CA1 pyramidal neurons." *Cell*

119 (2004): 719–32.

本章其他信息参考了以下文献:

Mayford, M., T. Abel, and E. R. Kandel. "Transgenic approaches to cognition." *Curr. Opin. Neurobiol.* 5 (1995): 141–48.

Mayford, M., M. E. Bach, Y.-Y. Huang, L. Wang, R. D. Hawkins, and E. R. Kandel. "Control of memory formation through regulated expression of a CaMLIIα transgene." *Science* 274 (1996): 1678–83.

Mayford, M., D. Baranes, K. Podyspanina, and E. R. Kandel. "The 3'-untranslated region of CaMLIIα is a cis-acting signal for the localization and translation of mRNA in dendrites." *Proc. Natl. Acad. Sci.* USA 93 (1996): 13250–55.

Silva, A. J., C. F. Stevens, S. Tonegawa, and Y. Wang. "Deficient hippocampal long-term potentiation in alpha-calcium-calmodulin kinase-II mutant mice." *Science* 257 (1992): 201–6.

Tsien, J. Z., D. F. Chen, D. Gerber, C. Tom, E. H. Mercer, D. J. Anderson, M. Mayford, E. R. Kandel, and S. Tonegawa. "Subregion and cell-type restricted gene knockout in mouse brain." *Cell* 87 (1996): 1317–26.

Tsien, J. Z., P. T. Huerta, and S. Tonegawa. "The essential role of hippocampal CA1 NMDA receptor-dependent synaptic plasticity in spatial memory." *Cell* 87 (1996): 1327–38.

第22章

关于神经学家对认知的看法,参见 S. Freud, *The Interpretation of Dreams*, 1900 (reprint, London: Hogarth, 1953); 和 O. Sacks, *The Man*

Who Mistook His Wife for a Hat (New York: Alfred A. Knopf, 1985).

对于认知心理学的概观,参见 G. A. Miller, *Psychology: The Science of Mental Life* (New York: Harper & Row, 1962); 和 U. Neisser, *Cognitive Psychology* (New York: Appleton-Century-Crofts, 1967), 引文摘自第3页。

对蒙特卡斯尔、休伯尔和维泽尔的工作的综述,参见 D. H. Hubel and T. N. Wiesel, *Brain and Visual Perception* (New York: Oxford University Press, 2005); V. B. Mountcastle, "Central nervous mechanisms in mechanoreceptive sensibility," in *Handbook of Physiology*. Section 1, *The Nervous System*. Vol. 3, *Sensory Processes*, Part 2, ed. I. Darian Smith, 789–878 (Bethesda, Md.: American Physiological Society, 1984); 和 V. B. Mountcastle, "The view from within: Pathways to the study of perception," *Johns Hopkins Med J.* 136, no. 3 (1975): 109–31, 引文摘自第109页。

本章其他信息参考了以下文献:

Evarts, E. V. "Pyramidal tract activity associated with a conditioned hand movement in the monkey." *J. Neurophysiol.* 29 (1966): 1011–27.

Gregory, R. L., ed. *The Oxford Companion to the Mind.* Oxford: Oxford University Press, 1987.

Marshall, W. H., C. N. Woolsey, and P. Bard. "Observations on cortical somatic sensory mechanisms of cat and monkey." *J. Neurophysiol.* 4 (1941): 1–24.

Marshall, W. H., and S. A. Talbot. "Recent evidence for neural mechanisms in vision leading to a general theory of sensory acuity." In *Visual Mechanisms*, edited by H. Kluver, 117–64. Lancaster, Pa.: Cattell,

1942.

Movshon, J. A. "Visual processing of moving images." In *Images and Understanding: Thoughts About Images; Ideas About Understanding*, edited by H. Barlow, C. Blakemore, and M. Weston-Smith, 122–37. New York: Cambridge University Press, 1990.

Tolman, E. C. *Purposive Behavior in Animals and Men.* New York: Century, 1932.

Wurtz, R. H., M. E. Goldberg, and D. L. Robinson. "Brain mechanisms of visual attention." *Sci. Am.* 246, no. 6 (1982): 124.

Zeki, S. M. *A Vision of the Brain.* Oxford: Oxford University Press, 1993; 引文摘自第295–96页。

第23章

对于海马体和空间的详细探讨，参见J. O'Keefe and L. Nadel, *The Hippocampus as a Cognitive Map* (Oxford: Clarendon Press, 1978), 引文摘自第5页。

对于注意的探讨，参见W. James, *The Works of William James. The Principles of Psychology*, ed. F. Burkhardt and F. Bowers, 3 vols. (1890) (reprint, Cambridge, Mass.: Harvard University Press, 1981), 引文摘自第1卷第380–81页。

对于注意、空间和记忆，参见F. A. Yates, *The Art of Memory* (Chicago: University of Chicago Press; London: Routledge & Kegan Paul, 1966).

性别差异的讨论参见E. A Maguire, N. Burgess, and J. O'Keefe, "Human spatial navigation: Cognitive maps, sexual dimorphism and neural substrates," *Current Opin Neurobiol.* 9, no. 2 (1999): 171–77.

本章其他信息参考了以下文献：

Agnihotri, N. T., R. D. Hawkins, E. R. Kandel, and C. G. Kentros. "The long-term stability of new hippocampal place fields requires new protein synthesis." *Proc. Natl. Acad. Sci. USA* 101 (2004): 3656–61.

Bushnell, M. C., M. E. Goldberg, and D. L. Robinson. "Behavioral enhancement of visual responses in monkey cerebral cortex. 1: Modulation in posterior parietal cortex related to selective visual attention." *J. Neurophysiol.* 46, no. 4 (1981): 755–72.

Kentros, C. G., N. T. Agnihotri, S. Streater, R. D. Hawkins, and E. R. Kandel. "Increased attention to spatial context increases both place field stability and spatial memory." *Neuron* 42 (2004): 283–95.

McHugh, T. J., K. I. Blum, J. Z. Tsien, S. Tonegawa, and M. A. Wilson. "Impaired hippocampal representation of space in CA1-specific NMDAR1 knockout mice." *Cell* 87 (1996): 1339–49.

O'Keefe, J., and J. Dostrovsky. "The hippocampus as a spatial map: Preliminary evidence from unit activity in the freely-moving rat." *Brain Res.* 34, no. 1 (1971): 171–75.

Rotenberg, A., M. Mayford, R. D. Hawkins, E. R. Kandel, and R. U. Muller. "Mice expressing activated CaMKII lack low frequency LTP and do not form stable place cells in the CA1 region of the hippocampus." *Cell* 87 (1996): 1351–61.

Theis, M., K. Si, and E. R. Kandel. "Two previously undescribed members of the mouse CPEB family of genes and their inducible expression in the principal cell layers of the hippocampus." *Proc. Natl. Acad. Sci. USA* 100 (2003): 9602–7.

Zeki, S. M. *A Vision of the Brain*. Oxford: Oxford University Press, 1993.

第24章

有关巴斯德对科学和产业的贡献的探讨，参见R. J. Dubos, *Louis Pasteur* (Boston: Little, Brown, 1950); 和M. Perutz, "Deconstructing Pasteur," in *I Wish I'd Made You Angry Earlier: Essays on Science, Scientists and Humanity* (Plainview, N.Y.: Cold Spring Harbor Laboratory Press, 1998), 第119–30页。

对于戴尔的学术与产业的互动人生的探讨，参见H. H. Dale, *Adventures in Physiology* (London: Pergamon, 1953)。

对于生物技术的早期历史的探讨，参见S. Hall, *Invisible Frontiers: The Race to Synthesize a Human Gene* (New York: Atlantic Monthly Press, 1987); 和J. D. Watson and A. Berry, *DNA: The Secret of Life* (New York: Alfred A. Knopf., 1987). Hall的著作（第94页）是"罪恶"和"纯粹主义者天堂"的出处[①]。

对于神经伦理学的探讨，参见M. J. Farah, J. Illes, R. Cook-Deegan, H. Gardner, E. R. Kandel, P. King, E. Parens, B. Sahakian, and P. R. Wolpe. "Science and society: Neurocognitive enhancement: What can we do and what should we do?" *Nat. Rev. Neurosci.* 5 (2004): 421–25; S. Hyman, "Introduction: The brain's special status," *Cerebrum* 6, no. 4 (2004): 9–12, 引文摘自第9页; 和S. J. Marcus, ed., *Neuroethics: Mapping the Field* (New York: Dana Press, 2004)。

---

① 此处有误。本书对Hall一书的引用主要出自第191–194页，而且"天堂"（heaven）应为"港湾"（haven）。"纯粹主义者港湾"表示那些对商业抱有怀疑的科学家所处的专注学术的大学。

本章其他信息参考了以下文献:

Bach, M. E., M. Barad, H. Son, M. Zhuo, Y.-F. Lu, R. Shih, I. Mansuy, R. D. Hawkins, and E. R. Kandel. "Age-related defects in spatial memory are correlated with defects in the late phase of hippocampal long-term potentiation *in vitro* and are attenuated by drugs that enhance the cAMP signaling pathway." *Proc. Natl. Acad. Sci. USA* 96 (1999): 5280–85.

Barad, M., R. Bourtchouladze, D. Winder, H. Golan, and E. R. Kandel. "Rolipram, a type IV-specific phosphodiesterase inhibitor, facilitates the establishment of long-lasting long-term potentiation and improves memory." *Proc. Natl. Acad. Sci. USA* 95 (1998): 15020–25.

Kenney, M. *Biotechnology. The University-Industrial Complex*. New Haven: Yale University Press, 1986.

第25章

分子神经病学兴起的另一个主要推手是早期病人权利团体的出现。围绕特定疾病的患者及他们家人朋友的团体至少在20世纪30年代就已经形成,当时小儿麻痹症基金会发起了十美分募捐运动。这一活动受到1921年感染脊髓灰质炎的富兰克林·D.罗斯福总统的鼓励。这个基金会支持有助于脊髓灰质炎疫苗开发的基础和临床研究,以达到消灭这一疾病的目的。这是一个引人注目的历程,它基于基金会有能力筹集到大量资金并选择科学顾问来推进那些富有想象力的严谨研究。

20世纪60年代,类似的做法被用在了神经系统的遗传性疾病方面。正如历史学家爱丽丝·韦克斯勒(她本人也是一个病人权利团体的成员)写过的:"在20世纪60年代的那个十年里,随着社会运动的遍地开花，它也帮助孕育了一种政治氛围，有利于动员那些直接受到疾病影响的家庭。六七十年代的公民权利运动、女权主义健康运动和病人权利运动一起创造了一个鼓励（有神经系统遗传性疾病患者的）家庭……为他们的利益而行动的环境。"(A. Wexler, *Mapping Fate: A Memoir of Family, Risk, and Genetic Research* [New York: Times Books/Random House, 1995], 第 xv 页。)

1967年，词曲作家兼诗人伍迪·格斯里死于亨廷顿病。这一可怕的疾病动员了他的前妻、舞蹈家玛乔丽·格斯里把有这种病患的家庭组织成一个称作与亨廷顿病作斗争委员会的团体，后来发展为美国亨廷顿病协会。这一权利团体游说国会加快有效治疗方法的开发，并获得更大的支持以教育家庭成员和培训健康专业人员的方式来尽力减轻这种疾病造成的后果。

伍迪·格斯里去世的同一年，利奥诺·韦克斯勒被确诊患有亨廷顿病，她的两个兄弟姐妹此前已经确诊。利奥诺的丈夫、在洛杉矶成功执业的天才且富有远见的精神分析师米尔顿·韦克斯勒认识到，一个家长患病，意味着他的两个女儿，历史学家爱丽丝和心理学家南希（后来成为我在哥大的朋友和同事）有50%的几率遗传了这种疾病。因为担心他女儿并为他前妻的病感到难过，韦克斯勒成立了遗传性疾病基金会。这一基金会与格斯里的基金会的方针不同，它形成了一个范式转换，不仅致力于病人权利，还致力于如何实施对遗传性疾病的有效研究。

韦克斯勒决定不关注这种疾病的治疗，因为对其所知甚少难以产出效果。他转而关注基础科学，筹集资金投入那些以寻找造成这种疾病的突变基因为目的的研究。然而韦克斯勒不是简单地给科学家提供资源。他建立并引导有着最佳科学家的工作小组对不同策略进行争论进而描绘出一个最可能成功的策略。然后他招募并支持具备这些策略所需技能的科学家，与他们频繁见面来了解进度并计划下一步。

这一由米尔顿首创并由南希在接下来30年里继续推行的策略被证明是惊人地成功。鉴定出患有亨廷顿病的人，建立了他们家庭的病史，成立了组织银行。这些成效持续知会给科学界，于是，这个基金会走出的每一步——从（由南希·韦克斯勒和吉姆·古塞拉）定位基因到克隆它并建立这种疾病的动物模型——都会引起整个科学界的普天同庆。

对于上述内容的描述参见A. Wexler, *Mapping Fate: A Memoir of Family, Risk, and Genetic Research* (New York: Times Books/Random House, 1995).

当然，遗传性疾病基金会的成功不会不受到心理疾病患者家属的注意。一些与心理疾病有关的病人利益团体先后成立，其中最有影响力的是精神分裂症和抑郁症研究全国性联盟（NARSAD）[1]。它由康妮和斯蒂夫·利伯与国立精神卫生研究所前所长赫伯特·帕德斯成立于1986年。NARSAD为心理疾病的研究提供大量指导和支持。现在其他一些基于病人利益团体的基金会也对精神卫生研究有着重要影响，包括心理疾病全国性联盟、脆性X染色体基金会和即日攻克孤独症[2]。

对于情绪性状态的生物学概述，参见Darwin, *The Expression of Emotion in Man and Animals* (New York: Appleton, 1873); W. B. Cannon, "The James-Lange theory of emotions: A critical examination and an alternative theory," *Am. J. Psychol.* 39 (1927): 106–24; W. B. Cannon, *The Wisdom of the Body* (New York: W. W. Norton, 1932); A. R. Damasio, *The Feeling of What Happens: Body and Emotion in the Making of Consciousness* (New York: Harcourt Brace, 1999); M. Davis, "The role of the amygdala in fear and anxiety," *Annu. Rev.*

---

[1] 该团体已于2011年更名为"脑与行为研究基金会"，将其资助的研究扩展到全部心理疾病。
[2] 该团体已于2007年与另一个团体"孤独症之声"合并。

Neurosci. 15 (1992): 353-75; J. E. LeDoux, *The Emotional Brain* (New York: Simon & Schuster, 1996); J. Panskseep, *Affective Neuroscience: The Foundations of Human and Animal Emotions* (New York: Oxford University Press, 1998); W. James, "What is an emotion?" *Mind* 9 no. 34 (1884): 188-205; 和 C. G. Lange, *Om Sindsbe Vaegelser et Psycho* (Copenhagen: Kromar, 1885). 詹姆斯在他的《心理学原理》中重新发表了兰格的理论，现在可以在一套限定的三卷本中找到：*The Works of William James*, ed. F. Burkhardt and F. Bowers (1890; reprint, Cambridge, Mass.: Harvard University Press, 1981).

本章其他信息参考了以下文献：

Cowan, W. M., and E. R. Kandel. "Prospects for neurology and psychiatry," *JAMA* 285 (2001): 594-600.

Huang, Y.-Y., K. C. Martin, and E. R. Kandel. "Both protein kinase A and mitogen-activated protein kinase are required in the amygdala for the macromolecular synthesis-dependent late phase of long-term potentiation." *J. Neurosci.* 20 (2000): 6317-25.

Kandel, E. R. "Disorders of mood: Depression, mania and anxiety disorders." In *Principles of Neural Science*, 4th ed., edited by E. R. Kandel, J. H. Schwartz, and T. M. Jessell, 1209-26. New York: McGraw Hill, 2000.

Rogan, M. T., M. G. Weisskopf, Y.-Y. Huang, E. R. Kandel, and J. E. LeDoux. "Long-term potentiation in the amygdala: Implications for memory." Chapter 2 in *Neuronal Mechanisms of Memory Formation: Concepts of Long-Term Potentiation and Beyond*, edited by C. Hölscher, 58-76. Cambridge: Cambridge University Press, 2001.

Rogan, M. T., K. S. Leon, D. L. Perez, and E. R. Kandel. "Distinct neural signatures for safety and danger in the amygdala and striatum of the mouse." *Neuron* 46 (2005): 309–20.

Shumyatsky, G. P., E. Tsvetkov, G. Malleret, S. Vronskaya, M. Hatton, L. Hampton, J. F. Battey, C. Dulac, E. R. Kandel, and V. Y. Bolshakov. "Identification of a signaling network in lateral nucleus of amygdala important for inhibiting memory specifically related to learned fear." *Cell* 111 (2002): 905–18.

Snyder, S. H. *Drugs and the Brain*. New York: Scientific American Books, 1986.

Tsvetkov, E., W. A. Carlezon, Jr., F. M. Benes, E. R. Kandel, and V. Y. Bolshakov. "Fear conditioning occludes LTP-induced presynaptic enhancement of synaptic transmission in the cortical pathway to the lateral amygdala." *Neuron* 34 (2002): 289–300.

第26章

本章信息参考了以下文献：

Abi-Dargham, A., D. R. Hwang, Y. Huang, Y. Zea-Ponce, D. Martinez, I. Lombardo, A. Broft, T. Hashimoto, M. Slifstein, O. Mawlawi, R. VanHeertum, and M. Laruelle. "Quantitative analysis of striatal and extrastriatal D2 receptors in humans with [^{18}F]fallypride: Validation and reproducibility." In preparation.

Ansorge, M. S., M. Zhou, A. Lira, R. Hen, and J. A. Gingrich. "Early-life blockade of the 5-HT transporter alters emotional behavior in adult mice." *Science* 306 (2004): 879–81.

Baddeley, A. D. *Working Memory.* Oxford: Clarendon Press, 1986.

Carlsson, M. L., A. Carlsson, and M. Nilsson. "Schizophrenia: From dopamine to glutamate and back." *Curr. Med. Chem.* 11, no. 3 (2004): 267–77.

Fuster, J. M. "The prefrontal cortex—an update: Time is of the essence." *Neuron* 30, no. 2 (2001): 319–33.

Goldman-Rakic, P. "The 'psychic' neuron of the cerebral cortex." *Ann. N. Y. Acad. Sci.* 868 (1999): 13–26.

Huang, Y.-Y., E. Simpson, C. Kellendonk, and E. R. Kandel. "Genetic evidence for the bi-directional modulation of synaptic plasticity in the prefrontal cortex by D1 receptors." *Proc. Natl. Acad. Sci. USA* 101 (2004): 3236–41.

Jacobsen, C. F. *Studies of Cerebral Function in Primates.* Baltimore: Johns Hopkins University Press, 1936.

Kandel, E. R. "Disorders of thought: Schizophrenia." In *Principles of Neural Science*, 3rd ed., edited by E. R. Kandel, J. H. Schwartz, and T. M. Jessell, 853–68. New York: Elsevier, 1991.

Lawford, B. R., R. M. Young, E. P. Noble, B. Kann, L. Arnold, J. Rowell, and T. L. Ritchie. "D2 dopamine receptor gene polymorphism: Paroxetine and social functioning in posttraumatic stress disorder." *Euro. Neuropsychopharm.* 13, no. 5 (2003): 313–20.

Santarelli, L., M. Saxe, C. Gross, A. Surget, F. Battaglia, S. Dulawa, N. Weisstaub, J. Lee, R. Duman, O. Arancio, C. Belzung, and R. Hen. "Requirement of hippocampal neurogenesis for the behavioral effects of antidepressants." *Science* 301 (2003): 805–9.

Seeman, P., T. Lee, M. Chau-Wong, and K. Wong. "Antipsychotic drug doses and neuroleptic/dopamine receptors." *Nature* 261 (1976): 717–19.

Snyder, S. H. *Drugs and the Brain*. New York: Scientific American Books, 1986.

Schwartz, J. M., P. W. Stoessel, L. R. Baxter, K. M. Martin, and M. E. Phelps. "Systematic changes in cerebral glucose metabolic rate after successful behavior modification treatment of obsessive-compulsive disorders." *Arch. Gen. Psychiatry* 53 (1996): 109–13.

第27章

对于精神分析的介绍，参见C. Brenner, *An Elementary Textbook of Psychoanalysis*, rev. ed. (New York: International University Press, 1973).

对于亚伦·贝克的研究的介绍，参见J. S. Beck, *Cognitive Therapy: Basics and Beyond* (New York: Guilford, 1995).

对于实证支持的心理疗法的建设性批评，参见D. Westen, C. M. Novotny, and H. Thompson Brenner, "The empirical status of empirically supported psychotherapies: Assumptions, findings, and reporting in controlled clinical trials," *Psychol. Bull.* 130 (2004): 631–63.

本章其他信息参考了以下文献：

Etkin, A., K. C. Klemenhagen, J. T. Dudman, M. T. Rogan, R. Hen, E. R. Kandel, and J. Hirsch. "Individual differences in trait anxiety predict the response of the basolateral amygdala to unconsciously processed fearful faces." *Neuron* 44 (2004): 1043–55.

Etkin, A., C. Pittenger, H. J. Polan, and E. R. Kandel. "Towards a neurobiology of psychotherapy: Basic science and clinical applications." *J. Neuropsychiatry Clin. Neurosci.* 17 (2005): 145–58.

Jamison, K. R. *An Unquiet Mind.* New York: Alfred A. Knopf, 1995; 引文摘自第88–89页。

Kandel, E. R. "A new intellectual framework for psychiatry." *Am. J. Psych.* 155, no. 4 (1998): 457–69.

———. "Biology and the future of psychoanalysis: A new intellectual framework for psychiatry revisited." *Am. J. Psych.* 156, no. 4 (1999): 505–24.（这篇论文引用的参考文献特别值得一看。）

———. *Psychiatry, Psychoanalysis and the New Biology of Mind.* Arlington, Va.: APA Publishing, 2005.

第28章

对于心脑二元论的探讨，参见 P. S. Churchland, *Brain Wise Studies in Neurophilosophy* (Cambridge, Mass.: MIT Press, 2002); A. R. Damasio, *Descartes' Error: Emotion, Reason and the Human Brain* (New York: Putman, 1994); R. Descartes, *The Philosophical Writings of Descartes*, trans. E. S. Haldane and G. R. T. Ross, vol. 1 (New York: Cambridge University Press, 1972); J. C. Eccles, *Evolution of the Brain: Creation of the Self* (London/New York: Routledge, 1989); 和 M. S. Gazzaniga and M. S. Steven, "Free will in the twenty-first century: A discussion of neuroscience and the law," in *Neuroscience and the Law*, ed. B. Garland (New York: Dana Press, 2004), 拉马钱德兰的那句话摘自第57页。

对于知觉中的无意识过程的探讨，参见 C. Frith, "Disorders

of cognition and existence of unconscious mental processes: An introduction," in E. R. Kandel et al., *Principles of Neural Science*, 5th ed. (New York: McGraw-Hill, forthcoming).

对于自由意志的探讨，参见前一篇文献以及 S. Blackmore, *Consciousness: An Introduction* (Oxford/New York: Oxford University Press, 2004); L. Deecke, B. Grozinger, and H. H. Kornhuber, "Voluntary finger movement in man: Cerebral potential and theory," *Biol. Cyber*. 23 (1976): 99–119; B. Libet, "Autobiography," in *History of Neuroscience in Autobiography*, ed. L. R. Squire, vol. 1, 414–53 (Washington, D.C.: Society for Neuroscience, 1996); B. Libet, C. A. Gleason, E. W. Wright, and D. K. Pearl, "Time of conscious intention to act in relation to onset of cerebral activity (readiness-potential): The unconscious initiation of a freely voluntary act," *Brain* 106 (1983): 623–42; 和 M. Wegner, *The Illusion of Conscious Will* (Cambridge, Mass.: MIT Press, 2002).

柏拉图创立的位于雅典的学园，至今仍然存在[①]。我在2005年被其接纳为外籍院士！

本章其他信息参考了以下文献：

Bloom, P. "Dissecting the right brain." Book review of *The Ethical Brain*, by M. Gazzaniga. *Nature* 436 (2005): 178–79; 引文摘自第178页。

Crick, F. C., and C. Koch. "What is the function of the claustrum?" *Philos. Trans. R. Soc. Lond. B Biol. Sci.* 360 (2005): 1271–79.

Durnwald, M. "The psychology of facial expression." *Discover* 26 (2005): 16–18.

[①] 即1926年建立的雅典学院（Academy of Athens），其名称源自柏拉图创立的学园（Academy）。

Edelman, G. *Wider than the Sky: The Phenomenal Gift of Consciousness*. New Haven: Yale University Press, 2004.

Etkin, A., K. C. Klemenhagen, J. T. Dudman, M. T. Rogan, R. Hen, E. R. Kandel, and J. Hirsch. "Individual differences in trait anxiety predict the response of the basolateral amygdala to unconsciously processed fearful faces." *Neuron* 44 (2004): 1043–55.

Kandel, E. R. "From nerve cells to cognition: The internal cellular representation required for perception and action." In *Principles of Neural Science*, 4th ed., edited by E. R. Kandel, J. H. Schwartz, and T. M. Jessell, 381–403. New York: McGraw-Hill, 2000.

Koch, C. *The Quest for Consciousness: A Neurobiological Approach*. Denver, Col.: Roberts, 2004.

Lumer, E. D., K. J. Friston, and G. Rees. "Neural correlates of perceptual rivalry in the human brain." *Science* 280 (1998): 1930–34.

Miller, K. "Francis Crick, 1916–2004." *Discover* 26 (2005): 62.

Nagel, T. "What is the mind-brain problem?" In *Experimental and Theoretical Studies of Consciousness, CIBA Foundation Symposium Series 174*, 1–13. New York: John Wiley & Sons, 1993.

Polonsky, A., R. Blake, J. Braun, and D. J. Heeger. "Neuronal activity in human primary visual cortex correlates with perception during binocular rivalry." *Nature Neuroscience* 3 (2000): 1153–59.

Ramachandran, V. "The astonishing Francis Crick." *Perception* 33 (2004): 1151–54; 引文摘自第1154页。

Searle, J. R. *Mind: A Brief Introduction*. Oxford: Oxford University Press, 2004.

———. "Consciousness: What we still don't know." Review of *The*

Quest for Consciousness, by Christof Koch. *New York Review of Books* 52 (2005): 36–39.

Stevens, C. F. "Crick and the claustrum." *Nature* 435 (2005): 1040–41.

Watson, J. D. *The Double Helix*. 1968. Reprint, New York: Touchstone, 2001; 引文摘自第115页。

Zimmer, C. *Soul Made Flesh: The Discovery of the Brain and How It Changed the World*. New York: Free Press, 2004.

第29章

阿尔弗雷德·诺贝尔的传记有若干好版本。比如T. Frängsmyr的短篇 *Alfred Nobel*, trans. J. Black (Stockholm: Swedish Institute, 1996); 和诺贝尔的遗嘱执行人朗纳·索尔曼的书 *The Legacy of Alfred Nobel: The Story Behind the Nobel Prize*, trans. E. Schubert (London: Bodley Head, 1983).

对于包括诺贝尔及其遗嘱的简史在内的诺贝尔奖的探讨，参见B. Feldman, *The Nobel Prize* (New York: Arcade, 2000); 和I. Hargittai, *Nobel Prizes, Science, and Scientists* (Oxford: Oxford University Press, 2002).

从社会学视角对美国诺奖得主的学术性探讨，参见H. Zuckerman, *Scientific Elite: Nobel Laureates in the United States* (New York: Free Press, 1977).

维也纳最重要的医学期刊《维也纳临床周刊》的一期特刊（1998年2月27日）探讨了犹太医学家的命运，题为 *On the Sixtieth Anniversary of the Dismissal of the Jewish Faculty Members from the Vienna Medical School*. 这一期还在第193–201页讨论了爱德华·帕

恩卡夫，作者是Peter Malina。参见G. Weissman,"Springtime for Pernkopf," *Hospital Practice* 30 (1985): 142–68.

乔治·伯克利的 *Vienna and Its Jews: The Tragedy of Success, 1880s–1980s* (Cambridge, Mass.: Abt Books, 1988)是本章无比重要的材料。奥地利人在大屠杀中扮演的角色出自第318页；对汉斯·蒂策的引用出自第41页。

2003年夏天的研讨会的结集是 F. Stadtler, E. R. Kandel, W. Kohn, F. Stern, and A. Zeilinger, eds., *Österreichs Umgang mit dem Nationalsozialismus* (Vienna: Springer Verlag, 2004).

伊丽莎白·利希滕伯格的讲座"Was war und was ist Europa?"发表于 *Reden und Gedenkworte* 32 (2004): 145–56, Göttingen, Wallstein Verlag. 2006年7月25日，在本书问世数月之后，伊丽莎白·利希滕伯格写信给我，信中写道，在我们2004年10月的谈话中，她针对我的评论传递的并不是她个人的感想而是源自她生活的环境。

本章其他信息参考了以下文献：

Bettauer, H. *The City Without Jews: A Novel of Our Time*. Translated by S. N. Brainin. New York: Bloch, 1926; 引文摘自第130页。

Sachar, H. M. *Diaspora: An Inquiry into the Contemporary Jewish World*. New York: Harper & Row, 1985.

Wistrich, R. *The Jews of Vienna in the Age of Franz Joseph*. Oxford: Oxford Univeristy Press, 1989; 引文摘自第viii页。

Young, J. E. *The Texture of Memory: Holocaust Memorials and Meaning*. New Haven: Yale University Press, 1993.

第30章

对于列奥纳多·达·芬奇在安德烈·德·韦罗基奥作坊受训的探讨，参见 E. T. DeWald, *History of Italian Painting, 1200–1600* (New York: Holt Rinehart & Winston, 1961), 特别是第356–57页。

本章其他信息参考了以下文献：

De Bono, M., and C. I. Bargmann. "Natural variation in a neuropeptide Y receptor homolog modifies social behavior and food responses in C. elegans." *Cell* 94 (1998): 679–89.

Demir, E., and B. J. Dickson. "Fruitless splicing specifies male courtship behavior in *Drosophila*." *Cell* 121 (2005): 785–94.

Insel, T. R., and L. J. Young. "The neurobiology of attachment." *Nat. Rev. Neurosci.* 2 (2001): 129–36.

Kandel, E. R. *Psychiatry, Psychoanalysis and the New Biology of Mind.* Arlington, Va.: APA Publishing, 2005.

Rizzolatti, G., L. Fadiga, V. Gallese, and L. Fogassi. "Premotor cortex and the recognition of motor actions." *Cogn. Brain Res.* 3 (1996): 131–41.

Stockinger, P., D. Kvitsiani, S. Rotkopf, L. Tirian, and B. J. Dickson. "Neural circuitry that governs *Drosophila* male courtship behavior." *Cell* 121 (2005): 795–807.

致 谢

在我的科研生涯中，我有幸与许多天才的合作者、同事和学生一道工作并向他们学习，我已经试着在整本书里向他们的贡献致谢。除了个人的合作者，我的科研还从哥伦比亚大学医学院神经生物学与行为研究中心创造的交互式氛围中受益良多。恐怕很难找到一个更理想的氛围来成长为一名科学家。特别要说的是，我在与理查德·阿克塞尔、克雷格·贝利、简·多德、罗伯特·霍金斯、迈克尔·戈德伯格、塞缪尔·沙克、约翰·凯斯特、托马斯·杰塞尔[1]、詹姆斯·H.施瓦茨、史蒂文·西格尔鲍姆及现任医学院院长杰拉尔德·费施巴赫[2]的长期友谊中受益匪浅。我还要进一步向约翰·凯斯特对神经生物学与行为研究中心的卓越领导表示感激。

我的研究一直以来得到霍华德·休斯医学研究所和NIH的慷慨资助。尤其是霍华德·休斯医学研究所的有关领导唐纳德·弗雷德里克森、乔治·卡希尔、伯内尔·肖邦、马克斯·考文、唐纳德·哈特以及最近上任的汤姆·切赫和杰瑞·鲁宾都给了我很多恩惠。他们的高瞻远瞩激励了所里的研究员在研究中把目光放长远并致力于富有挑战性的问题。针对学习和记忆

---
[1] 即本书多次提到的汤姆·杰塞尔。
[2] 即第29章提到的杰瑞·费施巴赫，他已于2006年离任。

的研究当然是符合这两条标准的!

我感谢斯隆基金会的资助,让我开启这本书的写作。我还感谢我的代理人约翰·布罗克曼和卡金卡·马特森,他们帮助我拟定本书的提纲并在编辑流程中全程指导。

很多人读过本书早前版本的部分或全部内容。英国萨塞克斯大学研究奥地利现代史的爱德华·蒂姆斯教授和一名研究维也纳文化的学生迪特尔·库尔热情阅读并评论了第2和24章。哥大同事、精神分析学者戴维·奥尔兹评论了第3、22和27章。我的一些科研同事读过本书全文的一个或更多版本。我尤其要感激汤姆·杰塞尔、吉米·施瓦茨、汤姆·卡鲁、杰克·伯恩、亚丁·杜戴、塔马斯·巴特菲、罗杰·尼科尔、斯特恩·格瑞纳、戴维·奥尔兹、罗德·麦金农、迈克尔·班尼特、多明尼克·普尔普拉、杜尚·巴奇、罗伯特·伍尔兹、托尼·莫夫肖[1]、克里斯·米勒、安娜·克里斯·沃尔夫[2]、玛丽安·戈德伯格尔、克里斯托夫·科赫和伯蒂尔·希勒的深入评论。我还从康妮·凯西、艾米·贝德尼克、琼·宾汉姆·伯奇、纳塔利·雷曼·豪普特、罗伯特·科恩菲尔德、桑迪·夏拉克和萨拉·麦克这些非科研人士那里受益,他们对本书的一份早期草稿进行了深入阅读,并通过特定的技术性探讨指明了一些难点。

德纳基金会的主编简·内文斯,以及西比尔·戈尔登阅读了手稿的后期版本,并帮助我将一些偏技术性的内容变得让大众读者更容易理解。编辑过几版《神经科学原理》的老朋友霍华德·贝克曼欣然阅读并评论了本书,优秀的科普作家杰弗里·蒙哥马利同我一道工作,帮助我将一些章节变得更生动。最重要

---

[1] 即第22章提到的安东尼·莫夫肖。
[2] 即坎德尔的初恋安娜·克里斯,沃尔夫是她丈夫的姓。

的是，杰出的编辑布莱尔·伯恩斯·波特让我受惠良多，她差不多阅读了本书包括文字和图片在内的所有版本，并对每一版的整体清晰性和连贯性进行了改善。在开始写作本书之前，我耳闻过布莱尔的天赋但只见过她一面。通过我们之间大量的电子邮件往来，我渐渐将她珍视为一位好朋友。

我有幸得到了玛雅·派因斯和萨拉·麦克在艺术项目上的帮助。前者是我的老朋友、霍华德·休斯医学研究所的科学编辑，后者是我在哥大的同事、《神经科学原理》的艺术总监。我感激萨拉以及同样执行了这一艺术项目的查尔斯·拉姆，将原本相当模糊的想法形象地画出来。此外，我还想感谢我在哥大的同事：阿维娃·奥尔萨夫斯基帮助我处理术语表和文本，肖莎娜·维希兹辅助文字处理，塞塔·伊兹米尔利、米莉·佩朗、阿丽尔·罗德曼、布莱恩·斯格尔尼和海蒂·史密斯校对稿样，特别是玛丽亚·普利莱奥辛苦地组织了本书手稿的诸多版本。

诺顿出版公司的本书编辑安吉拉·冯·德·利珀帮助我重新构思和组织章节，让本书增光不少。我还受惠于安吉拉在诺顿的同事，特别是瓦内萨·莱文–史密斯、温弗里达·穆比维及我的文字编辑特伦特·达菲。他们所有人的精心打造，让本书以它现在的模样呈现出来。谨向他们致以我最深的感激。

译名对照表

主要人物名

A

埃德加·道格拉斯·阿德里安 Edgar Douglas Adrian
罗斯·阿迪 Ross Adey
安热莉克·阿尔娃尼塔基–克雷扎尼蒂斯 Angelique Arvanitaki-Chalazonitis
理查德·阿克塞尔 Richard Axel
奥塔维奥·阿兰西奥 Ottavio Arancio
托马斯·埃伯特 Thomas Ebert
杰拉尔德·埃德尔曼 Gerald Edelman
约翰·埃克尔斯 John Eccles
阿密特·埃特金 Amit Etkin
爱德·埃瓦茨 Ed Evarts
赫尔曼·艾宾浩斯 Hermann Ebbinghaus
朱迪·艾尔斯 Judy Illes
奥斯瓦尔德·艾弗里 Oswald Avery
保罗·艾克曼 Paul Ekman
杰克·艾沃特 Jack Ewalt
佩尔·安德森 Per Andersen
乌尔班·安格斯达特 Urban Ungerstadt
雷内·昂 Rene Hen
约翰·奥基夫 John O'Keefe
莫蒂默·奥斯托 Mortimer Ostow

B

菲利普·巴德 Philip Bard
艾伦·巴德利 Alan Baddeley
伊万·巴甫洛夫 Ivan Pavlov
科里·巴格曼 Cori Bargmann
琳达·巴克 Linda Buck
小刘易斯·R.巴克斯特 Lewis R. Baxter, Jr.
马克·巴拉德 Mark Barad

杜尚·巴奇 Dusan Bartsch

路易·巴斯德 Louis Pasteur

邓肯·拜尔斯 Duncan Byers

约翰·鲍尔比 John Bowlby

亚伦·贝克 Aaron Beck

克雷格·贝利 Craig Bailey

雨果·贝托尔 Hugo Bettauer

西摩·本泽 Seymour Benzer

格奥尔格·毕希纳 Georg Büchner

卡尔·波普尔 Karl Popper

戴维·波特 David Potter

杰克·伯恩 Jack Byrne

B. 德莱尔·伯恩斯 B. Delisle Burns

朱利叶斯·伯恩斯坦 Julius Bernstein

保罗·伯格 Paul Berg

乔治·伯克利 George Berkley

乔纳森·伯兰 Jonathan Polan

罗纳德（罗恩）·伯曼 Ronald (Ron) Berman

瓦迪姆·博利沙科夫 Vadim Bolshakov

赫伯特·博耶 Herbert Boyer

蒂姆·布利斯 Tim Bliss

巴鲁克·塞缪尔·布隆伯格 Baruch Samuel Blumberg

杰罗姆·布鲁纳 Jerome Bruner

马尔塞洛·布鲁内利 Marcello Brunelli

西德尼·布伦纳 Sydney Brenner

皮埃尔·保罗·布罗卡 Pierre Paul Broca

C

玛丽·陈 Mary Chen

卡尔·楚克迈耶 Carl Zuckmayer

D

哈特维格·达尔 Hartvig Dahl

查尔斯·达尔文 Charles Darwin

哈比卜·达凡卢 Habib Davanloo

安东尼奥·达马西奥 Antonio Damasio

亨利·戴尔 Henry Dale

普拉莫德·戴什 Pramod Dash

迈克尔·戴维斯 Michael Davis

让·德莱 Jean Delay

皮埃尔·德尼克 Pierre Deniker

C. P. 邓肯 C. P. Duncan

亚丁·杜戴 Yadin Dudai

罗伯特·杜蒂 Robert Doty

罗纳德·杜曼 Ronald Duman

F

玛莎·法拉赫 Martha Farah

保罗·法特 Paul Fatt

威廉·费尔德伯格 William Feldberg
古斯塔夫·费希纳 Gustav Fechner
亚历山大·福布斯 Alexander Forbes
路易斯·弗莱克斯纳 Louis Flexner
卡尔·弗兰克 Karl Frank
皮埃尔·弗劳伦斯 Pierre Flourens
古斯塔夫·西奥多·弗里奇 Gustav Theodor Fritsch
卡尔·冯·弗里希 Karl von Frisch
安娜·弗洛伊德 Anna Freud
西格蒙德·弗洛伊德 Sigmund Freud
爱德温·弗什潘 Edwin Furshpan
杰奎因·弗斯特 Joaquin Fuster
罗莎琳·富兰克林 Rosalind Franklin

G

菲尼亚斯·盖奇 Phineas Gage
卡米洛·高尔基 Camillo Golgi
迈克尔·戈德伯格 Michael Goldberg
帕特里夏·戈德曼-拉基奇 Patricia Goldman-Rakic
理查德·戈德施密特 Richard Goldschmidt
菲利普·戈莱特 Philip Goelet
赛斯·格兰特 Seth Grant
理查德·格里高利 Richard Gregory

保罗·格林加德 Paul Greengard
哈里·格伦德费斯特 Harry Grundfest
迈克尔·格扎尼加 Michael Gazzaniga

H

哈里·哈洛 Harry Harlow
约翰·哈洛 John Harlow
海因茨·哈特曼 Heinz Hartmann
史蒂文·海曼 Steven Hyman
埃尔伍德·海纳曼 Elwood Henneman
赫尔曼·冯·亥姆霍兹 Hermann von Helmholtz
路易斯·豪斯曼 Louis Hausman
D. O.赫布 D. O. Hebb
乔伊·赫施 Joy Hirsch
安德鲁·赫胥黎 Andrew Huxley
阿伦·霍布森 Alan Hobson
杰拉尔德·霍尔顿 Gerald Holton
罗伯特·霍尔特 Robert Holt
罗伯特·霍金斯 Robert Hawkins
艾伦·霍奇金 Alan Hodgkin
本杰明·霍奇纳 Benjamin Hochner

J

沃尔特（沃利）·吉尔伯特 Walter (Wally) Gilbert

弗朗茨·约瑟夫·加尔 Franz Joseph Gall
赫伯特·加瑟 Herbert Gasser
路易吉·伽伐尼 Luigi Galvani
约翰·休林斯·杰克逊 John Hughlings Jackson
凯·杰米森 Kay Jamison
托马斯（汤姆）·杰塞尔 Thomas (Tom) Jessell

K

伯纳德·卡茨 Bernard Katz
弗朗茨·卡尔曼 Franz Kallmann
阿尔维德·卡尔松 Arvid Carlsson
汤姆·卡鲁 Tom Carew
文森特·卡斯特鲁奇 Vincent Castellucci
克里斯托夫·凯伦东克 Christoph Kellendonk
丹尼丝·贝斯特林·坎德尔 Denise Bystryn Kandel
约翰·坎帕尼亚 John Campagna
马克斯·考文 Max Cowan
戴维·柯蒂斯 David Curtis
耶日·柯尔纳斯基 Jerzy Kornorski
戴维·科恩 David Cohen

斯坦利·科恩 Stanley Cohen
沃尔特·科恩 Walter Kohn
阿瑟·科恩伯格 Arthur Kornberg
汉斯·科恩胡贝尔 Hans Kornhuber
克里斯托夫·科赫 Christof Koch
哈尔·葛宾·科拉纳 Har Gohind Khorana
格雷厄姆·科林格里奇 Graham Collingridge
奥托·克恩伯格 Otto Kernberg
托马斯·克莱斯蒂尔 Thomas Klestil
卡尔·克劳斯 Karl Kraus
杰拉尔德·克勒曼 Gerald Klerman
爱德·克雷布斯 Ed Krebs
斯坦利·克雷恩 Stanley Crain
阿诺德·克雷格斯坦 Arnold Kriegstein
弗朗西斯·克里克 Francis Crick
安娜·克里斯 Anna Kris
恩斯特·克里斯 Ernst Kris
克利夫·肯特罗斯 Cliff Kentros
劳伦斯·库比 Lawrence Kubie
斯蒂芬（斯蒂夫）·库夫勒 Stephen (Steve) Kuffler
欧文·库普费尔曼 Irving Kupfermann
奇普·奎因 Chip Quinn

L

亨利·拉博里 Henri Laborit
维拉亚努尔·拉马钱德兰 Vilayanur Ramachandran
圣地亚哥·拉蒙-卡哈尔 Santiago Ramón y Cajal
朱迪·莱文特·拉帕波特 Judy Livant Rappaport
卡尔·拉什利 Karl Lashley
吉尔伯特·赖尔 Gilbert Ryle
卡尔·兰格 Carl Lange
约瑟夫·勒杜 Joseph LeDoux
泰耶·勒莫 Terje Lømo
奥托·勒维 Otto Loewi
本杰明·利贝特 Benjamin Libet
利根川进 Susumu Tonegawa
伊丽莎白·利希滕伯格 Elisabeth Lichtenberger
盖瑞·林奇 Gary Lynch
汉斯·卢基伽 Hans Ruzicka
埃里克·卢默 Eric Lumer
鲁道夫·鲁文斯坦 Rudolph Lowenstein
迈克尔·罗根 Michael Rogan
拉斐尔·洛伦特·德·诺 Rafael Lorente de Nó

康拉德·洛伦兹 Konrad Lorenz

M

凯尔西·马丁 Kelsey Martin
西德尼·马戈林 Sidney Margolin
韦德·马歇尔 Wade Marshall
恩斯特·迈尔 Ernst Mayr
科林·麦吉恩 Colin McGinn
罗德里克（罗德）·麦金农 Roderick (Rod) MacKinnon
麦克林·麦卡蒂 Maclyn McCarty
科林·麦克劳德 Colin MacLeod
迈克尔·梅尔策尼希 Michael Merzenich
马克·梅福特 Mark Mayford
弗农·蒙特卡斯尔 Vernon Mountcastle
格雷戈尔·孟德尔 Gregor Mendel
布伦达·米尔纳 Brenda Milner
切萨雷·米尔斯坦 Cesare Milstein
格奥尔格·米勒 Georg Müller
罗伯特·米勒 Robert Muller
托马斯·亨特·摩尔根 Thomas Hunt Morgan
安东尼（托尼）·莫夫肖 Anthony (Tony) Movshon
理查德·莫里斯 Richard Morris

雅克·莫诺 Jacques Monod

N

赫尔曼·纳伯格 Herman Nunberg
戴维·纳赫曼佐恩 David Nachmansohn
欧里克·奈瑟尔 Ulric Neisser
托马斯·内格尔 Thomas Nagel
罗杰·尼科尔 Roger Nicoll
约翰·尼科尔斯 John Nicholls
马歇尔·尼伦伯格 Marshall Nirenberg
威廉·纽瑟姆 William Newsome
阿尔弗雷德·诺贝尔 Alfred Nobel

P

爱德华·帕恩卡夫 Eduard Pernkopf
乔治·帕拉德 George Palade
桑福德·帕莱 Sanford Palay
怀尔德·彭菲尔德 Wilder Penfield
阿尔方斯·皮尔策克 Alfons Pilzecker
多明尼克（多姆）·普尔普拉 Dominick (Dom) Purpura
斯坦利·普鲁西纳 Stanley Prusiner

Q

钱永健 Roger Tsien

S

奥利弗·萨克斯 Oliver Sacks
厄尔·萨瑟兰德 Earl Sutherland
约翰·塞尔 John Searle
菲利普·塞曼 Philip Seeman
爱德华·桑代克 Edward Thorndike
弗雷德里克·桑格 Frederick Sanger
塞缪尔（山姆）·沙克 Samuel (Sam) Schacher
理查德·舍勒 Richard Scheller
S. V. 舍雷舍夫斯基 S. V. Shereshevski
约瑟夫·施尔德克劳特 Joseph Schildkraut
马蒂亚斯·雅各布·施莱登 Mattias Jakob Schleiden
詹姆斯（吉米）·H.施瓦茨 James (Jimmy) H. Schwartz
西奥多·施旺 Theodor Schwann
弗雷德里克·施韦泽 Frederick Schweitzer
格列布·舒米亚茨基 Gleb Shumyatsky
考斯克·司 Kausik Si

奥尔登·斯宾塞 Alden Spencer
B. F. 斯金纳 B. F. Skinner
威廉·斯科维尔 William Scoville
拉里·斯奎尔 Larry Squire
所罗门·斯奈德 Solomon Snyder
勒内·斯皮茨 René Spitz
盖瑞·斯特鲁尔 Gary Struhl
菲力克斯·斯特穆瓦瑟 Felix Strumwasser
奥斯瓦德·斯图尔德 Oswald Steward

T
蒂姆·塔利 Tim Tully
马丁·泰斯 Martin Theis
理查德·汤普森 Richard Thompson
尼科·廷贝亨 Niko Tinbergen
拉迪斯拉夫·托克 Ladislav Tauc

W
乔治·瓦利安特 George Valliant
莫里斯·威尔金斯 Maurice Wilkins
卡尔·维埃特 Karl Vietor
托尔斯滕·维泽尔 Torsten Wiesel
罗伯特·韦恩伯格 Robert Weinberg
卡尔·韦尼克 Carl Wernicke

默娜·魏斯曼 Myrna Weissman
詹姆斯（吉姆）·沃森 James (Jim) Watson
杰弗里·沃特金斯 Geoffrey Watkins
克林顿·伍尔西 Clinton Woolsey
罗伯特·伍尔兹 Robert Wurtz
迪尔沃思·伍莱 D. W. Woolley

X
彼得·西弗尼奥斯 Peter Sifneos
史蒂文（史蒂夫）·西格尔鲍姆 Steven (Steve) Siegelbaum
A. V. 希尔 A. V. Hill
爱德华·希齐西 Eduard Hitzig
阿尔西诺·席尔瓦 Alcino Silva
丹尼尔·夏克特 Daniel Schacter
埃利奥特·肖 E. N. Shaw
查尔斯·谢林顿 Charles Sherrington
埃莉诺·辛普森 Eleanor Simpson
戴维·休伯尔 David Hubel
霍华德·休斯 Howard Hughes
埃尔温·薛定谔 Erwin Schrödinger

Y
弗朗索瓦·雅各布 François Jacob
卡莱尔·雅各布森 Carlyle Jacobsen

约翰·扬 J. Z. Young
殷起平 Jerry Yin
威廉·约翰斯顿 William Johnston

Z

萨米尔·泽基 Semir Zeki
威廉·詹姆斯 William James

作品与期刊名

《博物志》Historia Naturalis
《超越快乐原则》Beyond the Pleasure Principle
《从神经元到脑》From Neuron to Brain
《错把妻子当帽子的人》The Man Who Mistook His Wife for a Hat
《第三人》The Third Man
《儿童的精神分析研究》The Psychoanalytic Study of the Child
《海兔的行为生物学》Behavioral Biology of Aplysia
《基督受洗》Baptism of Christ
《解剖学图谱》Atlas of Anatomy
《精神分析引论新编》New Introductory Lectures on Psychoanalysis
《卡哈尔关于大脑皮层的研究》Cajal on the Cerebral Cortex
《科学》Science
《科学心理学大纲》Project for a Scientific Psychology
《拉鲁斯动物百科全书》The Larousse Encyclopedia of Animal Life
《蓝胡子的城堡》In Bluebeard's Castle
《论自恋》On Narcissism
《没有犹太人的城市：一部关于后天的小说》The City Without Jews: A Novel About the Day After Tomorrow
《美国医学会期刊》Journal of the American Medical Association
《梦的解析》The Interpretation of Dreams
《牛奶车不再在此停留》The Milk Train Doesn't Stop Here Anymore
《普通生理学期刊》Journal of General Physiology
《人类的末日》The Last Days of Mankind

《人类和动物的表情》The Expression of the Emotions in Man and Animals

《日常生活心理病理学》Psychopathology of Everyday Life

《神经科学及行为精要》Essentials of Neural Science and Behavior

《神经科学原理》Principles of Neural Science

《神经系统的整合活动》The Integrative Action of the Nervous System

《生理学期刊》Journal of Physiology

《生命是什么》What Is Life?

《双螺旋》The Double Helix

《往事素描》Sketch of the Past

《维也纳及其犹太人》Vienna and Its Jews

《维也纳临床周刊》Wiener klinische Wochenschrift

《心理学原理》The Principles of Psychology

《心智机制》Mechanics of the Mind

《新自由报》Die Neue Frei Presse

《行为的细胞基础》Cellular Basis of Behavior

《行为的组织：一种神经心理学理论》The Organization of Behavior: A Neuropsychological Theory

《蝇、鼠、人》Of Flies, Mice and Men

《躁郁之心》An Unquiet Mind

《众妙之门》The Doors of Perception

《自然》Nature

《自然·神经科学综述》Nature Reviews Neuroscience